路鹏程——著

难为沧桑纪废兴

中国近代新闻记者的职业生涯(1912—1937)

东方出版中心有限公司

图书在版编目（CIP）数据

难为沧桑纪废兴：中国近代新闻记者的职业生涯：1912—1937 / 路鹏程著. —上海：东方出版中心，2021.12

ISBN 978-7-5473-1921-5

Ⅰ. ①难… Ⅱ. ①路… Ⅲ. ①记者－新闻工作－研究－中国－1912－1937 Ⅳ. ①G214.2

中国版本图书馆CIP数据核字（2021）第225893号

难为沧桑纪废兴：中国近代新闻记者的职业生涯（1912—1937）

著　　者　路鹏程
策　　划　燕舞工作室
责任编辑　杨　帆
装帧设计　李在白

出版发行　东方出版中心
地　　址　上海市仙霞路345号
邮政编码　200336
电　　话　021-62417400
印 刷 者　山东临沂新华印刷物流集团有限责任公司

开　　本　890mm×1240mm　1/32
印　　张　13.375
字　　数　255千字
版　　次　2021年12月第1版
印　　次　2021年12月第1次印刷
定　　价　68.00元

本书为教育部人文社会科学研究青年基金项目“中国近代新闻记者的职业生涯研究（1912—1937）——基于工作社会学的视角”（16YJC860012）的最终成果，由华东师范大学传播学院资助出版。

从中国出发：近代新闻记者职业化的“全景画”

——写在《难为沧桑纪废兴》边上

三年前，与鹏程相遇在武汉。他说等书稿完成后要我写点文字。老实说，其时并未当真。及至今年春月，鹏程真的把书稿送到面前，才有面红耳赤之感。尽管这些文章大半在发表前都已细细读过，也提出过一些想法，但学养资历“够格与否”的自知之明还是有的。坚辞之下亦向他建议了人选，但鹏程也有他的坚持。他的坚持在于始终以纯粹的对话来理解学术。而在我的理解中，“对话”包含了对虚饰的拒绝。于是，抱着这样的态度重新进入这些文章，写了点文字放在他书稿的“边上”。我所说的“边上”，就是以“对话”的方式接近斯各特·拉什在《信息批判》中表达过的那层意思：是“别处情况的延伸”，而不是什么“之前”或“之上”①。

这部专著要讨论的问题可谓一目了然：近代中国新闻记者的

① 〔英〕斯各特·拉什:《信息批判》，杨德睿译，北京大学出版社 2009 年版，第 281–282 页。

职业化，或宽泛一点儿说，中国近代新闻专业主义的生成与演化。这无疑是新闻学研究的根基性问题，当下却面临诸多实践与知识层面的挑战，尤其在传播技术日新、日日新，新闻传播研究在极大地拓展自身领地与视野之际。毕竟，业余传播者的大规模涌现，早已迫使“专业”传播的形态与生态都发生了重构，曾经稳定的、有常规可循的组织化新闻生产，也已被编织入一种新的“网络化”逻辑之中，即便是新闻记者，其认同与活动也不得不把人工智能（AI）和虚拟现实（VR）纳入其中，接受所谓“后人类”的质询。

历史研究对此会有一个方便的回应：回到新闻职业化、专业化的早期历史中，回到历史是更好把捉现实的一种方式。不过，我个人倒是更喜欢亨利·列斐伏尔的说法，我们是“从现在知道过去，而不是从过去知道现在”，至于新范式的出现，不是要否定先前的研究，“它试图把先前的研究提高到更高的水平，由此又让它复活了。”①

然而，在我看来，这些说易行难的主张，即便有所考虑也不是鹏程此书的主要立意所在。我倒宁愿猜测这本书是一个始终在“好奇”和“同情”激荡下的产物。“好奇”来自一种知识上的探寻：中国近代新闻记者究竟何以走向职业化？“同情”来自一种既张扬又克制的投射：在那个诡谲畸变的时代，走向职业化对记者意味着一种怎样的心路历程？在这个意义上，“难为沧桑纪废兴”是双重的，是研究对象与研究者历史意识的跨时空对话。作为历史书写者，作者把他的“好奇”与“同情”

① 〔法〕亨利·列斐伏尔:《空间与政治》（第2版），李春译，上海人民出版社2016年版，第20页。

聚焦于“制度”，又把“制度”化入新闻实践过程中的种种复杂关系及其演变之中。“沧桑”与“废兴”，在此就跳脱出宋人的诗意，而具象成一幅质朴可触的“全景画”。十三章的篇幅，举凡新闻组织内外、中外之间，军阀帮会、明星制度，以及自我审查、职业流动，都在“竞合关系”和“新陈代谢”核心视角的统摄下，得到了细致的刻画与描述。光影之间，对制度缝隙与记者性情的微妙捕捉，成为一抹清晰的底色，亦让“难为”二字有了殊为丰富的意蕴。

既是“全景画”，作画者就有一个总览的立足点。作为观者，我以为这恰是本书最大的优长，即“从中国出发”。这恰是当下学界屡屡倡议但却亟待践行的学术路径与思维品格。这包括但绝非仅仅是对象层面上以“近代中国新闻记者的职业化”为主题那般简单。在某种意义上，如果秉持“从中国出发”，高明者谈论西方也即谈论中国。这正如海外“中国研究”总是时时脱不开对自身的历史反思。如此就涉及若干更为一般但极为重要的问题，值得稍做展开。

就历史研究而言，对象，从来必得经过与研究者的视域交融，方能“活化”成历史；而史料，作为围绕对象保留下的记忆留存，从来也必得经过研究者的倾听与磨洗，方能被组织成叙事。研究者在此对话过程中的叩问与澄清，自是离不开一定的思维框架（习见说法就是“理论工具”），这就是常说未必常新的“理论”与“经验”关系问题。而对中国研究者而言，自近代以降又总是纠缠着所谓“中国经验”与“西方理论”的矛盾或冲突，至少也是凿榫相合之争。依个人浅见，唯有下气力彻底打破如此种种人为制造出的二元对立，方能真正切近何谓“从中国出发”。换言之，“理论”在根本意义上不是“工具”，不是用来烛照、解读“经验”的“拐棍”或“脚手架”（自然并不否定在这个层面上的价值），它不在经验之外，也不在经验之上，而是本身就是“经验”多种呈现形态中的一种。学术研究的价值，恰在于探查这些“经验”的不同形式间在何时何地发生着怎样的化合，以及“经验”中那些潜在的可能性与现实性之间发生着何种转换或遮蔽。由此所谓“中国经验”，当它一旦并且也只能以某种形态被言说时，其实已然经过了某种“理论”（姑不论是不是“西方”）的编织，而所谓“西方理论”，也就可以理解为被识别出与非西方社会历史经验不相契合的一种特定经验。

所谓“从中国出发”正是由此出发。它不是对“西方理论”的简单拒绝，也非颠倒了“西方中心论”但依然遵循同一逻辑下的“中国中心论”，而是将中国与西方视为一个世界的共同构成，让不同的历史经验在彼此映照下呈现出共同与差异、特殊与普遍相交织的面向，“中国经验”由此成为多元世界意义星丛中的一个特定构成。如果理解无误，这也就是沟口雄三先生“以中国为方法、以世界为目的”的意思，也是王国斌教授在对“西方中心论”反思中给人的富有教益的启迪①。

具体到新闻专业主义，近十年前黄旦老师就曾道出“从中国出发”的重要性。这意味着，无论当代还是历史研究，更好的提问方式不是考察一种外来的新闻专业主义是如何在中国呈现，而应聚集于中国报刊文化究竟形成了何种独有的“专业主义”想象，

---

① 〔日〕沟口雄三:《作为方法的中国》，孙军悦译，三联书店 2011 年版，第 130-131 页；王国斌:《转变的中国——历史变迁与欧洲经验的局限导论》，李伯重、连玲玲译，江苏人民出版社 2005 年版。

为何是这样的想象，其理论意义何在[①]。事实上，即便在西方内部，学者也通过比较研究打破对“新闻专业主义”单一的美国式想象，将目光锁定在地中海、北大西洋以及北欧 / 中欧不同地域的历史文化差异，从而呈现出一幅更趋复杂多元的新图景[②]。

我无意将鹏程的这本著作纳入此处讨论的学术取向之下，但我的的确确从本书中感受到、学习到了对“中国经验”的历史体察。近代中国社会组织、关系模式的独特性，渗透在各个章节对新闻实践的探究中，例如“关系本位”如何嵌入新闻网络的建构中，具有某种传统人格忠诚式的“传、帮、带”如何塑造了记者间的代际关系，“恩主忠仆”关系怎样在军阀与记者关系中呈现出复杂面向，以及民族主义与专业主义在中外记者间的冲突，等等。尤为精彩之处，本书总是将这些深具本土特色的元素，纳入一种复杂变动的过程分析之中。这鲜明体现在近乎每个章节中都贯穿了一种“竞合”的矛盾与冲突分析。鹏程自认最用力的是《被缚的“无冕之王”：新闻审查体系中新闻记者的抗争》一章，我则特别受益于与之关系密切的《秀才遇到兵：新闻记者与北洋军阀》和《德难以立：新闻记者职业道德实践的困境与振拔》两章。对于新闻专业主义最为重要的新闻与政治关系问题，本书通过记者托庇于“恩主忠仆政治体系”讨论了北洋军阀时期新闻自由的独

---

① 黄旦：《耳目喉舌：旧知识与新交往》，《学术月刊》2012 年第 11 期，第 142 页，注释 7。新闻传播研究围绕所谓“本土化”问题已经有了很深入的讨论，相关文章可参见，黄旦、沈国麟主编：《理论与经验：中国传播研究的问题与路径》，复旦大学出版社 2013 年版。

② 〔美〕丹尼尔 · C. 哈林、〔意〕保罗 · 曼奇尼：《比较媒介体制》，陈娟、展江译，中国人民大学出版社 2011 年版。

特面目，即扩展与限制的并存下“新闻畸形繁荣”，作者进一步将此延伸至国民党控制时代下的压缩，由此揭示出近代中国新闻职业化空间的消长与政治结构演化的历史性连接。类似依凭情境与时段独特性、打破线性历史叙事的洞察，在书中时有所见。

由此来看“从中国出发”。本书通过扎实的史料开掘与解读，就大大突破了一般新闻专业主义历史研究中所谓重视对本土情境的阐发。现有不少研究往往论述泛泛，停留在“文化传统”“文人精神”等一般“抽象经验”层面，少有能鞭辟入里地展示士人传统究竟如何与新闻实践互相嵌入者。本书显然在这个出发点上走得更远更深。例如，作者将具有中国传统色彩的“人情”“面子”以及知识分子的“忠诚”文化，纳入新闻组织的分析之中，将之与报馆作为现代组织的抽象化、工具化的制度并置一处，揭示出一种特定的“伦理化情谊组织”如何成为组织冲突的化解模式。而同一种“忠诚”文化，既可让记者激越地对外抗争，也在某些时刻主动自我审查、暂弃职业信念。而且，本书极富价值之处在于体察到了一种“品性职业道德思想”，正是这种紧密联系着“修身”“平天下”的传统士人精神追求和道德体认，为现代社会中的新闻记者在职业伦理之上，悬起高远的道德超越模式，牵绊着“公”与“私”的日常冲突，也为记者个人的职业认同和道德感制造了巨大的精神紧张。恰是在这里，近代中国新闻记者独特的职业伦理和精神状态，也跃然而出、瞬间定格。个人感觉，《德难以立》这一章最见本书和作者的性情，尤其结尾一段，读来让人几近动容。

鹏程能有这般洞见，个人以为与他对“理论”与“史料”处理上的克制有关。细读本书不难发现，作者对一般的社会学理论颇为熟悉，但大多都放在注释中加以处理。史料亦然，作者总是甄选那些最具代表性材料中最能契合问题的部分，精心加以引用、组合与阐释。典型如《失衡的携手》一章，若干长注释显示出作者为搜集材料花费的巨大心血，以及为事实考辨所付出的艰辛努力，但作者只是把从中提炼出的最核心内容呈现于正文中。这些形式上的细节，其实在两个层面上显示了鹏程朴实的学风和求真的趣味，即时时保持对一味罗列理论与铺陈材料的警惕。顺便一提，在一个特定场合，我曾听鹏程以“历史研究者”的身份谈量化研究，理解之深远超过我能评价的层次。事实上，任何沉陷于对理论、方法以及材料上的炫耀，往往都掩饰着问题与洞见上的孱弱，这在明眼人那里一望可知。在目下一味逐新求异如乱云过眼的学界，作者的这种质朴与自持，当是一缕给人清醒与鼓励的清风。

鹏程的认真每每让人会心。即便已交出版社，他依然又两次寄来修改后的打印稿；即便在“五一”假期中，也还在微信中告知修改之处。“会心”缘于在相同的习惯背后，我们都信守文章永无修改完结之时，只要不放弃提升自己的要求。正是有着这样的共识，我也愿意循着本书已然“出发”之处，勾勒一点儿受教刺激之后生发出的想象，再与作者讨论。

本书路径上的新意在于从“实践”的复杂关系与流变角度进入，让“制度史”或“社会史”鲜活了起来，然而当下人文社科所谓“实践转向”中特别强调意义与行动不可分离的一面，似展示不够。与此相关，对最核心的专业主义的问题，虽经细致爬梳、面目清晰，但近代中国特定的新闻职业化或专业主义的文化意味究竟如何，似还不够深透。这必然牵涉在两个向度上的深层比较：其一，交织着儒家伦理的报纸商业主义，与资本主义报业的差异如何；“恩主”及“心学”熏染下的记者认同，与科学实证主义下的西方记者的个体化，怎样勾连着新闻实践上的差异等。其二，从新闻业的特殊性进入，对“中国”自身文化基体演变在历史整体理解中的洞察。受本书刺激，我细读了约瑟夫·列文森在60多年前写就的《儒教中国及其现代命运》，其中围绕“业余”与“专业”的精湛分析，让人叹服的同时亦让人感慨：还有那么多深邃夺目而我们不懂的东西，在等待着我们的切近、探寻与回应。

最后要提及的是，本书第十一章《当记者成名：新闻记者明星制度的形成与确定》与附录《从照相馆到新闻馆：中国近代职业新闻摄影记者的兴起》，让我暗自猜测鹏程未来可能会继续带来的惊喜。前章是从近代中国的都市语境探查了记者被裹挟进一种“名望”消费文化，后者则是从新媒介的角度展示了新闻与新技术联姻之后生发出的别样面目。这让我联想到本雅明，他正是从都市、媒介与经验重构的角度，为“新闻”重新标定了一片更为广阔的理解空间。“新闻专业主义”要想在网络时代重新定位自身，也离不开以这般“启迪”重回历史。可以想见，“全景画”还会被绘出新的景观，“从中国出发”的学术思考亦会有着不一样的行程。

现已忘记与鹏程的交流具体是从哪篇文章开始的了，不过每次在写下意见发出邮件之后，那种惴惴不安的情形却仍历历在目，既怕所见有失又恐没有读出文章的精义。好在鹏程总是倍加宽厚、礼遇包容。希望此番冒昧应允写下的这些文字，亦能得到这般相待。其实于内心，在送上真诚贺意的同时，我是把这些粗浅的感受视作与好友鹏程相交十年、对话十年的一份纪念的。

孙藜

2021年“五一”假期

目录

第一章
中国近代从公雇访员到新闻记者的新陈代谢[①]

1920年代，翻开上海报纸，阅读地方新闻，记者徐铸成触目所及都是“绑票、拐骗、奸杀、争夺遗产、涉讼等所谓黑幕新闻，甚至是那些个人阴谋、荒诞、黄色的新闻”[②]。而让作为记者的张静庐感到惊诧的是，“如果你细心的把各种报纸比较着看，往往使你惊异地发觉他们大同小异，有时竟至完全相同”[③]。更有甚者，另一位沪上知名记者金雄白则发现，各家报纸新闻报道竟然有统一的写作模式：

---

① 本章初稿《中国近代公雇访员与专职记者的新陈代谢——以1920—30年代上海新闻业为中心的讨论》发表于《新闻与传播研究》2014年第8期，并曾获香港城市大学媒体与传播系“中国大陆新闻传播青年学者访问项目2012—2013”资助，特此致谢。

② 徐铸成:《报海旧闻》(修订本)，三联书店2010年版，第258页。

③ 张静庐:《中国的新闻记者》，光华书局1928年版，第44页。持此说者甚多，可参见金雄白:《记者生涯五十年》(上)，台湾跃升文化事业有限公司1988年版，第90页；潘公展:《新闻概说》，载黄天鹏编:《新闻学刊全集》，光华书局1930年版，第10页。曾虚白:《新闻纸个性的创造》，载王文彬编:《报人之路》，三江书店1938年版，第40页。

> 昨晚 × 时，有 × 盗侵入 ×× 路 × 号 ×× 家，出枪威胁，吓禁声张，翻箱倒箧，劫得金钱衣物共值 ×× 元，呼啸而去，临行开枪一声，幸未伤人。

大报小报，报道新闻，“每一事也只要把地点、时间、人名调换了事”①。

揆诸实际，似乎确实如此：

> 前晚九时许，有某甲在北市取得账洋二百数十元，行至本城马姚弄口，忽来匪徒二人，上前将甲扭住，用刀吓禁声张，当时将其所取账洋，如数攫取，迨匪去后，甲始报告巡警追捕已无踪迹。(《马姚弄口之抢案》，《申报》1920 年 3 月 1 日。)
>
> 前晚九时许，有某甲，在北市收得账洋二百数十元，行至本城马姚弄口，忽来匪徒二人，上前将甲扭住，用刀吓禁声张，当将其所收之洋攫取，该匪去后，甲始报告巡警追捕已无踪迹。(《马姚弄口之拦劫银洋案》，《新闻报》1920 年 3 月 1 日。)

上海报纸地方新闻报道内容低俗、模式僵化，甚至记叙都完全雷同，其关键原因在于，各家报馆都没有专职记者采访本埠新

---

① 金雄白:《记者生涯五十年》(上)，台湾跃升文化事业有限公司 1988 年版，第 92 页。

闻，本埠新闻全部依靠公雇访员供稿[①]。

二

公雇访员虽名为“各报馆和各通讯社大家雇请的”[②]，其实报馆为了省事省钱，既不给他们支付基本工资，也不给他们提供办公场所，仅给他们一个记者的名义，并且其中只有水准较高者，方可从各报馆获得“记者证”，水平一般者，仅能从名不见经传的小报馆取得一张“记者名片”[③]。公雇访员主要依靠向报馆出售新闻稿件换取微薄稿酬，有的是包月结算，每月取酬数元或数十元，有的是计件付费，每条新闻取酬二角或三角[④]。因为地位卑微，薪酬微薄，兼之采写不入流的社会新闻，所以很难吸引到优秀人才，公雇访员多是喜弄笔杆子，却仅粗通文墨者。他们撰写的新闻稿件，大多如前所举，事实粗略，令人费解；文笔枯涩，读来寡味；新闻写作模式机械呆板，几乎一成不变[⑤]。

在公雇访员给报纸供稿的方式上，当时沪上报人记述各有不同。一种说法是，访员单打独斗采写新闻，分送各家报馆。如金

---

① 可参见时人的论述，以勤:《报坛掌故》，载中国人民政治协商会议上海市虹口区委员会文史资料工作委员会编:《文史苑》(五)，第131页；金雄白:《记者生涯五十年》(上)，台湾跃升文化事业有限公司1988年版，第90页。

② 聂世琦:《新闻记者》，光华书局1933年版，第11页。

③ 马之啸:《新闻界三老兵》，台湾经世书局1986年版，第19页。

④ 以勤:《报坛掌故》，载中国人民政治协商会议上海市虹口区委员会文史资料工作委员会编:《文史苑》(五)，第131页。

⑤ 金雄白:《记者生涯五十年》(上)，台湾跃升文化事业有限公司1988年版，第92页。

雄白说，访员写完新闻，“用复写纸誊成六份，至晚间六七时，转以分送各报，每月博取个固定的稿酬”[①]。另一种说法是，访员结成团体共同为各报馆提供通稿。曾虚白当时观察到，“他们各就各的关系分成几个集团，走法院有法院集团，走捕房有捕房集团，各色市场有各色市场集团，南市有南市集团，闸北有闸北集团，真是五花八门万分复杂。他们惯例，大都到了下午四五点钟，每一个集团都有指定的茶馆，大家吃茶会面，各人拿出自己的新闻凑合在一处，推定一个人编成一个通稿卖给各报馆”[②]。第三种说法，则认为这伙人虽没有固定组织，但三五成群，分工合作，“然后到约定的茶室或鸦片烟馆，交换新闻，抄写成新闻稿。再分别化名，分送所预约的报馆”[③]。以袁以勤为代表的这种说法颇有折中前面两说的意味，但也可能更契合实际情况。首先，公雇访员不正式隶属于任何组织，否则即为专雇职员。同时亦未自行组成固定组织，正如张静庐所说，“这种访事员在供给新闻于各家报馆的一点上，颇有些似通信社的性质，但是个人的，没有如通信社那般的组织了”[④]。其次，公雇访员也不是在新闻界单打独斗。访员小则据一机关，大则占一区域，一日间所发生的新

① 同上书，第 91 页。持此说者还有张静庐，见张静庐:《中国的新闻记者与新闻纸》，现代书局 1932 年版，第 9 页。

② 曾虚白:《曾虚白自传》(上)，台湾联经出版事业公司 1988 年版，第 112 页。包天笑亦持这种观点，见包天笑:《钏影楼回忆录》，中国大百科全书出版社 2009 年版，第 319 页。

③ 以勤:《报坛掌故》，载中国人民政治协商会议上海市虹口区委员会文史资料工作委员会编:《文史苑》(五)，第 131 页。

④ 张静庐:《中国的新闻记者与新闻纸》，现代书局 1932 年版，第 9 页。

闻，全由该访员自己记述[①]。一机关内新闻有限，每则新闻又价值几稀，藉此根本无法养家糊口；而一区域地广事繁，个人采集新闻又奔走不暇，顾此失彼。因此，新闻产制的现实要求以人为不可抗拒的力量促使机关访员联成一体，区域访员则分工采访，积久而成人员稳定、联系松散的协作团体。

公雇访员薪酬微薄，知识窳陋，又无组织归属和集中管理，因此他们很难确定职业身份，形成职业认同，而极易流于道德败坏，常借新闻行敛财纳贿、敲诈勒索之能事。当时的报人就看到，“譬如上海的北市有许多流氓开设一个花会，诱人赌博，只要每天送多少钱给该区域内的访员，那访员就不将这新闻报告报馆。报馆里就没有方法可以晓得，报纸上就永远不会披露。……又譬如在租界临时法院或华界法庭上打了官司，只要当事人肯花钱与该机关内的访员，访员就在许多盗贼奸拐钱债的讼案里抽取你一件讼案，那么第二天的报纸上就不会有你的大名在某一件讼案内了”[②]。并且，公雇访员大多吸食鸦片，染有烟瘾，形销骨立，满面烟容，因而被社会蔑称为老枪访员[③]。

针对公雇访员借新闻行敛财纳贿、敲诈勒索之情况，有的报纸，像《新闻报》“编辑员防弊甚严，如见各报皆有之新闻，本报独无，即须向之严诘，虑其得贿匿报。反之为本报独有，各报

---

① 张静庐：《中国的新闻记者》，光华书局 1928 年版，第 47 页。

② 同上书，第 52 页。

③ 公雇访员与专职记者的新陈代谢是中国报界普遍存在的现象，其在北京的状况可见张季鸾：《追悼邵飘萍先生》，《京报特刊》1929 年 4 月 24 日；其在东北、厦门的情况可参见，王新命：《走过民国初年的新闻史：老报人王新命回忆录》，台湾独立作家出版社 2016 年版，第 22、90、96、221–222、342 页。

皆无之新闻，又须防其索贿不遂而发，常盘究此新闻之来源。如果并无作用，得自秘密传闻，月终应予奖励，酬其勤于采访之劳，否则当场呵斥，不稍假以词色。尤防者，新闻稿尾如有详情俟访明续录等语，难保不意含敲诈，故作此吞吐之词，尤须静察后来，观其究竟”[①]。但这只是极少数知名大报的做派，因其稿酬相对较高，且能按时支付不会拖欠，即使有时细审新闻、严核访员，公雇访员也甘之如饴，趋之若鹜。然而报馆编辑无论如何严诘访员，细验文稿，但其毕竟不在新闻现场，不识消息来源，无法真正核查新闻报道的虚实真伪。确保新闻采写信实主要依靠访员恪守道德，严格自律，而“各埠访员，人格尤鲜高贵”[②]，因此编造虚假新闻或借新闻敲诈勒索之情形时有发生，这导致即使实力雄厚的报馆亦无法有效地控制其新闻产品质量。大多数小本经营的报纸连诘问访员，核查新闻的底气也没有，他们的编辑通常是把公雇访员供给的消息“甚至一字不易地便编入各版的新闻内，于是时常在报端发现不情不实的新闻，似是而非的新闻，欺骗大多数的读者”[③]。

二

上海是中国近代报业最发达的地区[④]，但上海报纸自 1860 年

---

① 孙玉声:《报海前尘录》,《晨报》1934 年，复旦大学图书馆馆藏复印件，转引自王敏:《上海报人社会生活（1872—1949）》，上海辞书出版社 2008 年版，第 165 页。

② 雷瑨:《申报馆之过去状况》，载申报馆编:《最近之五十年》，申报馆 1923 年版，第 27 页。

③ 张静庐:《中国的新闻记者》，光华书局 1928 年版，第 47 页。

④ 姚公鹤:《上海闲话》，上海古籍出版社 1989 年版，第 128 页。

代发轫以来数十年间“在本地，却并无专职的外勤记者”，直至1920年代初各大报馆方始雇佣专职记者采集本地新闻。记者袁以勤感到，“这实在是一种令人费解的现象”[①]。诚然如斯，这其中确有复杂而深刻的原因。

新闻事业史和城市发展史存在着千丝万缕的联系[②]。19世纪中期上海这座古老的三等县城开始步入城市化进程，20世纪初叶逐渐发展成为蜚声国际的现代化大都市，而1920—1930年代是上海城市发展最为迅猛的黄金时代。城市人口规模快速增长，在1920—1935年间上海人口从226万增至370万，15年间增长150万人。市民教育程度大幅提高，在1929—1936年间上海各类学生共有155万人，8年中约有62万人毕业，其中七成留在上海。与此同时，工商贸易繁荣昌盛，大众文化欣欣向荣，四通八达的现代交通与通信网络将城市前所未有地紧密联系在一起[③]。人口规模的快速增长和市民识字率的大幅提高，以及都市社会的兴起，极大地刺激了报纸消费的增加和地方新闻的需求。因此在上海城市演进的高峰时期，上海报纸也呈现出跳跃式的发展。如

① 以勤:《报坛掌故》，载中国人民政治协商会议上海市虹口区委员会文史资料工作委员会编:《文史苑》(五)，第131页。持此说者甚多，可参见，顾执中:《报人生涯——一个新闻工作者的自述》，江苏古籍出版社1985年版，第181页；金雄白:《记者生涯五十年》(上)，台湾跃升文化事业有限公司1988年版，第90页。

② 〔美〕迈克尔·舒德森:《发掘新闻：美国报业的社会史》，陈昌凤、常江译，北京大学出版社2009年版，第86页。

③ 有关上海城市化的数据资料和详细讨论参见，忻平:《从上海发现历史——现代化进程中上海人及其社会生活》，上海人民出版社1996年版；熊月之、周武:《上海：一座现代化都市的编年体》，上海书店出版社2007年版；张仲礼:《近代上海城市研究(1840—1949)》，上海文艺出版社2008年版。

《申报》和《新闻报》的销量从1920年前后的三五万份，增至1930年代初的十四五万份，十年间发行量增长了3倍[①]。正如当时著名报人胡政之所说："本来新闻进化，原在社会进化之前，而吾国则尾社会进展而推移，比如上海申新二报销路已由数千而增至十万以上，此非其自身推进之力，而为社会需要增加之现状"[②]。不仅报纸读者规模与日俱增，而且日益广泛普及到社会各个阶层。"黄包车夫一边捧着报纸阅读一边在等乘客这样的现象也越来越常见了"[③]。

恰在都市社会信息需求急遽增长之时，政府对新闻传播的控制却日趋严密。南京政府成立不久便在上海设立新闻检查所。自晚清以来中国人在租界内出版的报纸从不受中国政府管制，自此开始接受官方检查。南京政府首先强化言论统制，摧锄异见，迫使"上海几家大报的'时评'，大抵言之无物，读者称为《太上感应篇》式的"[④]，甚至有些报刊，如《时报》恐因言罹罪，采取"不论主义"，只有新闻，没有评论[⑤]。在新闻方面，南京政府对军政新闻管控严密，查禁森严，而对社会新闻则网开一面，不加干涉。这一方面造成民国初期以来以采写政治军事新闻著称的特

① 王敏:《上海报人社会生活（1872—1949）》，上海辞书出版社2008年版，第318-319页。

② 胡政之:《中国新闻事业》，载黄天鹏编:《新闻学刊全集》，光华书局1930年版，第245页。

③ 《教务杂志》1925年5月，第293页，转引自徐小群:《民国时期的国家与社会：自由职业团体在上海的兴起1912—1937》，新星出版社2007年版，第48页。

④ 徐铸成:《报海旧闻》（修订版），三联书店2010年版，第97页。

⑤ 郭箴一:《上海报纸改革论》，复旦新闻学会1931年版，第31页。

别访员和新闻通讯的逐步衰落[①]，另一方面则加剧了地方媒体社会新闻的竞争[②]。

基于社会形态和政治局势的深刻变动，长期以来不受重视的社会新闻，当下成为竞争最为激烈的报道领域，而公雇访员新闻采集制度是各报馆在社会新闻方面展开竞争的最大威胁和障碍。在业界，时任上海《商报》本埠新闻编辑的张静庐备感痛苦地说，因公雇访员制度，"各大报的本埠版，大致相同，无法使它（《商报》——引者注）特殊，更无法与别报竞争，编得出色一点"[③]。在学界，复旦大学年轻学子郭箴一通过调查研究，深入细致地分析了公雇访员制度对新闻界造成的恶劣影响。她指出："（1）记载雷同，报纸不易表现其特点。（2）报馆既依赖公雇访稿，鲜为新闻采访上之竞争，足以阻新闻事业之进步。（3）公雇访稿未必为报馆所欲访刊之事件。（4）现在之公雇访员，未必高新闻学识，所以访新闻未必均有新闻价值；且特有敲诈事情，而报馆未之觉。（5）足以养成编辑之惰性。（6）无聊新闻较多发现。"[④]业界与学界都强烈呼吁上海新闻改革急不可待，废除公雇访员制度首当其冲。甚至当时访华的西方报人也意识到这个问题的严重性。1921年美国著名报人、密苏里大学新闻学院院长沃尔特·威廉（Walter Williams）在考察上海新闻界时就指出："访员公雇为新闻业进步之绝大障碍"[⑤]。上海报纸为在新闻竞争中脱

---

① 陶菊隐:《记者生活30年——亲历民国重大事件》，中华书局2005年版，第57页。

② 金雄白:《记者生涯五十年》（上），台湾跃升文化事业有限公司1988年版，第183页。

③ 张静庐:《在出版界二十年》，江苏教育出版社2005年版，第74页。

④ 郭箴一:《上海报纸改革论》，复旦新闻学会1931年版，第53页。

⑤ 同上书，第53页。

颖而出，遂开始雇用专职的新闻记者。

1920年《时事新报》首倡兴革，开始雇佣专职记者，“先以租界会审公堂的公开法庭为采访目标，再逐步扩展。不料刚开始，就遭到老枪访员的阻挠。威胁利诱不成，继之以殴打。闹过多次纠纷，才突破老枪阵营”①。1923年，当顾执中到《时报》报到时，总编金剑花对他说：“《时报》现在不以政治新闻为重”，要他“负责在本市的社会新闻采访”②。金剑花之言不仅表明《时报》新的办报宗旨，亦反映出整个上海商业报纸探索新闻报道的新取向与新空间。顾氏遂成为《时报》第一个也是当时唯一一个专职负责采访本市社会新闻的记者。同年，《新闻报》聘请胡仲持出任专职记者，且如胡氏所说：“当时我是新闻馆唯一的外勤记者”③。而《申报》专职记者的出场极富传奇色彩，似乎本身便是一则耸人听闻的新闻。同样是在这一年，《申报》编辑康通一身陷震惊中外的“临城劫车案”，他脱险后根据亲身经历所撰写的新闻“临城劫车案”轰动一时，因而由编辑转为记者④。至此，上海四大报的专职记者悉数登场。在1920年代中后期，上海滩已有数十名专职新闻记者活跃在各个新闻现场。正是在此时此

---

① 以勤：《报坛掌故》，载中国人民政治协商会议上海市虹口区委员会文史资料工作委员会编：《文史苑》（五），第131页。

② 顾执中：《报人生涯——一个新闻工作者的自述》，江苏古籍出版社1985年版，第180-181页。

③ 胡仲持：《最有进益也最有兴味的一年》，载王文彬编：《报人之路》，三江书店1938年版，第158页。

④ 《国内专电》，《申报》1923年5月9日；《本报采访部主任康通一昨日作古》，《申报》1932年4月7日；道听：《悼康通一君》，《晶报》1932年4月9日；凤凰：《悼康通一君》，《礼拜六》1932年4月16日。

地，沪上报人潘公展颇为骄傲地说："现在是访员的时代——新闻的时代，而不是意见的时代"①。

三

上海都市生活世象万千，瞬息万变，不仅需要记者眼光敏锐和思维灵活，善于发现和捕捉快速变化的复杂现代社会生活，并且要求记者具有广博的知识和高超的写作技巧，能将五彩缤纷、扑朔迷离的都市社会迅速简明地呈现给读者②。尽管最早在上海报界登场的专职记者们多是中学毕业生，学历不高，但能力不低。如毕业于东吴大学第二中学的顾执中文章写得流畅，英文讲得流利，必要时还能速记，后来又学会摄影，且在上海租界各个部门拥有丰厚的人脉资源，出任《时报》记者，采写各类新闻，均能铮铮佼佼，迅即声名鹊起③。上海都市生活报道需要专职记者，而这些出色的专职记者群体的出现使新闻报道的领域日渐拓宽，报道的内容日益丰富。上海各大报纷纷开设、增辟新闻专刊专栏，如《申报》增辟"教育消息"（1924 年）、"商业新闻"（1924 年）、"艺术界"（1925 年）等各类新闻专刊专栏。公雇访

---

① 潘公展:《新闻概说》，载黄天鹏主编:《新闻学名论集》，上海联合书店 1930 年版，第 9 页。

② 有关 20 世纪二三十年代上海都市生活变化和繁华的相关详细研究可参见，〔美〕李欧梵:《上海摩登：一种新都市文化在中国 1930—1945》，北京大学出版社 2001 年版；任玲玲:《打造消费天堂：近代上海城市文化与百货公司》，社会科学文献出版社 2018 年版。

③ 顾执中:《报人生涯——一个新闻工作者的自述》，江苏古籍出版社 1985 年版，第 181-182、305 页。

员目光狭窄、知识寡陋，仅能采写劫盗灾变之类的市井琐闻，且文笔孤陋，“即那些本来可以引起读者兴趣之社会新闻亦经拙劣之文笔记述，变为非常可厌”①。他们不仅在采访写作上无法与专职记者抗衡竞争，亦逐渐无法满足现代报纸丰富而复杂的新闻内容需求。

与新闻报道领域扩大相伴而随的是新闻报道领域的专业化，前者是新闻在面上的拓展，而后者是新闻在点上的深化，两者都是都市社会兴起的客观反映和必然要求。以体育新闻为例，袁以勤说：“1921 年，第 5 届远东运动会在上海举行，各报社对体育新闻倍加重视。而这班老枪访员，对体育则几乎是门外汉，更促其全线崩溃”②。袁以勤所谓的公雇访员“全线崩溃”，如果是指公雇访员从此被报界完全淘汰，似不确；而如果是说公雇记者不能胜任体育报道，采写稿件全不合格，在体育新闻领域被彻底淘汰，则确是事实。但自此体育新闻引起各报高度重视，沪上大报开始添设专职的体育新闻记者，建立起专门化的体育记者队伍。当到第 8 届远东运动会（1927 年）时，“体育新闻方步入发达途径。记载既多描写，消息亦甚详尽”③。正是当时体育、教育、艺术等专门性新闻报道的兴起，或者说新闻报道专业化的发展，在要求记者具备广博知识的基础上，还要求记者对某些领域具有相当专深的研究，谙熟其情形，洞悉其规则，能将其专业动态深入

① 郭箴一：《上海报纸改革论》，复旦新闻学会 1931 年版，第 63 页。

② 以勤：《报坛掌故》，载中国人民政治协商会议上海市虹口区委员会文史资料工作委员会编：《文史苑》（五），第 132 页。

③ 袁琮：《我国体育新闻之沿革与采访》，载王文彬编：《报人之路》，三江书店 1938 年版，第 209—210 页。

浅出、生动活泼地报道给普罗大众。正如当时沪上知名新闻学者谢六逸所指出的，报纸要能够“把政治、经济、文学、艺术、科学、运动等专门的知识和技术，使之通俗化，使之民众化”①。对各类专业知识一窍不通的公雇访员连同其一成不变的新闻报道模式，在新闻报道职业化浪潮的冲决涤荡之下，渐次淘汰。

随着新闻产需的巨量增长，在专职记者登场后的几年，各报不断扩充新闻记者队伍。《新闻报》因专职记者人数较多，遂于1926年在上海各报中首先设立采访科，成员有蒋剑候、杭石君、方菊影、李祖唐、蒋宗义，吴之屏为主任②。《申报》紧随其后在1927年成立采访部，记者有金华亭、詹天慰、张君璞、章旦华、王怡庵、孙恩霖、顾俨，主任为康通一③。《时报》最晚在1928年亦建立采访部，聘请记者雷筱馥、蒋宗道、邵益滋、陈大凡、许心一、方剑云等多人，金雄白时为主任④。《时事新报》所聘的记者为叶如音、周考谔、胡憨珠、杭石君、朱雨轩、葛祖泽等，周孝庵任采访主任⑤。各报采访科的成立不仅标志着公雇访员与专职记者的新陈代谢逐渐步入高潮，而且也意味着报馆新闻采访开

① 谢六逸:《新闻教育的重要及其设施》,《教育杂志》第22卷第12期，1930年，载龙伟等编:《民国新闻教育史料选辑》，北京大学出版社2010年版，第25页。

② 郭箴一:《上海报纸改革论》，复旦新闻学会1931年版，第20页；顾执中:《报人生涯——一个新闻工作者的自述》，江苏古籍出版社1985年版，第248页。

③ 以勤:《报坛掌故》，载中国人民政治协商会议上海市虹口区委员会文史资料工作委员会编:《文史苑》(五)，第131页。

④ 金雄白:《记者生涯五十年》(上)，台湾跃升文化事业有限公司1988年版，第119、222页。

⑤ 何思诚:《上海〈时事新报〉从研究系落入国民党手中的演变概要》，载中国人民政治协商会议全国委员会文史资料委员会编:《文史资料选辑》(第36辑)，中国文史出版社1999年版，第137页。

始实现组织化和系统化，新闻采集模式发生重要变化。以《新闻报》为例，其一，采访科实行白天和黑夜两班轮值制。白班记者负责采写新闻的时间以子夜 12 点为止，“从子夜 12 点起至翌日晨报纸出版时止，在这六七个小时中，如有事发生，其消息概由值夜班的记者负责”。采访科内放置一张行军床供值班记者休息，但记者“每逢值夜班之期，从子夜到 3 点，必须警惕戒备，未敢高枕而卧。3 点以后，离报纸出版的时间愈近，就愈可打开铺被，在行军床上睡三四小时，如有消息，就从床上跳起来，设法在最迅捷的时间内采访消息，写成稿件，赶快交编辑部发排”[①]。其二，建立起遍布上海主要党政机关、车站码头、医院学校的新闻采集网络，且新闻记者条线分工明确，各司其职。其三，积极更新新闻采集工具，在采访部安装电话既可接听市民新闻报料，亦可利用电话进行新闻采访和传递消息；为采访部配制汽车使记者能以最快速度赶赴新闻现场和发回新闻报道；在采访部设置电台监听租界巡捕、消防通信，以便第一时间到达火灾或盗劫地点，报馆记者为争抢新闻甚至有时比巡捕和消防队员到得还要早。其四，建立新闻采集奖惩制度，在采访科之外增设考核科，专门负责比较各报新闻报道，本报记者挖到独家新闻则予以表扬和奖励，倘若脱漏重要新闻则给予警告甚至处罚[②]。如当时已从《时报》跳槽至《新闻报》的顾执中每天早晨六七点在床上醒来，便

① 顾执中:《报人生涯——一个新闻工作者的自述》，江苏古籍出版社 1985 年版，第 251 页。

② 陶菊隐:《记者生活 30 年——亲历民国重大事件》，中华书局 2005 年版，第 67-68 页；亦可参见，《新闻报馆沿革及用人契约和职工总材料》，见《新闻报馆记者职工被捕材料》，上海档案馆，馆藏编号 Q430-1-173。

急忙把当天的各报新闻浏览一番，挖到独家新闻则喜，欣然蒙头再睡；遗失重大新闻则忧，惶惶不可终日[①]。新闻采集时间延长，新闻采集速度加快，新闻采集网络扩宽，新闻采集工具更新，新闻采集管理规范，这种组织化和系统化的新闻采集模式使上海报业新闻产制能力和水平迈入崭新的历史发展阶段。在上海各大报快速、高效、规范的现代化新闻采集系统面前，公雇访员道听途说、口耳相传式的陈旧新闻采集方式丧失了竞争力，注定要退出新闻历史舞台。专职记者除了与公雇访员在采集新闻方面展开竞争外，各报专职记者之间的竞争日趋激烈，如《新闻报》的顾执中与《时报》金雄白为争抢新闻，从戟指怒骂到操戈相向[②]。这些上海大报记者争抢新闻的故事，甚至成了许多小报热炒的新闻。沪上记者新闻竞争之激烈，由此可见一斑[③]。专职记者个体之间的充分竞争促进了专职记者整体新闻生产力的提升，增强了专职记者群体与公雇访员群体的竞争力，加速了淘汰公雇访员的步伐。

上海是中国新闻专业教育最发达的地区之一，除圣约翰大学、复旦大学、南方大学、国民大学设有报学或新闻学系外，大夏大学、光华大学、上海商学院等还开设有新闻学课程或新闻专修科，此外还有专科层次的民治新闻专科学校，职校性质的上海中华职业补习学校新闻班，函授类型的申报函授新闻学校。在

---

① 顾执中:《报人生涯——一个新闻工作者的自述》，江苏古籍出版社 1985 年版，第 186、251-252 页。

② 金雄白:《记者生涯五十年》(上)，香港吴兴记书报社 1975 年版，第 143-144 页。

③ 顾执中:《报人生涯——一个新闻工作者的自述》，江苏古籍出版社 1985 年版，第 296 页。

1920—1930年代的上海，“可以说是报学教育一时之盛”①。沪上新闻专业教育的出现与专职记者的登场几乎并时而发，貌似偶然，实有必然。对公雇访员知识浅陋，道德败坏的深切反思和深刻批判是新闻专业教育发轫的重要原因之一。如顾执中就是因感到“现有的新闻界的力量太脆弱、太朽旧，难以负起其应尽的责任”②，而发起创办了民治新闻专科学校。1931年，《时事新报》与沪江大学商学院合办新闻学训练班，亦是期“以新闻学的理论，和报馆实际的训练并重，俾养成新闻事业专门人才为目的”③。新闻院校生产与传播的“专业知识是一种职业建立社会封闭与增强其社会地位的基础”④。沪上新闻界的著名报刊、知名记者与教育界共同占有了新闻专业知识的生产和传播，以期对内提高记者职业准入和专业标准，对外提升记者的职业声誉和社会地位，将新闻业塑造成，正如南方大学报学系所宣称的“报业高尚之职业也”⑤。同时，藉此将缺乏专业知识、败坏职业声誉的公雇访员逐步排斥在报业之外，并为替换公雇访员持续稳定地提供具有优异专业素养和职业道德的人力资源。时人钱鹤在对复旦大学新闻学系学生的演讲中就表达出社会给予新闻专业教育的殷切期

① 袁昶超:《中国的报学教育》,《报学杂志》第1卷第5期，1948年，载龙伟等编:《民国新闻教育史料选辑》，北京大学出版社2010年版，第246页。

② 顾执中:《报人生涯——一个新闻工作者的自述》，江苏古籍出版社1985年版，第233页。

③ 胡道静:《上海新闻事业之史的考察》，上海通志馆1935年，第71页。

④ 〔英〕马立克·科尔钦斯基等主编:《工作社会学》，姚伟、马永清译，中国人民大学出版社2012年版，第204页。

⑤ 戈公振:《中国报业教育之近况》,《国闻周报》第3卷第10期，1926年，载龙伟等编:《民国新闻教育史料选辑》，北京大学出版社2010年版，第4页。

望。“中国的新闻事业，倘使没有专门的人才去干，一般学识不佳的记者，往往被目为文丐和无聊的文人，故社会之有厚望于诸位的，甚形迫切”[①]。新闻专业教育发轫之后，一些锐意革新的报馆开始乐于雇佣受过新闻专业教育的人才。张君良在1934年观察到，“近年以来，由于报界本身的觉悟，进步点的机关中，尽力地在罗致健全的新闻人才，差不多成了供不应求的趋势”[②]。绝大多数到报馆工作的新闻院校毕业生都是从记者开始做起。复旦大学新闻学系自1930年起共培养出8届41名毕业生，其中到报馆、通信社工作的有22人，几乎全部都是从事新闻采写的专职记者（21人）[③]。

上海新闻记者职业团体起源于1921年的上海新闻记者联欢会，起初是以报刊主笔、编辑为主体的组织，但几经沿革至上海新闻记者联合会（1927年）、新闻记者公会（1932年）时期，记者逐渐成为其中坚力量，前文所提到那些知名记者多襄助其事，位居要职。这个自发组成的职业团体其根本目的就是以组织化力量共同争取、维护和扩大记者职业群体的利益与声望。如上海日

① 钱鹤先生讲、杜绍文笔记:《教育与报纸的关系》，载黄天鹏:《新闻学演讲集》，上海现代书局1931年版，第145–146页。

② 张君良:《新闻教育机关与报业协作》,《报学季刊》第1卷第1期，1934年，载龙伟等编:《民国新闻教育史料选辑》，北京大学出版社2010年版，第49页。

③ 《新闻教育机关概况》,《报学季刊》第1卷第2、3期，1934年与1935年，载龙伟等编:《民国新闻教育史料选辑》，北京大学出版社2010年版，第96–99页。复旦大学于1925年创设新闻系，1929年更名为新闻学系。相关详细讨论可参见，梁德学、马凌:《复旦大学新闻学系的孕育、创建与早期建设（1924—1931）》,《新闻大学》2019年第10期，第106–122页。本文提到该系时，如果涉及具体历史语境会根据其当时的名称，称其为复旦大学新闻系或者复旦大学新闻学系；如果不涉及具体情境，只是一般性概述，则统称为复旦大学新闻学系。

报记者公会宣称其宗旨是“巩固同人之团结，共谋本身之福利，保障职务上之自由与安全，促进报业之进步”[①]。美国社会学家哈罗德·L. 威伦斯基（Harold L.Wilensky）在描绘专业团体活动时指出：“专业团体中的活动家们主要把精力投入到许多精神性的探索和建设活动中，如这个职业是否为一个专业，专业性任务是什么，如何提高员工素质，等等。与之相伴的是一场将不合格者从能够胜任专业要求者中分离出来的运动。这包括进一步界定最本质的专业任务，不同背景的从业者职业内部冲突的升级，以及和从事相似工作的圈外人的一些竞争”[②]。上海新闻记者职业团体通过开展新闻学术研讨，砥砺新闻记者职业道德，保障新闻记者合法权利，提升新闻记者社会地位等活动举措[③]，不仅努力为专职记者锻造一个超越其隶属报馆服务承诺，具有共同职业意识和职业认同的专业共同体，而且试图藉此来协调和约束新闻记者群体的职业道德和职业实践，同时借助这个职业团体整合全体记者力量以集体行动的方式，划清与公雇访员的界限，加强与公雇访员的竞争，从而迅速有力地拉大与公雇访员，即“从事相似工作的圈外人”的差距，进而将公雇访员从新闻记者群体中“分离”出去。

20 世纪二三十年代的上海，都市社会的迅猛演进和新闻事业的快速发展催生了专职记者，专职记者群体出现后凭借优异的

---

① 《上海日报记者公会开成立会》，《益世报》1927 年 4 月 4 日。

② Harold L.Wilensky, “The Professionalization of Everyone?” *The American Journal of Sociology*, Vol.70,No.2 (Sep.,1964), pp.137–158.

③ 有关上海新闻记者职业团体活动的详细讨论可参，赵建国、朱颖：《上海新闻记者联欢会与近代新闻业的职业化》，《新闻与传播研究》2009 年第 3 期，第 33–41 页。

个人专业素养，依靠报馆系统化的新闻采集模式和报界组织化的新闻职业团体，以及与学界共同建立的制度化专业知识产制系统，迅速增强了与公雇访员的竞争力，加速了专职记者取代公雇访员的历史步伐。几乎与此同时，上海的法律、经济、医学等许多现代职业领域都掀起专业化演进的高潮[①]，记者职业专业化与律师、会计、医生等现代职业专业化具有共同的社会基础和相似的理想追求，记者职业专业化是中国现代职业专业化运动的重要组成部分，并在这股奔涌向前的历史潮流中获得发展和壮大。

四

专职记者迅速登场，但公雇访员却缓慢谢幕，两者之间的新陈代谢是一个漫长而复杂的过程。张静庐在 1928 年出版的《中国新闻记者》中指出："上海有几家报馆，仍旧以新闻社和访员供给的新闻为唯一的新闻来源"[②]。1932 年，曾虚白筹办《大晚报》时，曾专门调研各报的新闻采集网络，"经过两个星期摸索的结果，我们发现上海各报的采访，除掉了政治新闻各报各有一两个记者活动之外，其他新闻都由一班与报馆无关的游民（即公雇访员——引者注）垄断包办了去的"[③]。藉此可见，在 1930 年代初期上海报纸已建立起初具规模的专职记者队伍时，公雇访员群体仍然活跃在新闻界，并依然具有不可小觑的影响与力量。

---

① 相关详细讨论可参见，徐小群:《民国时期的国家与社会：自由职业团体在上海的兴起 1912—1937》，新星出版社 2007 年版。

② 张静庐:《中国的新闻记者》，光华书局 1928 年版，第 44 页。

③ 曾虚白:《曾虚白自传》（上），台湾联经出版事业公司 1988 年版，第 112 页。

首先，是因为当时上海新闻需求数量巨大，专职记者人数有限，公雇访员仍有活动空间。1920年以后，只有以《申报》《新闻报》《时事新报》《时报》四大报为代表的“经济比较有办法的报馆，始有在外采访消息的外勤记者”[①]。对于那些资金紧张、经济困难的二三流报纸来说，即使有心，实也无力聘请专职记者，但毕竟“现在是访员的时代——新闻的时代，而不是意见的时代”，办报不能没有新闻，因此它们大多依赖通讯社和公雇访员供给的新闻稿来填充版面，而通讯社又不采集刊布社会新闻，所以它们只有依靠公雇访员来采写报道地方新闻。从报界整体来看专职记者人数少，其中出类拔萃者更是凤毛麟角。时人指出：“国内无论那一家报馆，都犯着外勤太少的毛病，甚至内勤与外勤之差为十比一二”[②]。据1935年申时电讯社进行的全国新闻工作人员调查显示，上海有342名报人，除去通讯社的新闻记者以外，在报馆中专职从事采访工作的新闻记者只有20人，仅为总数的1.1%[③]。尽管这份统计名单并不完备，遗漏了许多报人，但记者与主笔、编辑等其他报馆工作人员比例悬殊，充分说明上海报人中从事采写工作的专职记者为数甚少。更为糟糕的是，这个群体人数不多而成员又良莠不齐。正如民国记者唐克明所说：“访员一职到现在乃成为新闻事业中的重要份子，但现在我国访

---

① 顾执中:《报人生涯——一个新闻工作者的自述》，江苏古籍出版社1985年版，第247页。

② 林仲易:《改良社会新闻与多聘外勤记者》，载王文彬编:《报人之路》，三江书店1938年版，第49页。

③ 详细名单见，李开军:《中国记者历史专题研究》，山东文艺出版社2009年版，第266−354页。

员尽多，而其中的优秀分子却不多见”[①]。1920年代上海专职记者中当行出色、头角峥嵘的似乎也只有《申报》的金华亭、《新闻报》的顾执中、《时事新报》的叶如音和《时报》的金雄白，他们被称为上海外勤记者中的“四大金刚”，但正如身膺“四大金刚”之列的金雄白所说：“这非但是蜀中无大将，廖化作先锋，浪得虚名，也可说是村中无虎狗为王。”[②]这当然是自谦之辞，但也有几分确属事实。

其次，上海大报虽然开始雇佣专职记者，但重视不足，投入有限，妨碍了专职记者群体的自身发展和社会影响。这主要表现在：新闻记者薪酬不高，在报馆地位低微。上海“各报馆的对待外勤记者，不但没有优越的供应，丰厚的报酬，甚且视其职务的地位，为隶属于某一部编辑之下的役使者，……视为无足轻重”。以至于“凡是新闻记者，几乎无不是为了生活的压迫而不得不别谋营生的”[③]。即使顾执中凭借出色的采访报道已经在新闻界声名鹊起，但在《时报》馆的待遇却不尽如人意，对此他颇为抱怨地说：“可是我的职务，我的工资在三年之中，未有所提高”[④]。顾执中不得不在报馆外兼职景林夜中学校长、英文《中国日报》社长等。上海各报雇佣专职新闻记者主要是为采集社会新闻，但报馆又吝于在社会新闻采编上大力投资。不仅当时“国内任何

① 唐克明：《采访记者的工作》，载王文彬编：《报人之路》，三江书店1938年版，第120页。

② 金雄白：《记者生涯五十年》（上），台湾跃升文化事业有限公司1988年版，第133页。

③ 张静庐：《中国的新闻记者》，光华书局1928年版，第46页。

④ 顾执中：《报人生涯——一个新闻工作者的自述》，江苏古籍出版社1985年版，第239页。

报馆调查它的预算，或是实际支出账目，用于社会新闻的款项，必不及政治新闻五十分之一”[①]，而且“采集社会新闻为新闻界中低级之职务”[②]，各报馆跑社会新闻的都是初出茅庐的年轻记者。正是对社会新闻根深蒂固的轻视，导致报馆本为采集社会新闻而专雇的新闻记者在报界站稳脚跟后，纷纷转向采写政治新闻。

再次，在二三十年代，虽然上海新闻专业教育可谓“一时之盛”，但这只是与全国其他地区比较而言，就其教学设施、课程编配、师资力量而言，“新闻学一科，还幼稚得很。毕业出去的，少不了有些是粗制滥造的”[③]。更为棘手的是，除一些“进步点的”报纸乐于雇佣新闻专业毕业生之外，大多数报馆对新闻专业教育缺乏了解和信任。正如当时复旦大学新闻学系主任谢六逸遗憾地指出：“在报馆主持人之心理……尤觉新闻学校毕业之学生，希望过奢，志气太高，患其调动不易；或恐其滥作高论，提倡改良，影响营业”[④]。这就造成民国知名报人赵君豪所观察到的尴尬情形，“考我国各地报纸所用人员，来自新闻学校者，不足百分之一”[⑤]。当然，上海报馆中的新闻专业毕业生肯定要高于这一比例，但占比可能亦不容乐观。同样，对于上海新闻记者职业团

① 林仲易：《改良社会新闻与多聘外勤记者》，载王文彬编：《报人之路》，三江书店1938年版，第49页。

② 邵飘萍：《实际应用新闻学》，载肖东发、邓绍根编：《邵飘萍新闻学论集》，北京大学出版社2008年版，第46页。

③ 郭步陶：《造就新闻人才和办理新闻事业有彻底合作的必要》，《新闻学期刊》，复旦大学新闻学会1935年版，第8页。

④ 转引自惜莹：《新闻教育问题》，《报学季刊》第1卷第3期，1935年，载龙伟等编：《民国新闻教育史料选辑》，北京大学出版社2010年版，第84页。

⑤ 赵君豪：《中国近代之报业》，申报馆1938年版，第200页。

体，《申报》批评道："我国新闻记者的团体组织，还幼稚得很，就那些已经成立的团体来说，……往往无法拒绝任何假冒的新闻记者的加入"[①]。"我们不能否认目前以记者为职业的手续，有时太不严格了，做了记者以后，受同业的监督程度也太不够了"[②]。藉此评论来看，不仅有公雇访员加入上海新闻记者职业团体，该组织成员鱼龙混杂，而且上海新闻记者职业团体对其成员的职业活动缺乏约束力，该组织提出的旨在加强新闻记者职业道德和业务能力建设的规章制度落实乏力。这使上海新闻记者职业团体在推进专业化发展上虽有所为，但作为有限。新闻专业教育和新闻职业团体虽致力于推动新闻记者的专业化建设发展，但由于它本身尚属幼稚，所以在实际活动中常力不从心，这一定程度弱化了它们在专职记者淘汰公雇访员过程中的效力和效果。

正是因为上述层层困境的束缚，不仅制约了记者新闻生产力的充分发展，而且也限制了记者在与公雇访员的角逐中全面发挥其竞争力。尽管上海新闻记者淘汰公雇访员的征程荆棘载途，颠簸踯躅，新闻专业教育、新闻职业团体等推助其发展的力量尚为幼稚，但它们都在克服困境中不断前行，它们协同共进形成的合力终使新闻记者与公雇访员的新陈代谢，新闻职业实现专业化成为时代发展之趋势。1930年《时事新报》周孝庵在上海观察到，"各报公雇访员既日见淘汰，专雇之外勤记者日渐增加，'新闻网'亦日见撒布而展大"[③]。民国著名报人郭步陶放眼全国亦谨慎而乐观预测，"现在中国的报馆，还在过渡时期。老班的编辑员，

---

① 《申报》，1936年8月23日。

② 同上，1936年12月25日。

③ 周孝庵:《最新实验新闻学》，时事新报馆1930年版，第3页。

还占着重要的位置。老枪的新闻记者，还散布在国内各要地。但是馆内外各部分，已渐渐参了一些份子，好像倾于新的门径，不久就要打开”[①]。

① 郭步陶:《造就新闻人才和办理新闻事业有彻底合作的必要》,《新闻学期刊》，复旦大学新闻学会 1935 年版，第 9 页。

第二章
传、帮、带：新闻记者的职业社会化与组织社会化[①]

20 世纪二三十年代，新闻教育“还远处于幼稚的时代”[②]，当时“考我国各地报纸所用人员，来自新闻学校者，不足百分之一”[③]。因此，在推进记者职业社会化过程中，一些知名新闻报馆发挥着关键作用。正如金雄白形容他初进《时报》工作，“正像梨园子弟的进入科班”[④]。于友说起他工作过的《立报》，则满怀敬意和感激地称之为“我的大学”[⑤]。上海圣约翰大学毕业的高材生邹韬奋甚至认为新闻报馆给予他的教益远高于新闻院校，“我

① 本章初稿《传帮带：新闻记者的职业社会化与组织社会化——以〈大公报〉为例》发表于香港《传播与社会学刊》2016 年第 4 期，并曾获香港中文大学新闻与传播学院“第八届传播学访问学者计划”资助，特此致谢。

② 张君良:《新闻教育机关与报业协作》,《报学季刊》第 1 卷第 2 期，1935 年，载龙伟等编:《民国新闻教育史料选辑》，北京大学出版社 2010 年版，第 60 页。

③ 赵君豪:《中国近代之报业》，申报馆 1938 年版，第 200 页。

④ 金雄白:《记者生涯五十年》(上)，台湾跃升文化事业有限公司 1988 年版，第 124 页。

⑤ 于友:《记者生涯缤纷录——献给传媒后来人》，新华出版社 2002 年版，第 220-223 页。

在时事新报馆工作的一年，是我生平更有意义的‘练习’的时期。我常觉得我的这一年的‘练习’，比进什么大学的新闻科都来得切实，来得更有益处”[①]。

《大公报》是民国时期“中国最好的报纸”“全国的舆论权威”[②]，而负责报馆人事大权的总经理胡政之，一般情况下“从不录用那些已经成名的人，认为这种人很可能要一阵就走，于事业无补。他看中的是可以培养造就的新秀，给予充分的机会在实践中锻炼成长”。[③]但胡政之又深刻地意识到培养优秀新闻记者是极具困难的，他指出，“俗话说，三年可以出个状元，而不能出一个唱戏的叫天。我说十年可以出个叫天，而不能出一个好的新闻记者”[④]。这表明《大公报》从1926年续刊，迅速异军突起，在成长为民国最著声誉的报纸的过程中形成了颇具特色且极富成效的“传、帮、带”制度和实践[⑤]，在推动民国新闻记者职业社会化方面做出了卓尔不群的突出贡献。恰如《大公报》出身的著名报人徐铸成所说：“在培养新闻界人才方面，《大公报》可以说是一个‘科班’。新中国成立以前，从这个‘科班’出身的，该不

---

① 邹韬奋:《经历》，三联书店2004年版，第184—185页。

② 胡适:《后生可畏》，《大公报》1930年5月22日。

③ 詹若文:《报业全才胡政之与〈大公报〉》，载胡玫、王瑾编:《回忆胡政之》，天津人民出版社2009年版，第103页。

④ 胡政之:《在重庆对编辑人员的讲话》(1943年7月5日)，载王瑾、胡玫编:《胡政之文集》(下)，天津人民出版社2007年版，第1082页。

⑤ 曹世瑛:《从练习生到外勤课主任》，载周雨编:《大公报人忆旧》，中国文史出版社1991年版，第125页。

下于'燕京'和'复旦'的新闻系罢"[①]。

本章主要讨论《大公报》"传、帮、带"制度和实践，试图通过深描一个典型个案，由点带面地描述和勾勒出民国报人职业社会化以及组织社会化的深刻内涵、丰富情形及其显著特征。

一

新闻采写既是界定记者职业属性的专业知识基础，又是决定记者职业成就的核心专业技能，因此是"传、帮、带"的首要内容。天津《大公报》报馆起初是由采写编评样样当行出色的何心冷来专门负责"传、帮、带"招考进来的练习生的。1928 年中学毕业考入《大公报》做练习生的曹世瑛回忆说，当时，他"每天出去采访消息，回到报馆写成报道，交给何心冷。何心冷边讲评边修改，然后加上标题送给本市新闻编辑"[②]。新闻采写知识可分为显性知识和隐性知识，前者指新闻采写的基本知识和一般规则，后者是记者在经年累月的新闻实践中摸索、创获和积累下来的具有高度个性化和创造性的新闻产制心得与诀窍。记者的采写能力来自其显性和隐性新闻采写知识的相互勾连和彼此激发。在

① 徐铸成：《旧闻杂忆》（修订版），三联书店 2009 年版，第 105 页。燕京大学于 1924 年创立报学系，一度停办，1929 年恢复办学并更名为新闻学系。相关详细讨论参见，林牧茵：《移植与流变——密苏里大学新闻教育模式在中国（1921—1952）》，复旦大学出版社 2013 年版，第 126–154 页。本文提到该系时，如果涉及具体历史语境会根据其当时的名称，称其为燕京大学报学系或者燕京大学新闻学系；如果不涉及具体情境，只是一般性概述，则统称为燕京大学新闻学系。

② 曹世瑛：《从练习生到外勤课主任》，载周雨编：《大公报人忆旧》，中国文史出版社 1991 年版，第 125 页。

全面系统地掌握显性知识的基础上，自由灵活地发挥隐性知识是最终决定记者采写水准的关键。[①] 何心冷在这里不仅向曹世瑛讲授显性新闻采写知识，更为重要的是，何心冷通过讲解、评析、修改、润饰，将自己在新闻编写时如何命题立意、谋篇布局、遣词造句等深嵌在其独特心智活动和具体操作情境中内在的、复杂的、抽象的隐性新闻采写知识，加以显性化、清晰化、具象化，传教给曹世瑛。曹世瑛则在旁仔细观摩、专心揣摩，然后勤加练习、反复实践，将何心冷讲授的显性知识与启发的隐性知识内化为采访心得，转化为写作诀窍。恰如曹世瑛自己感到，这样“通过讲评批改，提高了写作能力，也学着怎样当编辑”[②]。正是在何心冷的悉心传授、全力帮助和热忱带领之下曹世瑛获得长足进步，很快便能适应报馆工作环境，胜任新闻工作要求。与曹世瑛中学同学，并同期考入《大公报》做练习生的孔昭恺也深怀感激地说:“在这段时间里，我受他（何心冷——引者注）的教益颇多”[③]。当然，“传、帮、带”新闻采写知识，特别是隐性新闻采写知识，既需传者诲人不倦，亦要受者学而不厌，对传授双方都提出很高的要求。因此，“《大公报》挑选用人都录取那些可以栽培的材料。如发现谁个不称职，便断然解聘”[④]。

对于从中学生中招考进来从未接触过新闻的练习生，《大公

---

① 有关显性知识（explicit knowledge）与隐形知识（tacit knowledge）的详尽讨论可参见，俞振华:《人类知识的默会维度》，北京大学出版社 2012 年版，第 15-68 页。

② 曹世瑛:《从练习生到外勤课主任》，载周雨编:《大公报人忆旧》，中国文史出版社 1991 年版，第 127 页。

③ 孔昭恺:《旧大公报坐科记》，中国文史出版社 1991 年版，第 7 页。

④ 李纯青:《笔耕五十年》，三联书店 1994 年版，第 521 页。

报》通常安排专人通过规范的、系统的“传、帮、带”方式全面传授新闻采写知识，而对于初具新闻采写知识的大学生，或已有相当新闻采写能力的新同人，报馆则是针对个人禀赋和条件，采取针对性、随机性的“传、帮、带”方式，重点传授隐性新闻采写知识。徐铸成进入天津《大公报》后，胡政之和张季鸾常向他讲授采访“关键在哪里？哪些虽是新发生的事，而不值得采访？”随后，当徐铸成开始试跑政治新闻时，张季鸾“每次必详细交代任务，此行重点注意哪些方面，哪里可能会发生什么变化，该找什么人去了解真实情况”。徐铸成说：“在胡、张的指引下，我心领神会，在冯、阎合作反蒋以及两广组织反蒋政府时，曾采访过不少内幕的‘独家新闻’”，从此开始在报界崭露头角。而后，张季鸾又培养他如何写评论，徐铸成回忆说张总是孜孜不倦和他“谈论写评论的‘要诀’”[①]。胡政之，尤其是张季鸾将自己毕生淬炼积淀的新闻采写“关键”、新闻评论“要诀”等隐性新闻采写知识，耳提面命，悉相传授给徐铸成，徐氏不仅心领神会，而且随即加以出神入化的创造性运用，迅速成长为享誉大江南北的一代著名报人。如果说《大公报》“不下于‘燕京’和‘复旦’的新闻系”，其所能赋予报人“燕京”和“复旦”所不能传授的，可能就是这种隐性新闻知识。所以，北京大学毕业后加入《大公报》的许君远满怀感激且充满自豪地称“《大公报》是我的研究院”[②]。

此外，《大公报》在“传、帮、带”中继承发扬了中国儒家

---

① 徐铸成：《报海旧闻》（修订版），三联书店2010年版，第96–98页、274页。

② 许君远：《糊里糊涂地进了新闻界》，载眉睫、许乃玲编《读书与怀人：许君远文存》，中国长安出版社2010年版，第200页。

传统优游浸润式的教育模式。报馆同人，作息行止，朝夕相守，前辈报人只要有感而发，立刻随时指点，后辈报人经由耳濡目染，逐渐潜移默化。张季鸾和胡政之无论在紧张工作之中，还是消闲娱乐之暇，总是无时无刻、随时随地给予记者有形无形的传授、帮扶、带教。老同仁王芸生深有体会地说，“每次见到季老（张季鸾——引者注），与他谈话，必能得到新的启发”①。而新同事李侠文领会到在胡政之看似海阔天空的闲谈中“每一段话都包含着经验和启示”②。同人们普遍深切理解到他们教诲青年，提携后进的热切和苦心，“他在谈话里恨不得把他所有的经验都告诉你，希望你立即成为一个得力的新闻记者”③。张、胡率先垂范在报馆内形成前辈后进、行家新手之间“传、帮、带”的风气和惯习，人人尽责，代代传承。李侠文指出，正是“这种爱护提携青年的热情，使报馆不断发生新陈代谢的作用。老同事曹谷冰、金诚夫、李子宽、王芸生等一直是这样在做的”④。许多大公报人在多年后回忆起张季鸾、胡政之以及其他同仁先进当年的栽培之情都仍然不胜感念和感激。例如，当时还是《大公报》沪、港馆年轻编辑，后来成为著名报人和武侠作家的查良镛说：“我常常想起他（胡政之——引者注）那些似乎平淡无奇其实却意义精湛的话来”“这位伟大的报人对于一个年轻的新闻工作者生活与学习

① 王芝琛：《百年沧桑：王芸生与〈大公报〉》，中国工人出版社 2001 年版，第 39 页。

② 李侠文：《精神　事业　做人——敬悼政之先生》，载胡玫、王瑾编：《回忆胡政之》，天津人民出版社 2009 年版，第 23 页。

③ 同上。

④ 同上。

上所发生的影响是极其深远的”[①]。在同人中，有如是感受和想法者，不胜缕列。

成为成功的记者不仅需要在文化资本层面具备坚实深厚的新闻知识，而且还需要在社会资本层面拥有通达丰厚的关系网络，记者关系网的大小疏密决定着其新闻网的规模效率。所以，胡政之常教导青年记者说：“做外勤的人，首先须在社会上建立好多方面的联系。有了这种基础，不但新闻来源不竭，而且有时新闻还会自动送上门来。”[②] 年轻记者初涉社会，人轻势弱，凭一己微薄之力开辟关系网络自然事倍功半，如能在人情练达、人脉深厚的前辈报人悉心点拨，热心引介，尽心带教之下建构关系网络必然事半功倍。

张季鸾和胡政之早年留学日本时期，与民国各界领袖多为师友同志，弃政从文后又广肆交游，天津《大公报》的客厅“常常是访客接踵，座客常满”[③]，因而拥有广泛的关系网络[④]。他们都注重将自己的关系网络引介给年轻的记者们，以提高其采写绩效，拓展其职业前景。中原大战前夕，徐铸成只身入晋去采访被阎锡山软禁的冯玉祥时，张季鸾立刻函请两位参与阎冯机密的好友李书城和刘治洲相与协助，为徐铸成出色完成采访任务助益良

① 查良镛：《再也听不到那些话了》，载胡玫、王瑾编：《回忆胡政之》，天津人民出版社2009年版，第30页。

② 胡政之：《对桂林馆编辑部同人的讲话》（1943年6月13日），载王瑾、胡玫编：《胡政之文集》（下），天津人民出版社2007年版，第1076页。

③ 徐铸成：《报海旧闻》（修订版），三联书店2010年版，第80页。

④ 相关详细讨论可参见，俞凡：《新记〈大公报〉再研究》，中国社会科学出版社2016年版。

多[①]。孔昭恺刚从天津调任驻北京记者时，胡政之将自己在北京政界的朋友介绍给孔昭恺以便他探访消息。藉此孔昭恺屡获重大新闻，对此孔昭恺谦虚而感激地说："如果说是成绩，则应属之于政之先生自己"[②]。《大公报》记者关系网在人人传递中层层扩展，在代代传承中步步开拓，最终使报纸的新闻网以更为迅捷的速度扩张深入到更为广泛的社会空间，探访采集到更动人、更惊人的新闻故事。

《大公报》记者在民国波诡云谲的政治态势和细密严厉的新闻管制中采访内情，曝光黑幕，难免干犯时忌，开罪权要，招致牢狱之灾，甚有性命之虞，但幸多有惊无险，即端赖报馆同人借助其关系网络，或掩护转移，或保护营救，最终化险为夷。需要指出的是，尽管本章所引的案例中有几个超出本书的讨论时限，但是作为关键事件，它们能够极为典型地反映大公报馆"传、帮、带"特性。1947 年 6 月，方蒙等 8 名报人及家属在重庆被捕，各馆同人纷纷声援。渝馆经理王文彬四处奔走，沪馆编辑张蓬舟因与重庆警备司令孙元良交情颇深，代表总经理胡政之给孙

---

① 徐铸成:《报海旧闻》(修订本)，三联书店 2010 年版，第 150 页。还有相关案例虽然超出了本研究阶段，但是可以显出《大公报》如何通过传、帮、带来拓展其记者的关系网和新闻网。抗日战争期间，《大公报》桂馆采访课主任张蓬舟转赴成都任成都办事处主任时，胡政之马上给四川省主席张群和地方名流刘咸荣写信"惠予教益"，为张蓬舟在四川打开工作局面奠定深厚的人脉基础。(参见张蓬舟:《我在大公报的经历》，载周雨编:《大公报人忆旧》，中国文史出版社 1991 年版，第 36 页。) 解放战争时期，当国共和谈的重心从南京转移到上海，王芸生亲自把中共上海办事处发言人陈家康介绍给沪馆采访课记者周雨，以增强相关报道力量。(参见周雨:《沪馆采访课纪实》，载周雨编:《大公报人忆旧》，中国文史出版社 1991 年版，第 111 页。)

② 孔昭恺:《旧大公报坐科记》，中国文史出版社 1991 年版，第 13-14 页。

“写了两封信，打了三次电报，最后又打长途电话”要求放人，经多方努力，被捕同人最终陆续全部获救。方蒙终身铭记他获释归来时看到的那感人一幕，“我来到李子坝编辑部时，听到爆竹声声，看到同志们举杯祝酒的深厚情谊，不禁热泪盈眶，感激不已”①。此后不久，沪馆记者唐振常又被中统特务抓去。时任总编辑的王芸生得知后，立即打电话给市长吴国桢，巧妙地迫使他出面交涉，将唐振常放回②。恰如胡政之所说，正是凭借报馆上下的人脉资源和关系网络，“别人得不到的自由，我们却还相当地能够享受与运用”③。

报馆前辈和同人利用自己的关系网络，一方面保护年轻记者免受诸种恶势力的威胁迫害为其新闻工作克服不利环境；另一方面帮助年轻记者扩展社会资本为其新闻工作创造优势条件。这是《大公报》记者成名快，且名记者辈出的重要原因之一。

当新人成为报人，需要习得专业文化资本和积累职业社会资本，但张季鸾指出，这些“都是做记者的工具，不是所以做记者的根本”。“做记者的根本”是新闻道德。④真正的记者需要大公无私地将其文化资本和社会资本倾注于为社会公共利益的服务之中，藉此建立起其崇高的专业品性和高尚的职业德行。张季鸾、

① 方蒙：《重庆记者被捕前后》，载周雨编：《大公报人忆旧》，中国文史出版社1991年版，第245-251页。

② 周雨：《沪馆采访课纪实》，载周雨编：《大公报人忆旧》，中国文史出版社1991年版，第120页。

③ 胡政之：《回首壹拾柒年》，载王瑾、胡玫编：《胡政之文集》（下），天津人民出版社2007年版，第1150页。

④ 张季鸾：《新闻记者根本的根本》，载王文彬编：《报人之路》，三江书店1938年版，第5-6页。

胡政之认为，民国时期大多商业报纸专骛营利，只图赚钱，而一些政治报纸也囿于党见，只为党争，都违背了报纸服务公众利益的职业道德。针对时弊，《大公报》甫一创办，便立定“不党、不卖、不私、不盲”的办报精神和职业道德。张季鸾和胡政之不仅将“四不”精神标举为报馆的“最高言论方针”，而且也将其确立为报馆“同人对人对事的指导原则”[①]。因此，《大公报》在“传、帮、带”中不仅重视隐性知识和关系网络的衣钵传承，而且尤其注重新闻道德的薪火相传。正是在这个意义上，同人曾敏之体会深切地说，《大公报》是“以‘四不’培养了人才”[②]。

首先，记者明了“四不”精神是践行“四不”原则的前提。孔昭恺说他初赴《大公报》北京办事处做记者时，胡政之就“告诫不许拿外边的钱”[③]。1935 年，尚在北京大学哲学系就读的范长江，拜访胡政之，提出采访中国西北角的计划，胡政之极为赞赏，立刻礼聘其为特派通讯员，并语重心长地教导范长江，只要“不求利、不贪名，诚实甘愿做社会无名公仆，迟早是有成效的”。“一个新闻记者最重要是个‘诚’”。面对报馆“四不”精神的殷殷教诲，孔昭恺拳拳服膺，他说：“《大公报》的熏陶，它所标榜的‘超然’态度渐渐钻入我的脑际。”[④]而范长江则对胡政之的一席话，兴奋不已，决心以“诚”字为职业生涯的座右铭。[⑤]

---

① 胡政之：《本报“社训”和“同人公约”的要义》，载王瑾、胡玫编：《胡政之文集》（下），天津人民出版社 2007 年版，第 1058 页。

② 曾敏之：《报坛巨擘的风范——追忆胡政之先生二三事》，载胡玫、王瑾编：《回忆胡政之》，天津人民出版社 2009 年版，第 122 页。

③ 孔昭恺：《旧大公报坐科记》，中国文史出版社 1991 年版，第 41 页。

④ 同上书，第 50 页。

⑤ 方蒙：《范长江传》，中国新闻出版社 1989 年版，第 104 页。

这不仅是孔、范两人的个人感受，其实代表了许多《大公报》人的共同体会。张季鸾和胡政之始终重视向同人宣讲和阐释“四不”精神，特别是随着《大公报》在抗战胜利后发展迅猛，数馆并立，员工逾千，胡政之益发强调在同人中教导贯彻新闻道德，他在此三五年中组织同人开会座谈宣讲“四不”精神，留下记录的就达十多次[①]。

其次，作为一种实践性道德，报馆巨头尤为注重儒家传统的身教原则[②]，即以身作则，率先垂范，通过不言而教，潜移默化来“传、帮、带”“四不”精神。张季鸾、胡政之在身体力行“四不”精神上确实做得律己以严，贯彻始终。政府极峰对张季鸾、胡政之青眼有加，一再敦聘入阁，但张、胡坚持议政而不从政。胡政之 1946 年被迫无奈参加“国民大会”，亦只签到，不参会，敷衍过之。《大公报》营业发达，获利丰厚，但张、胡坚决不谋私利，不置私产，悉数用来扩展事业。张季鸾生前“不计较个人生活及家人生产，他始终过着负债的生活”[③]，病逝之后，家无余财，遗孀余孤，生活无着，于是报馆同人，感怀先贤，抚恤孤寡，供以生计。张季鸾、胡政之典范性地体现了报人的职业理想和理想的报人品性，在报馆中树立起崇高的道德威信，其人“实为同人所一致衷心崇敬”，其行“足资同人之观摩奋励”[④]。惟

① 胡玫：《胡政之生平》，载胡玫、王瑾编：《回忆胡政之》，天津人民出版社 2009 年版，第 12 页。

② 余英时：《陈寅恪与儒家实践》，载余英时：《现代危机与思想人物》，三联书店 2005 年版，第 421 页。

③ 本社同人：《敬悼季鸾先生》，《大公报》（港版）1941 年 9 月 7 日。

④ 德真：《政之先生的一生》，载胡玫、王瑾编：《回忆胡政之》，天津人民出版社 2009 年版，第 15 页。

真精神感人，亦惟真人格化人。许多《大公报》人都为张季鸾、胡政之的精神人格所感化而矢志追求践行“四不”原则。老一辈报人杨历樵深切地感受到，在张、胡“精神感召和人格领导的力量”的激励和熏陶之下，“这种勇于牺牲和不畏艰苦的精神，多年来已浸渍在本报同人之间”①。后一代同人曾敏之也敏锐地观察到“这种乐业敬业的精神，可以说陶冶了《大公报》全体同事形成强力的集体，也以‘四不’培养了人才”②。《大公报》人还将其倡导和亲历的新闻道德熏陶浸润上升为一种普遍的新闻道德教育原则，努力推而广之到学界与业界之中。他们在新闻教育与科研的学术讲座、业务座谈、研讨论文中都热情地宣扬这种原则。

再次，作为一种职业性道德，报馆巨头不仅身体力行“四不”精神，而且着力创造激励和保障践行“四不”精神的报馆工作环境。只要同人的言论报道符合“四不”精神，有利民族和国家的进步，即使可能会给报馆带来相当的风险和严重的威胁，张季鸾、胡政之等报纸负责人也总是甘冒风险，支持同人报道事实，追问真相。1943 年初《大公报》刊登通讯《豫灾实录》，披露河南大旱，天灾人祸，赤地千里，饿殍遍野。即使卖妻卖女为娼为奴换不回四斗粮食，人们在饥寒交迫下依然趋之若鹜。采写这则新闻的记者张高峰说：“让我感动的是，《大公报》敢于把一个 24 岁年轻记者如此尖锐地披露灾情、批评政府的报道一字不改地刊登出来，不仅冒了相当的风险，更表明它作为一张有社会

---

① 杨历樵：《政之先生精神不死》，载胡玫、王瑾编：《回忆胡政之》，天津人民出版社 2009 年版，第 33 页。

② 曾敏之：《报坛巨擘的风范——追忆胡政之先生二三事》，载胡玫、王瑾编：《回忆胡政之》，天津人民出版社 2009 年版，第 122 页。

责任感和广泛影响力的大报的用人之道和独特风格”[1]。果然，张氏这篇尖锐的报道加上王芸生犀利的评论，触怒最高当局，《大公报》招致停刊三天的处罚。但报馆毫不为忤，依然如故地支持张高峰采写出更多触目惊心的军政黑幕和社会悲剧。张高峰感慨万千地说：“我感到大公报是支持记者的工作的，不然我便失去在报道中连续‘闯祸’与国民党对抗的勇气。”[2]范长江报道的有关中国工农红军动向、西北边区军政建设，陈凡揭露的有关国民党政府湘桂溃退、广州劫收，等等，这些当局严密封杀的重大新闻，都是《大公报》在高扬“四不”精神的旗帜之下，顶着巨大的政治风险刊诸报端的。报馆年轻一代英勇无畏地传承和践行“四不”原则，也坚定了张季鸾、胡政之等前辈坚持和阐扬“四不”精神的信心和决心，全馆上下全力以赴去追求和实现“理想中之新闻事业”[3]。

又次，“传、帮、带”不仅是有效的新闻道德教育方式，同时也是有力的新闻道德监督机制。同人们密迩相处，坦诚相见，德业相劝，过失相规，这既使个体违反报馆职业行为契约，即职业道德时，将面临更大的心理压力产生更强的良心自责，而且也使个体置于报馆同人“经常、分散、点滴、防微杜渐”的监督之

① 张高峰：《1942年〈大公报〉怎样披露河南大灾》（遗稿），《炎黄春秋》2013年第4期，第83页。张高峰当时尚非《大公报》的正式记者，只是兼职战地通讯员。见张高峰遗稿、张刃整理：《高峰自述：抗战生涯》，北岳文艺出版社2015年版，第127页。

② 张高峰：《采写战地通讯》，载周雨编：《大公报人忆旧》，中国文史出版社1991年版，第95页。

③ 参见，胡政之：《我的理想中之新闻事业》，载燕京大学新闻学系编：《新闻学研究》，燕京大学1932年版，第1–4页。

下，难以违反职业道德[①]。正如胡政之对同人所要求的，“万一有绝少数人不能体会上述的信念（‘四不’原则——引者注），而竟有自私自利、营私害公之行为，则全体同人，应共起纠正之”[②]。当然，在“传、帮、带”之外，报馆还邀请社会各界监督同人职业操守[③]，并建立起严厉的新闻道德惩戒机制，“对于品行不端，有亏新闻记者操守，……一经发现，就毫不留情的开除”[④]。

《大公报》倡导的“四不”精神融汇中国传统儒家思想和西方现代新闻理念精义[⑤]，高度凝练地概括和表达了民国报人新闻道德最高理想的共同追求和集体呼声，因此对许多满怀抱负和充满理想的青年报人原本就极具吸引力和感召力[⑥]，兼之在报馆巨头的精神感召和同人的相互砥砺之下，“四不”精神铭刻在许多《大公报》人的心底，深沉为其永不磨灭职业人格底色。他们无论以后走了多远，走到哪里，甚至有时因形格势禁而不得不暂时深敛“四不”精神的锋芒，但在其灵魂深处始终闪耀着“四不”精神的光芒。徐铸成离开《大公报》，创办《文汇报》，其揭橥的

---

① 赵心树、阴卫芝：《“心中之规”最具道德权威——新闻职业伦理规范问题答问》，《新闻记者》2006 年第 8 期，第 8 页。

② 胡政之：《本报“社训”和“同人公约”的要义》，载王瑾、胡玫编：《胡政之文集》（下），天津人民出版社 2007 年版，第 1059 页。

③ 《本社声明》，《大公报》1935 年 7 月 12 日。

④ 詹若文：《报业全才胡政之与〈大公报〉》，载胡玫、王瑾编：《回忆胡政之》，天津人民出版社 2009 年版，第 105 页。

⑤ 李金铨：《记者与时代相遇》，载李金铨主编：《报人报国——中国新闻史的另一种读法》，香港中文大学出版社 2013 年版，第 409 页。

⑥ 王芸生、曹谷冰：《1926 至 1949 的旧〈大公报〉》，载中国人民政治协商会议全国委员会文史资料委员会编：《文史资料选辑》（第 25 辑），中华书局 1962 年版，第 46 页。

“文汇报精神”①，其实与“四不”精神一脉相承。徐氏后来在历尽政治沧桑，年近八旬回首报人生涯时，依然念念不忘，朗朗重申“四不”精神：“我是一个职业报人，无党、无派、无教（宗教），坚持民族大义，争取国家的独立、自由，就是我当时的编辑、言论方针。”②

《大公报》凭借颇具特色且极富成效的“传、帮、带”制度，通过传递隐性知识，建构关系网络，砥砺职业道德，成为民国时期推进记者职业社会化的佼佼者，培养出大批出类拔萃的报业人才，从而创获了举世瞩目的新闻功业。这得到报界和社会各界的普遍承认和高度嘉许。正如与张季鸾，既合作又竞争，且瑜亮一时，并称“北张南陶”的《新闻报》著名记者陶菊隐说，张季鸾“奖掖后进，颇有一套经验。《大公报》人才辈出是和他主持编辑部分不开的”③。党的领导人周恩来也常说：“《大公报》培养了不少有用的新闻人才”④。

二

《大公报》通过“传、帮、带”实现报人职业社会化，培养出一批出类拔萃的杰出记者，确实“不下于‘燕京’和‘复旦’

① 徐铸成：《文汇报精神》，（《文汇报》1946 年 1 月 25 日）载徐铸成：《新闻丛谈》（增编本），三联书店 2011 年版，第 269—270 页。

② 徐铸成：《旧闻杂忆》（修订版），三联书店 2009 年版，第 245 页。

③ 陶菊隐：《记者生活 30 年——亲历民国重大事件》，中华书局 2005 年版，第 162 页。

④ 周雨：《大公报史》，江苏古籍出版社 1993 年版，第 269 页。

的新闻学系”，但《大公报》毕竟不是燕京大学和复旦大学的新闻学系——以培养报人职业社会化为根本目标。报人职业社会化只是《大公报》实现报人组织社会化的必要条件，前者是训练做新闻行当出色的报人，后者是训育对报馆忠诚不渝的同人。

首先，“传、帮、带”孕育出深厚的情感忠诚[①]。张季鸾、胡政之等前辈与后进朝夕相处，不仅技艺相传，道义相勉，而且情谊相慰，恩义相结，年轻一辈对前辈的道德文章和提携关爱，充满崇敬之意与知遇之感。报馆老中青三代人都是“亦师亦友的关系”[②]。同人们无论是当时身在报馆谈及《大公报》，还是离开报馆多年之后忆及《大公报》，都深情地把它当作“自己的‘家’”[③]。以馆为“家”，深刻反映出同人如家人骨肉之相爱，对报馆充满真挚而深厚的情感忠诚。甚至即使此去经年，暌隔千里，许多人依然魂牵梦绕着这个“家”。陈纪滢六十多岁在台湾，“梦中所遇，还是这批人；眼前纸笔，似仍在编辑部中”[④]。揆诸实际，洵非虚言。这种情感忠诚在工作中表现为爱岗敬业，恪守职守，即使报馆遭遇困境，亦能同舟共济，齐克时艰。特别是在困苦卓绝的抗战时期，《大公报》人的情感忠诚不仅受到严峻考

---

① 有关组织忠诚的相关详细讨论可参见，郑伯壎、姜定宇：《华人企业组织中的忠诚》，载杨国枢、黄光国、杨中芳主编：《华人本土心理学》（下册），重庆大学出版社 2008 年版，第 761–803 页。

② 孔昭恺：《旧大公报坐科记》，中国文史出版社 1991 年版，第 42 页。

③ 徐铸成：《旧闻杂忆》（修订版），三联书店 2009 年版，第 224–225 页。亦见及本章征引的多数大公报同人文章。

④ 陈纪滢：《一代论宗哀荣余墨》，台湾《传记文学》1972 年第 4 期，转引自郭恩强：《重构新闻社群：新记〈大公报〉与中国新闻业》，上海人民出版社 2013 年版，第 220 页。

验，而且在严峻考验中锤炼得愈益深沉厚重。重庆《大公报》六遭惨重轰炸，“馆址被炸后，敌机犹在上空盘旋，员工同人不顾生死，冒险抢救”，在空袭日夜不息的“‘疲劳轰炸’期间，员工同人日夜挤于防空洞中，不得饱食，工作不辍”①。当时，张季鸾已沉疴染身，每况愈下，常在好友康心如的别墅中修养。那里本有建筑坚固、设施完备的防空洞，但每次躲空袭时，张季鸾都会来到简陋的《大公报》防空洞。同人们理解他的良苦用心，高集说，这是因为“一个是《大公报》是大家的，他在最危险的情况下，不会离开大家。二是《大公报》是独立的民间事业，他平常可以在朋友家养病，可以和官方人物打交道，但关键时刻，他一定要和事业同生死，共患难”②。这一切，让当时主持报馆工作的王芸生感动不已，他在社论中慷慨激昂地挥笔写道，同仁们“那种忠勇精神，真令人感激落泪。……血火中的奋斗，最足锻炼钢铁意志；危难中的友情，更表现同胞爱的伟大”③。恰如几度与同人出生入死，始终与报馆生死与共的詹若文感怀深切地说，在《大公报》“每个人都把报社工作和自己的事业结合在一起，全力以赴，蔚然成风”④。

其次，“传、帮、带”化育出坚定的规范忠诚。张季鸾、胡政之等前辈不仅在日常新闻工作中大公无私地培养提携同人，而

① 曹谷冰、金诚夫：《抗战时期的大公报》，载周雨编：《大公报人忆旧》，中国文史出版社1991年版，第15页。

② 高集：《我的姑父张季鸾二三事》，《武汉文史资料》2007年第11期，第23页。

③ 《血火中奋斗》，《大公报》1939年5月4日。

④ 詹若文：《报业全才胡政之与〈大公报〉》，载胡玫、王瑾编：《回忆胡政之》，天津人民出版社2009年版，第103页。

且当同人遭遇危急困厄时更能大勇无畏地挺身而出保护营救。1947 年，驻广州记者陈凡横遭逮捕，胡政之“打电话给粤当局，愿意自行来粤作质。要求先将同事释放。”[①] 曾在《大公报》工作十多年的中共地下党员李纯青数十年后还满怀感激地说：“至今我还感谢胡政之先生，我写一篇过激的文章，国民党当局很严重地追究责任，胡说，‘他是我们的人，文章在我们报纸刊载，一概由我负责。’事息之后，他一句也没有告诉我。如此风格，乃能得干部的信赖。”[②]《大公报》人无不感到，报馆上下肝胆相照，生死相助，共抗强暴，“这种坚贞的意志使我们的同人在精神上益加团结在一起”[③]，张、胡等前辈对后进，平顺时悉心以育，困厄时勠力以护，在这种高度的利他主义精神和家族伦理主义作风的激励和熏陶下，报馆形成浓厚的规范忠诚，即同人们为报馆、为工作，甘于承担义务责任，乐于奉献付出。民国时期报人的职业流动率一般比较高，而《大公报》的工资水平在报界中仅属中等，但多数报人却能安之若素，服务始终，此即规范忠诚使然。杨历樵说自己就是“因为受了政之先生的感召，所以后来虽然有几次他就的机会，可是我从未考虑到离开这个岗位”[④]。在胡政之“传、帮、带”的感化和召唤下，杨历樵早已将规范忠诚内化为个人道德，从而能够抵御世俗诱惑，笃守新闻理想，与报

---

① 李侠文:《精神　事业　做人——敬悼政之先生》，载胡玫、王瑾编:《回忆胡政之》，天津人民出版社 2009 年版，第 24 页。

② 李纯青:《笔耕五十年》，三联书店 1994 年版，第 521 页。

③ 《编后记》,《大公园地》1947 年复刊第 5 期，第 32 页。

④ 杨历樵:《政之先生精神不死》，载胡玫、王瑾编:《回忆胡政之》，天津人民出版社 2009 年版，第 33 页。

馆相始终。其实，这也是《大公报》人共同的精神信念和道德品格。正如李侠文指出，“许多同事大概有这种经验，就是外面常有人以较高的待遇和较好的名义找去工作，但极少人愿意离开，总觉得这个事业值得留恋”[①]。现代新闻产品是高度组织化和规范化的产物，需要报馆各个部门和各个岗位的报人紧密协作和密切配合，而中国向来文人相轻，难与合作，易生嫌隙，当时“有许多事业机构中，随时都闹所谓‘人事’纠纷”[②]，民国许多报纸的衰落甚至倒闭即源于此。众所周知，《大公报》的人，左中右派毕集，“意见上的距离可能天差地别”[③]。但“《大公报》人事纠纷比较少，即使有也没有严重爆发，以致危害这个事业”[④]。即因同人们素养高，总能彼此宽容，感情深，恒以对方为念，从而在报馆里、工作中能够暂时搁置政见分歧，超越意识形态的对立，共同致力于追求新闻事业发展，进而使大公报社呈现出“各人都能尊重个性，也就能够发挥个性”的朝气蓬勃局面[⑤]。

最后，“传、帮、带”培育出强固的工具忠诚。这首先集

---

① 李侠文：《精神 事业 做人——敬悼政之先生》，载胡玫、王瑾编：《回忆胡政之》，天津人民出版社 2009 年版，第 25 页。

② 陈凡：《我所见的 我所佩的》，载胡玫、王瑾编：《回忆胡政之》，天津人民出版社 2009 年版，第 38 页。

③ 朱启平：《以工作代哀思》，载胡玫、王瑾编：《回忆胡政之》，天津人民出版社 2009 年版，第 37 页。

④ 陈凡：《我所见的 我所佩的》，载胡玫、王瑾编：《回忆胡政之》，天津人民出版社 2009 年版，第 38 页。

⑤ 胡政之：《追念张季鸾先生》，载王瑾、胡玫编：《胡政之文集》（下），天津人民出版社 2007 年版，第 1156 页。

中体现为同人生产出“一种文字典型”，即“大公报体”[①]。张季鸾和胡政之交谊30年，同事15年，朝夕相处，声气相求，所以“对世事论点相同，文字技巧也多处相似”[②]。而其他同人撰写的时评社论风格“‘暗合’或近似，而张、胡二人，又并不最后（经张、胡二人——引者加）过目或修改”。正如深得张季鸾评论真传，并主持过报馆社论工作的徐铸成说，“这是因为，他们用耳濡目染的办法，影响同事们，使人不自觉地跟着他们走”[③]。在新闻报道中亦是如此。曾任沪馆采访课主任的周雨指出，“一般来说，采访课记者能够自觉地服从大公报的办报方针，‘不党、不私、不盲、不卖’，保持自己和报纸基本一致的立场。政治性新闻报道是这样，一般社会新闻也都能注意不流于庸俗和低级趣味”[④]。即使是著名的“左派”记者范长江也感到：“从一九三五年到一九三八年，除‘动荡中的西北大局’一文，胡政之要我写的隐晦一些，并作一些小修改外，差不多我愿意写什么，就写什么，我怎么写，《大公报》就照我写的原文发表，从来没有删改过。至少我没有发现他们删改过”[⑤]。这不仅是报馆管理组织文化发展成熟的重要标志，而且按照美国新闻学者盖伊·塔奇曼（Gaye Tuchman）的观点来看，也是报纸实现新闻专业化的重要

---

① 陈纪滢：《忆胡政之》，载胡玫、王瑾编：《回忆胡政之》，天津人民出版社2009年版，第68页。

② 同上。

③ 徐铸成：《报海旧闻》（修订版），三联书店2010年版，第99页。

④ 周雨：《沪馆采访课纪实》，载周雨编：《大公报人忆旧》，中国文史出版社1991年版，第117页。

⑤ 范长江：《我的自述》，载沈谱编：《范长江新闻文选》（下），新华出版2001年版，第1189页。

表征之一，“对于记者和编辑双方来说，专业性则意味着遵循他们所属机构的报道风格和要求”[①]。另外，工具忠诚还体现为记者自主自觉地提升自己的专业知识、道德与能力。这既是前辈报人在“传、帮、带”中的殷切期望，胡政之语重心长地说：“新同事要求进步和充实，只有自己的努力，不能期待别人来推动”[②]；亦是后辈记者在“传、帮、带”中的自觉追求，曾敏之说，“经过他（胡政之——引者注）的言传身教，我体认了严师的深意，因此以后兢兢业业，力求寸进，勤读苦练，以期不愧于记者的本色”[③]。同人们在“传、帮、带”中浸润的，在工作中贯彻的这种“自觉的主动精神”，实则为人之生命本性。“生命本性可以说就是莫知其所以然的无止境的向上奋进，不断翻新”[④]。所以，同人李侠文感慨万千地说，《大公报》“不但启示了怎样做新闻记者，更重要的是教我们怎样做人”[⑤]。

三

《大公报》的“传、帮、带”是以中国传统的“师徒制”为基础建立起来的职业社会化与组织社会化方式，而中国传统的

---

① 〔美〕盖伊·塔奇曼：《做新闻》，麻争旗等译，华夏出版社 2008 年版，第 112 页。

② 胡政之：《对天津馆编辑部同人的讲话》，载王瑾、胡玫编：《胡政之文集》（下），天津人民出版社 2007 年版，第 1103 页。

③ 曾敏之：《报坛巨擘的风范——追忆胡政之先生二三事》，载胡玫、王瑾编：《回忆胡政之》，天津人民出版社 2009 年版，第 122 页。

④ 梁漱溟：《人心与人生》，上海人民出版社 2011 年版，第 35 页。

⑤ 李侠文：《精神 事业 做人——敬悼政之先生》，载胡玫、王瑾编：《回忆胡政之》，天津人民出版社 2009 年版，第 26 页。

“师徒制”在传承职业理念与专业技巧时存在着标准的模糊性、授受的体悟性、过程的封闭性等内在的缺陷，因此《大公报》的“传、帮、带”在运作时必然带有不可避免的局限与不足。

新闻业本是自主自律的职业，“传、帮、带”又强调技艺传习的个体自觉自动，因而在此双重作用下，对记者来说掌握隐性知识，积累社会资本，树立职业道德的关键还在于他本人的自我学习、自我管理与自我创获。特别是对于一些天资聪颖，又受过精英教育的大学生来说，他们认为从自我学习与自我创获中获得的经验要高于报馆在“传、帮、带”中所给予他们的教益。毕业于燕京大学的唐振常就指出：“常听人言，大公报培养了不少人才。这个话看怎么说。……归根到底，要靠自己努力。正如文章做法、编辑手册之无用，大公报是不会教一个新来者如何写文章做编辑的。承认和重视你的努力，这就不错了”[①]。同样是来自燕京大学，且个性浩烈的杨刚则更激烈地说道：“说大公报培养了我，我不承认。全靠我自己努力”[②]。当然，唐振常也承认，“芸老（即王芸生——引者注）这一代前辈，他们尽管往往是言之无心，你如果听之有意，总是能学到一些有用之物的”[③]。

《大公报》两大巨头张季鸾和胡政之都倾注心血于“传、帮、带”中培养后进，但新人们因机缘不同，与张、胡交往亲疏不同，彼此之间的感情亦具等第差别，更为复杂的是“在华人文化中，由于强调人际的垂直关系，于是组织成员最为首要的效忠

---

① 唐振常：《上海大公报忆旧》，载周雨编：《大公报人忆旧》，中国文史出版社 1991 年版，第 200 页。

② 同上书，第 199 页。

③ 唐振常：《川上集》，三联书店 1996 年版，第 359 页。

对象即为其直属主管或最高主管，尔后才能对组织本身效忠”[①]。许多同人首先认同张、胡二氏，然后才认同报馆，对张、胡的忠诚高于对报馆的忠诚。杨历樵、李侠文等受到其他报馆和事业高薪延揽时，都是因感念胡政之“关爱备至”之情义而留在《大公报》的[②]，而徐铸成拒绝胡政之的挽留离开《大公报》后，则“曾屡次自问，如果季鸾先生还健在，我能否下这个断然的决心呢”[③]，这就导致报馆无形中形成张、胡两派。1935年萧乾从燕京大学新闻学系毕业来到天津《大公报》工作时便发现这种情形，并且和一同新来的大学毕业生们对两派人事活动均敬而远之，自称为“大学生派”[④]。特别是抗战全面爆发以后，张、胡各主一方，这种情况便愈形突出。如深悉报馆情形的徐铸成所说：“等到张季鸾先后领导汉口版及重庆版后，《大公报》显然已变相分家了。汉口、重庆馆的经理和编辑主任，他（胡政之——引者注）认为都是张的人。而香港馆、桂林馆由他直接创建、领导”[⑤]。当然，张胡两派都服膺和坚守“四不”精神，虽有竞争，有摩擦，并未产生威胁报馆生存发展的尖锐冲突，但同人仍然感到“毕竟有时对事业发展不利”[⑥]。

---

① 郑伯壎、姜定宇：《华人企业组织中的忠诚》，载杨国枢、黄光国、杨中芳主编《华人本土心理学》（下册），重庆大学出版社2008年版，第780页。

② 李侠文：《我所认识的张季鸾、胡政之两先生》，载胡玫、王瑾编：《回忆胡政之》，天津人民出版社2009年版，第92页。

③ 徐铸成：《报人张季鸾先生传》（修订版），三联书店2009年版，第4页。

④ 萧乾：《未带地图的旅人：萧乾回忆录》，江苏文艺出版社2010年版，第48页。

⑤ 徐铸成：《报海旧闻》（修订版），三联书店2010年版，第85页。

⑥ 杜文思：《抗战前夕大公报面向全国发行的设想》，载周雨编：《大公报人忆旧》，中国文史出版社1991年版，第53页。

“传、帮、带”通过知、情、意的全面陶冶和训育来推动组织社会化，如果一旦情感生变就会极大地影响报人对报馆的组织认同，而个人的情感又相当微妙含糊，并且有时又会变化莫测，这使组织认同难免遭受情理之外意料不到的威胁。1937年11月12日，日军侵占上海，12月14日《大公报》沪馆拒绝接受日军检查，自动闭馆，遣散同人。对于入职以来一直视报为“家”的徐铸成来说，失业对他造成的经济打击远没有解雇对他形成的情感冲击来得深刻而久远。他对此不仅一时难以释怀，而且终身耿耿于怀。徐铸成说，尽管“政之先生后来虽竭力想弥补他这一失着，但这一伤痕终究是难以彻底平伏的。1946年我终于最后辞别《大公报》，这是一个主要的原因”[①]。1938年战地归来的范长江，向张季鸾提出要做编辑，但其生性活泼，初试一二，便难耐枯寂，断然弃之，并因此一时“意气用事”与张季鸾发生“激烈争吵”，随即彻底脱离曾对他大力提携，使他大展身手，从而名满天下的《大公报》[②]。此举，于个人、于报馆，甚至于中共中央利用《大公报》开展抗战统战宣传工作，皆非明智之举，周恩来得知后惋惜不已。范长江的“意气用事”表明，有时感情冲动、情感破裂，会压倒理性抉择。

“传、帮、带”的局限性在《大公报》追求报业集团化管理体系发展中变得格外突出和刺目。抗战胜利以后，《大公报》随着事业的迅猛发展，成为规模庞大、部门复杂、规章严明的报业集团，报纸日益严重的科层化管理制度对充满伦理色彩的“传、

① 徐铸成:《旧闻杂忆》(修订版)，三联书店2009年版，第225页。

② 王芝琛:《百年沧桑：王芸生与〈大公报〉》，中国工人出版社2001年版，第62—67页。

帮、带”惯习开始形成挑战，而“传、帮、带”中标准模糊性和交往情景性使得这一挑战变得更为紧张和尖锐。唐振常1946年6月进入《大公报》沪馆，在国际新闻编辑“传、帮、带”下做助编新闻的经历曾使他备感沉闷压抑。“我坐在他（国际新闻编辑——引者注）的旁边，几乎无所事事，他只不过偶然从稿件堆中挑出几条，叫我做个题目。多数情况是，他随便看看我编的稿件就放在一旁，不改不动，也不交给邻座的编辑主任。……我逐渐悟出了一条道理：大约交给我编发的稿件，本来就是不准备刊用的，无非找点事给我做做而已。我不明白，这是否大公报磨练新来者的通行办法。这时想起了先我一年进重庆大公报的同学刘克林的话。他说：他工作之初，编辑拿过他编的稿子，从来不看，随手扔入字纸篓”①。唐振常和刘克林的痛苦经历反映出充满浓郁情义色彩的“传、帮、带”传统在理性而冷漠的科层制冲击下，其合法性和有效性逐渐减弱。随后几年，政治局势和社会环境的急遽变化再没有给《大公报》留下处理这对矛盾的时间和机会。

四

近世以还，处于从传统到现代转变中的中国仍然是以伦理为本位的社会②。伦理社会即以家族主义为中心将家族的结构形态与运作规则、角色关系和伦理规范，类化、推广、应用到社会情

---

① 唐振常：《上海大公报忆旧》，载周雨编：《大公报人忆旧》，中国文史出版社1991年版，第193页。

② 梁漱溟：《中国文化要义》，上海人民出版社2011年版，第77页。

景和职业组织之中[①]。以家族主义为中心的伦理化职业教育、组织管理理念和实践构成了《大公报》“传、帮、带”的文化基础与社会根源。正如张季鸾说：“我的思想，是赞成维持中国的家族主义，但是要把它扩大起来。扩大对父母对子弟的感情，爱大家的父母与子弟”[②]。胡政之亦怀此念，他常说：“本报是团体事业，同人相处，宛如家人兄弟”[③]。揆诸同人感受，确实如此。大家普遍感到，在报馆里“相处融洽，互相关心，互相帮助，就似一个大家庭”[④]。放眼民国报界，尽管各家报馆的职业社会化与组织社会化的成效各具差等，不一而足，但它们普遍都是以伦理化的职业教育、组织管理理念和实践来推动其职业社会化与组织社会化。

民国时期的报馆“传、帮、带”充满伦理化色彩，准乎人伦情理的伦理建设其实主要诉诸个人道德的自觉修养。从报馆组织层面来讲，在《大公报》《晨报》《新民报》《立报》等同人道德素养普遍较高的质报，即时人所谓的“进步报纸”[⑤]，实施伦理化的职业社会化与组织社会化则成效显著。而在报馆和同人的专业文化资本、职业社会资本参差不齐，甚至低劣不堪的量报、小报

---

① 杨国枢、叶明华：《家族主义与泛家族主义》，载杨国枢、黄光国、杨中芳主编：《华人本土心理学》（上册），重庆大学出版社 2008 年版，第 245–246 页。

② 季鸾：《归乡记》，《国闻周报》1935 年第 1 期，第 1 页（该刊每篇文章独立编页）。

③ 胡政之：《回首壹拾柒年》，载王瑾、胡玫编：《胡政之文集》（下），天津人民出版社 2007 年版，第 1152 页。

④ 黄克夫：《我考入桂林〈大公报〉为练习生的回忆》，载大公报一百周年报庆丛书编委会编：《我与〈大公报〉》，复旦大学出版社 2002 年版，第 25 页。

⑤ 林语堂著：《中国新闻舆论史》，王海译，中国人民大学出版社 2008 年版，第 109 页。

则成效堪忧。正如民国知名新闻工作者和教育家詹文浒当时对这些报馆“传、帮、带”训育出来的记者所做的批评，“他们在过去未曾受过适当的新闻教育，对于新闻事业，不存什么理想，亦不作什么抱负，他们只在学徒或练习生时代，学得若干技巧，过去如何，现在照办，绝对不思与时代并进，他们的发展，无论在年龄上或教育上，都受了限制”①。

20 世纪二三十年代，中国新闻报馆是通过伦理化的“传、帮、带”与新闻院校的专业高等教育共同承担起中国近代新闻记者职业社会化和组织社会化的重要任务，但两者在构成和推动中国新闻教育和新闻事业发展的历史过程中，却并不是如时人或今人所简单认为的促进或对立关系②，而是存在着错综复杂的互动关联。

质报“传、帮、带”式的职业社会化、组织社会化模式与新闻院校专业高等教育式的职业社会化是相辅相成的。以《大公报》与燕京大学新闻学系为例，首先，《大公报》馆乐于聘请新闻院系毕业生，如该报仅来自燕京大学新闻学系的知名记者就有赵恩源、蒋荫恩、萧乾、朱启平、李宗瀛、黎秀石、刘克林、唐振常、谭文瑞等。《晨报》《新民报》《立报》等其他民国知名质报亦是如此。正如 1936 年时任燕京大学新闻学系主任的梁士纯就欣喜地看到，“在国内几家颇有地位的报馆的编辑部内，在最近四五年来所加入他们的工作人员，大多数是受过大学教育……

① 詹文浒：《培养报业人才管见》，《中国新闻学会年刊》第 2 期，1944 年，载龙伟等编：《民国新闻教育史料选辑》，北京大学出版社 2010 年版，第 197 页。

② 时人的相关论述可参见龙伟等编的《民国新闻教育史料选辑》中的诸多相关论述，亦可参见本章引述该书的多篇文章。

大部分还是从新闻学校或学系所招来的"[①]。其次,《大公报》亦热衷为燕京大学新闻学系捐赠资金,举办讲座,提供实习,供给师资等,尽己所能全力扶持其发展[②]。张季鸾不仅曾担任燕京大学新闻学系协助委员会主席,甚至还与徐铸成相约计划在抗战胜利之后,同去燕京大学讲学一年[③]。虽然这因张氏身故而成遗愿,但1942年燕京大学在成都复校重建新闻学系,即得力于胡政之和"季鸾纪念奖学金保管委员会"捐赠的10万元资金之助。《大公报》还派遣桂馆编辑主任、燕京大学校友蒋荫恩赴蓉援教,出任系主任[④]。而作为美国密苏里新闻学院在中国的翻版,燕京大学新闻学系强调在经验丰富的报人教授指导下从"做中学"(learning by doing)来培养新闻学子,具有强烈的师徒制色彩(apprenticeship systems)[⑤]。这与《大公报》的"传、帮、带"在培养理念和训练方式上皆有款曲相通之处,抑或异曲同工之妙。当时中国著名的新闻院系,如圣约翰大学、复旦大学、中央政治学校都是亦步亦趋模仿"密苏里模式"而建立发展起来的[⑥],这

① 梁士纯:《中国新闻教育之现在与将来》,《大公报》(津版)1936年5月9日。

② 张咏、李金铨:《密苏里新闻教育模式在现代中国的移植——兼论帝国使命:美国实用主义与中国现代化》,载李金铨主编:《文人论政:知识分子与报刊》,广西师范大学出版社2008年版,第301–305页。

③ 徐铸成:《旧闻杂忆》(修订版),三联书店2009年版,第82页。

④ 袁昶超:《中国的报学教育》,《报学杂志》第1卷第5期,1948年,载龙伟等编:《民国新闻教育史料选辑》,北京大学出版社2010年版,第248页。

⑤ Stephen D, Reese, Jeremy Cohen, "Educating for Journalism:The Professionalism of Scholarship," *Journalism Studies*, 2000, 1(2):213–228.

⑥ 张咏、李金铨:《密苏里新闻教育模式在现代中国的移植——兼论帝国使命:美国实用主义与中国现代化》,李金铨主编:《文人论政:知识分子与报刊》,广西师范大学出版社2008年版,第281–309页。

种“强调动手做和职业取向”的新闻专业高等教育模式与新闻报馆的“传、帮、带”模式，前后衔接，相续为进，前者为记者提供入职必备的基本素养，后者进一步增益记者职业发展所需的高级技艺，两者通力合作共同促进中国近代新闻记者的职业社会化和组织社会化。

然而，当时中国报界的普遍状况却并不如上述精英新闻报馆和著名新闻院系通力合作那样乐观和振奋。绝大多数量报、小报的“传、帮、带”与新闻专业高等教育在记者职业社会化、组织社会化发展历程中常常呈现出令时人不胜忧虑的对立和冲突。其首先表现在这些报人们普遍认为，报馆是最佳的新闻学校，断无在报馆以外习得新闻事业之理。兼之，当时“许多新闻学科毕业的学生，因为没有实习机会，故其能力往往还不及没受过训练的老资格记者”[①]。因此，他们只愿雇佣报馆“传、帮、带”式的职业社会化和组织社会化模式下训练出的“熟手”，而不愿聘任新闻院系的毕业生，以便“省却麻烦，不必从头到尾，重新训练”。[②]其次，正如当时复旦大学新闻学系主任谢六逸所指出，“在报馆主持人之心理……尤觉新闻学校毕业之学生，希望过奢，志气太高，患其调动不易；或恐其滥作高论，提倡改良，影响营业”[③]。当然，当时新闻院校亦参差不齐，所造就的人才也良莠不

① 张君良：《新闻教育机关与报业协作》，《报学季刊》第1卷第1期，1934年，载龙伟等编：《民国新闻教育史料选辑》，北京大学出版社2010年版，第51页。

② 詹文浒：《培养报业人才管见》，《中国新闻学会年刊》第2期，1944年，载龙伟等编：《民国新闻教育史料选辑》，北京大学出版社2010年版，第197页。

③ 转引自惜莹：《新闻教育问题》，《报学季刊》第1卷第3期，1935年，载龙伟等编：《民国新闻教育史料选辑》，北京大学出版社2010年版，第84页。

一。“毕业出去的，少不了有些是粗制滥造”[①]。这更加强化了报馆拒绝雇佣新闻院校毕业生的守旧心态和保守做法。新闻报馆与新闻院校在职业社会化和组织社会化上的紧张与冲突，使时人痛心疾首地感到，“这是中国报业的重大损失”[②]。

概而言之，民国时期以新闻报馆“传、帮、带”为代表的传统式、个人化的新闻记者职业社会化和组织社会化模式，与新闻院校推进的现代化、制度化的职业社会化和组织社会化模式在极少数报人道德素养普遍较高的质报中相得益彰，且相辅相成，相互促进，而在绝大多数同人道德素养和新闻专业程度均较低的量报、小报中则充满紧张，甚至对立冲突。从1920年代末起，以戈公振为代表的一批民国报业有识之士一直在呼吁新闻报馆与新闻院校打破壁垒，通力合作，[③]主要也是针对后者而言，但直至1948年白宝善还是失望地看到，两者之间存在一道鸿沟。[④]这导致中国报界质报和量报、小报的新闻专业化理念和实践严重分化并持续扩大，从而使中国近代新闻事业发展之路变得几多曲折和漫长。

---

① 郭步陶:《造就新闻人才和办理新闻事业有彻底合作到的必要》,《新闻学期刊》,复旦大学新闻学会1935年版，第8页。

② 詹文浒:《培养报业人才管见》,《中国新闻学会年刊》第2期，1944年，载龙伟等编:《民国新闻教育史料选辑》，北京大学出版社2010年版，第198页。

③ 戈公振:《新闻教育之目的》,《报学月刊》第1卷第2期，1929年，载龙伟等编:《民国新闻教育史料选辑》，北京大学出版社2010年版，第9−15页。

④ 白宝善:《论新闻系与新闻界之合作》,《报学杂志》第1卷第7期，1948年，载龙伟等编:《民国新闻教育史料选辑》，北京大学出版社2010年版，第292页。

第三章

义、利、情：新闻记者与报馆老板的合作与纠葛[①]

《大公报》报馆老板与新闻记者高度尊崇“四不”原则，从上到下“每个人都把报社工作和自己的事业结合在一起，全力以赴，蔚然成风”[②]。这样的报馆在民国毕竟凤毛麟角。绝大多数报馆老板与新闻记者之间存在着错综复杂的关系，义利情交织流动光影纷繁。本章以《申报》史量才、《新闻报》汪伯奇与汪仲韦兄弟、《时报》黄伯惠、《时事新报》张竹平等上海四大报的老板[③]，及其记者群体为中心来探讨新闻记者与报纸老板的合作与冲突，进而从组织层面来观察在“关系本位”的社会语境中[④]，新闻专业主义与商业管理专业主义之间盘根错节的关联和互动。

① 本章初稿《论民国时期新闻记者与报馆老板的合与争——以新闻专业主义与管理专业主义为视角的考察》发表于《国际新闻界》2021 年第 9 期。

② 詹若文：《报业全才胡政之与〈大公报〉》，载胡玫、王瑾编：《回忆胡政之》，天津人民出版社 2009 年版，第 103 页。

③ 需要指出的是，本文所谓的老板是广义上俗称的老板，除了拥有报纸产权的所有人外，也包括在报馆负责经营管理的经理人。如汪氏兄弟既不拥有《新闻报》的产权，所占报馆股份也极少，但却全权经营管理该报。

④ 梁漱溟：《中国文化要义》，上海人民出版社 2011 年版，第 90-91 页。

一

尽管新闻记者是倡导和践行新闻专业主义理念的先锋和生力，但其实是报馆老板为新闻专业主义从理念走向实践创造了条件，提供了资源，建构起使新闻专业主义落地生根、茁壮成长的组织环境和行业生态。

1920年代初，上海四大报的老板首开先河，聘用专职新闻记者，使记者从兼职性、临时性工作变成全职性和正式性工作。其次，报馆老板给予新闻记者丰厚薪金，使记者从像报馆工友杂役一般领取微不足道且朝不保夕的计件工资，上升为像报纸主笔编辑一样坐收稳固年薪。恰如《新闻报》总经理汪伯奇、副总经理汪仲韦兄弟所强调的观念，“新闻报道，既要翔实，又要迅速，要不惜金钱，聘用忠诚干练的访员”[①]。《时报》老板黄伯惠聘请顾执中出任记者时，给予月薪八十元，和主编相同，属全馆最高[②]。顾执中亦不负黄氏厚望，迅即在沪上新闻界做得风生水起，头角峥嵘。鲍振青开始做《时报》驻日记者时“毫无报酬”，也是待黄伯惠接盘报纸后，“始蒙其给予访薪”，鲍振青从此如虎添翼“得以在国际舞台活跃，从事中国驻日记者职务”[③]。再次，申、新两报还借鉴当时铁路、银行、邮政等大型公司的管理办法，建立起较为完善的福利待遇制度，藉此不仅提高新闻记者在现实层面上的薪资收入和工作声望，而且在精神层面期以振拔其

① 汪仲韦:《我与〈新闻报〉的关系》,《新闻研究资料》1982年第2期，第131页。

② 顾执中:《战斗的新闻记者》，新华出版社1985年版，第49页。

③ 鲍振青:《做驻日记者的苦楚》,《大上海人》1936年第5、6期合刊，第27–28页。

职业承诺与职业道德[①]。顾执中在《新闻报》做记者时，“不接受任何非分收入”，就是因为他对报馆的福利待遇颇感满意，“衣食足而知荣辱，生活有着落，才能帮助我们在工作时有足够的力量抵抗污染，抵抗金钱与权力的诱惑”[②]。报馆老板建立的长期聘用机制使新闻记者开始变成全职工作，相对丰厚完善的薪酬福利制度使记者能够安心体面地进行工作，甚至将其作为安身立命的终身事业。这是新闻专业主义的现实起点。

报馆老板在此基础上，不断健全记者管理制度，改善信息传播设备，全力推动新闻专业主义在技术规范层面上的发展[③]。《新闻报》于 1926 年不仅投入重金建立起上海新闻界规模最大、设备最完善的采访科[④]，并在采访科之外又建立考核科，每天将上海各大报的新闻报道，“逐条查核对比，凡是人无我有的新闻，只要有相当价值，就要予写稿者以奖励。反之，则必追问脱漏原因，并勉励这方面负责的访员”。汪仲韦观察到：“在这种奖惩分明的制度下，激起了工作人员的竞争心，报纸就能出现日新月异的新气象”[⑤]。申、新两报还逐步建立起公开招聘、严格考试的记

---

① 汪仲韦：《我与〈新闻报〉的关系》，《新闻研究资料》1982 年第 2 期，第 136-137 页；相关研究亦可参见，高郁雅：《柜台报：上海〈新闻报〉研究（1893—1949）》，台湾辅大书坊 2015 年版，第 13-90 页。

② 顾执中：《报人生涯——一个新闻工作者的自述》，江苏古籍出版社 1987 年版，第 229 页；顾执中：《战斗的新闻记者》，新华出版社 1985 年版，第 146 页。

③ Warren Breed, “Social Control in the Newsroom: A Functional Analysis,” *Social Forces,* 33（4）, 1955: 326-335.

④ 西西：《新闻报采访上之连环错》，《骆驼》1928 年 10 月 29 日。

⑤ 汪仲韦：《我与〈新闻报〉的关系》，《新闻研究资料》1982 年第 2 期，第 132 页；相关研究亦可参见高郁雅：《柜台报：上海〈新闻报〉研究（1893—1949）》，台湾辅大书坊 2015 年版，第 175-178 页。

者选聘制度，遴选品学兼优的人才进入新闻记者队伍。与此同时，四大报老板给记者配备汽车、安装电话、设立电台，以助力记者更敏锐地捕捉新闻线索和更迅速地传递新闻消息；为记者采购西方最新的摄影、印刷、通信设备和图书资料，以助力记者更便捷地收集新闻资料和更出色地呈现新闻报道；当重大新闻发生时，报馆老板不惜成本，投入巨大人力、物力、财力，组织上海编辑部、各地记者站以及特派记者协同合作进行大规模、全方位的采访报道。这些先进的技术设备和高效的组织系统，即新闻专业主义的技术规范，成为记者更快速、更全面、更高效地采写新闻的重要资源和必要条件。

民国报人越来越深刻地认识到“报纸工作近于一种专门的技术”①。这要求记者是行家里手，学有专长，术有专攻。但在当时新闻专业教育“还远处于幼稚的时代”②，知名的新闻报馆则承担起中国近代新闻记者专业社会化的重要任务。虽然四大报并未像《大公报》一样建立起较为系统化的“传、帮、带”记者培训体系，但是报馆老板积极创造各种条件，热心提供各种机会以提高记者的工作能力和职业素养。黄伯惠酷爱摄影，技术精湛，堪称名家，他除了不惜重金购置各种先进摄影设备外，还积极指导《时报》每个记者学习摄影技术，并且对摄影记者尤为关切，“该馆摄影记者能每种新闻摄至一二十张，必为黄所嘉奖，如少必摇头说不好”③。汪伯奇全力支持顾执中、陆诒远赴陕西、青海，考

① 钱伯涵、孙恩霖编:《报馆管理与组织》，申报馆 1936 年版，第 208 页。

② 张君良:《新闻教育机关与报业协作》,《报学季刊》第 1 卷第 2 期，1935 年，载龙伟等编:《民国新闻教育史料选辑》，北京大学出版社 2010 年版，第 60 页。

③ 谷声:《摄影界闲话》,《大亚画报》1933 年 5 月 24 日。

察中国西北国情民俗，顾氏据此撰著的《到青海去》成为中国新闻史上的名著[①]。汪氏后又出资6000元资助顾执中环球旅行两年以考察各国新闻事业，这笔钱相当于顾执中两年半的工资，可谓数目不菲[②]。此外，汪氏还资助沈颂芳到法国巴黎大学深造[③]。在《申报》，史量才资助汪英宾赴密苏里大学新闻学院，“以中国申报馆员名义，令其专门攻考报学”[④]。1930年，时任《时事新报》经理和总编的汪英宾聘请留日归来的黄天鹏担任报馆通信部主任之后，黄氏开始以函授方式训练该报的通讯记者。记者对报馆的培养之功，提携之德都充满深深的感激之情，恰如金雄白形容他初进《时报》工作：“正像梨园子弟的进入科班”[⑤]。《申报》编辑兼任记者的黄寄萍对报馆这种栽培奖掖亦称道有加：“进申报馆服务，得与报界诸先进共事一堂，我切磋研磨，获益良多，使我心露活跃，精神十分愉快，从此认报业为我终身的专业”[⑥]。而1927年在《时事新报》担任过张竹平秘书工作的邹韬奋也说：“我在时事新报馆工作的一年，是我生平更有意义的‘练习’的时期。我常觉得我的这一年的‘练习’，比进什么大学的新闻科都来得切实，来得更有益处”[⑦]。

---

① 顾执中：《自序一》，载顾执中：《到青海去》，中国青年出版社2012年版，第8页；顾执中：《战斗的新闻记者》，新华出版社1985年版，第215页。

② 顾执中：《战斗的新闻记者》，新华出版社1985年版，第231页。

③ 同上书，第136页。

④ 华胥：《史量才先生轶闻（上）》，《上海报》1934年11月27日。

⑤ 金雄白：《记者生涯五十年》（上），台湾跃升文化事业有限公司1988年版，第24页。

⑥ 黄寄萍：《我从事新闻事业的经过》，《大上海人》1936年第5、6期合刊，第25—27页。

⑦ 邹韬奋：《经历》，三联书店2004年版，第184—185页。

践行和衡量新闻专业主义的前提和标准是记者拥有高度的专业自主性，即他们在新闻生产的过程中能够最大限度地自觉遵照新闻职业道德，自行运用新闻专业知识，自主产制新闻报道评论。此即民国报人所强调的“新闻记者人格的独立和职务上的自由”①。另则，采访任务和报道环境复杂多变，需要记者灵活机动、随机应变，尽量扩大记者的自由裁量权，亦会提高新闻生产效率②。新闻专业主义的哲学诉求以及新闻工作的内在特性，促使报馆老板大胆放手让记者独立自主进行新闻采写工作，并且将优秀记者提拔到中层管理岗位，赋予其高度的专业自主权和组织管理权。在新闻报馆、时报馆，顾执中、金雄白等采访部负责人在老板的信任和支持下，拥有自由选择报道主题、聘用新闻记者、制定财务预算等方面高度的裁决权。而史量才知人善用，提拔康通一为《申报》首任采访课主任，同人们高度赞誉“史的玉尺量才，亦是名副其实”③。这不仅能够使记者充分发挥其专业自主性，而且也能最大程度激发其个人主动性、创造力和责任感。这不仅使记者在采写报道领域更加得心应手，而且也使其在报馆内部获得高度的专业尊重和事业认可，从而感到自在适意，心神畅达④。正如顾执中对此颇感满意地说：“汪氏尚能采用我的主张，

---

① 施伯钧:《新闻记者职业的保障》,《报学季刊》1935 年第 4 期，第 53–58 页。

② David M. Ryfe, “Broader and Deeper: A Study of Newsroom Culture in a Time of Change,” *Journalism,* Vol. 10（2）: 197–216; John Soloski, “News Reporting and Professionalism: Some Constraints on the Reporting of the news,” *Media, Culture and Society*, Vol.11（1989）, 207–228.

③ 孙恩霖:《回忆〈申报〉采访部及其他》,《新闻大学》1983 年第 6 期，第 68 页。

④ 〔美〕沃伦·本尼斯、伯特·纳努斯:《领导者》（第 3 版），方海萍等译，中国人民大学出版社 2008 年版，第 62 页。

用人和活动，从无拘束”[①]。藉此，老板创造出一种在一定程度上尊重新闻生产规律，满足新闻记者自我监管，自我激励和自我价值实现的工作机制和组织环境，而这是实现新闻专业主义的核心要素。

尽管论者多喜叙述民国记者在抗争政府新闻审查中的英勇故事和悲壮情怀，以展示当时新闻专业主义的面貌和风神。但是，上海四大报遇到新闻审查、新闻官司与新闻纠纷时，通常都是报馆老板亲自出马，或据理力争，或虚与委蛇和军阀政客相周旋肆应。他们一般决不会轻易丢车保帅，直接拿涉事记者前去顶罪。因为，一则，当时报纸刊登的新闻报道例不署名，报馆老板对所刊新闻全权负责。如果新闻违禁或言论侵权，遭政府追责或事主起诉，报馆老板首当其冲。再则，普通记者人轻势弱，直面官司纠纷，特别是政权冲压，脆弱不堪，而报馆老板财大气粗、人脉通达，对此方有折冲樽俎的必要资本和回旋余地。三则，报馆老板与新闻记者在一定程度上都有追求新闻自由的共识，即藉此“可以畅所欲言，毫无顾忌，因此博取广大的读者”[②]，进而两者均名利双收。所以，在《新闻报》遇到此类麻烦时，通常是由副总经理汪仲韦出来打点应付。在北京政府时代，因为北洋军阀“智识太欠缺的缘故”，报馆老板只要立身行己，有卓然自全之道，不难应付新闻审查[③]。尽管到南京政府时期“国民党检查

① 顾执中：《战斗的新闻记者》，新华出版社 1985 年版，第 517 页。

② 文孚：《商办报纸的难关》，《大光明》1946 年第 4 期，第 8 页。

③ 政之：《中国为什么没有舆论》，载王瑾、胡玫编：《胡政之文集》（下），天津人民出版社 2007 年版，第 1046 页。

报纸，达到了无孔不入的程度”[①]，比北洋军阀严厉百倍[②]，而上海作为全国舆论中心，新闻审查尤为严格[③]，报馆老板依然躬体力行，苦与周旋。当顾执中和陆诒的一些进步报道活动引起当局不满时，汪伯奇既要应付国民党施加的政治高压，又要尽力保全报馆骨干记者，为此，他让顾、陆两人暂停采访工作，资助他们外出旅行以避风头[④]。《申报》原本保守，史量才亦不甚过问社务，待到1931年在馆事国事内忧外患交相逼迫之下，他开始亲自管理报纸，激流勇进，大刀阔斧厉行改革，并公开抨击新闻审查，大力倡导新闻自由。如果《申报》有稿件被上海市新闻检查所扣发，史量才“必认真追究，又亲自上五楼上海市日报公会办公室，打电话把新闻检查所负责人找来当面交涉”[⑤]。当国民党强行向上海大报派驻新闻审查人员时，史量才坚决拒绝，使《申报》成为望平街上唯一没有国民党新闻检查官入驻的报纸[⑥]。《新闻报》虽然在国民党上海市党部的压力下，被迫接受新闻检查官驻馆，但汪氏兄弟采取了“空敷衍的手段”，让这位新闻检查官有钱拿而不必办事，此公也“乐于在家纳福，不到报馆工作”[⑦]。

---

① 陶菊隐:《记者生活30年——亲历民国重大事件》，中华书局2005年版，第122页。

② 政之:《中国为什么没有舆论》，载王瑾、胡玫编:《胡政之文集》(下)，天津人民出版社2007年版，第1047页。

③ 向芬:《国民党新闻传播制度研究》，中国社会科学出版社2012年版，第78页。

④ 顾执中:《战斗的新闻记者》，新华出版社1985年版，第328页。

⑤ 陆诒:《我所接触的史量才》，《新闻研究资料》1982年第6期，第180页。

⑥ 董天策、谢影月:《“史家办报”思想探究》，《新闻大学》2006年第2期，第23页。

⑦ 陶菊隐:《〈新闻报〉发家史》，载中国人民政治协商会议全国委员会文史资料研究委员会编:《文史资料选辑》(第4辑)，文史资料出版社1961年版，第135页。

《时报》尽管久已“不谈政治”，但是它因热衷报道黄色新闻“有伤风化”，也屡遭南京政府申斥惩处。每当此关头，为人极为低调的黄伯惠虽然不会亲去应对，但亦不会迁怒涉事记者，而是委托得力人士前去交涉。记者敢于不畏强暴报道真相，老板善于肆应强权化解风险，两者守望相助共同建立起相对自主自由的新闻工作环境。

不是所有记者都有高度的新闻专业主义自觉性和责任感，所以，当有记者违反专业主义操守和规范，威胁或损害到报馆的商业利益时，报馆老板会按照新闻专业主义标准督责和处罚失职记者，确保报纸新闻品质能够满足读者需要，在激烈的市场竞争中占有一席之地，立于不败之地。《申报》记者金华亭，嗜雀如命，一打起牌，任何重要的采访工作都弃之不顾，多次致使《申报》脱漏或误报重要消息，因此被史量才解雇[①]。《时报》记者陈大凡沉迷于十里洋场的花花世界，一意吃喝玩乐，一味敷衍工作，“连连遗漏了几件较大的新闻”，黄伯惠遂指示采访部停职陈大凡[②]。《新闻报》则制定出详尽的管理规则：工作能力薄弱，“降级”；工作不努力，“减薪”；违规怠工者，“扣薪”；职务上有重大过失者，“革职”[③]。

除了在自己报馆内兴革人事、改革制度、革新技术以推动记者队伍的建设和新闻专业主义的发展，上海四大报的老板还对

① 顾执中：《战斗的新闻记者》，新华出版社 1985 年版，第 23 页。

② 金雄白：《记者生涯五十年》（上），台湾跃升文化事业有限公司 1988 年版，第 129 页。

③ 《新闻报馆沿革及用人契约和职工总材料》，见《新闻报馆记者职工被捕材料》，上海档案馆，馆藏编号 Q430-1-173。

外积极倡导新闻专业理念、创办新闻专业学刊、兴办新闻专业教育、加强新闻职业团体工作，在整个新闻事业层面上推动新闻记者专业化与新闻专业主义建设。1931年张竹平带领《时事新报》和沪江大学合作成立“新闻学训练班”，“时事新报之办公室为讲学演习之所，以时事新报同人为基本教师”[①]。1934年，他又出资创办新闻传播研究专业期刊《报学季刊》，“专门研究新闻学术”为整个“新闻界服务”[②]，并积极撰写论文倡导新闻专业主义。史量才大力支持新闻职业协会的建设，在申报馆内特辟房间作为上海报业公会的办公地点，并且在他担任公会主席期间时常召集公会成员共商报业大计[③]。他也热心新闻教育事业，慷慨解囊资助上海南方大学报学系，并派时任报馆协理的汪英宾出任系主任[④]。1933年，史量才又在申报馆创立旨在“养成管理与编辑地方报纸之人材”的申报新闻函授学校，并亲自兼任校长[⑤]。

如果说新闻是媒体组织集体建构的产物，而非记者个人产制的作品，那么在新闻作品、新闻事业中所凝结和闪烁的新闻专业主义又何尝不是报馆老板与新闻记者共同合作的结果。如果将新闻专业主义的主体划分为报业、报人与报馆三个层面[⑥]，那么

① 潘公弼:《沪江大学与时事新报》,《天籁》1936年第2期，第21页。

② 张竹平:《发刊词》,《报学季刊》1934年第1期，第1页。

③ 方汉奇主编:《中国新闻事业通史》(第2卷)，中国人民大学出版社1996年版，第311页。

④ 董天策、谢影月:《“史家办报”思想探究》,《新闻大学》2006年第2期，第24页。

⑤ 《申报新闻函授学校缘起》,《申报》1933年1月1日。

⑥ 关于将新闻专业主义分为行业、组织、个人三个层次的详细讨论可参见，钱玉芬:《新闻专业性概念结构与观察指针之研究》，台湾政治大学博士学位论文，1998年，第84-87、92页。

不仅是报馆老板与新闻记者协同建立起组织层面的新闻专业主义[①]，而且报馆老板在其中又是执掌机枢，居功甚伟。

二

20世纪二三十年代，上海报业已经由“从前多是以个人资力，或三五人集合，小规模地经营，后来逐渐成为公司组织，大规模办理”[②]。在这种情况下，新闻专业水准关乎报纸的声誉，但市场盈利多寡才决定报馆的生死。黄浦滩上，新闻业务可圈可点，但是报纸销量可怜可叹，甚至不堪赔累，最后关门大吉的报纸亦不鲜见。举其著者，如《商报》《中华新报》等。因此，报馆老板深刻意识到，出色的新闻专业表现固然能给报纸带来不菲的市场收益，但是再精湛的新闻专业水准，也必须建立在精明的商业经营管理之上，如此报馆才能在激烈的竞争中站稳脚跟。兼之，一些大型报馆生产规模化、结构复杂化、组织科层化，内在地要求科学规范的专业管理。恰如《申报》报人储玉坤所概括的，“现代报业的特质，一言以蔽之：报纸商品化，报馆托拉斯化，管理科学化，其最终目的在利润的取得”[③]。即使民国时期最受人尊敬、专业化程度最高的《大公报》，其总经理胡政之也反复强调该报成功秘籍“主要靠经营得法”[④]。更何况，四大商业报

① 关于组织层面新闻专业主义建设问题的详细讨论参见，钱玉芬：《新闻专业性概念结构与观察指针之研究》，台湾政治大学博士学位论文，1998年，第235-273页。

② 政之：《作报与看报》，《国闻周报》第12卷第1期，1935年1月1日，载王瑾、胡玫编：《胡政之文集》（下），天津人民出版社2007年版，第1050页。

③ 储玉坤：《现代新闻学概论》，世界书局1948年版，第105页。

④ 徐铸成：《报海旧闻》（修订版），三联书店2010年版，第85页。

纸在商言商，“办报的目的，第一系要博得商业上的盈利”[①]。

所以，报馆老板在经营报纸时都秉持管理专业主义（Managerialism）精神[②]，即采取科学管理方法，充分认识和利用企业内外部一切资源、环境和机会，包括新闻专业主义理念和实践，以推动企业盈利和发展。这种观念既来源于明清以来儒家商业伦理所谓的“良贾何负闳儒”，又深受西方近代工商业至上思想、管理科学主义风潮的浸染和熏陶，兼之当时在针对反抗日本帝国主义侵略提出的“商业救国”口号下，进一步获得政治正确性和国族正义性。

新闻记者多数生性浪漫不羁，笑傲王侯，鄙睨金钱，尊奉新闻专业主义为至高无上之理念与价值，不惜为其生死力争，甚至将为此遭灾遇难视为神圣荣光。与记者采访新闻、撰写报道相对单纯的技术性工作，以及由此生发出来的新闻专业主义相比，老板及其所秉持的管理专业主义需要处理的问题就繁冗多了。报馆老板每天要面对报纸内容、资本运营、市场开拓、技术革新、人事管理、法律纠纷等林林总总的问题，并且这些问题涉及的任务结构、处理方法、实施后果与社会情境不仅相对记者工作而言更为错综复杂，而且与报馆兴亡成败更加利害攸关，最为棘手的是报馆对这些问题的预判与控制却极为有限，尤其是政治问题。特

---

① 钱伯涵、孙恩霖编:《报馆管理与组织》，申报馆 1936 年版，第 3–4 页。

② 关于管理专业主义的界定及其与专业主义关系的相关讨论可参见，Eliot Freidson, *Professionalism: The third logic.* Cambridge: Polity Press. 2001. pp.120–121;Ulrika Andersson & Jenny Wiik.*Journalism Practice,* 7:6, 2013, pp.705–719;John Soloski, “News Reporting and Professionalism:Some Constraints on the Reporting of the News,” “Journalism Meets Management,” *Media, Culture and Society,* Vol.11（1989）, pp. 207–228.

别是“九一八事变”以后，国民党面对内外交迫极为复杂的局势，开始推行“新闻一元主义”和“党化新闻界”的政策，除频颁严刑峻法强化新闻审查之外，还诉诸人身迫害、特务暗杀等极端暴力手段惩处违禁报人①。报馆老板面临的政治环境异常险恶。即使精明练达如史量才者，亦难逃政治之劫，1934 年身死政治暗杀的乱枪之下。1934 年 9 月，《时事新报》因发表敏感政治新闻，被南京政府禁邮长达八个月，“销路营业，皆受重大打击，经济压迫，益不能自拔”，直至张竹平辞职，杜月笙接任总经理方被解禁②。张竹平最终被劫卖“四社”，一度流落香江，经营饭店为生。汪仲韦也深深痛苦地感到：“重重磨难，有时竟至压得人喘不过气来，思念及此，不由得不使人对中国的新闻事业，感到心灰气短”③。确实如时人所叹：“报馆伙计固难做，老板饭也不易吃”④！

在民国政治动荡、经济衰弱的环境下办报，运用管理专业主义实现创收盈利原本不易，而恪守新闻专业主义追求真相曝光黑暗又最易贾祸。报馆老板必须小心翼翼地在新闻专业主义与管理专业主义相互拉扯的张力之中灵活、微妙而又艰难、痛苦地调和与挣扎，为此不得不常常回避、淡化、折中、妥协，甚至压制牺牲新闻专业主义。所以，当时的新闻研究者常常观察到，“报馆为着资深厉害的关系，……每多曲避事实，及屈服于干

① 马光仁：《上海新闻史（1850—1949）》（修订本），复旦大学出版社 2014 年版，第 717–733 页。

② 《张竹平辞职经过》，《晶报》1935 年 5 月 2 日。

③ 汪仲韦：《我与〈新闻报〉的关系》，《新闻研究资料》1982 年第 2 期，第 140 页。

④ 文孚：《商办报纸的难关》，《大光明》1946 年第 4 期，第 8 页。

涉之下”[①]。这样兼顾管理专业主义与新闻专业主义平衡的报馆老板与单纯坚守新闻专业主义的记者必然发生冲突。

在新闻报道上，报馆老板为规避政治风险，扣发敏感军政新闻。汪伯奇行事原本就谨小慎微，而南京政府成立之后，报纸又因“奖委员长事件”等接连多起违禁问题迭遭处罚损失巨大，这更让汪氏临深履薄，战战兢兢。为避免触碰国民党政治红线而招致不测之祸，他在新闻报馆内部推行严格的组织新闻审查。1929年，陶菊隐为采访蒋桂、蒋冯、蒋唐战争在枪林弹雨之中随军转战南北，备极艰辛，虽然收获了许多重要的“内幕新闻”，但《新闻报》担忧其所带来的政治风险，“均不能见报”[②]。陶氏对此痛心疾首，忧愁满腹，“有关军国的重要消息……我们真不知埋没了多少的珍贵材料”[③]，一度想辞职息笔，归隐山林。上海小报也经常嘲讽汪伯奇“其胆小处为上海各报之冠，岂其持盈保泰之心胜之乎，往往有他报所登载，而《新闻报》乃不敢登”[④]。尽管扣发新闻是报馆老板与新闻记者最显著、最直接的冲突之一，但其实这种案例发生的概率较小。一则，其通常都出现在非常时期，或涉及政治、军事、国际等重大敏感新闻，报馆迫于国家权势威慑不得已而为之；二则，其一般发生在报馆老板和资深记者、明星记者之间，年轻记者、普通记者通常没有机会和资历去采写那些事关重大的军政要闻。在日常报道中发生频率最高的矛

① 施钧伯:《新闻记者职业的保障》,《报学季刊》1935 年第 4 期，第 57 页。

② 陶菊隐:《记者生活 30 年——亲历民国重大事件》，中华书局 2005 年版，第 151 页。

③ 陶菊隐:《狷介与风流：吴佩孚将军传 · 蒋百里先生传》，山西人民出版社 2004 年版，第 285 页。

④ 爱新:《新闻报屡上申报当》,《晶报》1925 年 8 月 30 日。

盾是，老板追求新闻娱乐化取向与记者坚持新闻专业主义之间的摩擦[①]。追求市场占有最大化的欲望和报业市场激烈竞争的压力，驱使管理专业主义热衷追逐耸人听闻的社会新闻和采取煽情刺激的报道手法。

黄伯惠奉新闻娱乐化规范为圭臬，因此《时报》追模美国赫斯特黄色新闻道路，“专以低级趣味为重”[②]，热衷报道耸人听闻的社会新闻，并且极尽煽情之能事，一度被读者称为“黄报”。尽管顾执中是以《时报》社会新闻记者步入其职业生涯的，但在工作中逐步形成了高度的新闻专业主义精神，顾执中越来越反感该报的黄色新闻作风，认为许多新闻“有违道德”，报纸“被搞得乌烟瘴气”。对此，他“感到十分伤心”，但又无力改变老板的意志和报纸的宗旨，“只有置之不理，不闻不问，以表示抗议”，转“去采访我所认为有意义新闻”。[③]而报馆则另派记者代替顾执中原先负责的社会新闻条线，事实上变相调整了顾执中的报道领域。

其实不独《时报》热衷黄色新闻，《时事新报》《新闻报》也或深或浅卷入这股黄浦江浊浪之中。1931年，聚啸千军，纵横江浙，名震一时的土匪首领太保阿书被政府军警围剿击溃，斩首示众。上海各大报争先恐后，大肆报道，时已转任《新闻报》采访课负责人的顾执中本着新闻专业主义的精神，“以为杀头是封建时代的酷刑”，中国报纸不应该“自己宣传自己是一个还是中

---

① Charles R. Bantz, “News Organizations: Conflict as a Crafted Cultural Norm,” *Communication,* 8,1895:225–244.

② 顾执中：《战斗的新闻记者》，新华出版社1985年版，第77页。

③ 同上书，第70–71页。

世纪的还在砍杀人头的野蛮国家”，[1]所以他根据江苏省公署的布告，只刊载了一条简短的消息。结果，“晚间考核科送来一张似有责备口吻的纸条”[2]，批评了顾执中因回避、淡化黄色新闻而影响报纸竞争和市场收益的做法。

值得注意的是，秉持新闻专业主义精神的记者在抵抗老板的新闻娱乐化取向时，能够获得编辑、主笔以及其他记者支持，这在一定程度会弱化和消解老板对记者的惩处，甚至当有的记者与老板沆瀣一气追捧新闻娱乐化时，亦会受到富有新闻专业主义精神的记者、编辑、主笔的遏制和制衡。如金雄白采写轰动上海的马振华自杀案时，极尽煽情耸动之能事。编辑主任许心一拟将其中极为露骨的描述删削之，而金雄白坚决不允，两人争执数小时未决，以致诉诸黄伯惠决断。黄伯惠支持照金雄白原文发表，许心一仍不相让，要求请《时报》“太上皇”陈冷以定是非。陈冷素主新闻专业主义，指示尽行删除。黄伯惠不便拂逆陈的意见，又甚不甘心，最后竟将金氏报道中所有被删除的文字都代之以“□”刊载，以刺激读者想象[3]。

在薪酬制度上，追求剩余价值最大化的冲动和报业市场激烈竞争的压力，迫使管理专业主义尽力压低生产成本，所以报馆老板都千方百计控制各种开销，特别是占其总支出近四分之一的

---

① 顾执中:《报人生涯——一个新闻工作者的自述》，江苏古籍出版社1985年版，第351页。

② 同上书，第352页。

③ 探子报:《马振华自尽时之时报》,《报报》1928年3月25日。

员工薪酬[①]，这和新闻专业主义对新闻记者“保障生活安定”和“要求待遇优良”的诉求难免冲突[②]。黄伯惠富家子弟出身，“大有何不食肉糜之概”，从不知升斗之民物力维艰，兼之黄伯惠时代的《时报》从未摆脱亏损的梦魇，所以他给予记者的工资普遍不高[③]。金雄白的薪水只有12元，但碍于总编金剑花是其伯父，瓜田李下，不便多言，所以等金剑花辞职后，金雄白立刻提出加薪，即使“一举而加了五倍”，但金雄白依然认为：“在整个报馆以内，这个薪额还是较之别人为低”[④]。顾执中也抱怨在《时报》时，“我的职务，我的工资在三年之中，未有所提高”[⑤]。尽管张竹平是公认的经营报纸的能手，但是执掌“四社”以来一直盈利不佳，不得不通过压低员工工资和减少员工福利来维持其生存和发展，甚至自1930年至1932年，连续3年大幅度裁员[⑥]。这两家媒体的记者感到薪资水平低、增长慢，没有得到其应得的

---

① 新闻员工薪水一年开支为48万元，占其全部支出的24.5%。见《新闻报馆沿革及用人契约和职工总材料》，上海档案馆，馆藏编号Q430-1-173。尽管缺乏其他3家报纸相关档案材料，但是《新闻报》的数据可以给我们管窥或者推断其他3家报馆的相关情况提供一个参考。另关于四报劳资薪酬纠纷的情况常见于当时的新闻报道，如《张竹平口中之单相思》，《报》1928年3月4日；《申报同人会之请求加薪》，《晶报》1930年1月24日；《时事新报劳资潮 记者工会调停无效》，《大公报》1931年11月7日。

② 施钧伯：《新闻记者职业的保障》，《报学季刊》1935年第4期，第57页。

③ 金雄白：《记者生涯五十年》（上），台湾跃升文化事业有限公司1988年版，第120页。

④ 同上书，第130、227页。

⑤ 顾执中：《报人生涯——一个新闻工作者的自述》，江苏古籍出版社1985年版，第239页。

⑥ 客一：《时事新报大裁员》，《针报》1930年1月22日。

报酬，产生相对剥夺感，导致其工作积极性降低。顾执中在报馆外面既当景林夜中学的校长，又做《中国日报》社长等，四处兼职。《大晚报》采访主任蒋冠华辞职，亦与此相关[①]。四大报中《新闻报》盈利最高，汪伯奇亦出身殷实富裕的经理买办之家，但完全继承了乃父汪汉溪那股“勤俭朴素”的“徽骆驼”之风，经常身着“不讲究的中装”，乘“一辆旧的汽车，有时还步行或雇黄包车代步”[②]。汪氏自奉甚俭，亦啬以待人。如顾执中说，汪伯奇“待人初时还算忠厚，后来渐变苛刻”，职工家中有事来预支薪水，“竟一压再压，把借条放在一旁不批”“经人再三催促”，才批准[③]。并且顾执中本人也有类似的不快经历。1940 年当顾执中被敌伪击伤，在医院治疗。他的妻子欧阳恺丽去找汪伯奇领取医药费时，汪氏虽未留难，但并不慷慨。欧阳恺丽对汪氏颇有微词:“如此不痛快，真令人气沮”[④]。当时小报也常常讥讽汪氏过于刻薄吝啬[⑤]。相比黄氏、汪氏，史量才出身寒微，寸积铢累，白手起家，所以，其员工说史氏在制定报馆薪酬福利待遇时，“手面亦难怪其不大”[⑥]。曾任《申报》总编的陈彬龢就抱怨史量才吝惜金钱，不愿支付高额稿费，他描绘史氏“看到一篇短稿，可易大米四五石，大不谓然，……故当核定稿费单时，提起笔来，老

---

① 《采访主任之前因后果》，《报报》1932 年 7 月 7 日、10 日。

② 徐铸成:《报海旧闻》(修订版)，三联书店 2010 年版，第 40 页。

③ 顾执中:《报人生涯——一个新闻工作者的自述》，江苏古籍出版社 1987 年版，第 244 页。

④ 顾执中:《战斗的新闻记者》，新华出版社 1985 年版，第 405 页。

⑤ 市侩:《夏月润与汪伯奇》，《骆驼画报》1928 年第 32 期，第 2 页。

⑥ 冯彬龢:《陈彬龢口述史》，载蔡登山主编、胡叙五原著:《杜月笙秘书见闻录》，台湾独立作家出版社 2015 年版，第 189 页。

是索索发抖"[①]。其实，申、新两报的薪水本不算低，是上海乃至全国新闻界的"金边饭碗"，其薪酬亦能"维持中等市民生活的水平"[②]。只是记者希望报馆老板给予他们的薪水能够充分体现出其所创造的价值，但其工资与编辑、主笔相比要低很多，而报馆老板对此不闻不问，甚至斤斤计较，致使他们感到没有得到应有的重视和尊重。

在组织文化上，管理专业主义独裁式的哲学基础与新闻专业主义自由理念之间的潜在分歧有时会以激烈形式呈现出来。管理专业主义以法律上的"上级"和"下级"关系为基础，其形成一种"命令"和"服从"的心理关系[③]。兼之，民国时代的管理专业主义是西方现代管理思潮和中国传统商业惯习交汇的产物，具有强烈的父权制色彩，即老板极为强调雇员对其的忠诚和顺从。恰如《时事新报》知名记者胡憨珠在评价史量才时所说，"每个做老板的对于伙计所需的最佳条件，就是行为恭顺，工作勤勉"。[④]而这和当时记者"无冕之王"的自我想象格格不入："新闻记者在新闻社里服务，虽然站在雇佣的地位，但在人格上是应当独立的，在职务上是应当自由的"[⑤]"新闻记者……决非社主之佣人。除受相当俸给外，其地位、资格及人格的权威，于社主之间无些微之高下。有时其地位比较社主尚觉尊贵者，以社主只为

① 冯彬龢：《陈彬龢口述史》，载蔡登山主编、胡叙五原著：《杜月笙秘书见闻录》，台湾独立作家出版社 2015 年版，第 189 页。

② 徐铸成：《报海旧闻》（修订版），三联书店 2010 年版，第 278 页。

③ 〔美〕康芒斯：《制度经济学》（下），于树生译，商务印书馆 1962 年版，第 334 页。

④ 胡憨珠：《史量才与上海申报（十三）》，《传记文学》第 76 卷第 5 期，1995 年，第 126 页。

⑤ 施钧伯：《新闻记者职业的保障》，《报学季刊》1935 年第 4 期，第 57 页。

一社之主宰，而未必能亲执记者之业务故也”[①]。父权制的管理风格会刺激新闻专业主义与管理专业主义的矛盾，甚至有时会激化为剧烈的冲突。其典型案例为1931年《时事新报》之裁员风波。1931年10月29日，张竹平借口“经济拮据之故”，将包括采访主任周孝庵在内的记者编辑十六人一道解雇。当晚，编辑部同人召集会议，认为报馆资金尚不致于紧张至此，而且还可以采取减薪等其他更为温和、积极的解决办法，所以，一致恳请报馆当局收回成命。张竹平强硬地回复说，报馆裁员，自有权衡，同人无庸过问。10月30日晚，编辑部同人再开大会，商请报馆当局变通办法，将已裁员工每人给以三个月退职金，并保障以后同人被裁时享受相同待遇。讵料张竹平不独毫无答复，而且翌日中午还将列席大会的记者编辑等十余人全部开革，并请警察侦探到报馆营业部和编辑部武装警戒，威慑弹压。因为被解雇的记者编辑均为“平素最著劳绩及向守本分之职员”，随引起全体编辑部人员之愤慨。黄天鹏等七人一致自动辞职，“以促该馆当局之彻底觉悟”。但报馆无动于衷，强硬如故。10月31日晚，《时事新报》全体记者编辑组织同人会，发布宣言，请求社会之公正裁判及合理援助。此事一经曝光，在上海报界立刻引起轩然大波。上海各家报馆、通讯社、上海新闻记者联合会、报界工会，以及各界人士和社会团体，都前往慰问并积极援助被解聘的记者编辑。特别是上海新闻记者联合会于10月31日下午召集执委会紧急会议，推杭石君、朱应鹏为代表，与张竹平商洽解决办法。在上海新闻记者联合会的积极奔走和社会各界的一片声讨之中，张竹平同意

---

① 任白涛:《应用新闻学》，上海书店出版社2011年版，第8页。

上海新闻记者联合会提出的解决方案，馆方给予第一批被辞退员工服务未满三年者退职金三个月，三年以上者四个月，五年以上者五个月，十年以上者六个月。第二批被辞退员工和自动辞职者恢复职务，如果辞职亦享受上述待遇。11 月 8 日，上海新闻记者联合会召集全体会员大会，继续商讨事件解决问题，并请杭石君、朱应鹏负责督促张竹平早日落实承诺。《时事新报》最终履行了调停协议，双方纠纷完全解决。11 月 11 日，上海新闻记者联合会再次召集全体会员大会，通报事件解决经过[①]。在此事发生期间，上海报界纷纷撰文热议，但是批评焦点都集中在老板对待记者的蛮横态度和粗暴手段之上，"今该报当局竟用召之即来挥之即去之手段对付同人，实非持平之道"；以及老板"更显露其资本家之本色"，唯利是图，践踏公理的作风，"公理之神，早被资本家一脚踢出门外"[②]。在 11 月 8 日上海新闻记者联合会全体会员大会上，中央社记者钱沧硕认为，此次裁员风潮是资方压迫记者的标志性事件，"实为新闻记者之整个问题，实属侮辱记者之整个人格，本会应发表宣言"[③]，严厉谴责报馆老板野蛮的侵权行为，表达记者群体捍卫专业自主性的坚定立场和鲜明态度。

---

① 《时事新报之裁员风波》，《新闻报》1931 年 11 月 1 日；《时事新报之裁员纠纷》，《申报》1931 年 11 月 1 日；《时事新报裁员纠纷讯》，《申报》1931 年 11 月 3 日；青白：《昨日记者会大会情形》，《福尔摩斯》1931 年 11 月 9 日；《记者会会员大会》，《申报》1931 年 11 月 12 日；《记者会昨开会员大会》，《新闻报》1931 年 11 月 12 日。

② 第三者：《时事新报裁员风潮之平议》，《金刚钻》1931 年 11 月 3 日；起凤：《时事新报大批裁员之原因》，《上海日报》1931 年 11 月 5 日。

③ 青白：《昨日记者会大会情形》，《福尔摩斯》1931 年 11 月 9 日。

三

一个组织，同人共事，合作与冲突原本相伴而生并相互转化，更何况新闻专业主义和管理专业主义之间又存在着深刻的内在制约关系及矛盾，所以，老板管理报馆的一个核心问题就是协调同人，化解争端，激发活力，以共赴事业。特别是在关系本位的民国社会，一则，报馆老板深刻意识到，“人事管理之精要，无论所立条规如何严密，管理方式如何苛细，而人与人间情感上之微妙联系，决不能置诸不顾”①。二则，当时亦有不少记者是“由有关人员之介绍”加入报馆的②，与报馆老板或多或少存在着亲缘、地缘、学缘等千丝万缕的私谊关系。所以，四大报老板在为人处事上，均讲感情，重情谊，善待员工。史量才不仅平易近人，而且慷慨助人③。康通一英年早逝，身后萧条，遗有子女六人，抚养乏资。史量才不仅在殓殡之日赠助五百元丧葬费，而且携手杜月笙、钱芥尘向各界人士募捐一万元，为康通一抚育遗孤的基金④。汪伯奇“对待属员工友，从无疾言厉色”。当记者们做出精彩报道，或完成重要采访任务时，汪伯奇常设宴款待，亲与庆贺⑤。黄伯惠“绝无架子”，待人“温和”，工余之暇乐与记者们小酌闲聊⑥。甚至有时遇到重要新闻，黄伯惠亲自驾驶其私

① 赵君豪：《中国近代之报业》，台湾文海出版社有限公司 1983 年版，第 170 页。
② 教育部编：《青年择业问题》，商务印书馆 1936 年版，第 126 页。
③ 陆诒：《我所接触的史量才》，《新闻研究资料》1982 年第 6 期，第 179 页。
④ 侃侃：《康通一身后萧条》，《晶报》1932 年 4 月 9 日。
⑤ 顾执中：《战斗的新闻记者》，新华出版社 1985 年版，第 103 页。
⑥ 金雄白：《记者生涯五十年》（上），台湾跃升文化事业有限公司 1988 年版，第 119 页；顾执中：《战斗的新闻记者》，新华出版社 1985 年版，第 45 页。

人轿车送记者去采访，回来之后，黄伯惠先邀他们到饭店吃西菜，再陪他们去报馆写稿[①]。尽管张竹平在《时事新报》裁员问题上闹出轩然大波，但是也有同人说他平常待职工很好，“凡职工中有遇婚丧喜事，或者是经济困难向张要求帮助，张无不应允。遇到假日，往往邀约职工分批至家中聚餐欢叙”[②]。此外，在薪酬福利方面，报馆员工家中婚丧嫁娶有贺礼悼金，膳食交通有津贴补助，这些完全与工作表现无关的酬报，也是老板情谊的表现[③]。总体而言，四大报的老板均能对记者待之以礼，慰之以情。记者亦多是侠肝义胆，知恩图报，在与报馆老板朝夕相处之中，其情自浓，其义自重。这样，报馆上下“于不知不觉间，产生一种和衷共济，不可轻侮之势力”[④]。在《时报》工作过的顾执中感觉与黄伯惠“我们宾主间的感情是很好的”[⑤]。《新闻报》的陶菊隐非常珍重他与汪氏父子的深情厚谊，他终生叨念不已，“没有《新闻报》，就没有陶菊隐”[⑥]。王研石则“无任铭感”汪伯奇对他的营救，以及在他被拘押的半年期间

① 金雄白：《记者生涯五十年》（上），台湾跃升文化事业有限公司1988年版，第119页；顾执中：《报人生涯——一个新闻工作者的自述》，江苏古籍出版社1987年版，第238页。

② 冯亚雄：《〈申报〉与史量才》，载中国人民政治协商会议全国委员会文史资料委员会编：《文史资料选辑》（第17辑），中华书局1961年版，第141页。

③ 周丁浦生：《冲突管理：传统与创新》，载杨国枢、曾仕强主编：《中国人的管理》，台湾桂冠图书公司1988年版，第275−296页。

④ 赵君豪：《中国近代之报业》，台湾文海出版社有限公司1983年版，第170页。

⑤ 顾执中：《战斗的新闻记者》，新华出版社1985年版，第60页。

⑥ 陶菊隐：《记者生活30年——亲历民国重大事件》，中华书局2005年版，第171页；陶端：《怀念父亲陶菊隐》，《世纪》2008年第3期，第14−18页。

给其家庭“逐月以发给生活费”[①]。

报馆老板与新闻记者之间因情生义使报馆内部建立起高度的组织凝聚力和强烈的组织认同感。所以，当其他报馆以数倍高薪来挖顾执中、金雄白跳槽时，两人都是因为珍惜与黄伯惠的缘分，一时不忍相去。史量才并购《新闻报》时，报馆员工众志成城“以拥护现有新闻报及汪氏兄弟为目的”，一致抵抗史氏[②]。甚至时任《申报》经理张竹平曾想尽办法，欲将《新闻报》同人各个击破，但结果也告失败[③]。在报纸陷入生死存亡的危急时刻，如果不是同人真正信任汪氏兄弟，是不会与其患难与共，共渡难关的。当然，新闻报馆同人们同仇敌忾，亦是担心史量才接手报纸后会罢黜旧人，故凝心聚力，随汪氏兄弟死力反抗。其次，报馆老板与新闻记者之间的情谊，亦使老板与记者能够超越一时的经济雇佣关系和工作职责义务，形成了一种长久而诚挚的深情厚谊。所以，即使当金雄白被《时报》辞退后，黄伯惠还多次恳请金雄白帮助报馆物色总编，代表报馆到南京政府谢罪，甚至还一度力邀他回馆代理总编。恰如金雄白所说：“我与《时报》工作上的关系，在正式脱离后又四度临时客串，……但因宾主关系而

---

① 《王研石致汪伯奇》，见《新闻报馆记者职工被捕材料》，上海档案馆，馆藏编号Q430-1-264。

② 微闻：《新闻报让股之内幕》，《福尔摩斯》1929年1月14日。关于史量才并购《新闻报》的详尽研究可参见，高郁雅：《柜台报：上海〈新闻报〉研究（1893—1949）》，台湾辅大书坊2015年版，第197-236页。

③ 冯亚雄：《〈申报〉与史量才》，载中国人民政治协商会议全国委员会文史资料委员会编：《文史资料选辑》（第17辑），中华书局1961年版，第145页。

发生的友谊，则一直未曾中断”[①]。顾执中、陶菊隐、王研石离开《新闻报》，也始终关心报馆的兴衰存亡和汪氏兄弟的际遇沉浮。黄寄萍对史量才的遇刺，“绝端悲伤”，在其心理上留下“不易磨灭的创伤”[②]。四大报在不同程度实现了时人所推崇的报馆经营管理秘诀：“人和”。即“每个人都能发展他的长处，尽他的责任，上下一心，和衷共济，那么在平时固能按部就班，很顺利的前进，使基础渐渐巩固。即使在紧急的时候，像社会经济的动荡，国家政治的不稳定等，在足以影响报纸的立场时，也得以人力来战胜困难，不致一蹶不振”[③]。

老板与记者之间彼此顾恤，守望相助将报馆建成一个具有高度凝聚力和强烈认同感的“伦理情谊化组织”[④]。这种伦理情谊化组织既推动了新闻专业主义规范的发展，又顺应了管理专业主义的实际利益诉求，给报馆带来丰厚的专业声誉和市场收益。更重要的是，报馆老板与新闻记者的伦理情谊则为消解新闻专业主义与管理专业主义之间的矛盾建构出一种独特的冲突化解模式。

首先，在态度上，双方都会主动沟通，积极协商。从一般情况来看，老板与记者在报馆内的地位和权力悬殊，当他们发生冲突时，记者面对老板咄咄逼人之势常常无能为力，但伦理情谊化组织的老板能够主动与记者沟通，坦诚以待，则有力地消融其权

---

① 金雄白：《记者生涯五十年》（上），台湾跃升文化事业有限公司 1988 年版，第 239 页。

② 黄寄萍：《我从事新闻事业的经过》，《大上海人》1936 年第 5、6 期合刊，第 27 页。

③ 钱伯涵、孙恩霖编：《报馆管理与组织》，申报馆 1936 年版，第 88 页。

④ 有关伦理情谊化组织的讨论参见，梁漱溟：《乡村建设理论》，上海人民出版社 2011 年版，第 173—194 页。

力胁迫感，创造出宾主互谅之感、互让之情，为妥善化解冲突奠定基础。如汪伯奇一面扣发陶菊隐采写的军政秘闻，一面又百端慰解陶氏，“认为此项‘内幕新闻’，可供编辑部同人内部观摩，有继续收集之必要”①。

其次，在原则上，双方都力求维持均衡，张弛有度。新闻专业主义和商业专业主义，各有各理，固执一偏，皆有所失。正如民国报人管翼贤在谈到新闻专业主义与管理专业主义的关系时所指出，“商业是职业所不可少的。职业也是商业所不可少的。并且当二者互相承认对方有同等的需要时，他们的合作才是最有效力的”②。所以，老板和记者在解决新闻专业主义和商业专业主义矛盾时所秉持的核心原则是，“平常时候，维持均衡，不落一偏；于必要时，随有轩轻，伸缩自如”③。顾执中、陆诒的进步报道引起当局不满，当汪伯奇不堪国民党的压力，暂时让顾执中、陆诒停职离岗的时候，顾执中颇为谅解汪伯奇的苦衷，他说：“我顿时感到他是被逼出此，鉴于我们两人，在新闻采访工作上的出生入死，不顾一切，为《新闻报》在消息的竞争上，取得优势，他绝对不愿和不敢把我们踢出门外，不过，他至少要对国民党敷衍一番，而愿出钱，令我们到外地去遨游了。”风头过后，顾、陆两人又重返新闻工作岗位④。

---

① 陶菊隐:《记者生活30年——亲历民国重大事件》，中华书局2005年版，第151、180页。

② 管翼贤:《新闻学集成》(第1辑)，中华新闻学院1943年版，第110页。

③ 梁漱溟:《中国文化要义》，上海人民出版社2011年版，第91页。

④ 顾执中:《战斗的新闻记者》，新华出版社1985年版，第328页。

再次，在策略上，双方都尽可能讲求感情，彼此妥协[①]。老板通常不会以官僚化的冷漠，或君主化的专断，甚或资本家的倨傲，蛮横地、强硬地，甚至粗暴地压制记者符合新闻专业主义的行为，记者也不会自恃新闻专业主义精神而断然采取激烈手段反击老板管理专业主义过度商业化的举措，终致鱼死网破、两伤俱败。凡感情深厚必处处为对方设想，念念以对方为重[②]，老板与记者都会或诉之以理，或动之以情，努力找到双方都可以接受的条件和结果。汪伯奇扣发陆诒的战地新闻稿，陆诒始则忍让妥协，不去追究，继而是迂回沟通，与汪氏好言相商，汪氏也是一再耐心解释，多方开导[③]。

又次，在矛盾一时无法解决，但又尚未激化到彼此不容的情形下，老板和记者也会暂时悬置矛盾，在工作上仍旧各司其职，在感情上依然一团和气。如顾执中不满黄伯惠的黄色新闻政策，但并不公然抵制、公开批评，而是退避三舍转去采访自己认为有

---

① 黄光国:《关系与面子：华人社会中的冲突化解模式》，载黄光国:《儒家关系主义：文化反思与典范重建》，北京大学出版社 2006 年版，第 60-81 页；有关老板与记者在新闻生产中的控制与反控制极为细致详尽的研究可参见，陈顺孝:《新闻控制与反控制："纪实避祸" 的报道策略》，台湾五南图书出版社有限公司 2003 年版；陈顺孝:《媒介组织的内部新闻建构——外力冲击下，记者与主管的互动策略》，载林静伶、施清真编:《一九九八年媒介与环境学术研讨会论文汇编》，辅仁大学传播研究所 1988 年印行，第 211-234 页。

② 梁漱溟:《中国文化要义》，上海人民出版社 2011 年版，第 87 页。

③ 见《陆诒致汪伯奇函》(1937 年 7 月 22 日)、《陆诒致汪伯奇函》(1937 年 7 月 25 日)，见《新闻报馆记者职工被捕材料》，上海档案馆，馆藏编号 Q430-1-264；陆诒:《少了一位历史见证人——悼念顾执中老师》，《新闻记者》1995 年第 6 期，第 11 页；陆诒:《我与大公报》，载周雨编:《大公报人忆旧》，中国文史出版社 1991 年版，第 220 页。

意义的新闻。

当然，当有一方认为另一方，或者双方认为彼此都超越了新闻专业主义与管理专业主义共存的底线，并且相互调解全告无效之时，老板才会将记者调离条线，甚至开除记者另请高明，记者无奈只能跳槽他去另投明主。前者如《时报》开革顾执中，后者如陆诒与汪伯奇沟通无果后，离开《新闻报》，加盟《大公报》。有时即使老板记者一走两散，两者依然能够维持私谊，所谓生意不在交情在。例如金雄白在被《时报》革职之后，又几度重返报馆，再作冯妇。金华亭被革职之后，金妻向史氏求情，史量才网开一面恢复其职[①]。

不过，伦理情谊导向的冲突化解模式亦有其内在弊端。它有时将新闻专业主义与管理专业主义之间的任务冲突，即与工作目标、内容、方式相关的冲突，都转化为关系冲突。在老板与记者发生矛盾与产生纠纷之后，一旦不顾情面，疾言厉色相向，伤了彼此感情，即使不是实质性的主义之争，也可能会导致双方的彻底决裂；甚或轻微的人际摩擦，因不能及时化解弥合，有时也会激化为不可挽回的矛盾。如《时报》的“太上皇”陈冷有时会指出金雄白采写工作存在的问题，但“任性冲动”的金氏则每每反唇相讥，这让为人“冷血”的陈氏极为不快，最终借故将金雄白开革。尽管金氏的采写工作做得有声有色，是沪上的明星记者。《时事新报》采访主任蒋冠华与总经理汪英宾原为琐事相争，但因感情破裂，终至彼此不容，张竹平调停无果，无奈将蒋冠华调

---

① 仁:《新闻界的劳莱哈台：草包吴中一，鄙夫金华亭》,《暴露》1940 年创刊号，第 16 页。

往《大晚报》[①]。甚至，据说1931年《时事新报》裁员风波，其起源也是因为张竹平和潘公弼不睦，张将潘系人马包括采访主任周孝庵等在内的记者编辑数十人一道解雇。尽管该事件在各界调停下最终顺利解决，其他被解雇的记者编辑大多复职，但这十六人依然未能恢复工作[②]。

总的来说，伦理情谊导向的冲突化解模式在一定程度上缓和、消解了新闻专业主义与管理专业主义之间的紧张程度和冲突强度，不会使老板与记者都固持己见，各趋极端，而是使彼此都能提挈其情，督责其义，努力在新闻专业主义与管理专业主义之间寻找一个双方都能接受，或者至少彼此都能宽容的动态平衡点：新闻专业主义虽然经常批评管理专业主义但并不彻底否定它，因为管理专业主义为其提供了必要的物质基础和制度保障，只是关键时刻其需遏制管理专业主义过度商业化的倾向；管理专业主义有时压制新闻专业主义某些增大生产成本、损害商业利益的冲动和行为，但并不完全扼杀它，反而常常激励、伸张它来创造市场业绩和资本利润。这进一步为新闻专业主义与管理专业主义相辅相成、相因相进创造了更广阔的合作空间。报馆老板凭借新闻专业主义为其报纸创立声誉打开市场以期赚个盆满钵满，新闻记者借助管理专业主义为其提供优良的工作条件、优渥的薪金待遇，以使其能心无旁骛自由自主地采写新闻、追问事实。

概而言之，无论新闻专业主义，还是管理专业主义本质上都是一种“对话伦理”，“是某一行业的从业人员，根据本行的专业

---

① 《采访主任之前因后果》，《报报》1932年7月7日、10日。

② 起风：《时事新报大批裁员之原因》，《上海日报》1931年11月5日。

知识，经过不断的沟通和对话，而逐渐形成的”①。作为一种“对话伦理”，新闻专业主义与管理专业主义之间的合作与冲突其实也是一个“不断的沟通和对话”的过程。当两者浸入到民国报馆这种“伦理情谊化组织”时，相互提挈其情，督责其义，使其“沟通和对话”“平常时候，维持均衡，不落一偏；于必要时，随有轩轾，伸缩自如”②。进而言之，记者与老板竞合博弈的故事从一个微观层面揭示出，当西方以个人主义哲学为基础的新闻专业主义与唯理性与效率是尊的管理专业主义理念引入中国之后，“关系本位”的中国社会结构透过并协同“伦理情谊化”社会组织有力地重塑了其理念和实践，使它们之间的互动与互构呈现出一种因情循义、情理交融的中国色彩。

---

① 黄光国:《儒家伦理与专业伦理：矛盾与出路》，载黄光国:《儒家关系主义：文化反思与典范重建》，北京大学出版社 2006 年版，第 205-218 页。

② 梁漱溟:《中国文化要义》，上海人民出版社 2011 年版，第 91 页。

第四章

关系网中的新闻网：新闻记者采访网络的建构与实践[①]

张静庐把当时记者的新闻采访活动划分为两种："新闻寻人"和"人寻新闻"。"新闻寻人"，即团体开会、机关集议时主动邀请记者参加，积极供给新闻材料，以期记者代为宣传；"但在一般能力优胜的记者却不以团体的新闻为可贵，他们常用各种方法去采访重要而又为人们所不知的新闻，又能不失它的时间性"，此为"人寻新闻"[②]。

但"人寻新闻"，即"采访重要而又为人们所不知的新闻"，在民国时期又极其困难。当时，"新闻材料，偏重找要人谈话。而所最难得者，亦惟要人口中之言词"[③]。因为，诚如邵飘萍所说，"旧式官僚，多不认识新闻记者之地位，非视为可厌，则疑为可畏，且惟恐因发表谈话新闻而惹事，或预料新闻记者将提出

① 本章初稿《民国时期记者的关系网与新闻采集网》发表于《国际新闻界》2012年第2期。

② 张静庐:《中国的新闻记者》，光华书局1928年版，第55页。

③ 沈雨苍:《采访经验录》，载王文彬编:《报人之路》，三江书店1938年版，第206页。

何等要求，依官僚派所奉为金科玉律之所谓‘多一事不如少一事’之原则，每易托辞拒绝而不见”[①]。国民党中央全会对报纸来说是重要新闻，但无论是预备会议还是正式会议，都是关起门来举行，不许记者列席[②]。对此知名记者卜少夫无奈地感慨道：“这是一趟多么好的机会给记者们活跃呀！但是，很少有人能有所收获的”[③]。莫说北洋旧官僚和南京新权贵将记者拒之门外，即使寻常政府公务员对记者也三缄其口，将为官慎言尊奉为圭臬。南京政府教育部编撰的职业指导手册谆谆教诲有志为官的青年，“最大之义务，即严守秘密，例如其供职之官厅将实行某种重大事件，若事前为外人知悉，即感行政困难。故为官吏者须守秘密，即对妻子亦不应轻于泄露，盖往往因此而引起重大事件也”。甚至强调“尤其不能守秘密之义务者，不能为官吏”[④]。

采访政治新闻难，但“采集社会新闻之材料，有时比政治新闻为难”[⑤]。上海公共租界的总巡捕房“是整个上海公共租界的盗劫等社会新闻的枢纽的枢纽”，但“到那阎罗殿直接采访消息”，记者视为畏途。即使上海知名大报也只能常常暗中收买总巡捕房的电话员，将新闻线索伺机悄悄报告给报馆。记者据此到事发地点进行调查采访。电话员非记者，缺乏判断新闻价值的能力，常拾小遗大。并且这些电话员只能偷偷摸摸地传递新闻线索，一旦

---

① 邵飘萍：《实际应用新闻学》，载肖东发、邓绍根编：《邵飘萍新闻学论集》，北京大学出版社 2008 年版，第 31-32 页。

② 顾执中：《报海杂忆》，中国文史出版社 1986 年版，第 21 页。

③ 卜少夫：《外勤记者的两种痛苦》，载王文彬编：《报人之路》，三江书店 1938 年版，第 202 页。

④ 教育部编：《青年择业问题》，商务印书馆 1936 年版，第 129-130、148 页。

⑤ 张静庐：《中国的新闻记者》，光华书局 1928 年版，第 46 页。

被发现，就被开除。因此，他们发出的消息，常常比较迟，多是明日黄花①。

在这种情形之下，记者如何才能打开采访局面，建构出四通八达、消息灵确的新闻采集网络？

一

梁漱溟指出民国社会以关系为本位，关系在社会中居核心地位②。费孝通进一步发现这种关系在结构形态上呈现出一种“差序格局”，即人们以亲疏远近不同建构出一个具有差等次序的社会关系网络③。这在具体运行中表现为，“人们对待熟人常是采取特殊主义原则，讲人情，重关系，常在规章之外给予例外的特殊待遇；对生人则采取普遍主义原则，既不讲责任，也不讲人情，只有依双方的利害情形而行事”④。因此，在关系本位的社会里，个人要获取有价值的信息和资源，拥有关系会事半功倍，而关系匮乏则事倍功半。

《大公报》知名记者王文彬指出，记者“欲活动的成功（即随时随地能得到多量有价值的新闻——引者注），自非对于社会各方面人士均有相当的交谊不可”“交际愈广，则新闻的来源自多，采访任务不难完成”⑤。甚至邵飘萍在其“专就新闻材料采集

① 顾执中：《战斗的新闻记者》，新华出版社 1985 年版，第 53 页。

② 梁漱溟：《中国文化要义》，上海人民出版社 2011 年版，第 90—91 页。

③ 费孝通：《乡土中国》，北京出版社 2005 年版，第 29-40 页。

④ 杨国枢：《华人社会取向的理论分析》，载杨国枢、黄光国、杨中芳主编：《华人本土心理学》（上册），重庆大学出版社 2008 年版，第 185-187 页。

⑤ 王文彬：《采访讲话》，三江书店 1938 年版，第 3 页。

方法具体说明”的《实际应用新闻学》中特别强调，“外交记者活动之第一关键在于交际”[①]。这里所说的“交际”“交谊”云云，即建构关系的手段和维护关系的方法。换言之，记者通常是依靠关系网建立起通达灵确的新闻网。

揆诸实际，确乎如此。陶菊隐在采访那些崖岸自高的达官贵人时，“是采取‘交朋友’和‘随便谈’的方法，逐步地争取他们的信任。日子愈久，相知愈深，他们对我所要了解的问题，往往就肯一口气全部讲出来，哪些可以发表，哪些不宜发表，让我自行选择”[②]。采访国民党全会的记者们，一般是开会时等在门外，观察谁来参会，等散会之后，大家借助自己的关系网，分头去找熟识的委员，探问一下当天开会的内容和讨论的情况，据此所获，撰写新闻[③]。在采集社会新闻的问题上，亦是如此。北京《实报》李诚毅回忆说，他和警备司令李服膺私交至厚，所以，他可以优先获得惩办盗匪的消息。每逢枪毙匪犯，《实报》头一天就有罪犯的照片与全部案情准备着，第二天执行时，报上就有详细消息及各匪照片刊出，“这使同业中都为之眼红的”[④]。张静庐甚至当时观察到，“有许多记者，差不多恃交际以获得新闻为唯一的选择”[⑤]。

既然关系网对记者来说至为关键，那么记者究竟是如何通过

---

① 邵飘萍：《实际应用新闻学》，载肖东发、邓绍根编：《邵飘萍新闻学论集》，北京大学出版社2008年版，第26页。

② 陶菊隐：《记者生活三十年——亲历民国重大事件》，中华书局2005年版，第35–36页。

③ 顾执中：《报海杂忆》，中国文史出版社1986年版，第21页。

④ 李诚毅：《三十年来家国》，香港振华出版社1962年版，第144页。

⑤ 张静庐：《中国的新闻记者》，光华书局1928年版，第32页。

建构关系网进而建立起其新闻采集网络？

二

记者是通过先赋性和自获性关系网[①]，延伸向四面八方，联结上三教九流，建构出一个四通八达、消息灵确的新闻网。

先赋性关系网，既包括记者与生俱来的亲缘、地缘关系网，也包括记者投身报业之前在长期的学习生活中自然形成的学缘关系网。尽管亲缘关系网对记者的职业生涯有着复杂而深刻的影响，但由于其在人数和空间上的限制，对记者建构新闻网的助益有限。在先赋性关系网络中，推进和拓展记者新闻网建构的主要动力是地缘与学缘关系网。

中国人历来重视地缘关系，乡党之情不下于亲属，有时甚至过之，所以俗语有“金乡邻，银亲眷”之说。并且地缘概念“极具弹性和扩张性，小至村庄大到一省，甚至数省，均能引为同乡”[②]。因此，记者常借助认同乡探寻采访门径，建构新闻采集网络。曹锟举行贿选和修宪时期，国会会议因各派意见纷呈，争论激烈，议长吴景濂遂常派警察严加戒备，禁止记者到场采访，并对外封锁消息。时任神州通讯社记者的管翼贤与吴景濂的侍卫长

---

① 有关“先赋性关系网”和“自获性关系网”全面系统且富有启发性的综述论文可参见，杨中芳、彭泗清：《人际交往中的人情与关系：构念化与研究方向》，载杨国枢、黄光国、杨中芳主编：《华人本土心理学》（下册），重庆大学出版社2008年版，第470—504页。

② 黄光国、胡先缙等：《面子：中国人的权力游戏》，中国人民大学出版社2004年版，第94—95页。

汤步瀛是同乡，便通过汤氏了解会议动态，常常获致其他记者都渴望而不可得的独家新闻[①]。邵飘萍在北京政学界的新闻采访网络通关入地，冠绝一时，即端赖浙江籍知识分子所构成的“一个相互支撑和提携的同乡型人际网络”[②]。1934年，陶菊隐在南京筹划创立《华报》时就是因为考虑到“首都军政界的同乡人不少，找新闻不愁没有来源”。后来尽管《华报》办得起色不大，但南京军政界的湖南老乡为陶菊隐采写政海轶闻和国际评论助益匪浅[③]。当时，依靠地缘关系网而在军政界建立起新闻网这种方法，名记者尤好用之。其典型者除陶菊隐之于湘系外，还有胡政之与川皖，张季鸾与陕甘，以及张友渔与晋系，等等。

随着越来越多的大中学生加入记者行列，学缘成为这些初出茅庐的年轻记者采写新闻最为便捷、最可依赖的途径。1927年，年仅二十岁的徐铸成初做记者时尚是北京师范大学国文系大一学生，他就是充分考虑和利用学校师友多、人脉广的优势，从采写教育和体育新闻入手。当时，他的体育老师郝更生是“中华全国体育协进会”会长，依靠郝的大力奥援，北京和华北地区的重要体育赛事，徐铸成事先都能掌握情况并预先做好准备。藉此，徐在体育报道中迅速崭露头角，并受到《大公报》巨头胡政之和张季鸾的青睐。徐铸成后来回顾体育报道经验时说：“我自己调查研究，作好充分准备，固然是重要原因；而郝更生之帮助，也是一

---

① 窦以锐：《管翼贤与〈实报〉》，载中国人民政治协商会议全国委员会文史资料研究委员会编：《文化史料（丛刊）》（第4辑），文史资料出版社1983年版，第124–125页。

② 唐小兵：《现代中国的公共舆论——以〈大公报〉“星期论文”和〈申报〉“自由谈”为例》，社会科学文献出版社2012年版，第155–156页。

③ 陶菊隐：《记者生活三十年——亲历民国重大事件》，中华书局2005年版，第172–176页。

个因素”[①]。

上海滩的记者们认为“采访上遭遇困难最多最不容易应付的对象”，是租界的巡捕房和工部局，而时任《时报》记者的顾执中去这些地方采写新闻，却左右逢源，得心应手。个中原因是，顾执中投身新闻界之前曾在工部局华语科教外国人学习上海话。顾执中亲手教过的外国学生遍布租界各大机关。“这般外国门生”颇为尊敬顾执中，对顾的采访工作也甚为支持。正是依靠租界工部局丰厚的关系网络，顾执中经常能够抓到人无他有的独家新闻，遂使《时报》的社会新闻报道一时遥遥领先于《新闻报》和《申报》[②]。像徐铸成和顾执中一样，张友渔、范长江、冯英子等知名记者都曾假借学缘关系来营造新闻采集网络，这种情况在民国时期不胜枚举。

通过认同乡，拜师友，从而攀上关系展开新闻采集工作，在民国时期颇具普遍性，大多数记者在建构新闻采集网络时都曾或多或少地动用过这种先赋性关系网。先赋性关系网是记者对自身早期先天关系资源的一种承袭，但随着记者采访范围的不断拓展，交往空间也不断扩大，许多交往都是从陌生状态开始的。这时，记者就需建立起自获性关系网。自获性关系网是指记者和消息来源之间并没有多少前定关系可资利用，必须依靠自己主动创造出某种共同基础从而建立起的关系网络[③]。

---

① 徐铸成:《徐铸成回忆录》，三联书店 1998 年版，第 31–32 页。

② 顾执中:《报人生涯——一个新闻工作者的自述》，江苏古籍出版社 1987 年版，第 107–110、152–159、173–174、181–182 页。

③ 参见，乔健:《关系刍议》，载杨国枢主编:《中国人的心理》，江苏教育出版社 2006 年版，第 82–95 页。

搭关系，即记者在工作之外的社交场所，交际应酬尝试与对自己工作有帮助的人建立关系。1920年代，湖南军政要人和省议员中的某些小集团都设有自己的“俱乐部”。每逢夜晚，他们在那里叉麻将、斗纸牌、叫堂差、大吃大喝，百无禁忌。陶菊隐也常常厕身其中，用他自己的话来说，就是经常前去那里“鬼混”，从中“可以听到许多外面所听不到的内幕新闻”[①]。而在摩登上海，“新闻工作者多跑舞厅，其中尤著者如《申报》的金华亭、《时报》的蒋宗道、《时事新报》的崔万秋、《新闻报》的蒋宗义、范敬五、陆诒、章先梅、周成贵，都几乎夜夜出入舞场”。记者们如此迷恋跳舞，就是因为跳舞有利于搭关系挖新闻。正如热衷此道的顾执中说：“跳舞能帮助采访工作的顺利进行。我曾在跳舞场中遇到日本领事清水和十九路军的师长区寿年等，无论政治、军事、外交等人物，只要在跳舞场中见过面，跳过舞，不久就容易搞熟，在采访新闻时就会不拘泥于宾主的形式，彼此觉得很自然”[②]。

钻门路，即记者处心积虑，千方百计地去交接人脉，建立关系。钻亦即钻营，其所欲结交的对象往往是高不可攀的权势人物，并且运用的交际手段又多富权谋性，有时也颇惹非议。民国时期，政界阴谋密布，黑幕重重。采写政治新闻，认识寻常人不足取，要认识在政界方面足称重要的人，方可挖掘出重大秘闻。“三教九流之不入流”的记者要和这些位高权重者拉上关系在大

---

① 陶菊隐：《记者生活三十年——亲历民国重大事件》，中华书局2005年版，第36页。

② 顾执中：《报人生涯——一个新闻工作者的自述》，江苏古籍出版社1987年版，第357-358页。

多数情况下并非易事。因此，记者有时不得不百般钻营，投其所好。即邵飘萍所谓“外交记者之态度，每因人而施，临机应变，不能拘于常格”[①]。邵飘萍本人就经常与北京的政坛显要、高官幕僚逛胡同，吃花酒，玩牌局，“而正于此间，可以在无意中得多少大好资料”[②]。管翼贤也因为“办法多，交际广，肯用脑筋，擅钻门路”，和北京各大政府机关都关系热络，消息灵通，被誉为“兜得转的地头鬼”[③]。在上海，金雄白同样经常是在妓院烟馆，与达官贵人一道寻花问柳和吞云吐雾中获得“秘闻内幕的”[④]。当然，记者不拘常格地奔走钻营只是获取新闻的手段。邵飘萍在军阀政客圈子中长袖善舞，游刃有余，但始终坚守新闻记者“品性为第一要素”，并对自己肩负的职责和使命有清醒的认识。他曾对老友包天笑说：“这些军阀，鬼鬼祟祟，捣乱世界，设计害民，我偏要撕破他们的秘密”[⑤]。这既是报人自明心志，也是报人相互勉励。

联网络，即记者通过自己关系网中的某个“中间人”与陌生人或无关系的人联上关系。这种方法邵飘萍最乐用之，他在传授自己采访经验时就说：“愚所常用之方法，则以甲介绍乙，而乙

① 邵飘萍：《实际应用新闻学》，载肖东发、邓绍根编：《邵飘萍新闻学论集》，北京大学出版社2008年版，第22页。

② 包天笑：《钏影楼回忆录》，中国大百科全书出版社2009年版，第525页。

③ 李诚毅：《三十年来家国》，香港振华出版社1962年版，第139页。

④ 金雄白：《记者生涯五十年》(上)，台湾跃升文化事业有限公司1988年版，第99、243页；《向导姑娘为媒 周佛海赏识金雄白》，《精华图画周刊》1946年4月27日。

⑤ 包天笑：《钏影楼回忆录》，中国大百科全书出版社2009年版，第524页。

又可以介绍丙，以至丁戊巳……焉”[1]。《大公报》对联结建网采集新闻的方式也尤为重视，报馆的巨头们非常注意将自己的丰厚关系资源介绍给后生记者，以拓展他们的关系网和新闻网。当时记者之间交往频繁，感情密切，也有记者通过其他报刊记者的引介，在军政要人圈子中建立起采访网络。1928 年，阎锡山接管平津之后，《实报》记者李诚毅“因新闻采访及工作与阎氏有关新兴之《民言日报》、《社会晚报》之关系，渐与晋军将领王靖国、李服膺、赵承绶、李生达、杨耀芳、周玳、荣鸿儒、傅作义、冯鹏翥等酬酢往来，更以北方人人情敦厚，我对人对事又忠勇负责，因此大家处得十分融洽”[2]。当时在京津权倾一时的晋系军阀不仅为李诚毅提供大量的重要新闻，而且还帮忙在其辖区推销《实报》达六七万份之多，使该报在短短时间就做得风生水起。

三

深植于中国传统文化和社会权势结构之中的关系网历史地形成了边界封闭性、交往狭隘性、利益独占性等消极特性，当关系网撒播入与其存在内在紧张与矛盾的中国近代社会市场化、民主化、城市化转型之中，关系网的消极特性被急剧地激化和扩大，并迅速侵入与关系网互联互嵌的新闻网之中。

新闻网的规模受制于关系网的缩胀。记者关系网的拓展固然

---

① 邵飘萍：《实际应用新闻学》，载肖东发、邓绍根编：《邵飘萍新闻学论集》，北京大学出版社 2008 年版，第 34 页。

② 李诚毅：《三十年来家国》，香港振华出版社 1962 年版，第 47 页。

可以扩张其新闻网的范围和规模，但关系网的紧缩也常会导致新闻网萎缩。当 1927 年《新闻报》欲任陶菊隐为两湖方面的记者，负责采访湖南湖北之新闻时，陶菊隐感到非常为难。尽管陶氏在湖南军政界人脉厚，关系广，但刻下他发现“往日与我交游的军政人员，多已向外发展”，而于湖北方面则“又因人地生疏，采访工作困难”。关系网的消亡和匮乏，致使像陶菊隐这样的知名记者也“巧妇难为无米之炊”，无从措手采写新闻。直到他的湖南老友蒋友文抵汉担任武汉警备司令夏斗寅的秘书长之后，陶才得以借助蒋的关系，结朋交友向四面八方不断拓展私谊网络，从而建立起通达灵确的新闻网[①]。

记者尽管受雇于报馆，但他们通常都是通过关系网以“朋友”“熟人”的身份与消息来源相交际往还。消息来源向其透露信息，不是因其是记者，而是因彼此是自己人，关系深，“视访员如一熟友”，才告之以内幕新闻[②]。因此，记者通常将缘关系网而建立起来的新闻网视为自己的私人财产而非报馆的公共资源。这造成的结果是，报馆新闻网完全受控于记者之手，记者个人的进退常严重制约着报馆新闻网的胀缩。如《大公报》外勤课原来的负责人张逊之，久居天津，人地两熟，加上他有帮会背景，所以，消息灵通，新闻采访做得有声有色。待张逊之去职后，王文彬从北京到天津来接替他的工作时，由于地方情况不熟，兼之关系匮乏，致使王文彬尽管“在新闻采访方面花了不少精力，但实际效果并不显著，没弄到多少‘本报特讯’”，在一定程度上影响

① 陶菊隐:《记者生活三十年——亲历民国重大事件》，中华书局 2005 年版，第 104、155 页。

② 周孝庵:《最新实践新闻学》，时事新报馆 1930 年版，第 46 页。

了《大公报》的本埠新闻报道[1]。

美国社会学家甘斯发现，专门负责某一条线和领域的专线记者由于经年累月与消息来源朝夕相处，形成极其密切的关系，“其结果是，记者陷入与消息来源之间各自负有责任义务的共生关系之中”[2]。关系网飨之记者以独得之秘的内幕新闻，作为回报，记者在报道关系网的好新闻时大张旗鼓，而在报道关系网的坏新闻时则三缄其口。甚至有时记者还化纸笔为刀剑，直接加入关系网与圈外人的政治纷争中去。这种共生关系在民国时期尤甚。因为，民国记者与军政要人之间既存在着某种出于利益交换所形成的职业性的“工具性关系”，也存在着由意气相投而生发出真情实意的“情感性关系”，此外还存在着某种基于中国亲缘性社会结构所形成的亲缘、地缘等“既定性关系”[3]。他们在理性计算、情感联系和道德义务三重力量制约下，形成一种交往更密、交情更深、结交更牢固的高度共生关系。当然，其产生的消极后果也更为严重。

关系网内外形成竞合并存的矛盾态势。“中国人的关系范围往往是有限度的，在圈子所及范围内是自己人，圈子以外则是外人。对待圈内人和圈外人的态度是不一样的，形成‘内聚与内

---

① 王文彬:《新闻工作六十年》，重庆出版社1990年版，第36页。

② 〔美〕赫伯特·甘斯:《什么在决定新闻：对CBS晚间新闻、NBC夜间新闻、〈新闻周刊〉及〈时代〉周刊的研究》，石琳、李红涛译，北京大学出版社2009年版，第166–167页。

③ 相关详细讨论和参考文献可参见，杨中芳、彭泗清:《人际交往中的人情与关系：构念化与研究方向》，载杨国枢、黄光国、杨中芳主编:《华人本土心理学》（下册），重庆大学出版社2008年版，第475页。

耗’或‘团结与冲突’同在的矛盾心理与行为取向”[1]。除了记者和消息来源建立起关系网外，记者之间在新闻采访活动中也形成一个个关系网络。圈内记者在进行采访活动时资源共享，协力相助，甚至在抵抗外力胁迫时肝胆相照，危难相济。《大公报》派遣徐铸成担任驻武汉记者时，张季鸾函请时任《新闻报》驻汉记者陶菊隐相与协助。徐铸成在汉口工作那几年，特别是最初阶段，有不少新闻线索都是陶菊隐提供的。陶菊隐也托徐随时帮助《新闻报》另一位驻汉记者刘斯达，因为刘刚从上海民治新闻专科学校毕业，缺少实际的采访经验。后来，刘斯达因报道武汉军阀叶蓬滥杀无辜惹下杀身之祸时，徐铸成挺身而出，代为斡旋折冲，刘斯达才化险为夷[2]。

但是，不同圈子的记者则为争夺新闻形成水火不容之势。关系圈子既是理性和利益的共同体，也是人情和情感结合体，因此圈子间的权益之争常裹挟强烈的情绪摩擦，从而形成的矛盾冲突往往激烈而深远。如金雄白和顾执中之间长达数年的新闻之争。金雄白在其回忆录中说，“由于《新闻报》的顾执中，在同业中人缘不佳，所以事实上《申报》的金华亭、《时事新报》的叶如音和我联成了一线，互通消息，时常共同出发采访，无形中抵制顾执中的活动，也处处给他以打击”。此外，金雄白在记者招待会上千方百计排挤顾执中。顾执中也不甘示弱，针锋相对，他不仅在报纸撰文嘲讽金雄白，而且在国民党二届四中全会上为争夺

---

① 周建国：《紧缩圈层结构论：一项中国人际关系的结构与功能分析》，三联书店2005年版，第95页。

② 徐铸成：《报海旧闻》（修订版），三联书店1998年版，第206-209页。

新闻材料与金雄白挥拳相向[①]。金顾之间既是新闻之争，更是意气之争。

在理论上，记者们认识到西方新闻界“访问之所以盛行，乃原于共和国民之平等思想，谓无论居如何高位者，平民应皆可以访问之。此所以盛行于法美之社会也”[②]。在实践中，记者们也清楚其新闻网是嵌入中国传统关系网的差序格局之中运作的。尽管关系网所网罗的关系种类繁多，不胜枚举。但究其实质，这个关系网的主体之间不是平等关系，而是一种依附在社会权势力量之上以亲疏和尊卑关系为经纬编织而成的传统等级网络系统。概言之，新闻网及其背后所依托的关系网都是权势网络在社会机体中所映射出的重重叠叠的投影，新闻网与关系网只是权势网络曲折的再现和隐蔽的再生产。

---

① 金雄白:《记者生涯五十年》(上)，台湾跃升文化事业有限公司1988年版，第187–188页。有关两人的纷争，还可见诸当时的小报新闻，如记者:《晶报害了顾执中》，《品报》1927年12月25日；虎伯:《汪精卫招待记者与新闻报馆》,《福尔摩斯》1927年11月29日；顾执中:《五中全会之零屑》,《新闻报》1928年8月8日。

② 邵飘萍:《实际应用新闻学·补白六 访问与个人自由权》，载肖东发、邓绍根编:《邵飘萍新闻学论集》，北京大学出版社2008年版，第91页。

第五章

隐匿的成本：新闻记者交际费的来源、使用与影响[①]

在关系本位的民国社会，记者关系网的大小决定着其新闻网的大小，甚至张静庐当时观察到，“有许多记者，差不多恃交际以获得新闻为唯一的选择”[②]。既然记者在“自己所担任之区域内，须联络多数之知友”“故外交记者之交际费，每占其费用之大部分”[③]。

但吊诡的是，民国初年记者交际费用极为不菲，而其薪金收入却甚为菲薄。即使知名记者，亦是如此。如曾做《时报》《申报》驻京特派记者的黄远生，常在楚馆秦楼与达官贵人觥筹交错之间，信笔写出那些风行一时、脍炙人口的新闻通讯。比黄氏稍晚一辈的民国知名记者曹聚仁对此既赞叹，又迷惑：“黄氏的能力是了不得的，但要在八大胡同同清吟小班和军政当局鬼混，要

---

① 本章初稿《论民国新闻记者交际费用的来源、使用与影响》发表于《新闻大学》2017 年第 2 期。人大复印资料《新闻与传播》2017 年第 10 期全文转载。

② 张静庐：《中国的新闻记者》，光华书局 1928 年版，第 32 页。

③ 邵飘萍：《实际应用新闻学》，载肖东发、邓绍根编：《邵飘萍新闻学论集》，北京大学出版社 2008 年版，第 39 页。

他靠二十元薪水来这么交际可能吗”[①]？其实，沿着曹氏的问题还可以继续追问，新闻记者的交际费用从何而来，用在何处，如何使用，有何影响，特别是民国时期，“因我国尚为特殊之社会，则适用于探究新闻，亦不可以无特殊之方法”[②]，新闻记者的交际费用是如何嵌入民国“特殊之社会”发挥特殊作用，又如何随着时代的变迁而呈现出怎样的变化？

一

中国人的交际常从饭局开始，记者尤乐好之。推杯换盏，谈笑风生，酒酣耳热，便无所不谈，而正于此间，说者无意，听者有心，记者可以获得许多新闻线索，甚至重大内幕隐情。邵飘萍回忆称："某次在北京饭店宴全体阁员、府院秘书长等，各人兴致勃勃然，无所避忌，吐露甚多重要之消息。愚预备电报纸于隔室，令两脚踏车守候门外，随得随发，宴会未终，而各种重要消息已达于上海”[③]。故记者的饭局极为频繁。顾执中说："一个晚上有三、四个地方请吃饭，就苦了，每一地方，只能到一到，吃一口，便

① 曹聚仁:《上一代的报人》，载曹聚仁:《听涛氏人物谭》，三联书店 2007 年版，第 335 页。其实，曹氏此说不确。当时上海大报驻京特约记者的“月薪均在百元左右”，交际费另算。参见，戈公振:《中国报学史》，上海书店出版社 2013 年版，第 228-229 页。

② 邵飘萍:《我国新闻学进步之趋势》，载肖东发、邓绍根编:《邵飘萍新闻学论集》，北京大学出版社 2008 年版，第 214 页。

③ 邵飘萍:《实际应用新闻学》，载肖东发、邓绍根编:《邵飘萍新闻学论集》，北京大学出版社 2008 年版，第 19 页。

告辞”[①]。而北京《实报》的管翼贤、李诚毅“不要说业务忙，社交应酬更是忙得不可开交，平均来说，每天总有三处五处的宴会，每到一处，只吃一两道菜敷衍一下，就得告辞去赶往另一处约会”[②]。除饭店之外，舞厅、俱乐部等地，也是新闻记者交际消费的主要场合和重要途径。如在上海，不少知名记者“几乎夜夜出入舞场”[③]。金雄白“每天不打麻雀，就要跳舞”，并将其称为一种“洋场作风”[④]。记者交际应酬，虽然受人之邀居多，但是也难免自己破费。孔昭恺说，他当时在北京负责采访工作，“天天想弄到独家新闻，又怕漏掉新闻，神经够紧张的。为了捞到新闻，交际应酬，几乎无日无之，……吃喝玩乐，光吃请不行，自己也得掏腰包”[⑤]。而金雄白有一次去北京采访，与陈布雷、邵力子等应酬雀战，一下输去了“五百零四元”，这是其“整整四个多月的工资”，金氏“当场出彩，除将仅有的钱，倾囊相献外，还赖去了四元的零钱”，囊中旅费输得精光[⑥]。交游广阔且名满天下的范长江在交

---

① 顾执中：《战斗的新闻记者》，新华出版社 1985 年版，第 23 页。虽然缺乏二三十年代新闻记者留下的日记，但统计时任《文汇报》总编辑徐铸成 1947 年 1 月至 3 月间记下并出版的 50 篇日记之中，自己“请客”，以及受邀参加各种“酒会”“宴会”“汤饼宴”“便餐”的次数就达 19 次。见徐铸成：《徐铸成日记》，三联书店 2013 年版，第 5-31 页。

② 李诚毅：《三十年来家国》，香港振华出版社 1962 年版，第 145 页。

③ 顾执中：《报人生涯——一个新闻工作者的自述》，江苏古籍出版社 1987 年版，第 357-358 页。

④ 金雄白：《记者生涯五十年》（上），台湾跃升文化事业有限公司 1988 年版，第 237 页。

⑤ 孔昭恺：《旧大公报坐科记》，中国文史出版社 1991 年版，第 41 页。

⑥ 金雄白：《记者生涯五十年》（上），台湾跃升文化事业有限公司 1988 年版，第 245 页。

际应酬中也常常是自掏腰包，他说："我在《大公报》四年，……许多活动费都是我稿费、版税"[①]。亦有记者竟然一时沉溺于交际娱乐之中或浪掷了金钱，或耽误了工作。顾执中就颇为懊悔地说："足足有十年功夫，我成为被跳舞俘虏去的奴隶，……十年之中，我估计消耗在跳舞上的款项，至少约有五六千元，想起来，觉得十分可惜。"[②]酷嗜打牌的金华亭，一打起牌，任何重要的采访工作都弃之不顾，安排其他人代去采访，削弱了报纸的采访水平[③]。

各大报馆的记者之间有竞争，也有合作，他们不仅经常在新闻现场内外碰面，而且在采访新闻时通常也相互配合，形成一种颇为独特的新闻同业协作工作模式[④]。记者之间的交往成为仅次于和采访对象交往的一种重要交际类型，因此，同业交际也成为记者应酬开销的重要部分。在南京，《大公报》曹谷冰、孔昭恺，中央社萧同兹、陈博生、曹荫稚，法新社潘劭昂等，"常聚饮于夫子庙酒肆"[⑤]。《大夏晚报》的鲁莽每晚都去新街口留香园茶馆

---

① 范长江:《我的自述》，载沈谱编:《范长江新闻文集》(下)，新华出版社 2001 年版，第 1192 页。

② 顾执中:《报人生涯——一个新闻工作者的自述》，江苏古籍出版社 1987 年版，第 358 页。

③ 顾执中:《战斗的新闻记者》，新华出版社 1985 年版，第 23 页。

④ 有关新闻同业协作工作模式的详细讨论可参见，〔美〕盖伊·塔奇曼:《做新闻》，麻争旗等译，华夏出版社 2008 年版，第 88 页。

⑤ 孔昭恺:《旧大公报坐科记》，中国文史出版社 1991 年版，第 64 页。这种情况在本研究时限之外也经常发生，可以视为记者职业活动的一种常态。如抗战时期，香港《大公报》的徐铸成和《星岛日报》的总编辑金仲华，常常去一家咖啡馆喝下午茶，交换时局消息和各自的看法。他们还有时相约同事们一起去吃夜宵，餐间相互询问今日有什么新闻、写些什么内容的社论，等等。见徐铸成:《报海旧闻》(修订本)，三联书店 2010 年版，第 349-350 页。

喝茶，“那是为了应酬一些新闻界的青年朋友，像陈振纲、高龙生、施白蕉诸君，他们每天要到留香园坐坐，留香园无形成了首都青年记者的俱乐部”[①]。打麻将、打扑克、打台球等也是记者间流行的交际活动，不同报馆的新闻同业相聚一起常借此为戏。爱打麻将的金雄白回忆说，《商报》《时报》望衡对宇，两馆同仁经常组成“麻雀搭子”，雀战一场[②]。甚至陆诒讥讽上海市新闻记者公会为“联络新闻界同人感情”的活动，也不外乎“‘一盘弹子’和‘四圈麻将’”[③]。亦有记者不谙此道，颇以为苦。孔昭恺就说他“最怵的是打麻将，常常不得已而为之”[④]。此言亦足见当时打麻将之流行，记者即使不喜欢，也不得不为之，否则便失去了一种重要的社会交际途径。恰如顾执中所说：“新闻记者的酬应特别多”，并且“这种与新闻工作有关系的酬应，又不能不参加”[⑤]。

记者除了与达官贵人、同业友人宴饮游乐花费不菲之外，在其他方面也需要开销交际费用。“盖外交记者活动之第一关键在于交际。欲求交际手段之圆满顺利，自当注意于与交际有关系之种种外观”[⑥]。为此，记者一般都衣着讲究，仪容大方。萧乾略带

① 鲁莽：《夜生活——二十年报纸生涯甘苦录》，独立出版社 1943 年版，第 75 页。

② 金雄白：《记者生涯五十年》（上），台湾跃升文化事业有限公司 1988 年版，第 107 页。

③ 陆诒：《“青记”的前身——上海记者座谈》，载陆怡：《文史杂忆》[《上海文史资料》（总第 75 辑）]，新华书店 1994 年版，第 146 页。

④ 孔昭恺：《旧大公报坐科记》，中国文史出版社 1991 年版，第 41 页。

⑤ 顾执中：《战斗的新闻记者》，新华出版社 1985 年版，第 23 页。

⑥ 邵飘萍：《实际应用新闻学》，载肖东发、邓绍根编：《邵飘萍新闻学论集》，北京大学出版社 2008 年版，第 26 页。

调侃地指出:“在旧社会做记者，不管家里多穷，出门也要西装笔挺，否则人家看不起你”[①]。王文彬告诫青年记者在采访要人时要特别注意着装，不仅因为“若衣服肮脏，装饰怪诞，去会见要人时，至少先予对方以不良印象。不但当时得不到好消息，即日后恐亦无再见希望”，更糟糕的是“若衣服穿得不能表现出身份来，甚至露出穷酸的样子，那仆役就大胆地挡了驾，连传达的手续也懒得办”[②]。顾执中就有此不愉快的经历。一次，他去美国海军青年会采访，恰值大雨，便“懒穿西装，就穿了一件蓝布长衫，手拿一顶旧伞，活像一个洋行中的仆役”，一个美国人“他看我衣衫穿得不好，就不客气地用英语对我说:‘Get off，Get off！’”顾执中便与他吵起来。顾执中事后强调“我太不修边幅，也不可以为训”[③]。所以，民国知名记者如陶菊隐、金雄白、徐铸成、孟秋江、陈凡等，大多均是礼帽领带，西装革履，衣冠楚楚，风度翩翩。卜少夫品味高雅，极为挑剔，“他对于领带与西服的配合，素有讲究，色彩求其鲜明而调和”[④]。而有的记者衣着个性，帅气时髦，竟然风行一时。如“范长江喜欢上身穿西装，下身着马裤，久而久之，不少青年记者也学他的样子，后来大家把这种装束叫作‘长江装’”[⑤]。邵飘萍甚至将记者着装礼仪写入新闻教科书，并提出极高的要求:“凡早晚之正式宴会，或

---

① 本刊编辑部整理:《我爱新闻工作——记萧乾同志对中国社会科学院新闻研究生的一次讲话》，《新闻研究资料》1980年第3期，第72页。

② 王文彬:《采访讲话》，三江书店1938年版，第71–72页。

③ 顾执中:《战斗的新闻记者》，新华出版社1985年版，第155页。

④ 琅玕:《介绍卜少夫》，《申报馆内通讯》1947年第3期，第4页。还可参见，筠郎:《南京的报人列传:卜少夫》，《上海报》1936年3月27日。

⑤ 冯英子:《报海忆旧》，书海出版社1991年版，第5页。

茶会演说会等，其服装必如高级外交官，严格合于礼节，故外交记者每备具有各种之服装，遇性质特殊之人，亦有随时变易之必要。”[①] 而当时制作一套西装平均20元左右[②]，可谓价格不菲，相当于一个小通讯社记者一个月的工资。1921年，邹韬奋还是圣约翰大学即将毕业的“穷学生”时，为买一套西装，向裁缝“要暂时赊账”，东挪西借“等两三个月以后才付钱”[③]。

交际场合颇为讲究面子，不仅要呢冠革履，而且还需高车驷马，交通工具有时成为在交际应酬中彰显社会地位的一种标志。当然，对新闻记者来说，配备便捷的交通工具更有迅赴事机之效。北京《晨报》甫一创办，就给记者配备车贴，“‘跑外勤’，每月还有二十元的‘洋车’津贴”。当时刚加入《晨报》的年轻记者赵效沂颇为自豪地说，“我雇了一个车夫，包括车租、工资，和夜晚燃点电石灯的费用，总共为十八元，自己还落下两元，居然初出道的青年人就成了‘有车阶级’”[④]。当然，小通讯社的记者就没有这么风光，他们“一个月拿到20元的生活费连车费在内，已经算是不错”[⑤]。而二三十年代之交，随着采写竞争愈来愈烈，宁沪等重要城市实力雄厚的报馆开始配备汽车。除了方便快捷，自备汽车作为世人眼中的奢侈物品是上流社会的身份标志，还给记者交际采访带来特殊的便利。恰如孔昭恺所说，在

---

① 邵飘萍：《实际应用新闻学》，载肖东发、邓绍根编：《邵飘萍新闻学论集》，北京大学出版社2008年版，第27页。

② 陈明远：《才材财》，河南人民出版社2004年版，第146页。

③ 邹韬奋：《经历》，中国工人出版社2007年版，第42页。

④ 赵效沂：《报坛沉浮四十五年》，台湾传记文学出版社1981年版，第4页。

⑤ 胡鸣祥：《投稿术》，复兴书局1936年版，第78页。

南京“坐汽车采访，一般机关门卫不加阻拦，在他们眼里，坐上汽车的大小总是个官儿”[①]。《文汇报》崔景泰回忆称，一次，孟秋江带他去坠机现场采访，警察设岗戒严不准人车通行，孟秋江指挥司机强行通过，“警察呆呆地在车旁看了看老孟，大概他们一下子弄不清老孟是哪一方面的大人物。看老孟的打扮、举止，完全象上海滩上的大亨。还没有等他们反应过来，我们的车子早已开走了”[②]。而内地的平民百姓更是对乘汽车者尊敬备至，范长江在中国西北角旅行采访发现，“老百姓真老实，……在他们想来，坐得起汽车的，总是‘大人’之类，绝不敢作为旅客来待遇”[③]。范长江充分利用个中方便。

记者交际应酬开销多少既与其慷慨程度密切相关，也与其在报馆的职务地位紧密相连。慷慨大方、疏财仗义是中国传统文化尊崇的美德，所以许多交游广阔、人脉通达的记者在交际应酬中通常都表现一股豪爽痛快的气度。张季鸾慷慨好施，他经常倾囊相助，周济友朋，包括报馆“同事有什么困难向他借钱，总是有求必应。也有个别的，因为做了点荒唐事亏空了，向他移借，他也慨然答应，也从不问借出的钱是否还”[④]。而与张季鸾并称为“南陶北张”的陶菊隐亦是如此。陶氏的旧友杨宣诚，官场失意赋闲长沙，是陶菊隐助之重金，才得以远赴南京打通关节进

---

① 孔昭恺：《旧大公报坐科记》，中国文史出版社 1991 年版，第 56 页。

② 崔景泰：《怀念与追思——孟秋江同志二三事》，载文汇报报史研究室编：《从风雨中走来——文汇报回忆录①》，文汇出版社 1993 年版，第 419 页。这个案例虽然超出本章的研究时限，但亦能反映出民国时期的普遍状况。

③ 范长江：《中国的西北角》，载沈谱编：《范长江新闻文集》（上），新华出版社 2001 年版，第 169 页。

④ 徐铸成：《报海旧闻》（修订本），三联书店 2010 年版，第 79 页。

了参谋本部[①]。中国传统文化又强调知恩图报，那些受过记者恩惠的人，都给予了这些慷慨大度的记者极为丰厚的回报。杨宣诚为陶菊隐后来到南京创办《华报》，以及为《新闻报》采写政海轶闻和国际评论助益匪浅。张季鸾朋友遍天下，他的客厅，访客接踵，客座常满，所以他消息灵通，洞悉时局。不仅普通读者，甚至政府官员们都“从《大公报》社评中窥知时局动向”[②]。“南陶北张”慷慨大方，出手阔绰，因为张季鸾是《大公报》的“巨头”，而陶菊隐是《新闻报》的“红人”，都是报馆的上层干部，可自由支配交际费用。一般记者的交际费用则相当有限，只能望而生叹了[③]。

二

时人称，“为了职业上的特殊性，一个外勤记者是必然将与各方面的人物去交际应酬，这一笔支出，亦不在少数”[④]。尽管交际破费不少，但“为了职业上的特殊性”，记者在交际中既加强了即有关系网络情感，又拓展了新的关系网络人脉，进而增强了其挖掘新闻的资源和能力。记者交际开销具有鲜明的工具化和功利化特征。正如张静庐所指出的，“新闻记者之必须交际，原不

① 陶菊隐：《记者生活 30 年——亲历民国重大事件》，中华书局 2005 年版，第 76 页。

② 徐铸成：《报海旧闻》（修订本），三联书店 2010 年版，第 98 页。

③ 孔昭恺：《旧大公报坐科记》，中国文史出版社 1991 年版，第 52 页。

④ 刘涛天：《外勤记者的职业生活》，《教育与职业》（1937 年）总第 184 期，第 329−339 页。

是为了喜欢交际，乃是从交际可以获得各种新闻”[①]。鲁莽在留香园与青年记者应酬，“每天不出稿费，得些好稿子，站在报馆立场，确是个经济政策”[②]。但是，交际应酬并不是一种简单商品经济，记者出之以钱财，信源售以之新闻。因为，掌握各种关键信息资源的重要消息来源，特别是政治、经济、社会地位高高在上的达官显贵，他们是绝大多数记者想见而不得的稀缺信息资源，根本不屑与记者进行信息金钱交易。正如《大公报》的王文彬在上海采访国民党及政府要人所遇到的困难与尴尬，这显要人物“根本不愿接见记者。你要勉强访问他，他会给你无情的失望”[③]。而他们肯俯首屈尊与一些记者饮宴交游，是因为彼此有交情，是朋友。宋子文在接受顾执中采访时就表示，“适才已有很多记者来看我，我都不见，我们是素熟识的就不妨谈谈”[④]。所以，记者其实是在一种关系网络之中与这些消息来源交际应酬，特别是记者通常会与消息来源形成长期的、稳定的交往关系，这种关系是理性计算、情感联系和道德义务混合交融的复杂人情伦理经济体系。而记者在此中花费的林林总总、多多少少的交际费用，通常是表达和维系对信源“关心、眷恋、道德关怀和情感联系的最有力和最受欢迎的工具”，这种交际消费生产和再生产了“一种长期的人格化交换关系”[⑤]，记者通常所费不多，即能收获不菲，甚

① 张静庐:《中国的新闻记者》，光华书局 1928 年版，第 32 页。

② 鲁莽:《夜生活——二十年报纸生涯甘苦录》，独立出版社 1943 年版，第 74–75 页。

③ 王文彬:《新闻工作六十年》，重庆出版社 1990 年版，第 24 页。

④ 顾执中:《报人生涯——一个新闻工作者的自述》，江苏古籍出版社 1987 年版，第 271 页。

⑤ 阎云翔:《礼物的流动——一个中国村庄中的互惠原则与社会网络》，上海人民出版社 2000 年版，第 209、212 页。

至只要交情够深，一旦重大新闻发生时信源即会主动告知，那时记者“就可以坐在家里‘等新闻’，‘听电话’，而不必盲无目标地出门去‘讨新闻’了”[①]。所以，大多情况下记者的交际费用是种特殊的礼物经济。当然在一些情况下，亦会出现记者给予信源金钱以交换消息，或以财物为手段打开采访局面的情况。1925年鲍罗廷秘密赴京，董显光获悉后赴苏联大使馆请求采访，苏使坚称鲍罗廷从未来过。董显光废然告退，走到门口，灵机一动，时值农历新年，他借以过年送红包为名，给使馆门卫“一叠足够使他感到意外的钞票，问他鲍罗廷住在那里”。董显光终于如愿以偿采访到鲍罗廷[②]。范长江为采访额济纳郡王，只得假扮“代表某公司，向王爷送礼”，方始成功[③]。概而言之，记者的交际费用是处在商品经济与礼物经济、“真正交易”与“纯粹礼物”这两极之间连续变化的光谱之中，其中承载着理性计算、情感联系和道德义务，并据不同的情景和关系而在光谱之中游动[④]。凝结着记者辛勤劳动的新闻生产行为不仅在于直接的采访、记录、写作，而且还包括交际应酬，并且后者所耗费的人力、物力、财力与时间成本远远高于记者采写所付出的直接劳动成本，所以交际费用成为新闻生产成本的重要组成部分。即前述时人所谓，“故外交记者之交际费，每占其费用之大部分”。

---

① 陶菊隐:《记者生活三十年——亲历民国重大事件》，中华书局2005年版，第8、35–36页。

② 董显光:《董显光自传》，曾虚白译，台湾独立作家出版社2014年版，第73–74页。

③ 范长江:《塞上行》，载沈谱编:《范长江新闻文集》(上)，新华出版社2001年版，第414页。

④ 阎云翔:《礼物的流动——一个中国村庄中的互惠原则与社会网络》，上海人民出版社2000年版，第5页。

除了维系发展其关系网与新闻网外，记者交际费用还具有多重社会效果，但这些效果多是一种伴随性效果，即与其他社会文化因素协同作用，共同发力所产生的功能与效用。它不是交际费用作为自变量单独所产生的功能与效用，但也不能忽略交际费用在其中所发挥的不可或缺的作用。

首先，记者能够支配包括交际费用在内的充裕的新闻生产资本，有力地推动了新闻报道数量和质量的提升。1920 至 1930 年代民国涌现出的一批著名旅行通讯，如曹谷冰的《苏俄观察记》，范长江的《塞上行》，顾执中与陆诒合著的《到青海去》，等等，与此不无关系。正是在报馆的大力支持下这些记者历时数月甚至经年，足迹踏遍大江南北乃至神州内外，采写出洋洋洒洒数十万言的通讯报道。当时新闻界的著名记者、代表作品绝大多数都来自知名大报，即因这些报纸实力雄厚能够提供丰厚的经费，保证记者全身心地投入采写活动之中。

其次，记者在同业之间的交际应酬中，分享工作经验、品评同行表现、共御外部压力、互诉衷肠、相互慰藉，推动了新闻职业共同体的形成。1921 年上海成立的首个新闻记者职业团体“新闻记者联欢会”，既是记者私人化交际的产物，又推动了记者制度化交际的发展。新闻记者联欢会的前身是记者“虎狼会”，金雄白回忆称，“所以取名‘虎狼’，即狼吞虎咽之意，因为这是私人间定期以叙餐的形式，来作为联络感情之用”，以后发展成为新闻记者联欢会[①]。新闻记者联欢会成立之初共设五部，其中的娱乐、聚餐、交际等三个部门实则都是执行发挥交际功

① 金雄白:《记者生涯五十年》(上)，台湾跃升文化事业有限公司 1988 年版，第 107-108 页。

能，交际是该团体的工作重心和运作枢纽。新闻记者联欢会每周聚餐一次，相当频繁，并且由各会员轮流做东买单，后来又将聚餐与开会合二为一，“既可联欢，复可开会”。这样一种以交际为中心的组织形态和运作方式，有力地推动了会员的联系以及组织的发展①。即使新闻记者联欢会后来改组为新闻记者公会，聚餐游艺还是不变的主题②。1934 年创刊的新闻研究学刊《记者座谈》周刊，亦源于上海淮海路一家名为文艺复兴的小餐馆中的三五个记者聚餐交际，“有时分析国内外时事，有时讨论新闻学的理论与实践，或者批评任何一方面报纸上的言论和报道等等”。大家都感到这样的每周聚餐座谈颇有收获，但又觉得谈的次数太少，内容零散，“而有时又感到言不尽意，乃借得《大美晚报（华文版）》的一角，于每星期五出版《记者座谈》周刊”。《记者座谈》的负责人之一陆诒说，他们后来在此基础上“广泛交朋友，团结了更多的青年记者，”创办了中国青年新闻记者学会③。无论是记者座谈会每周在文艺复兴小餐馆餐叙，还是新闻记者联欢会经常在一品香、岭南楼、同兴楼等中高档场所联欢，特别是后者每次少则二十余人，多则数百，由四位

---

① 相关详细讨论参见，赵建国、朱颖：《上海新闻记者联欢会与近代新闻业的职业化》，《新闻与传播研究》第 3 期，第 33–41 页；赵建国：《报刊史的底色：近代中国新闻界与社会》，暨南大学出版社 2020 年版。

② 参见，田中初、余波：《职业团体与新闻记者职业化——以二十世纪三十年代为中心》，《新闻大学》2016 年第 3 期，第 22–30 页。

③ 陆诒：《“青记”的前身——上海记者座谈》，载陆怡著：《文史杂忆》[《上海文史资料》（总第 75 辑）]，新华书店 1994 年版，第 144、150 页。

会员轮流做东[①]，这笔不菲的交际费用，究竟由记者自理，还是报社报销，虽然因史料匮乏，不得而知，但可以肯定的是，交际费用，或者按其正式名称所谓的会员会费，是维系此新闻学术期刊、记者职业团体组织酝酿、成立、发展的重要经济基础。

再次，记者获得包括交际费在内的较为丰厚的工资薪金和福利待遇，为提高其职业道德奠定重要基础。恰如时人分析指出："现在我国有许多新闻记者，不能尽职的缘故，固然多半由于修养不足，但所得的薪俸太少，不能维持生活，也是一个很大的原因"[②]。兼之记者"因职务的关系，又势必周旋于万恶的社会中，于是外方的诱惑较任何职业者为多，堕落的机会也就因而随之"[③]。南京政府虽然取消制度化的大规模津贴贿赂报纸的陋规恶习，但南京政府官员依然享有丰厚的"交际费"（亦称"公费"）[④]，并且不少人亦藉此贿赂记者。为此，报馆通过支付给记者体面的薪酬待遇和充足的交际费用，力图确保记者在新闻生产过程能够尽可能地摆脱外界的威逼利诱。这既是记者们全力以赴投入本职工作的重要基础，又是记者维护其言论独立的重要保障，也是提升记者社会形象的重要条件。恰如张季鸾所指出的，报馆

① 参见，《新闻记者联欢会演讲及聚餐》，《申报》1922年1月9日；《新闻记者联欢会之演讲宴》，《申报》1922年4月17日；《新闻记者联欢会开会纪》，《申报》1922年5月15日；《新闻记者联欢会昨晚之演讲》，《申报》1922年5月16日；《记者联欢会聚餐会纪》，《申报》1922年6月5日；《记者联欢会昨开第二届大会》，《申报》1922年7月10日。

② 施钧伯：《新闻记者职业的保障》，《报学季刊》第1卷第4期，1935年8月15日。

③ 张万里：《新闻记者应有的修养》，载王文彬编：《报人之路》，三江书店1938年版，第80页。

④ 张有德、何家伟：《近代文官特别办公费问题考》，《中华文化论坛》2013年第5期。

就是“因经济雄厚之故，对于报人职业的独立，……增加了保障”[①]。亦如《时事新报》周孝庵所指出的，“待遇之如何，足以转移记者之操守”[②]。孔昭恺说他初赴《大公报》北京办事处做记者时，胡政之就“告诫不许拿外边的钱”。孔昭恺信守报馆“四不”原则，其重要原因之一就是，报馆薪水高、待遇厚：“《大公报》能使编辑、记者严守不渝，高薪是一着。”[③]顾执中强调自己作为记者，“不接受任何非分收入”，亦是因为《新闻报》福利待遇优渥，“衣食足而知荣辱，生活有着落，才能帮助我们在工作时，有足够的力量，抵抗污染，抵抗金钱与权力的诱惑”[④]。陈彬龢加盟《申报》后，就感到史量才对其“备蒙隆遇，除将薪水特别提高外，并一再关照，生活费如感不敷，尽可直告，当另补助。我体会史先生的用意，是为保持言论公正，报道忠实，所以不惜重金；并以暗示方式，预阻我接受任何津贴与外快”[⑤]。

三

民国初年，中国工商业发展缓慢滞后，中国报纸难以通过市场获得经济独立，如在上海仅“申、新二家大报营业日增月盛，

① 张季鸾：《抗战与报人》，《大公报》1939 年 5 月 5 日，载张竟无编：《张季鸾集》，东方出版社 2011 年版，第 363 页。

② 周孝庵：《最新实验新闻学》，时事新报馆 1930 年版，第 202 页。

③ 孔昭恺：《旧大公报坐科记》，中国文史出版社 1991 年版，第 41 页。

④ 顾执中：《报人生涯——一个新闻工作者的自述》，江苏古籍出版社 1987 年版，第 229 页；顾执中：《战斗的新闻记者》，新华出版社 1985 年版，第 146 页。

⑤ 胡叙五：《陈彬龢口述史》，载蔡登山主编、胡叙五原著：《杜月笙秘书见闻录》，台湾独立作家出版社 2015 年版，第 164 页。

其他二三流报纸都有亏损，有的且已无法图存”[①]。在全国报业最发达的上海尚且如此，余处概况可以想见。如“汉口的广告事业是非常的可怜，把全汉口的广告生意集中起来，每月的收入，还抵不上《申报》一天的收入”[②]。再以北京邵飘萍为例，他既办有号称“我国人北京有通讯社之始”的北京新闻编译社，又经营有“供改良我国新闻之试验”的《京报》。但这些事业皆是名重利薄，其人其报时常“为经费所困”[③]。所以，当时记者为交际应酬，探访新闻，“到处找津贴”[④]。

而民初之时政党林立，为宣传己见，排斥异己，以实现自己的政治利益，各党派无不借重报纸舆论。即使政治强人袁世凯面对舆论也“表面为仆而暗中为主”，对待记者刚柔兼济，“把金钱和枪弹放在一起，请你选择于两者之间”[⑤]。接踵而起的军阀大多都继承袁氏操纵舆论的衣钵。恰如著名记者林白水说：即使“以合肥（段祺瑞——引者注）那样蛮干的家伙，也不能不有三分尊重舆论”[⑥]。甚至草莽出身，肆无忌惮，如张宗昌、韩复渠之流，

---

① 何思诚：《上海〈时事新报〉从研究系落入国民党手中的演变概要》，载中国人民政治协商会议全国委员会文史资料委员会编：《文史资料选辑》（第36辑），中国文史出版社1999年版，第151页。

② 蔡寄鸥：《武汉新闻史》（节录），载杨光辉等编：《中国近代报刊发展状况》，新华出版社1986年版，第495页。

③ 邵飘萍：《我国新闻学进步之趋势》，载肖东发、邓绍根编：《邵飘萍新闻学论集》，北京大学出版社2008年版，第214页。邵飘萍：《〈京报〉三年来之回顾》，载肖东发、邓绍根编：《邵飘萍新闻学论集》，北京大学出版社2008年版。

④ 曹聚仁：《上一代的报人》，载曹聚仁著：《听涛氏人物谭》，三联书店2007年版，第335页。

⑤ 同上书，第337页。

⑥ 转引自顾士：《历史是复杂的——重读林白水之死》，《书屋》2009年第1期，第57–59页。

也“懂得联络记者，注重‘宣传’”，不时折柬邀约记者，热情设宴款待[①]。当时报人报纸最匮乏的就是经营费用，因此军阀政客对付舆论记者最常用、最管用的方法就是重金津贴。北洋政府官员，滥施交际费用，每于三节两寿，将记者分为三六九等，分赠津贴[②]。对于著名报馆和记者，则另有重金相赠。如曾任北京政府财政总长的李思浩回忆说：“邵飘萍……他是当时的名记者，大家都怕他，也不能不应酬，经常的津贴是没有的，记得两次送给他成笔的钱，数目相当大，每次总达好几千吧，究竟多少，现在已记不清了”[③]。此外中央政府机构还“设置一些顾问咨议的员额，供收买报人之用”[④]。

由于军阀政权更迭频繁，更因其缺乏统一的意识形态，正如张国焘向共产国际的报告中所指出的：“拿起任何一张报纸，即使是军阀们出版的报纸，都可以找到通篇是各种混乱思想同民主主义、基尔特社会主义和无政府主义等学说的大杂烩文章”[⑤]。所以，当政治权势动用金钱势力来操纵新闻，新闻记者为维系生活工作而大肆索求津贴之时，导致新闻事业的扭曲既不同于惯常政

---

① 赵效沂：《报坛沉浮四十五年》，台湾传记文学出版社 1981 年版，第 45-46 页。

② 某大学教授（邵飘萍）：《从新闻学上批评院秘书厅对新闻界之态度》，《京报》1924 年 6 月 25 日，载肖东发、邓绍根编：《邵飘萍新闻学论集》，北京大学出版社 2008 年版，第 218 页。

③ 徐铸成：《李思浩生前谈从政始末》，载《文史资料选辑》（总第 22 辑），上海人民出版社 1979 年版，第 162 页。

④ 曹聚仁：《上一代的报人》，载曹聚仁：《听涛氏人物谭》，三联书店 2007 年版，第 337 页。

⑤ 中共驻共产国际代表团档案，转引自散木：《乱世飘萍》，南方日报出版社 2006 年版，第 178 页。

治控制的舆论一律，亦不同于一般资本侵蚀的唯利是图，而是致使当时报界“新闻，则除与背后人有关系一二条，夹叙夹议，不伦不类，嬉笑怒骂，立言绝无范围者外，（尤可注意者，为动辄涉及阴私。）始不再有确实消息可言”[①]。贿赂津贴制度不仅深刻地影响新闻的报道内容，而且还渗透到新闻产制整个流程的各个环节之中。“北京各机关都有这类领干薪的恶例。因此有些报社通讯社的老板，便借此实行了又要编辑又不给薪水的怪制度”[②]。津贴都是送给报馆通讯社老板的，而非直接送到记者手中，老板雇佣记者又不给其发薪水，威逼利诱记者以新闻为索取津贴，甚至敲诈勒索的工具。这就出现邵飘萍所痛斥的现象，“北京报纸为数固已不少，然求其稍合于新闻之正轨者，则十不一观焉”[③]。北京政府“政令不出都门”，但北京政府贿赂报人的恶劣做法却流风遍及全国。只有少数经济基础雄厚，又身处租界言论相对自由的报纸能保持新闻专业姿态，抵制和批评政府津贴。如1913年7月8日和9日《申报》连续两天刊出《湖南公款滥费之调查》，抨击湖南地方政府滥用公款，津贴报纸，“可谓糊涂极矣”[④]。

1927年以后，随着国民党北伐成功初步消除军阀割据，逐

---

① 邵飘萍：《我国新闻学进步之趋势》，载肖东发、邓绍根编：《邵飘萍新闻学论集》，北京大学出版社2008年版，第214页。

② 曹聚仁：《上一代的报人》，载曹聚仁：《听涛氏人物谭》，三联书店2007年版，第337页。

③ 邵飘萍：《我国新闻学进步之趋势》，载肖东发、邓绍根编：《邵飘萍新闻学论集》，北京大学出版社2008年版，第214页。

④ 《湖南公款滥费之调查》，《申报》1913年7月8日；《湖南公款滥费之调查（续）》，《申报》1913年7月9日。

步确立起中央政治权威，军政机关大肆贿赂津贴报纸记者的风气暂告终结[①]，并且反其道而行之威权式新闻管理政策，以统一意识形态为目的，严厉管控宰执报纸记者。另一方面，伴随着南京政府形式上统一全国，社会秩序渐趋稳定，工商经济日渐繁荣，交通日益改善，教育日趋普及，这为新闻业在社会文化领域的蓬勃发展奠定重要基础。面对政治收紧和经济繁荣的局面，中国报人也顺势而为，急起直追，开创出“民国时期中国新闻业最发达的时期”[②]。此时，记者交际费的来源已发生重大变化。

中国报人在屡试屡蹶中成熟了。而且，都在失败中得出了一条教训：“靠津贴来办报，‘得人钱财，替人消灾’，报一定办不好。”[③]另则，当时中国报界普遍意识到，“记者人才之养成，为新闻纸改良之根本问题”，并且“人才养成而后，又何以保障此种人才之生活地位与人格乎？故记者优遇之方法，乃一极重要之问题”[④]。中国报馆也逐步认识到，给予记者充沛的交际费是提高其工作待遇，提升其工作效率，甚至激发其工作热情的必要条件。“报社对于外交记者之俸给，务宜逐渐加厚，借以不堕高尚之品性。俸给之多寡，当视其地之生活费、交际费、娱乐费（娱乐费其实也是交际费的一种——引者注）中等以上之程度为准，

---

① 南京政府时期，各地不同程度上依然存在着贿赂津贴记者问题，见曹聚仁：《采访外记》，三联书店 2007 年版，第 64–65 页。

② 王润泽：《北洋政府时期的新闻业及其现代化（1916—1928）》，中国人民大学出版社 2010 年版，第 369 页。

③ 徐铸成：《报海旧闻》（修订版），三联书店 2010 年版，第 101 页。

④ 邵飘萍：《实际应用新闻学》，载肖东发、邓绍根编：《邵飘萍新闻学论集》，北京大学出版社 2008 年版，第 204 页。

此为大有关系之一问题”[①]。

当时注重新闻采写的各大知名报纸都尽力给予记者充足的交际费。如陶菊隐在与报馆总经理汪汉溪交流采访经验时说，他在采访时主要“采取‘交朋友’和‘随便谈’的方法，逐步地争取他们的信任。日子愈久，相知愈深，他们对我所要了解的问题，往往就肯一口气全部讲出来，哪些可以发表，哪些不宜发表，让我自行选择”。汪氏连连点头称赞说：“这个方法很好。可是，交朋友就得有应酬。以后你因公请客、送礼等费用，应由报馆负担，请你每逢月终把账单寄来向报馆里报销，如无账单，你自己开个收据来也可”[②]。在《大公报》，记者采访新闻，涉及宴请官员，打通关节的各类交际费用报馆全部报销，并且胡政之颇能体会知识分子不亲庶务而自尊心强的特点，记者出差回来“只简单地写一张便条：‘共用去旅杂各费几百几十元’”，胡政之“签个字就报销了，从来不要求开列细目，更不要说单据了”[③]。而《时报》老板黄伯惠常常亲自驾驶其私家车送报馆记者顾执中、金雄白等去采访。据金雄白说，在陪同采访时黄伯惠要求金雄白务必隐瞒他的身份。当金雄白与采访对象谈话时，“他就默坐一旁，静听而不发一言”，当金雄白请采访对象吃饭时，“他便象是一名陪客，又象是我（金雄白——引者注）的助手，最后当然仍旧由他来付账”。尽管考其行事，黄伯惠确实是“新闻界一位奇特的

---

① 邵飘萍：《实际应用新闻学》，载肖东发、邓绍根编：《邵飘萍新闻学论集》，北京大学出版社 2008 年版，第 85 页。

② 陶菊隐：《记者生活 30 年——亲历民国重大事件》，中华书局 2005 年版，第 36 页；陶菊隐：《我所了解的新闻报》，《新闻研究资料》1981 年第 1 期，第 98 页。

③ 徐铸成：《报海旧闻》（修订版），三联书店 2010 年版，第 104 页。

怪人”，但亦可见新一代报业巨阀新闻经营理念的变化[①]。报馆给予记者充沛的交际费用，使记者能够全身心投入采访工作中，只问新闻，不计成本，去挖掘惊天动地的故事，老板期待在报纸一片洛阳纸贵声中赚个盆满钵满。当然，揆诸实际，这也是几家欢喜几家愁。以前述三报为例，《新闻报》获利最厚，《大公报》亦效益不错，而黄伯惠时期的《时报》却从未摆脱亏损的梦魇。

民国社会普遍意识到交际应酬内容庞杂范畴模糊，甚至有时难分公事私谊，“难免有运用不当或靡费情事”。当时有些政府机关和公司机构建立起制度化的交际费管理办法。如交通部颁布的《业务稽查员支用交际费之注意事项》规范交际费的使用与报销[②]。尽管许多著名报馆认识到交际费是新闻生产中的重要成本，并尽力给予记者一定的交际费用，但大多并未建立起制度化、规范化的交际费用使用和报销制度。鉴于报纸记者人数一般不多，报馆老板通常根据对记者人品能力的一贯了解，以及采写任务的难易程度、完成状况以及所产生的社会影响来分别处理。因情衡事，特事特办，因此难免办理结果差异很大，报馆同人反应殊同，甚至有时会引起一些同人的不满情绪和反对意见。在《新闻报》，汪汉溪为陶菊隐“因公请客、送礼”全额报销；而跳舞亦有利于搭关系采新闻，顾执中就需要为跳舞自己买单。陶菊隐一生感念汪氏父子的深情，常常唠叨“没有《新闻报》，就没有陶菊隐”[③]，但

---

① 金雄白：《记者生涯五十年》（上），台湾跃升文化事业有限公司 1988 年版，第 119 页；顾执中：《报人生涯—— 一个新闻工作者的自述》，江苏古籍出版社 1987 年版，第 238 页。

② 参见，《业务稽查员支用交际费之注意事项》，《电友》1935 年第 5 期，第 39–40 页。

③ 陶端：《怀念父亲陶菊隐》，《世纪》2008 年第 3 期，第 14–18 页。

顾执中则对报馆老板啧有烦言。《大公报》记者差旅费用只列一纸便条，胡政之大笔一挥全部报销，但范长江就发现有人对他花销过高而心生不满，“当时《大公报》有一些老干部对于我在差旅费方面用得较多，很有意见”[①]。其实，范长江也有怨言，他说：“我在《大公报》四年，……许多活动费都是我稿费、版税。”当时也有年轻记者对《大公报》“报馆中上层，可以无限透支（经费——引者注），写个条子就行了”，亦充满怨懑[②]。

民国报业的复杂性还在于，因为各种主客观因素的制约，全国不同地区的报业，即使同一地区不同报纸，甚至同一家报馆不同地位的记者，其专业化发展水平、工资薪水、福利待遇也存在天壤之别。记者群体整体而言收入不高，但其内部记者个体之间收入差距极大，亦即时人所谓“太悬殊太薄”[③]。当时调查显示，“新闻事业之报酬，大都清苦，普通在各通讯社或报馆工作之下级职员薪金，大致每月自二三十元起至百元左右估十分之六强。自百元至二百元者约十分之二三，二百以上者则不多见”[④]。其中，一般小型报纸，尤其是通讯社的记者待遇最差，“一个月拿到20元的生活费连车费在内，已经算是不错，也有甚至仅拿到十块钱一个月的”[⑤]。并且“为了职业上的特殊性，一个外勤记者必然将与各方面的人物去交际应酬，这一笔支出，亦不在少数”。维持

---

① 范长江：《我的自述》，载沈谱编：《范长江新闻文集》（下），新华出版社2001年版，第1189页。

② 孔昭恺：《旧大公报坐科记》，中国文史出版社1991年版，第52页。

③ 聂世琦：《新闻记者》，光华书局1933年版，第46页。

④ 教育部编：《青年择业问题》，商务印书馆1936年版，第165–166页。

⑤ 胡鸣祥：《投稿术》，晨光书店1936年版，第78页。

基本生活都左支右绌、捉襟见肘，还要为交际应酬的不菲开销而焦头烂额，东挪西借。聂世琦满怀同情而悲哀地指出："社会的生活程度高，个人的进入少，在自身的生活上，物质精神都感到莫名的痛苦。报馆里的待遇，不能使他稍将物质生活敷衍得够，终于不得已，在某一种情形下，就出卖他的人格了"①。这就出现谢六逸所观察到的民国报界乱象，"新闻记者有'老枪'，有'敲竹杠'的流氓，有公然索诈津贴的，有专门叨扰商家酒食的，有奔走权门以图一官半职的，种种丑态，罄笔难书"②。因不同媒体记者收入差距极大，当时有人劝告年轻人说，"记者最好的出路，只有向大报馆发展，那是比较好的"③。其实，在大报馆里记者也分三六九等，收入差距也很大。赫赫有名的记者相对而言可以从报馆获取丰厚的交际费用，而籍籍无名的记者不仅所得有限，而且常常还需要自掏腰包去拉关系、跑新闻。如陈彬龢发现即使在经济雄厚的《申报》也存在因收入过低而丧失操守的不肖记者，"有时极少数外勤人员，不免乘瑕抵隙，在外敲诉，史先生知道了，辄说：'馆外的事，与我无干。'我即指出，'无问馆内馆外，报馆都有责任。'史先生艴然问故，我说：'敲竹杠由于吃不饱，吃不饱由于待遇薄，报馆能置身事外么？'史先生嘿然"④。

时人谓"晚近社会，以交际为唯一要素"⑤。政商各界为应酬

① 聂世琦：《新闻记者》，光华书局1933年版，第46—47页。

② 谢六逸：《新闻教育的重要及其设施》，《教育杂志》1930年第12号，第38页。

③ 胡鸣祥：《投稿术》，复兴书局1936年版，第77页。

④ 胡叙五：《陈彬龢口述史》，载蔡登山主编、胡叙五原著：《杜月笙秘书见闻录》，台湾独立作家出版社2015年版，第189页。

⑤ 振夫：《冯玉祥夫人之交际费》，《天文台》1937年5月6日。

交际便利工作，普遍给其职员发放和报销交际费用，报界亦给予记者交际费以方便其新闻采写工作。因此交际费作为新闻生产中重要的生产成本，发挥着重要而独特的社会作用。对于知名大报和著名记者来说，报馆提供充沛的交际费用是提高记者工作待遇，提升记者工作效率，激发记者工作热情，甚至强化其职业认同的重要生产资源，交际费成为推动记者新闻专业化水准的重要经济手段和生产资源。其次，记者交际费用越充裕，越有利于维护和扩张其关系网与新闻网，在新闻竞争中越有可能占据优势地位成为知名记者，而越是知名记者，报馆给予的交际费用越充足，这就进一步强化了在新闻资源的占有和媒体影响的分布中所形成的马太效应[①]。而对于入不敷出的小报和艰辛谋生的基层记者来说，基本工资都朝不保夕，他们不但没有交际费用，反而在走投无路的情况下利用新闻从社会榨取生活费用，这时交际费的缺乏就成为其新闻专业发展的重要障碍，甚至成为诱逼其堕落的重要原因[②]。

---

① 〔美〕盖伊·塔奇曼：《做新闻》，麻争旗等译，华夏出版社2008年版，第83页。

② 相关详细讨论可参见，田中初、刘少文：《民国记者的职业收入与职业意识——以20世纪30年代为中心》，《新闻与传播研究》2015年第7期，第69-85页。

第六章

秀才遇到兵：新闻记者与北洋军阀[①]

1920 年代，张季鸾曾深有感慨地说，近代中国“权力中心，皆集中于军，今人民已不知有党权、政权，而唯见军权。社会所注意，报纸所纪载，世界所研究，政府所筹划者，皆为关于若干军人之事”[②]。北洋时期，乱世扰攘，武人当权，政治之安危，社会之治乱，人民生活之凶吉祸福，皆随军阀之政治主张、军事行动，甚至个人欲念而变幻无常[③]，所以军阀成为社会最关注的人物，军阀主义成为时代最关心的问题。邵飘萍指出：“若无政治兴味则不成为名记者”[④]，而当时新闻记者最浓厚的“政治兴味”

① 本章初稿《北洋时期军阀与记者的合作、冲突与关系调适》发表于《新闻与传播研究》2021 年第 10 期。

② 张季鸾:《季鸾文存》(第 1 册)，大公报馆 1947 年版，第 5 页。

③ 政之:《吴张会见与时局》，载王瑾、胡玫编:《胡政之文集》(上)，天津人民出版社 2007 年版，第 290 页。

④ 邵飘萍:《实际应用新闻学》，载肖东发、邓绍根编:《邵飘萍新闻学论集》，北京大学出版社 2008 年版，第 66 页。

则集中在军阀身上[①]。

一

军阀热衷利用记者和报纸来建构和塑造其政治形象。一些行伍出身浸润在乡野文化和市井文学中成长起来的旧式军阀，原本就十分崇拜并且极为喜好效仿中国传统曲艺、小说中所刻画的英雄豪杰的言行举止，特别是那些惊世骇俗的豪情壮举。如吴佩孚自况关羽，张宗昌自比张飞，张敬汤不仅自称孔明复生，而且常着一袭八卦衣，摇一柄鹅毛扇，环顾左右，洋洋得意道："你们看我像不像卧龙先生"[②]？他们认为藉此也可以加强其统治的合法性和权威性，因为在中国民间信仰之中，帝王将相，天赋异

① 关于军阀界定最新最详尽的文献综述可参见，来新夏等:《北洋军阀史》(上)，东方出版中心 2019 年版，第 1–78 页；孔凡义:《近代中国军阀政治研究》，中国社会科学出版社 2010 年版，第 20–29 页。须指出的是，尽管不少军阀都是从士兵到将军，其军衔职务是升迁嬗变的，但本章引用案例中所涉及的军阀均为师级及以上的军人。其次，本章所讨论的记者主要是商业媒体中以采写和评论政治新闻为主的记者。再次，本章研究的时限为 1916 至 1928 年，尽管 "军阀主义在后来的长时间内仍是中国政治生活中的主要特征"[〔美〕齐锡生:《中国的军阀政治(1916—1928)》，杨云若、萧延中译，中国人民大学出版社 2010 年版，第 195–196 页;〔美〕薛立敦:《冯玉祥的一生》，丘权政、陈昌光、符致兴译，浙江教育出版社 1988 年版，第 16–17 页]，但与北洋军阀相比，南京政府统治时期，军阀权力关系结构和政治行动准则，特别是其管控新闻的制度和策略已发生很大变化，从而使军阀与记者的交往呈现出新的变化和特征。这个问题，有待下章专论。

② 《张宗昌自比张飞》,《益世报》1932 年 12 月 28 日；丁中江:《北洋军阀史话》(三)，商务印书馆 2017 年版，第 268 页。

禀，不同凡俗[①]。另一些由现代军事院校培养出来，甚至留学海外的新式军阀，意识超前，视野开阔，充分认识到媒介形象和舆论向背对其扩张军权，攫取政权具有举足轻重的价值和意义。所以，无论新旧军阀都热衷借助大众传媒来创造和宣扬其英雄形象和人格魅力，而记者们也乐意报道军阀们的传奇故事去吸引读者眼球[②]。特别是20世纪初叶，社会失去重心，时代充满迷惘，人们渴求权威而不得之时，即使是假权威、伪权威亦能叱咤一时[③]，所以，报纸上关于军阀们连篇累牍，甚至有时天花乱坠的报道，确实能激起民众广泛的阅读兴趣和普遍的崇拜之情。

一位无锡小学教师读了上海报纸关于吴佩孚的报道，兴高采烈地向他的堂弟讲述，吴佩孚怎么以少胜多，在洋铁桶里放鞭炮，吓退了段祺瑞的军队，“中国出了个了不起的英雄，真是神机妙算，用兵如神”。这也勾起了他的堂弟，时为小学生的徐铸成“千方百计想寻觅报纸看看”，并且从此阅读兴趣由关云长等古代传奇人物转到吴佩孚等现代军政闻人[④]。其实，这不仅是徐氏兄弟的个人兴趣和个人崇拜，也反映出广大读者的普遍兴趣和

① 相关研究可参见，〔美〕齐锡生：《中国的军阀政治（1916—1928）》，杨云若、萧延中译，中国人民大学出版社2010年版，第153–154页；陈志让：《军绅政权：近代中国的军阀时期》，广西师范大学2003年版，第167页。关于这个话题详尽的案例还可参见，刘秉荣：《军阀与迷信》，华文出版社1993年版。

② 相关研究参见，〔美〕薛立敦：《冯玉祥的一生》，丘权政、陈昌光、符致兴译，浙江教育出版社1988年版。典型报道案例参见，《东北战事余闻》，载王瑾、胡玫编：《胡政之文集》（下），天津人民出版社2007年版，第681–683页。

③ 冷观：《时局痛言》，载王瑾、胡玫编：《胡政之文集》（上），天津人民出版社2007年版，第71–73页。

④ 徐铸成：《报海旧闻》（修订版），三联书店2010年版，121–125页。

集体崇拜。在1923年《密勒氏评论报》举办的“中国今日十二个大人物”大规模读者调查之中，跻身前12名的有冯玉祥（第3）、吴佩孚（第5）、阎锡山（第9）、黎元洪（第11）等4位军阀，此外还有39位军阀入选[①]。

冯玉祥、吴佩孚均是北洋军阀中的后起之秀，原本偏稗将校，但迅即闻名全国，除了整军经武，能征善战之外，他们极擅长利用舆论热点，通过新闻媒体造势，将自己塑造成万众瞩目的新闻人物，为自己树立万众敬仰的政治形象[②]。吴佩孚在直奉战争前，登上了《时代周刊》的封面，被外国舆论誉为“非吴不能救中国”[③]。冯玉祥1925年服膺新三民主义，访俄归来之后，采纳国民党新的宣传思想和策略，信奉“宣传奋斗的效力大，军事奋斗的效力小”[④]，进一步将新闻宣传提升为军政工作的重中之

① 参见，杨天宏:《密勒氏报“中国当今十二位大人物”问卷调查分析》,《历史研究》2002年第3期，第65-75页。

② 相关研究可参见，濑江浊物:《吴佩孚正传》，中华书局2007年版，第162-163页；陶菊隐:《北洋军阀统治时期史话》（中），山西人民出版社2013年版，第277、310页；甚至李剑农认为，吴佩孚“自身的潜势力全在一部分的舆论同情”，见李剑农:《中国近百年政治史》，复旦大学出版社2007年版，第536页；关于吴佩孚与舆论详尽的个案研究，可参见张杭杭:《五四前后吴佩孚与公众舆论的互动研究》，辽宁师范大学硕士学位论文，2018年。阎锡山也善于宣传，见山西省政协文史资料研究委员会编:《阎锡山统治山西史实》，山西人民出版社1981年版，第72页。

③ 来新夏等:《北洋军阀史》（下），东方出版中心2019年版，第725页。

④ 冯玉祥日记1927年8月26日，载中国第二历史档案馆编:《冯玉祥日记》（第二册），江苏古籍出版社1988年版，第369页。本章征引的冯玉祥日记均来自中国第二历史档案馆编，江苏古籍出版社1988年出版的《冯玉祥日记》，下文征引此书只标注册数和页数，不再标注出版信息。

重，邀请黄埔军校学生加入国民军组织宣传工作[①]，在军中建立宣传队招聘专门人才司职宣传，并且他常常亲自指导宣传人员的实际工作[②]。在进军中原之时，他对制定宣传原则、选择宣传材料、实施宣传活动、改进宣传策略等宣传工作，事必躬亲，高度重视[③]。此外，冯氏本人演讲“深入浅出，明白晓畅而动人”，以至于陈布雷都称赞他是“通俗宣传第一流好手，党内不多得也”[④]。

其次，军阀非常重视动员记者和媒体来发动和实施舆论战，传递自己主张，攻击对方形象。战争是军阀显示实力、维系地位，以及争夺权势的关键所在，而北洋时期的军阀通常在真正开战之前，铺天盖地发表通电对敌手进行道德谴责、政治抨击和武力恫吓。直皖战争实际不过数日，但是双方唇枪舌剑之舆论战却长达数月；第二次直奉战争前后不过月余，而电报战则延续

---

① 邵元冲日记1925年8月9日，载王仰清、许映湖整理：《邵元冲日记》（上），上海人民出版社2018年版，第192页。

② 冯玉祥日记1925年5月21日（第二册，第65页），11月14日（第二册，第133页），11月21日（第二册，第137页）。

③ 冯玉祥日记1926年11月8日（第二册，第248页），12月12日（第二册，第266–267页），12月24日（第二册，第272页）；1927年3月2日（第二册，第300页），3月7日（第二册，第302页），4月6日（第二册，第315页），5月27日（第二册，第333页），10月27日（第二册，第379页），11月1日（第二册，第385页），11月17日（第二册，第395页）；1928年1月16日（第二册，第412页），3月6日（第二册，第426页），3月13日（第二册，第429页），3月23日（第二册，第434页）。关于冯氏注重宣传的相关报道可参见当时新闻记者的报道，如政之：《张家口之一日》，载王瑾、胡玫编：《胡政之文集》（下），天津人民出版社2007年版，第903–907页。

④ 陈布雷日记1944年8月28日，转引自王泰栋：《陈布雷日记解读——找寻真实的陈布雷》，作家出版社2011年版，第255页。

一年有余。当时“文斗”常常比“武斗”更加激烈，持续时间更长[①]。双方电报战的内容虽半真半假，但是其汪洋恣肆、横扫三军的文风有时确实影响着舆论动向和民意向背[②]。这些报纸通电大多是军阀重金雇佣的幕僚所写，其中不少幕僚是记者或曾任记者，如李纯、吴佩孚所聘之白坚武，卢永祥所聘之李继桢，冯玉祥聘请的高等顾问邵飘萍，等等。在战争进行之中，军阀重视利用新闻开展舆论攻势，鼓舞士气，打击敌人。1926年湖南叶唐战事爆发，唐生智召见《新闻报》驻湖南记者陶菊隐。他认为陶菊隐所写的《唐生智与吴佩孚代表谭道南之谈话》生动、真实，大长了湖南人的志气，大灭了吴佩孚的威风。进而要求陶菊隐，对“叛将”叶开鑫、蒋锄欧之流应当破除情面，口诛笔伐[③]。恰如来新夏等研究者指出，在直皖、直奉战争中，以吴佩孚为代表的直系先后战胜皖系、奉系的一个重要原因就是善于利用舆论攻势，争取民心，瓦解敌军[④]。正是因为新闻宣传在战争中发挥着举足轻重的作用，所以，当一方军阀战胜另一方军阀，攻城略地之后，立刻会查封后者所资助津贴的报馆，逮捕为后者摇旗呐喊的记者。直皖战争后，直系查封了皖系喉舌王郅隆时期的《大

---

① 杨天宏:《革故鼎新：民国前期的法律与政治》，三联书店2018年版，第315页。有关军阀电报战动因的相关讨论亦可参见此文。

② 〔美〕齐锡生:《中国的军阀政治（1916—1928）》，杨云若、萧延中译，中国人民大学出版社2010年版，第157页；陈志让:《军绅政权——近代中国的军阀时期》，广西师范大学出版社2008年版，第60页。

③ 陶菊隐:《记者生活30年——亲历民国重大事件》，中华书局2005年版，第94页。陶菊隐对其报道的标题记忆稍有偏差，查《新闻报》，其确切名称为:《唐生智对吴佩孚代表之谈话》，《新闻报》1926年4月26日。

④ 来新夏等:《北洋军阀史》(上)，东方出版中心2019年版，第641页。以及该书下册，第752页。

公报》。第二次直奉战争后，奉系强行接收了拥直反奉的《益世报》，逮捕其总经理刘浚卿，等等。此类案例不胜枚举。

再次，记者是军阀了解时局动态的重要来源。1917年7月，邵飘萍去天津采访正在督师戡定张勋复辟的段祺瑞时，一见面，“既告以北京近状及途中一一所遇”的战斗状况[①]。军阀也留意结交记者来获悉政局风云、社会动态和舆论嬗变。1923年，时任十一师师长的冯玉祥驻军北京时，常与邵飘萍讨论政局变化，有时并在日记中颇为详尽地记下邵氏的观点和意见[②]。1917年7月至1920年6月，担任江苏都督李纯督署交际股主任的白坚武在日记中留下颇为详尽的记录，充分展示出军阀幕府作为一个组织机构利用媒体获取信息和进行决策的具体情况。白坚武无论在督署办公还是出差公干都注意阅报，其日记中记有确切名称的中外报纸，如《申报》《新闻报》、英文《字林西报》、日本《朝日新闻》等，有14种之多。不仅广泛阅读报刊，白坚武还时常在日记中记录下重要新闻以资决策，甚至有时还以新闻报道来核实其他情报[③]。此外，白坚武高度重视与记者交往，如他与先后创办

---

① 邵飘萍：《中央特别通信（九一）》，载方汉奇主编：《邵飘萍选集》（上册），中国人民大学出版社1987年版，第312页。

② 见冯玉祥日记1923年5月23日（第一册，第362–363页），6月7日（第一册，第382页），6月14日（第一册，第394页），9月2日（第一册，第435页），10月4日（第一册，第454页）。

③ 白坚武日记1917年10月30日（上，第97页），11月6日（上，第98页），11月10日（上，第99页），12月9日（上，第104页），1918年1月5日（上，第116页），1月20日（上，第118页），3月15日（上，第127页），4月6日（上，第132页），4月15日（上，第133页），4月23–24日（上，第136页），4月30日（上，第138页），5月20日（上，第140页），6月3日（上，第143页），（转下页）

主持《民视报》、新闻交通社等多家新闻媒体的北京知名报人林质生交往极为密切，除通信频繁之外，每至北京必招林氏与谈。白坚武日记中留下交往记录的报人，还有邵飘萍、《河北日报》苏少衡、《北京导报》刁敏谦，以及外国驻华记者《远东时报》端纳、中华通讯社总理索克思[①]。并且，白坚武还经常函请在北京、天津、

（接上页）6月16日（上，第136页）,6月20日（上，第146页）,6月21日（上，第146页），7月22日（上，第151页），7月27日（上，第151–152页），7月31日（上，第152页），8月6日（上，第153页），8月15–16日（上，第154页），9月2日（上，第157页），9月7日（上，第125页），9月23日（上，第160页），12月27日（上，第173页），1919年2月6日（上，第183页），3月18日（上，第188页），5月3–5日（上，第193–194页），5月15–16日（上，第195–196页），7月5日（上，第201页），7月9–10日（上，第202页），8月7日（上，第205页），8月9日（上，第205页），8月31日（上，第208页），11月3–4日（上，第217页），12月13日（上，第221–222页），12月21–23、25–26、28日（上，第223–224页），1920年1月2日（上，第229页），1月7–8日（上，第230页）,1月11日（上，第231页）,2月7日（上，第235页），2月13日（上，第236页），2月25–29日（上，第237–239页），3月2日（上，第239页），3月10日（上，第240页），3月21日（上，第243页），3月31日（上，第244页），4月2日（上，第244页），4月9日（上，第245页），4月19日（上，第247页），4月28日（上，第248页），5月5日（上，第249–250页），5月12日（上，第251页），5月16日（上，第253页），5月18日（上，第253页），5月22日（上，第254页），5月29日（上，第255页），6月2–4日（上，第256–257页），载杜春和、耿来金整理:《白坚武日记》(上)，江苏古籍出版社1988年版。本文征引的白坚武日记均来自杜春和、耿来金整理，江苏古籍出版社1988年出版的《白坚武日记》，下文征引此书只标注册数和页数，不再标注出版信息。

① 白坚武与林质生原本相识，交往颇深。白坚武佐幕李纯后与林质生的交往见，白坚武日记1917年10月4日（上，第92页），10月13日（上，第93页），10月24日（上，第96页），11月20日（上，第101页），1918年2月22日（上，第124页），9月2日（上，第157页），1919年1月24–25日（上，第182页），（转下页）

上海等中国报业中心的友朋探访新闻、津贴报纸、投递稿件等打理媒体的公关事宜[①]。

更重要的是，记者还是军阀获悉军事机密的重要来源。尽管知己知彼，百战不殆是军事常识，但军阀们因形格势制多未能建立起完善高效的谍报机构和情报网络。如李宗仁回忆说："我们今日回想当年作战情形，真如儿戏。敌我两军都无谍报人员，敌人行动全凭判断或道路传闻"[②]。冯玉祥也非常焦虑军中"谍报无人

（接上页）2月20日（上，第184页），3月13日（上，第187页），5月16日（上，第196页），6月4日（上，第198页），157页。与其他报人的交往如邵飘萍1917年12月5日（上，第103页），《北京导报》总编辑刁敏谦、《远东时报》端纳，1918年8月31日（上，第124页），9月4日（上，第124–125页），1919年12月10日（上，第221页），《河北日报》苏少衡，1919年6月27日（上，第200页），中华通讯社总理素克思，1919年9月6–7日（上，第209页），9月13日（上，第210页），1920年6月22日（上，第260页）。

① 白坚武日记1918年3月16日（上，第127页），3月21日（上，第128页），5月27日（上，第142页），5月30日（上，第142页），6月3日（上，第143页），6月7、10–11、17、20、22、30日（上，第144–147页），7月4–5、10、12、13、15日（上，第148–149页），9月14、15、17、20、22日（上，第159–160页），12月28、30日（上，第174页）；1919年1月5–6、8–9、15–16日（上，第178–180页），2月3、7日（上，第182–183页），3月16日（上，第188页），6月2日（上，第198页），8月25日（上，第207页），9月1、5日（上，第208–209页），9月18–21、25日（上，第210–211页），11月23、25、29日（上，第219页），12月1–2、4、17–18、24日（上，第220–221页）；1920年1月10、13、19、21、23日（上，第231–233页），2月3–5、7、13日（上，第234–236页），3月1–2、7、9日（上，第239–240页），3月17、22–23日（上，第243页），4月29日（上，第248页）、5月5、8、10、12、14、16日（上，第249–253页），5月23、27日（上，第255页），6月1、10、12、14–16、23日（上，第256–260页）。

② 李宗仁口述、唐德刚撰写：《李宗仁回忆录》（上卷），华东师范大学出版社1995年版，第175页。

负责”的问题[①]。而新闻记者却消息灵通，他们严密注视军队转移、会议召开，以及其他种种形势紧张的蛛丝马迹，大多数战争都提前几天就被报纸有所预测，广为报道[②]。甚至如冯玉祥发动北京政变如此重大的机密行动，报纸竟然也事先得到风闻，传得沸沸扬扬[③]。另外，由于记者游走在各方势力之间，常能采集到许多事关重大的内幕消息，以致军政要员都瞠目结舌地感叹：“你们新闻记者真神通广大啊”[④]！但是记者清楚，“作为新闻记者，对这样有关大局的机密消息，是不该轻易发表的”[⑤]，正如《新闻报》驻京记者张继斋所说：“虽有所闻而可以布之于外者，只占几分之几”[⑥]。因此，军阀常交结甚至笼络记者来获悉那些事关重大，但秘不见报的内幕隐情，记者们不仅清醒地觉察军阀们的意图，而且乐于通过交换秘密以获取和挖掘更多内幕新闻。这点甚至被视为重要的采访策略而写入民国新闻教科书：记者“应将不会发表或不能发表于报端的消息给他谈谈。若能将他有关的新闻说给他听，他更欢迎。他听了你的新闻以后，自然地就会说出他所知道的新闻，或者他愿发表的意见”[⑦]。还有个别记者有时还卷入军阀斗争之中，

---

① 冯玉祥日记 1927 年 4 月 10 日（第二册，第 316 页）。

② 〔美〕齐锡生：《中国的军阀政治（1916—1928）》，杨云若、萧延中译，中国人民大学出版社 2010 年版，第 183 页之注释 1；来新夏等：《北洋军阀史》（下），东方出版中心 2019 年版，第 725 页。

③ 相关研究可参见，〔美〕薛立敦：《冯玉祥的一生》，丘权政、陈昌光、符致兴译，浙江教育出版社 1988 年版，第 171、173-174 页。

④ 徐铸成：《报海旧闻》（修订版），三联书店 2010 年版，第 163 页。

⑤ 同上书，第 162、210 页。

⑥ 张继斋：《三十年中之二十年》，《〈新闻报〉三十年纪念》，新闻报馆 1923 年版，原书无页码。

⑦ 王文彬：《采访讲话》，三江书店 1938 年版，第 76 页。

秘密参与戎幕。在郭松林倒戈张作霖之时，邵飘萍就曾派其夫人暗地往返津京关外之间，打探消息，密送军情[①]。

二

军阀分为许多派系多是出于对其地缘关系的描述性概括，他们在军事、政治、社会，包括在新闻的管控和治理上，不存在派系性结构差异，但因其教育背景、社会经历、政治诉求、权势力量以及思想开明程度各个不同，所以他们与记者的交往方式差异很大，大致可以从两个维度来区分，即与记者交往意愿的高低，以及在交往中对记者控制程度的宽严。这两个维度相互交织可以构成四个象限。具体而言：

第一类，军阀不愿与记者交往，并且对新闻控制严格。这普遍存在于从晚清将领变身到民国军人的第一代军阀身上，他们遗留着浓厚的前清官场旧习，视记者为无赖文人之末路，常拒之千里之外。湘系军阀谭延闿系前清翰林，自视甚高，视记者为“文氓”，每遇记者求见，都不愿接见，只令马弁传语[②]。直系军阀张敬尧督湘时，“视报纸如刍狗，新闻记者如草芥。停版、封闭、拘辱、惩处、杀戮，一任其意，不必援引条例”[③]。奉系军阀，除少数新生的少壮派外，大多久居关外，思想保守，过惯官尊民卑

---

① 祝文秀：《我和邵飘萍共同生活的七年》，浙江省政协文史资料委员会编：《浙江文史资料选辑》（第42辑），浙江人民出版社1990年版，第111–115页。

② 张平子：《我所知道的湖南〈大公报〉》，载黄林编：《近代湖南出版史料》（一），湖南教育出版社2012年版，第176页。

③ 李抱一：《长沙报纸史略》，载黄林编：《李抱一文史杂著》，湖南人民出版社2009年版，第21页。

的封建生活，对记者“常有气焰逼人，叫人不愿亲近的毛病”[①]。

第二类，军阀与记者有限交往，但对其严密控制。其中最典型是晋系军阀阎锡山。阎氏的舆论观主张“无理性的报纸，无是非的民众，只能改之于前，不能辩之于后”[②]，因此他注重对报纸的事先审查。徐铸成对此有切身体验和切肤之痛。他在采访阎锡山之后，其稿件立刻被阎的机要秘书取走。徐铸成知道，“非经过严密的审查、甚至阎的亲自点头，是绝不会轻轻放过的。”果不其然。翌日，徐铸成那篇经绥署审核发布给各家报纸的采访稿被删减的面目全非，“只剩下几根骨头，有内容的‘肉’全给削去了”[③]。甚至，有时阎锡山亲自指示记者如何报道新闻，如他看了赵效沂对他的采访稿后，不甚满意，要求赵氏“不要这样写，只要将问答写成……条（一）（二）（三）（四）……，更清楚些”[④]。上述两个案例都发生在1930年代，南北军阀鼎革以后，在国民党宣传政策和策略的影响之下，阎锡山对待媒体记者的态度已经发生不少转变[⑤]，可以推断阎锡山在北洋时期有过之而无不及，以致当时山西地方报纸的记者称从未采访到过阎锡山[⑥]。

---

① 政之:《从北京到北京》，载王瑾、胡玫编:《胡政之文集》（下），天津人民出版社2007年版，第910–911页。

② 阎锡山:《阎锡山日记（1931—1950）》，九州出版社2011年版，第106页。

③ 徐铸成:《报海旧闻》（修订版），三联书店2010年版，第168页。

④ 赵效沂:《报坛沉浮四十五年》，台湾传记文学出版社1981年版，第20页。

⑤ 《再度访阎记》，载王瑾、胡玫编:《胡政之文集》（下），天津人民出版社2007年版，第784–785页。

⑥ 徐铸成:《报海旧闻》（修订版），三联书店2010年版，第165–169页；赵效沂:《报坛沉浮四十五年》，台湾传记文学出版社1981年版，第20页；胡政之也有请求采访阎锡山被拒的经历见《阎白访问记》，载王瑾、胡玫编:《胡政之文集》（下），天津人民出版社2007年版，第781–783页。

甚至直至抗战时期，记者还是发现太原“新闻统制比别处还严厉，把消息滤得一点精华没有，恨不得把新闻记者饿死。这此地方，令人非常失望”[①]。比起日本士官学校毕业拥有一套舆论管控思想的阎锡山，草莽出身的奉系军阀张宗昌与记者交往、对记者控制的手段就显得更加简单粗暴。张宗昌除了好大喜功热衷在报纸上宣传其赫赫战绩之外[②]，他在“督鲁时，各报馆不仅不能说一句公道话，而凡不颂扬他的即被查封，或禁刊载，又言论不合他胃口的，亦有性命之忧”[③]。

第三类，军阀愿与记者交往，但对新闻控制严格，甚至建立起新闻发布制度，统一管理记者事务。1925年，吴佩孚在汉口福昌旅馆设立新闻处，由汪崇屏、费觉天等主持其事，传达吴氏政见、发布军事消息，供给各家媒体[④]。军阀建立组织化、制度化的新闻发布机构，集中传达军政信息，既降低了记者接近军阀获取信息的门槛和困难，又节省了记者采集新闻的时间和精力，同时还源源不断地提供给了记者稳定、充沛、至少在形式上具有官方权威性的新闻信息，所以，此举颇获记者好感。

第四类，则表现为礼贤下士，乐与记者交往，通常情况下对新闻管控亦较为开明。当邵飘萍创办新闻编译社后向李纯函请提

---

① 孟秋江：《大战平型关》，载陆诒、冯英子主编：《孟秋江集》，华东师范大学出版社1994年版，第31页。

② 例如，《张宗昌告捷通电》，《益世报》1925年1月31日；《张宗昌报捷电》，《新闻报》1926年1月29日；《张宗昌之报捷电》，《时报》1926年1月29日；《张宗昌报捷电》，《新闻报》1926年3月16日。

③ 汇稿：《张宗昌祸鲁记（下）》，《逸经》1936年第7期，第30–32页。

④ 喻血轮著、眉睫整理：《绮情楼杂记》，中国长安出版社2011年版，第122页。

供新闻，李纯立刻嘱咐其幕僚“复函允为该通讯社提供材料”①。张学良对记者亦热情相待，甚至主动邀请知名媒体记者赴东北参观采访，以宣传其政绩军功。来访记者在哈尔滨受到隆重款待，住豪华宾馆，享盛大宴席，在高级官员的陪同下乘坐专车前往各地参观采访②。还有些军阀在记者眼中“是天生的老好人”，如李烈钧。顾执中说：李烈钧“看见新闻记者不但随便乱讲，连皮包里的秘密文件也拿出来给我看”③。金雄白也回忆说：采访李烈钧“最易获得接见”，并且“谈话也较少用不著边际的辞令”④。

从职业分工和工作特性的角度来看，记者与军阀交往的方式有两种，按照邵飘萍的说法，一种为“常务外交记者”，他们长期负责报道某个军阀统治区域的军政要闻。另一种为“特务外交记者”，“关于突然发生之重大问题，由编辑局长发出临时命令，专就此事件调查其远因近因、现有之结果及继续发见之新事实”⑤。这两种分法颇似美国社会学家甘斯所谓的“专线记者和综合记者”，甘斯进一步指出，专线记者和综合记者因其不同的工作方式“发展出与消息来源之间的不同关系，进而从中挖掘出截然不同的信息”。专线记者因长期栖居于所负责的专线之内，与消息来源交往频繁，关系密切，因而“陷入与消息来源之间各自

---

① 白坚武日记1917年12月5日（上，第103页）。

② 顾执中:《战斗的新闻记者》，新华出版社1985年版，第143—145页。

③ 顾执中:《报人生涯——一个新闻工作者的自述》，江苏古籍出版社1985年版，第293页。

④ 金雄白:《记者生涯五十年》（上），台湾跃升文化事业有限公司1988年版，第186页。

⑤ 邵飘萍:《实际应用新闻学》，载肖东发、邓绍根编:《邵飘萍新闻学论集》，北京大学出版社2008年版，第38—39页。

负有责任义务的共生关系之中”。消息来源飨之新闻记者各种内幕新闻、重大新闻、独家新闻，以及其他种种便利和资源，后者报之前者为其利益摇旗呐喊，对其政敌口诛笔伐。而综合记者与特定消息来源接触机会少、时间短、频率低，许多时候都只是在采访现场匆匆一晤的一面之缘，他们没有时间和精力与消息来源建立起紧密而友善的关系，因此“不会陷入到共生关系之中”[①]。如果将甘斯这个论断应用到记者与军阀交往关系上，则会呈现出不同的变化和特征。

对不愿与记者交往并对新闻控制严格的军阀来说，无论是专线记者还是综合记者都很难与这些军阀建立起有效的合作关系。面对这类军阀，记者倾向于站在中立立场客观报道，甚至只要时机成熟记者就转向其对立面，与各种政治、社会力量相结合加入推翻军阀统治的活动之中。如在湖南爆发的驱逐张敬尧，即“驱张运动”之中，记者和报刊发挥了重要作用。

对愿与记者交往，但对新闻控制严格的军阀来说，这不仅巩固了军阀成为常规性消息来源的地位，而且也进一步强化了其对记者和媒体的操控。因为，军阀给报纸供稿，有时纯系宣传，难免虚张故事。恰如主持吴佩孚新闻宣传工作的汪崇屏回忆说，他当时负责供给《申报》的新闻，“为了军事行动，造了很多谣

① 〔美〕赫伯特·甘斯：《什么在决定新闻：对CBS晚间新闻、NBC夜间新闻、〈新闻周刊〉及〈时代〉周刊的研究》，石琳、李红涛译，北京大学出版社2009年版，第164–181页。甘斯提出的记者和消息来源的“共生关系”得到广泛的认可和应用，相关文献综述可参见，〔美〕卡琳·沃尔－乔根森、托马斯·哈尼奇：《当代新闻学核心》，张小娅译，清华大学出版社2014年版，第108–121页。

言，报了很多假消息”[①]。无论专线记者还是综合记者，如果他们都只是例行公事，抄下军阀们提供信息交给报纸了事，不会去深入调查，多方查证，去伪存真，那么他们都纯粹变成了军阀的传声筒和宣传员。

在军阀与记者交往模式中最复杂的是，那些愿意与记者交往并对新闻管控较为开明的军阀与专线记者的关系。这些军阀在乐意接受采访、殷勤提供新闻之外，通常还会给予记者公务私谊极为广泛的资源和助益。首先，权倾一时的军阀慷慨施援，解救被其他军阀迫害的记者和报纸。吴佩孚在直奉战争击败段祺瑞入主北京之后，徇邵飘萍、秦墨哂、张继斋之请，释放被段祺瑞政府关押的记者和封禁的报馆，取消对上海报纸的邮禁[②]。其次，处尊居显、手眼通天的军阀还为关系密切的记者举荐工作。胡政之得以进入王郅隆时期《大公报》担任主笔兼经理，即得力于皖系军阀徐树铮的推荐。后来，胡政之在《新社会报》做得意兴阑珊之时，又是徐树铮全力保荐胡去主持卢永祥出钱创办的国闻通信社。再次，声名显赫的军阀为记者著作报刊题词作序、致辞祝贺，以为揄扬宣广。冯玉祥为邵飘萍《实际应用新闻学》题词“立德立功立言”[③]。甚至，还有军阀为记者的婚丧嫁娶登门吊贺，热情捧场。北京记者金达志的叔祖母去世，“设奠的那一天，门外车水马龙，军政要员多亲临致祭，备极哀荣”[④]。

---

① 王聿均访问、刘凤翰纪录：《汪崇屏先生口述历史》，九州出版社 2012 年版，第 54 页。

② 《舆论界恢复自由》，《大公报》1924 年 9 月 23 日。

③ 冯玉祥日记 1923 年 9 月 2 日（第一册，第 435 页）。

④ 赵效沂：《报坛沉浮四十五年》，台湾传记文学出版社 1981 年版，第 68–69 页。

在他们的交往过从之中，有的军阀因赞许记者妙手著文章的才识和铁肩担道义的勇气而对其生发敬意。冯玉祥赞扬邵飘萍、林白水等揭露曹锟贿选总统，“一般有骨气有热血的新闻记者，便把此事底细全盘揭露，甚至买票的收条也照相刊出”[①]。尽管冯玉祥对此事记忆有误，张冠李戴，但对记者们不畏权贵，勇于斗争的精神和勇气则是赞赏有加。而一些军阀也恃居人格魅力，如段祺瑞清正廉洁、吴佩孚勇毅善战、冯玉祥艰苦朴素，即使粗鄙残暴如张宗昌者亦待人爽直，一掷千金，不失豪杰气概，遂吸引不少记者衷心诚意为之悦服。胡政之钦佩段祺瑞：“吾治新闻事业往来南北垂十数年，所见伟人名士，不可数计，求一见即能予吾以人格之感化者，先生与段合肥（孙中山与段祺瑞——引者注）两人而已”[②]。报道吴佩孚最多，“所写与吴有关的各种通讯稿前后无虑数十万字，有一时期几至一手包办”的陶菊隐对早期的吴氏钦佩有加。如他回忆说：“直皖之役，我站在火线外数千里的长沙暗中为吴使着劲，闻吴师胜利则喜，像我自己参加了那次战事一样”[③]。《申报》记者章旦华崇敬冯玉祥，认为像冯氏这样“能严格律己热心救国”的人“实不多见”，主动请求冯玉祥“每星期准予谈话一次，以便代为宣传”[④]。

---

① 冯玉祥：《我的生活》（下），北方文艺出版社 2011 年版，第 386 页。

② 政之：《中山先生逝世之哀感》，载王瑾、胡玫编：《胡政之文集》（下），天津人民出版社 2007 年版，第 1127 页。

③ 陶菊隐：《吴佩孚传·自序》，群言出版社 2015 年版，第 1 页。敬佩和仰慕吴佩孚的记者颇多，可参见，《本报记者与吴佩孚之谈话》，《益世报》1920 年 8 月 2 日；董显光：《董显光自传》，曾虚白译，台湾独立作家出版社 2014 年版，第 72 页，等等。

④ 冯玉祥日记 1928 年 3 月 28 日（第二册，第 437 页）。

概言之，这类军阀与记者之间既存在着某种出于利益交换所形成的职业性的“工具性关系”，也存在着由意气相投而生发出真情实意的“情感性关系”，此外还存在着某种基于中国亲缘性社会结构所形成的亲缘、地缘等“既定性关系”[①]。除了在理性计算、情感联系和道德义务三重力量的聚合之下，军阀又常赏赐记者法外之恩、份外之财、方外之情以资笼络利用，从而使军阀与记者之间形成一种交往密切、交情深厚、结交牢固的高度共生关系。

三

自袁世凯时代起，北洋军阀已形成据地自雄之势，即使袁氏亦须用好言好语和高官厚禄来羁縻他们[②]，而后继之总统总理更须极力拉拢，不取得他们的拥戴，便不能安于其位[③]。因此这些军阀均异常骄横跋扈，“有一点好处即沾沾自喜，尽力宣扬，而养成骄满之气；有坏处，则以为家丑不可外扬，极力藏蔽，讳莫如深”[④]。即使一些接受过现代军事教育的军阀思想相对开明、作风比较谨饬，他们奉行军事至上观念，亦不容记者置喙政治军

---

① 相关详细讨论和参考文献参见，杨中芳、彭泗清：《人际交往中的人情与关系：构念化与研究方向》，载杨国枢、黄光国、杨中芳主编：《华人本土心理学》（下），重庆大学出版社 2008 年版，第 475 页。

② 陶菊隐：《北洋军阀统治时期史话》（上），山西人民出版社 2013 年版，第 516 页。

③ 陶菊隐：《北洋军阀统治时期史话》（中），山西人民出版社 2013 年版，第 324 页。

④ 冯玉祥：《我的生活》（上），北方文艺出版社 2011 年版，第 239 页。相关讨论亦可参见，〔美〕齐锡生：《中国的军阀政治（1916—1928）》，杨云若、萧延中译，中国人民大学出版社 2010 年版，第 155 页。

事问题[①]。军阀治下，对内横征暴敛，对外穷兵黩武，导致经济崩溃，社会动荡，匪盗横行，饥荒肆虐，民困已极，民怨鼎沸："举凡军阀之所为，无一不与吾民意旨相违"[②]。以至于临时执政段祺瑞1925年发布国庆通告，都无奈感慨，"闾阎凋敝，灾重沓祲"[③]。而作为民意代表，肩负为民请命职责的新闻记者与这些既为非作歹，逞凶肆虐，又过度自尊，极好面子的骄兵悍必然发生冲突。

在军阀辖区内的一般报纸和普通记者胆敢触犯军阀，情形轻者：一则训诫恫吓，奉系军阀褚玉璞性情刚愎嗜杀，认为京津通讯社关于北伐的报道对其不利，声言要封社捕人，吓得社长陆少游立刻将涉事记者开革[④]；二则驱逐出境，如四川军阀刘湘将《团悟日报》记者王红鹃、邓铁羽，《平民晚报》记者范爱壥驱逐出境[⑤]。而情形重者，立刻封闭报馆，抓捕记者。据统计，从1918年至1919年底，全国被查封的报刊达100多家[⑥]。即使报馆开在租界，军阀不能公开封馆捕人，他们也会与租界当局交涉，

---

① 〔美〕周纵策：《五四运动史：现代中国的知识革命》，陈永明等译、欧阳哲生审校，世界图书出版公司2016年版，第31页。

② 政之：《国耻纪念与东南战争》，载王瑾、胡玫编：《胡政之文集》（上），天津人民出版社2007年版，第105–106页。

③ 吴廷燮：《合肥执政年谱初稿》，载来新夏主编：《中国近代史料丛刊·北洋军阀》（五），上海人民出版社1993年版，第186页。

④ 张友渔：《报人生涯三十年》，重庆出版社1982年版，第9页。

⑤ 郭步陶编著：《本国新闻事业》，申报馆1936年版，第125页。

⑥ 参见方汉奇主编：《中国新闻事业通史》（第2卷），中国人民大学出版社1996年版，第150页。值得注意的是，这个统计数据可能包括军阀所查封的敌对军阀创办和津贴的报刊。

要求查封报馆和引渡报人[①]，甚至还会派便衣潜入租界秘密抓人。1919年，长沙《华瀛觉报》经理谭笃恭，依仗报纸开在日本租界并拥有日方背景，撰文批评张敬尧，随即被张氏诬控罪名，非法处死[②]。而上海租界报纸先是受皖系卢永祥的胁迫，后则受直系孙传芳的威慑。曾任国闻通讯社记者的张静庐发表反对浙江废督裁军和自制省宪的文章后，卢永祥立刻派人到上海租界去抓捕张静庐[③]。1926年底，谢福生在其独自一人经营的英文报纸《中国公论报》上讽刺孙传芳，立刻被孙传芳的便衣队从租界抓到龙华护军使署，准备枪决[④]。民国时期报案迭起，绝大多数都是军阀在其辖区内封禁报馆，逮捕记者。地方性报纸遭受军阀摧残之祸最深最烈，军阀对其亦最恣意妄为，肆无忌惮。

对于在其权力范围之外的报纸、记者，以及在全国舆论界举足轻重的报纸或记者，军阀或鞭长莫及，或投鼠忌器，不便肆意逞凶肆虐之时，便发展出多种多样的新闻管控方法和手段来惩处相关记者，以维护或扩张其利益，或仅为逞一时之快。

首先，军阀会让幕僚与报纸交涉更改令其不满的新闻。李纯极好面子，而沪上新闻界对其时有批评之声，但李纯对既在辖区之外又藏身租界的上海报纸无可奈何，有时只好命人撰写新闻更正与报馆交涉[⑤]。

---

① 《褚玉璞取缔赤化报纸》，《益世报》1926年4月26日。

② 黄林：《近代湖南报刊史略》，湖南师范大学出版社2013年版，第300页。

③ 张静庐：《在出版界二十年》，江苏教育出版社2005年版，第71页。

④ 顾执中：《报海杂忆》，中国文史出版社1986年版，第9页；顾执中：《战斗的新闻记者》，新华出版社1985年版，第67–68页。

⑤ 白坚武日记1917年9月11日（上，第87–88页）。

其次，军阀拒不接见独立不羁、客观报道的记者，而只接受与其合作按其意图进行报道的记者的采访。这导致那些因此不能获致重要新闻的记者常会遭到报馆老板训斥惩处。藉此，军阀可以有意无意地激化记者的新闻竞争，昭示各报记者只有争相向其臣服示好才能获得采访机会和独家新闻。许多记者都尝过个中滋味，对此抱怨不迭[①]。

军阀除了高度选择性地向记者提供信息，还严格控制新闻传布渠道和言论口径。1924 年 7 月 14 日报纸报道粤军出征的消息，粤军第二军军长许崇智辗转探得是总司令部秘书周道万透露给中央通讯社所发出的，立即予以记过一次的惩戒[②]。冯玉祥虽然乐于与记者交往，但其严禁下属各级军官擅自对媒体发布消息，他三令五申强调："事有专责，不得滥发主张"[③]。

因为悠悠众口，防不胜防，新闻来源有时极难控制，所以军阀普遍采用检查新闻电报，即控制记者与媒体之间新闻传输途径来扼杀不利于己的新闻。各地军阀或严令邮政局审查新闻电报，或安置新闻检查人员职司此事。特别是战时新闻审查极为细

---

① 张平子：《我所知道的湖南〈大公报〉》，载黄林编：《近代湖南出版史料》(一)，湖南教育出版社 2012 年版，第 176 页；沈雨苍：《采访经验录》，载王文彬：《报人之路》，三江书店 1938 年版，第 202 页；窦以锐：《管翼贤与〈实报〉》，载中国人民政治协商会议全国委员会文史资料研究委员会编：《文化史料（丛刊）》(第 4 辑)，文史资料出版社 1983 年版，第 124–127 页。

② 邵元冲日记 1924 年 7 月 16 日，载王仰清、许映湖整理：《邵元冲日记》(上)，上海人民出版社 1990 年版，第 35–36 页。

③ 冯玉祥日记 1923 年 12 月 29 日（第一册，第 493 页）；1924 年 1 月 19 日（第一册，第 511 页），3 月 20 日（第一册，第 536 页），8 月 27 日（第一册，第 605 页）。

密，而当时战争又极其频繁[①]，遂使记者备感痛苦。恰如《新闻报》驻京记者张继斋所悲叹："余之尤感困苦者，则为电信扣发一事"[②]。愈擅长宣传的军阀愈重视删扣新闻电报。冯玉祥多次在官佐会议上专门强调抓紧"检查电报"工作[③]。当其他派系军阀控制北京交通部时，"有关涉彼等之事，虽或偶有扣留，尚不至一律扣发"，而吴佩孚的亲信高恩洪把持交通部时，"一有关涉，无论何事，均扣不发"[④]。北洋末季，面对北伐军的长驱直入，穷途末路的北洋军阀对新闻的管控愈加严格，对记者的惩处愈加严酷。吴佩孚不仅检查邮电，而且还擅改新闻内容为己所用。如1926年4月5日，武汉驻京记者发来电讯，原文是"京战事无大进展，京秩序安"，但是被邮电检查处改为"京战联军大进展，京秩序安"[⑤]。张作霖则不仅扣发违禁新闻，而且还厉行新闻恐怖

① 有研究显示1912—1933年间，中国有700多次内战，参见〔美〕齐锡生:《中国的军阀政治（1916—1928）》，杨云若、萧延中译，中国人民大学出版社2010年版，第112页。

② 张继斋:《三十年中之二十年》，《〈新闻报〉三十年纪念》，新闻报馆1923年版，原书无页码。

③ 冯玉祥日记1925年1月20日（第二册，第8页），1928年1月10日（第二册，第410页）。

④ 张继斋:《三十年中之二十年》，《〈新闻报〉三十年纪念》，新闻报馆1923年版，原书无页码。

⑤《汉口政闻之怪状，当局擅改新闻电》，《民国日报》1926年4月5日。相关详细报道还可参见，冷观:《武汉告警中之大局写真》，《大公报》1926年9月1日，载王瑾、胡玫编:《胡政之文集》(下)，天津人民出版社2007年版，第755-756页；政之:《从北京到北京》，《国闻周报》第3卷第11期，1926年3月28日，载王瑾、胡玫编:《胡政之文集》(下)，天津人民出版社2007年版，第908-909页。

政策派大刀队将涉事记者抓去砍头[①]。面对此情此景，《新闻报》总编辑李浩然悲叹："国事变动之时，军阀盘踞之地，派员检查，任意删节，为害尤甚"[②]。

在新闻的社会传布渠道上，军阀实施禁止销售、禁止邮递、禁止阅读。《申报》《新闻报》《大公报》《益世报》均多次遭到过禁售、禁邮、禁读的惩戒。如1924年，奉系军阀通令东三省查禁《益世报》，"天津北京益世报宗旨乖谬，别抱阴谋，对于东省政局污蔑诋毁意图挑拨，若不严禁售阅，何以息谣诼，而保治安，应请通令军政商学各界及各道县不得购阅，并饬地方军警严禁输送销售，以资杜绝，而定人心"[③]。张宗昌督鲁时，因上海各报报道其通吴联李，以子为质等事，赫然震怒，在山东境内禁销《申报》《新闻报》等上海报纸[④]。有时次级军阀无法在一省一市范围内禁止公众售阅，就一军一师范围内禁止阅读。1924年，《益世报》报道冯玉祥的十一师在丰台拳打脚踢强迫火车司机运送军用物资。冯玉祥阅后十分恼怒，命令其部队"再不准看天津《益世报》"[⑤]。禁售、禁邮、禁读对商业报馆

① 顾执中：《报人生涯——一个新闻工作者的自述》，江苏古籍出版社1985年版，第326页。

② 李浩然：《十年编辑之经历》，《〈新闻报〉三十年纪念》，新闻报馆1923年版，原书无页码。

③ 《呈为遵电严禁输送销售天津北京益世报覆请》1924年8月21日，吉林省档案馆，馆藏编号：J156-01-0680。

④ 老霖自山东寄：《张宗昌禁销上海报》，《晓报》1925年12月17日。

⑤ 冯玉祥日记1924年1月2日（第一册，第496页）。有关此事，《益世报》只是两日前报道了一则不足六十字的简讯："十一师炮团护兵运草，迫令丰台站挂车运永定门，并以竹杖打司机者，对于调车者亦饱以老拳。该路请直鲁豫巡使制止此等事件"（《益世报》1923年12月31日），可见冯氏读报之勤，之细。

极富威慑力和杀伤力，恰如饱尝过个中滋味的《益世报》总编辑刘豁轩所说，这个“方法比‘杀头’还厉害。报纸不能出租界，如何可以支持？停三五个月的邮递，什么基础稳固的报也支持不住”[①]。所以，军阀采取禁售、禁邮、禁读主要是试图威慑报馆老板严加管束记者厉行媒体组织新闻审查。军阀新闻检查通常只是结果审查和事后追惩，而媒体组织新闻审查则无时无刻不贯穿在新闻日常生产的整个结构和全部过程之中，因此媒体组织新闻审查对报馆记者的约束力远比政府新闻审查绵密严厉，也更富成效。

民国时期，记者群体良莠不齐、鱼龙混杂，“有‘老枪’，有‘敲竹杠’的流氓，有公然索诈津贴的，有专门叨扰商家酒食的，有奔走权门以图一官半职的”等等[②]，导致报界乱象纷呈，报纸“唯钱是问，不管论调一致不一致。甚至同时可以收受几个派别不同，或者冤家对头的津贴，并且都能够在报上替各人说好话”[③]。无良的记者与失范的报纸加剧了记者与军阀的冲突。张发奎常常拒见新闻记者，他说是“因为我曾接见的新闻记者，歪曲我所讲的话，使我感到恼火，所以立誓不愿再见新闻记者”[④]。冯玉祥则在日记中抱怨，“余因无钱收买新闻记者，故伊等常捏谣言，混淆听闻，殊堪痛心”[⑤]，所以他愤愤不平地斥责：“现在报馆，皆

---

① 刘豁轩：《报学论丛》，天津益世报社 1946 年版，第 19 页。

② 谢六逸：《新闻教育的重要及其设施》，《教育杂志》1930 年第 12 号，第 38 页。

③ 春江：《不得已来说一说》，《晨报》1922 年 5 月 14 日。亦可见，白坚武日记 1918 年 4 月 5 日（上，第 131 页），载李纯津贴《民国日报》《新申报》《中华新报》之事。

④ 顾执中：《战斗的新闻记者》，新华出版社 1985 年版，第 6 页。

⑤ 冯玉祥日记 1925 年 5 月 3 日（第二册，第 60 页）。

以捣乱为宗旨”[①]。

四

由于缺乏共同的政治信仰和稳固的制度约束，北洋军阀通常以血缘、地缘、业缘等传统私谊网络将其派系的核心力量组织起来，通过恩威并施给予其派系成员各种权势和利益，将整个派系动员起来忠诚地追随军阀首领共同去追逐，攫取和瓜分更大的地位和权力，从而形成了一种恩主忠仆管理体系[②]。兼之当时法纪废弛、社会动荡，客观上促成权倾四野的军阀将其恩主忠仆政治体系辐射到广阔的社会领域。一旦军阀一朝得势，其部属幕僚、亲戚朋友等派系成员立刻会侵蚀、占据其治下的各级要害机关和各种重要资源，行使着极为广泛的政治权力和社会职能。

这导致无论记者与军阀是合作还是冲突，既不是单纯的个人之间的恩怨情仇，也不能在制度和法律范围内规范化地实施和解决，而是在这种恩主忠仆体系中生发展开，特别是这种恩主忠仆体系使军阀和记者之间的冲突及其调适变得极为微妙而复杂。

一旦记者不幸开罪军阀，他们尽管会千方百计动用法律、舆论、公会等一切制度化力量来与军阀周旋，但在其中发挥举足轻重作用的却是恩主忠仆政治关系网络。记者所托庇的恩主忠仆关

---

① 冯玉祥日记 1925 年 1 月 4 日（第二册，第 3 页）。

② 相关详细讨论参见，陈志让:《军绅政权——近代中国的军阀时期》，广西师范大学出版社 2008 年版，第 54 页；张鸣:《武夫当权——军阀集团的游戏规则》，陕西人民出版社 2013 年版，第 47-56 页；来新夏等:《北洋军阀史》(上)，东方出版中心 2019 年版，第 126 页。

系网络的层次和规模，以及其在网络中的位置和能量决定了其与军阀的抗压能力和突破空间。有的记者与军阀本人有直接交往或密切关系，而有的记者与军阀暌隔九重、素无交情，但只要记者或其私谊网络中的关键人物，能够与军阀私谊网络中某个重要人物有深情厚谊，就能藉此攀缘入军阀关系网络，从而取得军阀本人的赦免和庇护。记者与军阀之间是一个多级结构的交往网络，并且在其中形成一种交错互动的关系格局。如前述张静庐案，经杭辛斋全力转圜，张静庐才算脱险；谢福生案，得力史量才出面担保，谢福生方得幸免于难。所以，在这种情况下，军阀赦免记者不是看重记者的交情，而是看在其圈子里忠实仆从或权势盟友的面子上。这就是为何在小记者与大军阀两个力量悬殊的群体博弈中，军阀会克制，记者会妥协，制约他们克制和妥协的是他们深嵌其中的千丝万缕、盘根错节的关系网络。有个案例尽管发生在 1930 年代，但其以丰富的细节充分地展示出这种结构和互动。《大公报》曝光湖北吏治废弛，官员颟顸，不恤民生。湖北省政府主席何成浚读后极为恼怒，当探知是《大公报》驻汉记者陶菊隐所写，“要杀一儆百，不能听之任之”。陶菊隐的好友晏勋甫惊悉此事之后，急忙托付和何成浚交情颇深的程汝怀前去说情。程替陶好言相劝，何冰释前嫌。陶菊隐关系网络中的晏勋甫，与何成浚关系网络中的程汝怀成为将记者和军阀网络勾连起来的关键节点。何成浚最后看在程汝怀的面子上谅解了陶菊隐。军阀施恩请托之人开释记者，认为藉此亦有恩于记者，从而将其纳入恩主忠仆政治体系，昭示记者既待之以恩遇，要报之以忠诚。所以，何成浚最后爽朗地对陶说：“既然大家都是朋友，以后可以常常见面，有话当面讲，不要在报上舞文弄墨，就不至于再有误会发生了”[1]。

对记者来说，军阀恩主忠仆政治关系网络的复杂性和凶险性还在于，记者没有冒犯军阀而是得罪了军阀恩主忠仆政治关系中的某个权势人物，也会惹火上身，甚至招致杀身之祸。张宗昌杀害林白水，不是因为林白水抨击张宗昌，而是因为林白水讥讽了潘复。潘、张两人原系赌场赌友，由于潘的引介，张宗昌受到张作霖的提拔而显赫一时。张为酬报旧恩，纳潘入幕，恩宠有加，引为股肱。潘复仅为意气之争而哭求张宗昌必欲置林白水于死地，张宗昌遂命令北京宪兵司令王琦立即逮捕并枪决林白水。潘复深知林白水人脉广为防被人营救，密托王琦一经逮捕，立即枪决。林白水被宪兵带走后，林家立刻向其私谊网络中与张宗昌有交情的戚友求救。杨度和《黄报》薛大可得讯后，急去见张宗昌，百般替林白水说情。杨度曾任张宗昌的秘书长，深为张所赏识。薛大可和张宗昌亦是赌场相识，因两人都嗜赌如命，而惺惺相惜，引为相知。薛大可长跪不起，张宗昌方答应赦免林白水。但是当张宗昌电话通知宪兵司令部时，林白水已被枪决[2]。

军阀斗争，生死攸关，即使亲如姻亲戚友、情同袍泽兄弟，关键利害一有冲突，感情立见破裂，记者与军阀的关系情感就更

---

① 陶菊隐:《记者生活30年——亲历民国重大事件》，中华书局2005年版，第159–160页。

② 陶菊隐:《北洋军阀统治时期史话》(下)，山西人民出版社2013年版，第343–344页。有关杨度、薛大可与张宗昌的交往与关系可参见，车吉心主编:《民国轶事》(第4卷)，泰山出版社2004年版，第1628–1630页；以及该丛书(第6卷)，第2416–2417页。

脆弱不堪[①]。所以，记者如果触犯了军阀的根本利益或容忍底线，即使其有强固的关系网络也无济于事。恰如包天笑评价张学良处决与其素有私交的邵飘萍时所说：张学良“为了疑心他夺权而杀了他的父执杨宇霆，又何惜乎这一个新闻记者呢”[②]？军阀通常无视法律，惯用暴力手段来解决纠纷争端，兼之长期刀光剑影、出生入死的戎马生涯使其常处于高度警惧之中，对外部反应既极端敏感又异常冷酷，常因琐碎细故而置人于死地，所以其对记者的惩处难免有时肆意而残忍。邵飘萍案发时，北京报界同人十三人向张学良恳求开释邵氏至三小时之久，秉性高亢的张学良，时年二十五岁，年轻气盛，最后颇为不耐烦地说：“余对生死二字看得极透彻，其实何足关心。邵某虽死，已可扬名，诸君何必如此，强我所难”[③]。张氏的一句答语，深刻地阐释出军阀对己轻生赴死，对人草菅人命，冷漠而残酷的品性。

托庇于军阀恩主忠仆政治体系给记者在外部社会中创造了广泛的新闻自由，但依附于这一政治体系又剥夺了记者批评军阀恩主的基本言论自由，在此二律背反之中造成了北洋时期新闻畸形的繁荣。军阀权力高度私人化，他们却认为记者只要在“私”的关系上不反对其个人，因“公”的关系反对国策是

---

① 相关详细讨论参见，陈志让：《军绅政权——近代中国的军阀时期》，广西师范大学出版社 2008 年版，第 104 页。

② 包天笑：《钏影楼回忆录》，中国大百科全书出版社 2009 年版，第 528–529 页；相关讨论还可参见，王润泽：《张学良为什么不肯施救邵飘萍——兼论邵飘萍的死因》，《新闻与写作》2008 年第 4 期，第 40–41 页。

③ 《京报社长邵飘萍君被奉军枪决》，《民国日报》1926 年 5 月 3 日。

可以的[①]。即邵飘萍所谓，“我国政府及有权力者之对待新闻纸，只问私而不问公；只干涉与彼有关之事，而不干涉与国有关之事”[②]。所以在恩主忠仆政治关系之中，只要记者不触及其私人利益，军阀则对新闻与言论不闻不问，甚至记者报道军事机密、外交内幕，批评军阀制度，只要不指名道姓，事不关己，一概听之任之。此外，有的军阀还别有用心利用或附和新闻记者共同声讨官僚政客，如皖系军阀徐树铮以《公言报》为喉舌，“每日以骂孙伯兰（时任内务总长——引者注）为日课，嬉笑怒骂，无微不至”[③]。这势必削弱和破坏了政治官僚体制的权力权威和行政效能，遂使新闻记者可以傲视法律，睥睨政客，自由大胆地抨击国事，挞伐政治。如林白水揭露财政总长陈锦涛贿选，交通总长许世英贪污，结果陈银铛入狱，许畏罪辞职。所以，北洋政客官僚对知名记者都惧怕三分[④]。但是在“私”的关系上不能反对军阀个人[⑤]，一旦记者触犯了军阀的个人利益，军阀必施以报复，甚至不惜痛下杀手。所以，同样是林白水，当

---

① 〔美〕齐锡生：《中国的军阀政治（1916—1928）》，杨云若、萧延中译，中国人民大学出版社 2010 年版，第 154 页；孔凡义：《近代中国军阀政治研究》，中国社会科学出版社 2010 年版，第 141-142 页。

② 邵飘萍：《新闻学总论》，载肖东发、邓绍根编：《邵飘萍新闻学论集》，北京大学出版社 2008 年版，第 165 页。

③ 吴虬：《北洋派之起源及其崩溃》，载来新夏主编：《中国近代史资料丛刊 · 北洋军阀》（一），上海人民出版社 1988 年版，第 976 页；相关案例还有吴佩孚攻击国务总理梁士诒事。可参见，来新夏等：《北洋军阀史》（下），东方出版中心 2019 年版，第 705-721 页。

④ 林熙遗作：《李思浩的政治生涯（中）》，《传记文学》第 71 卷第 1 期，1997 年，第 105 页。

⑤ 陶菊隐：《北洋军阀统治时期史话》（上），山西人民出版社 2013 年版，第 431 页。

他批评吴佩孚时立被封报闭馆，讥讽曹锟时就身陷囹圄，得罪张宗昌则惨遭杀害[①]。另则，军阀权力碎片化，各军阀宰制范围有限，所以，一地记者可以批评另地军阀，对方亦鞭长莫及，无计可施。兼之，军阀间势力均衡，冲突频繁，各大派系军阀不仅纵容，而且指使本地记者去揭露批评，甚至攻讦污蔑对立的军阀，所以异地舆论批评异常活跃[②]。又则，因为军阀内部又分成若干支系，各成派别，争权夺利，互有矛盾，常利用媒体相互攻讦，所以即使在军阀辖内，各个派系相互揭露贪污腐败、结党营私的新闻亦不时见诸报端。记者附翼在军阀恩主忠仆政治网络之中，对军阀私人结舌禁言，除此之外都可畅所欲言，兼之北洋时期，各地军阀都声称效忠宪政，即使为争权夺利而展开激烈斗争之时，也宣称是在保护和恢复宪法政府的幌子下进行，言论自由表面上具有高度的合法性[③]。正是上述原因造成了北洋政府时期的报业“有时过于自由，有时又太不自由”的新闻生态[④]。其实记者的自由不自由，只是军阀恩主忠仆政治体系在新闻业中庇护攻击递相嬗变而已。

无论如何，军阀恩主忠仆政治体系严重威胁新闻专业主义的发展。一则，正如李剑农对袁世凯的评价“他一生的本领，

---

① 有关林白水的事迹均引自方汉奇:《林白水：以身殉报的报界先驱》,《新闻与写作》2006 年第 9 期，第 30–32 页。

② 〔美〕齐锡生:《中国的军阀政治（1916—1928）》，杨云若、萧延中译，中国人民大学出版社 2010 年版，第 149 页。

③ 徐晓群:《民国时期的国家与社会：自由职业团体在上海的兴起 1912—1937》，新星出版社 2007 年版，第 93 页。

④ 邵飘萍:《新闻学总论》，载肖东发、邓绍根编:《邵飘萍新闻学论集》，北京大学出版社 2008 年版，第 165 页。

就是使贪使诈；他最大的罪恶也是养成社会贪诈之风，务使天下的人才，尽腐化于他的贪诈烘炉中”[①]。军阀们大多继承了袁氏的衣钵来对付记者，“这种赤裸裸交易所激起的贪欲心膨胀和道德水准下降”[②]，严重地侵蚀腐化了记者的职业道德和新闻操守。一些腐化记者甘受军阀操纵，供其滥肆机诈诡谲愚弄民意之术，不仅使新闻公信扫地，而且恶化政治纷争，使政局世事愈加紊乱不堪[③]。二则，军阀要求记者死心塌地对其效忠和大肆播扬其私人利益。尽管各路军阀驾驭记者，为其所用，各具不同，但追溯本质，恰如权倾一时的皖系军阀徐树铮在《平报》周年纪念感言中一语道破天机：“军人者杀人之人耳。……欲杀人而不失人心之平，非扶持正论之记者倾注余辈军人杀人之目，参仿余辈杀人之腕，以着笔著述鼓吹杀人事业不可。”[④]这与新闻专业主义服务公众利益的最高鹄的、记者职业自主的根本要求，新闻报道客观公正的核心准则背道而驰。特别是在“五四”以后，随着思想解放，社会进步，民众觉醒，“打倒军阀，打倒帝国主义”精神蔚为风潮，而日益激化[⑤]。记者挣扎在私利和

① 李剑农：《中国近百年政治史（1840—1926）》，复旦大学出版社2007年版，第344页。

② 张鸣：《武夫当权——军阀集团的游戏规则》，陕西人民出版社2013年版，第54页。

③ 《中国新闻事业》，载王瑾、胡玫编：《胡政之文集》（下），天津人民出版社2007年版，第1038–1041页。

④ 徐一士：《一士类稿》，中华书局2007年版，第250页。

⑤ 李剑农：《中国近百年政治史》，复旦大学出版社2007年版，第538–544页；〔美〕周纵策：《五四运动史：现代中国的知识革命》，陈永明等译，欧阳哲生审校，世界图书出版公司2016年版，第250页。

公益、依附和独立的强烈冲突与剧烈摩擦之中，难免开罪军阀，一旦触犯军阀的核心利益则必大难临头。所以，新闻专业主义在军阀主义之下左冲右突，虽时而左右逢源，但又时时左支右绌，始终步履蹒跚，一路坎坷。面对军阀，胡政之哀叹出了民国记者的共同困境："我们始终是一个有理说不清的秀才"[①]。

① 转引自张育仁:《自由的历险：中国自由主义新闻思想史》，云南人民出版社 2002 年版，第 485 页。笔者查阅《胡政之文集》未见此言出处，但是民国记者表达类似说法的大有人在。可参见，包天笑:《钏影楼回忆录》，中国大百科全书出版社 2009 年版，第 532-533 页；王新命:《走过民国初年的新闻史：老报人王新命回忆录》，台湾独立作家出版社 2016 年版，第 322 页。

第七章

被缚的“无冕之王”：新闻审查体系中新闻记者的抗争与调适[①]

发表新闻是记者工作的常态，但不能发表新闻亦非工作例外，特别是政治新闻。正如《新闻报》驻京记者张继斋说：“虽有所闻而可以布之于外者，只占几分之几”[②]。甚至徐铸成在其职业生涯中，“自以为最得意的一次采访，却是‘一条没有发表的独家新闻’”[③]。这遂使金雄白发出最不自由是报人的浩叹[④]。

面对新闻审查，记者如何发表新闻，是否发表新闻，甚或为发表新闻而终未能发表新闻，值此激烈博弈的关键时刻或剧烈摩擦的微妙地带，最能生动而细腻地展现出新闻记者与消息来源、媒体组织、军政机关等各种社会因素之间竞争合作的紧张过程和

---

① 本章初稿《民国记者在新闻审查制度下的抗争与调适——以陶菊隐为中心的讨论》发表于《新闻记者》2017 年第 4 期。

② 张继斋:《三十年中之二十年》,《〈新闻报〉三十年纪念》，新闻报馆 1923 年版，原书无页码。

③ 徐铸成:《旧闻杂忆》(修订版)，三联书店 2009 年版，第 17 页。

④ 金雄白:《记者生涯五十年》(上)，台湾跃升文化事业有限公司 1988 年版，第 14 页。

盘根错节的复杂关系，亦最能动态而深刻地将新闻记者的专业理念和人格特质暴露无遗。

本章以著名记者陶菊隐为中心，将民国新闻审查制度与实践的嬗变放置在陶氏新闻职业生涯和心路历程之中进行动态而细致地考察，从个体层次来观察宏观的新闻审查制度如何具体地实践、变化，发生影响，以及个体在其中闪转腾挪和喜怒哀惧所折射出的时代价值和社会意义。

一

陶菊隐出身贫寒教师家庭，虽自幼经历过衣食不周的苦况，但却少负独立不羁之才。1912 年，年仅 15 岁的中学生陶菊隐，因得罪学阀，被迫辍学，这个既无学历而又缺靠山的落魄少年，在走投无路之下踏入报界。恰如他自己所说："新闻记者是一种自由职业，不必仰面求人，可以凭一支笔打天下，我就是怀着这种心情闯进长沙新闻界"[①]。最初几年，陶菊隐辗转于长沙地方报纸之间。尽管收入菲薄不堪，工作朝不保夕，但陶菊隐采写编评，做得兴味盎然。正当他带着初为报人的兴奋和闯劲，准备在报界大展身手之时，却迎头遭遇其报人生涯最初的两段新闻审查。

1914 年，陶菊隐费尽心血齐集同人、资金和场地，准备创办一种日报。时值袁世凯亲信汤芗铭督湘，其为袁氏称帝张目，

① 陶菊隐：《记者生活 30 年——亲历民国重大事件》，中华书局 2005 年版，第 22 页。

严厉控制新闻，长沙支持国民党的反袁报纸皆被封禁[①]。对于一个国民党报纸出身，年仅 17 岁的愣头少年提出的办报请求，湘省警厅狐疑满腹，援引《报纸条例》禁止立案，陶菊隐的办报计划遂被扼杀[②]。

两年之后，陶菊隐时来运转，受朋友之邀出任《湖南新报》总经理。此时袁氏帝制失败，汤芗铭被逐下台，国民党军阀谭延闿督湘。《湖南新报》背靠当局势力，资金充裕，陶菊隐既"认真负责"，又"抱有一鸣惊人的理想"[③]，率诸同人全力以赴，报纸办得颇有声色，销路稳步上升。但是，北洋时期当政者多视报纸为政争工具，以新闻津贴扶植利己报纸，用新闻审查打击异己刊物，因此政局变动常影响报纸兴亡。湖南恰处南北军阀冲突之要地，政局变动翻云覆雨，报纸兴衰起伏无常。1918 年 3 月，湘系军阀在南北之役中战败而退，陶菊隐预料受国民党重金津贴的报纸，必然遭北洋军阀封禁。当长沙城外传来北洋铁骑的马蹄声时，陶菊隐不得不预先进行自我新闻审查，立即停办《湖南新报》。

一个初出茅庐的少年报人的新闻活动资本原本单薄，一份内陆腹地的报纸闪转腾挪的新闻言论空间亦极其有限，面对新闻审查自然十分脆弱。正如陶菊隐对此深怀戒惧地说，"我自踏入新闻界之始，就对这个行业抱有不安全感"[④]。《湖南新报》停办后，

---

① 张平子：《从清末到北伐军入湘前的湖南报界》，载黄林编：《近代湖南出版史料》（一），湖南教育出版社 2012 年版，第 71 页。

② 陶菊隐：《记者生活 30 年——亲历民国重大事件》，中华书局 2005 年版，第 8 页。

③ 同上书，第 10–11 页。

④ 同上书，第 35 页。

陶菊隐一度北上，另谋生计，旋即铩羽而归，重操旧业，加入《湖南日报》。陶菊隐在湖南报界方崭露头角，即横遭新闻审查被迫停办报纸，尽管其对重重新闻审查下的报业生涯深怀戒惧，但在几经彷徨之后却又依然返身报界。除去陶氏因办报兴趣浓厚欲罢不能和迫于生计走投无路之外，个中亦有更为复杂的社会文化动因。首先，当此政论本位向新闻本位过渡的报业时代，陶菊隐供职的不是国民党党报，就是倾向国民党的士绅报纸，此类报纸的新闻言论或浓或淡都有一抹党派色彩，所以在“城头变幻大王旗”的政争风潮之中即使横遭封禁，亦属这些报人意料之中能够坦然接受的办报游戏规则。其次，陶菊隐这代报人成长于从极权到民权的过渡时代，名义上生活在共和政体之下，实际则备受专制政治之痛，浸润在这个不新不旧，互渗互动的混成社会[①]，他们难免形成亦新亦旧、多元多歧的作风和性格，正如一贯“极端尊重他人自由”的陶菊隐也坦白地承认，“我不否认我偶然也有强权政治的作用”[②]。因此，当他们以这种矛盾心理面对新闻审查时自然会产生既慨然反对又安然容忍的复杂心态。兼之，民国初年报人在内陆仍受歧视，被称为“九流三教不入流之一流”，特别是担任采访的记者，常被视为“包打听”或造谣生事之徒，长沙一些地方竟挂有“新闻记者，恕不接待”的纸贴[③]，陶菊隐刚

---

① 罗志田:《权势转移：近代中国的思想与社会》（修订版），北京师范大学出版社 2014 年版，第 155 页。

② 陶菊隐:《家庭恩怨记》，载陶菊隐:《最后一年》，中华书局 1947 年版，第 65 页。

③ 池上:《新闻记者与无味姜》，湖南《大公报》1931 年 3 月 31 日，转引自黄林编:《近代湖南出版史料》（一），湖南教育出版社 2012 年版，第 914 页。

跨进报界之时，立即就遭到亲族戚友的反对，“什么事情都好干，为什么偏要干这一行”[①]，他的父亲和叔父还苦口婆心劝其改行。当时不少报人如包天笑、沈琼楼、王新命等都遇到过亲友类似的申斥，做记者的人“最伤阴骘”[②]。弥漫在报人四周的社会歧视和敌意，不仅会强化新闻审查的道德合法性和文化合理性，而且亦会消解报人抵制新闻检查的内在心理自觉和外在社会凭借，藉此可能还会深刻地将外在的新闻审查潜在地内化为自我新闻审查，进而泛化自我审查的广度，强化自我审查的力度，并最终将这种过度的自我新闻审查固化为一种貌似极为合理的社会道德意识形态。

陶氏新供职的《湖南日报》，是他以前同事利用《湖南新报》留下的场地设备无本起家办起来的。当此之时，帝制复辟失败，共和再造成功，严密钳制新闻出版的袁记《报纸条例》已被废除，全面迫害报人的癸丑报灾业已消散。然而随着政治强人的消逝，中央权威亦一落千丈，地方军阀开始各自为政。尽管当时在京沪的新闻观察者发现，就“整体而言，从 1915 到 1925 年，中国新闻界出现了很大程度上的自由”[③]。但不幸的是，1918 年 3 月至 1920 年 6 月却是湖南新闻史上最黑暗的时期[④]。

---

① 陶菊隐：《记者生活 30 年——亲历民国重大事件》，中华书局 2005 年版，第 22 页。

② 包天笑：《钏影楼回忆录》，中国大百科全书出版社 2009 年版，第 321 页；沈琼楼：《清末民初广州报业杂忆》，载杨光辉等编：《中国近代报刊发展状况》，新华出版社 1986 年版，第 248 页；王新命：《走过民国初年的新闻史：老报人王新命回忆录》，台湾独立作家出版社 2016 年版，第 30 页。

③ 林语堂：《中国新闻舆论史》，王海、何洪亮译，中国人民大学出版社 2008 年版，第 139 页。

④ 黄林：《近代湖南报刊史略》，湖南师范大学出版社 2013 年版，第 6 页。

时为张敬尧督湘，他一方面厉行新闻检查严密删扣新闻；另一方面设立军政执法处严厉惩处报人。不仅“长沙绝无言论自由”[①]，而且张敬尧“视报纸如刍狗，新闻记者如草芥。停版、封闭、拘辱、惩处、杀戮，一任其意，不必援引条例”[②]。更糟糕的是，张敬尧驻湘部队，军纪极差，杀人放火，抢劫强奸，无所不为，湖南人民备受其害[③]。一夜，该军某部闯入陶氏家族抢劫，陶菊隐的父亲出面劝阻竟被枪杀。监督政府原本就是中国近代报人孜孜以求的职业理想和拳拳服膺的职业责任，而现在家仇国恨交融凝化为陶菊隐与张敬尧不共戴天的深仇大恨。陶菊隐一心要冲破张敬尧的新闻审查，揭露其在湖南的种种罪行。正如与北洋军阀周旋有年的胡政之所说：“北方军阀专政，虽说一样地干涉报馆，但是因为智识太欠缺的缘故，新闻记者只要立身行己，有卓然自全之道，在新闻技术上很容易避免危险”[④]。所以，即使面对张氏严厉的新闻审查，陶菊隐亦能千方百计，寻隙觅缝，突破言禁。

首先，陶菊隐在《湖南日报》报道张军罪行时，采取“绕弯子把消息烘托出来”的办法，“使阅者一望而知”。他解释说：“例如，我们在本市新闻版写道：昨有操异音（或北方口音）匪

① 陶菊隐：《记者生活30年——亲历民国重大事件》，中华书局2005年版，第16页。

② 黄林编：《李抱一文史杂著》，湖南人民出版社2009年版，第21页。

③ 参见陶菊隐采写的：《呜呼湖南之浩劫》，《新闻报》1918年5月30日；《西报纪湘省之兵祸》，《新闻报》1918年6月1日；《赣西湘东之兵祸志》，《新闻报》1918年8月13日；《凄凉满目之长沙》，《新闻报》1918年8月19日；《驻醴北兵之大为民害》，《新闻报》1919年2月26日等报道。

④ 胡政之：《中国为什么没有舆论》，载王瑾、胡玫编：《胡政之文集》（下），天津人民出版社2007年版，第1046页。

徒，在某地行劫，事毕呼啸而去；匪徒冒充军人，在某地劫得大宗财物，并枪伤（杀）事主，警察不敢拦阻，事毕向 ×× 方向遁走（影射北军营地）”。陶菊隐使用的这种报道手法使“官方检查员啼笑皆非，万一稿子被删去，我们仍旧照登，他们也无可如何”[①]。如果说自我新闻审查，“可以被定义为一套编辑加工活动，包括省略、淡化、变形、轻重倒置等修辞手法，它被记者、媒介组织甚至整个媒介行业所运用，以期向权力结构邀功请赏或规避惩罚”[②]。陶菊隐恰是利用自我新闻审查在巧妙规避权力结构惩罚的同时并予以其灵活的反击。这充分显示出自我新闻审查具有受动性和施动性、压迫性与生产性、臣服性与抗争性的双重属性，其既可以是消极屈服新闻审查的无奈结果，也能用作积极抗争新闻审查的有效手段，藉此成为协调新闻活动和权力结构竞合关系重要而灵活的中介变量。但是，仅仅依靠自我新闻审查的话语策略来抗争外在的新闻审查，其空间和效果均十分有限，而且有时也颇为凶险。恰如陶氏惴惴不安地说：“在北洋军阀张敬尧的屠刀下，风大浪高，无日不在提心吊胆之中”[③]。

因此，陶菊隐为规避新闻审查的威胁又采取了更为多样，亦更加安全的方法。他利用租界邮政系统不受中国官方检查的便利条件，开始给上海各报邮寄“长沙通讯”，揭露张敬尧祸湘罪行。并且，陶氏在投给上海的通讯稿中，既不留姓名住址，也不索取

---

① 陶菊隐：《记者生活 30 年——亲历民国重大事件》，中华书局 2005 年版，第 20–21 页。

② Chin-Chuan Lee, “Press Self-Censorship and Political Transition in Hong Kong,” *Harvard International Journal of Press/Politics*,3（2）, pp.55–73,1988.

③ 陶菊隐：《记者生活 30 年——亲历民国重大事件》，中华书局 2005 年版，第 22 页。

稿酬。当时，上海不仅是中国报业最发达的地区，而且在天津《大公报》等后起之秀从地方性报纸崛起成全国性报纸之前，只有上海报纸方能行销南北堪称全国性报纸，甚至时人认为“凡事非经上海报纸登载者，不得作为征实”[①]，唯有“上海报纸能唤起全国注意，造成舆论”[②]。另外，上海租界内的报纸在治外法权的庇护下能够在一定程度上摆脱北洋政府和地方军阀的控制，也是中国新闻自由程度最高的报纸。陶菊隐将张敬尧祸湘新闻刊诸上海报端，即等于将其罪行公诸全国舆论监督之下，张敬尧顿时成为国人怒目的全民公敌。北洋军阀是传统武人向现代军人过渡的一代，并且旧武人的成分要远浓于新军人的色彩，尽管他们私底下行事时常贪狠残暴无所不用其极，但面子上又极其讲求儒家传统的名节忠义[③]。张敬尧迫于全国舆论压力在对待长沙报纸时不得不稍做收敛，不敢再任意肆虐逞凶。由此可见，自我新闻审查不仅是一种修辞编辑策略，而且是包括隐性采访、版面转移、异地监督和匿名发表等在内的一整套新闻生产策略，记者既可藉此向权力结构邀功请赏或规避惩罚，亦可凭此与权力结构周旋抗争，借以维护专业自主，追求新闻自由。

这种指桑骂槐式的批评，空间转移式的监督，隐姓埋名式的报道，即以自我新闻审查来抗击政府新闻审查的做法，似乎缺乏报人所自我宣传和世人所普遍期待的勇猛无畏的记者风骨和锋芒

---

① 姚公鹤:《上海闲话》，上海古籍出版社 1989 年版，第 128 页。

② 邵飘萍:《中国新闻学不发达之原因及其事业之要点（遗稿）》，载肖东发、邓绍根编:《邵飘萍新闻学论集》，北京大学出版社 2008 年版，第 223 页。

③ 陈志让:《军绅政权——近代中国的军阀时期》，广西师范大学出版社 2008 年版，第 160 页。

犀利的言论风范。陶菊隐这样做，看起来似乎也凛然大义之气不足，卓然自全之道有余。然而，报人舍身抗法固然声震一时，但实际上无拳无勇的新闻记者直面有权有势的军阀政客，正面冲决新闻审查的铁网不仅常常无济于事，反而容易贾祸坏事。1919年，长沙《华瀛觉报》经理谭笃恭，依仗报纸拥有日本背景，撰文批评张敬尧，随即被张氏诬控罪名，非法处死[①]。记者以退为进通过自我新闻审查来争取专业独立的方式虽然看似缺乏奋不顾身的理想和一往无前的干劲，但在政府严厉的新闻审查没有发生结构性变化和实质性调整的状况之下，这种以自我新闻审查方式进行的，反抗但不与政府完全对立，妥协但决不向权力彻底屈服的调适性抗争策略，不仅能够有效地缓和新闻事业和权势组织之间的日常摩擦和冲突，而且还能够有力地保护和渐进地发展报人脆弱的职业自主和言论独立。这正恰如徐铸成所言，采写新闻“发表到什么程度，明写、暗写，掌握适当程度、分寸、火候”，是记者必须修炼和具备的基本功[②]。进而言之，报界正是藉此为推动中国民主化进程而源源不断地提供积微致着的力量。即当时《申报》主笔陈冷所深刻概括的，“做报之用力，不在一时，而在继续。继续又继续，而至于毕生。则其效验，必视乘兴而来，兴尽而去者为大”[③]。

---

① 黄林：《近代湖南报刊史略》，湖南师范大学出版社 2013 年版，第 300 页。

② 徐铸成：《新闻丛谈》（增编本），三联书店 2011 年版，第 99 页。

③ 陈冷：《二十年来记者生涯之回顾》，载申报馆编：《最近之五十年》，申报馆 1923 年版，第 35 页。

二

1920年6月，湘系军阀在湖南人民的支持下驱逐张敬尧成功，谭延闿、赵恒惕等先后回湘主政。在湘系军阀标举湘人治湘的旗帜下，湖南地方报纸一时获得了相对宽松的从业环境，并且新闻记者也得以被邀列席省府最高会议。陶菊隐由此结识了谭延闿、赵恒惕、程潜等在湖南近代史，乃至中国近代史上都曾煊赫一时的风云人物，并藉此进而得窥民国军政波诡云谲的变幻乃至许多鲜为人知的内幕。恰如陶氏所说："从此，我所接触的新闻人物和历史事件愈来愈多，见闻日益广阔，使我在新闻界跨入了一个新的天地"[①]。这为陶氏正式为上海《新闻报》撰写通讯报道奠定重要的基础。并且幸运的是，陶菊隐这时恰好赶上了中国报业史上军事政治新闻通讯盛极一时的时代。而1920至1926年在南北政局激烈博弈的历史时期，湖南又处关键地位，其战略价值最高，军政形势最复杂，一时成为全国舆论之焦点[②]。

凭借从业8年积淀下的丰厚经验，又恰逢天时地利人和机缘际会，陶菊隐开始在报界大显身手，他为《新闻报》每月寄稿20篇以上，每篇1 500字以上，采写了大量既关系重大又文采斐然的"长沙特约通讯"。《新闻报》经常将陶氏"长沙特约通讯"登在显著地位，甚至有时代替报馆花重金聘请名家撰写的"北京特约通讯"，成为头条新闻。《新闻报》对陶菊隐亦礼遇有加，半年之内，涨薪三次。当陶菊隐赴沪访问《新闻报》馆时，总经理

① 陶菊隐:《记者生活30年——亲历民国重大事件》，中华书局2005年版，第22页。

② 陈志让:《军绅政权——近代中国的军阀时期》，广西师范大学出版社2008年版，第34页。

汪汉溪倒履相迎，盛情相待。陶氏此时此刻，非常自得：“这种物质和精神上的双重鼓励，使我更加不知疲倦地愿为该报加倍努力。从此，为他们写通讯不仅成了我的一种副业，也成了我在生活上的一种享受了”[①]。

陶菊隐从正式担任《新闻报》长沙特约通讯员起，湖南的政局更是波澜迭起，湘系军阀不仅与北洋军阀、西南军阀、国民党军阀冲突不断，而且其内部谭延闿、赵恒惕、程潜等各派系之间也斗争不已。这都是重大新闻。但让陶菊隐颇感为难的是，“其中有不少‘政情内幕’，当局列为‘禁区’，我如避而不写，就是对报馆和读者不负责任，如如实报道，又恐引火烧身”[②]。为此，他只能依旧使用那些自我新闻审查的日常抗争策略进行新闻报道。首先，将此类稿件改作“北京特约通讯”，使湖南当局无从追究其根源。其次，将此类稿件均由租界邮政系统或以外人名义寄出，以避免政府检查信件。此项办法行之过久，陶菊隐又担心可能引人注意，于是别出心裁将通讯稿改作《长沙归客谈》，请报馆编辑部移登本市新闻版发表。

尽管陶菊隐小心翼翼地规避新闻审查，发表了“不少‘政情内幕’”，但亦扣发放弃了许多新闻。这似乎表明，陶氏现在将一种作为抵抗军阀高压钳制的策略化自我新闻审查，转化成一种作为屈服外在压力的实质化自我新闻审查，即他开始自觉自主地削减、隐匿和删除其认为不便发表的新闻。这显然有悖新闻职业道德。对此陶菊隐十分清楚，他承认那些“‘政情内幕’……‘禁

① 陶菊隐：《记者生活30年——亲历民国重大事件》，中华书局2005年版，第35页。
② 同上书，第38页。

区’，我如避而不写，就是对报馆和读者不负责任”[①]。应发表新闻却未发表新闻，对一个生性“负责”[②]，又将新闻事业作为自己生命的记者来说，似乎两者间具有无法调和的紧张与冲突，但其实却另具复杂而深刻的原因。

与面对北洋军阀张敬尧家仇国恨不共戴天的情况不同，陶菊隐和湘系军政要人不再是简单的对抗性关系，他们之间存在着并形成了盘根错节的复杂关系：其中不仅有某种基于中国亲缘性社会结构所形成的血缘、地缘等“既定性关系”；而且也有出于利益交换所形成的职业化“工具性关系”；并且亦有因意气相投而生发出真情实意的“情感性关系”[③]。如陶菊隐在采访中与赵恒惕、叶开鑫、蒋百里等不少当局政要都结下深情厚谊，甚至成为莫逆之交。对于采写军政要闻的记者来说，在高度伦理化的民国政治世界中，“情感性关系”尤为关键，其既制约着能否建立起“工具性关系”，又影响着“既定性关系”的发展深浅。正如知名记者赵效沂所说：“采访军事政治要闻，与采访经济、社会、教育微有不同，对于后者，手脚如果勤快，尚可有相当收获；前者不能靠‘硬闯’。各方关系够，知你甚深，有时你在家睡觉，也会有人告诉你重大的消息”[④]。所以，陶菊隐在采访湘局要人时，“采取‘交朋友’和‘随便谈’的方法，逐步地争取他们的信任。

---

① 陶菊隐:《记者生活 30 年——亲历民国重大事件》，中华书局 2005 年版，第 38 页。

② 陶菊隐:《家庭恩怨记》，载陶菊隐:《最后一年》，中华书局 1947 年版，第 63 页。

③ 相关详细讨论和参考文献可参见，杨中芳、彭泗清:《人际交往中的人情与关系：构念化与研究方向》，载杨国枢、黄光国、杨中芳主编:《华人本土心理学》(下册)，重庆大学出版社 2008 年版，第 475 页。

④ 赵效沂:《报坛沉浮四十五年》，台湾传记文学出版社 1972 年版，第 159 页。

日子愈久，相知愈深，他们对我所要了解的问题，往往就肯一口气全部讲出来，哪些可以发表，哪些不宜发表，让我自行选择”[①]。甚至，关系深处，军事机密都能与闻。《新闻报》总经理汪汉溪对陶菊隐这种以关系网建构新闻网的采访模式极为赞赏，陶氏花多少交际费，报馆就报销多少，全力支持，绝无二话。

尽管军政要人面对陶菊隐口无遮拦，尽情相告，但是陶菊隐清楚“当他们的话匣子打开后，你切不可以把他们所讲的话全部记录下来，当保密的还是代保密的好，否则下次就不能再聆听他们的高论了”[②]。当时许多知名记者如金雄白、赵效沂等在面对军政要人坚嘱交谈内容保密时，亦如陶菊隐一般，不发表新闻。“采访新闻的原则，要多交朋友，示人以信，该受‘约束’的，应该保持信用，宁可牺牲发表一则新闻，不可失信”[③]。邵飘萍、王文彬等著名记者还将这种经验写入新闻学教科书，上升为新闻工作的一般准则[④]。

与其他类型的新闻不同，在政治新闻采访中，许多消息来源常常是具有不可替代性的稀缺资源，甚至有时是记者获知政情内幕的唯一渠道。对陶菊隐来说，信守消息来源嘱咐不发表新闻，这不仅是记者采访工作的基本原则，违之便会失去消息来源信任从而彻底断送费尽心血方才辛苦建立起来的新闻网络，而且这也

---

① 陶菊隐:《记者生活 30 年——亲历民国重大事件》，中华书局 2005 年版，第 36 页。

② 同上书，第 36 页。

③ 金雄白:《记者生涯五十年》(上)，台湾跃升文化事业有限公司 1988 年版；赵效沂:《报坛沉浮四十五年》，台湾传记文学出版社 1981 年版，第 187 页。

④ 邵飘萍:《新闻学总论》，载肖东发、邓绍根编:《邵飘萍新闻学论集》，北京大学出版社 2008 年版，第 24-25 页；王文彬:《采访讲话》，三江书店 1938 年版，第 3 页。

是中国道德文化诚信守诺的核心准则，否则不但会失去朋友的情谊，甚至还会在伦理本位的民国社会中彻底丧失立身行己、为人处世的伦理声誉。更何况陶菊隐又“是个重感情人”[①]，他常深切感怀，“虑此内忧外患夹攻的时代，唯一引以自慰的是中年人的友情”[②]。陶菊隐因采写新闻，屡涉惊险，幸都有惊无险，即端赖其各界朋友仗义施救，大力奥援。其实，当时政局紊乱，军变迭起，朋友间的真情厚谊有时确实比那些政治投机和军事阴谋之中颠倒的是非和混淆的黑白更值得人们珍重。所以，在高度伦理化的民国政治社会，记者既可以凭借关系网络极大地打开耳目，但是关系网络亦能有力地管束记者的喉舌。私人关系网络与制度权势结构在新闻审查上，前者似乎缺乏后者所拥有的国家暴力机器的权威性和震慑性，但前者却比后者在实际操控中更具渗透力与约束力。并且，关系网络消融了外部新闻审查与自我新闻审查之间的界限，使两者混合交融在一起变得难分难解，既使记者丧失了抗争的警觉，又让记者模糊了抵抗的目标。正如陶菊隐在抗争权势结构厉行的新闻审查时不屈不挠，却又在不知不觉地认同关系网络实行的自我新闻审查。更为严重的是，当新闻记者与军政要员之间发生强烈的私人恩怨和个人情仇之时，私人关系网络在惩处记者时比制度权势结构更为任意而残酷。正如在北京常与军阀政客相周旋的邵飘萍强调的，我国“一面新闻之纪载亦未上于正轨，凡揭发个人阴私为欧美各国社会所不许纪载之材料，殆触目皆是，即如政治、外交、立法、司法诸端新闻所载，亦毫无规

① 陶菊隐:《家庭恩怨记》，载陶菊隐:《最后一年》，中华书局 1947 年版，第 66 页。

② 陶菊隐:《父爱》，载陶菊隐:《最后一年》，中华书局 1947 年版，第 77 页。

律，政府似熟视而无睹。若一旦遇与政府中人、个人利害有关之事，始倒行逆施，妄为法外干涉，武人、官僚、议员、政客莫不皆然”[①]。

值此文禁森严之乱世，新闻审查已成为记者的工作常态，但是记者面对外部新闻审查进行自我新闻审查时亦有其不可逾越的底线，这就是记者的“人格之尊严与独立”，即邵飘萍标举为新闻道德的“第一重要者”[②]。一旦新闻审查触及职业底线时，记者宁可自断职业生命，亦要捍卫其“人格之尊严与独立”。1926年，湖南叶唐战事发生之初，陶菊隐便预感到，由于交战双方都是平时因采访结识的新知旧雨，“我想在报道中不作左右袒是极其困难的”。很快，唐生智召见陶菊隐，要他“对‘叛将’叶开鑫、蒋锄欧之流，应当破除情面，口诛笔伐”。[③]一方面，陶菊隐觉得很难按照唐的旨意办事。因为在新闻审查下消极地不发表新闻，记者固受良知煎迫尚不失其人格独立，但在政治高压下积极操纵记者以新闻来做政争喉舌，则会丧失记者最基本的人格尊严。另一方面，唐生智“性格的毒辣”，也令人望而生悸。只要利害攸关，唐氏对同军袍泽、结拜兄弟都痛下毒手，毫不留情，更何况对一个泛泛之交的新闻记者[④]。记者最怕缺乏政要关系，但又最忌卷入军政派系斗争的漩涡之中。记者在采写军政新闻之时，

---

① 邵飘萍：《新闻学总论》，载肖东发、邓绍根编：《邵飘萍新闻学论集》，北京大学出版社2008年版，第165页。

② 同上书，第114页。

③ 陶菊隐：《记者生活30年——亲历民国重大事件》，中华书局2005年版，第94页。

④ 李宗仁口述、唐德刚撰写：《李宗仁回忆录》（下），华东师范大学出版社1995年版，第396-397页；陶菊隐：《北洋军阀统治时期史话》（下），山西人民出版社2013年版，第349页。

“原则上，要近得令新闻人物信任，可以采访到独家消息，但也要远得冷静超然，独来独往”[①]。但是，揆诸实际，谈何容易。即使记者只欲立足政坛边缘，客观观察，公正记录，但因与政治离得太近，所以当政潮陡起，劈头袭来，常以排山倒海之力把记者裹挟进政治风暴的中心，将其职业生涯甚至人生命运俱付诸于无常。正如金雄白所说：“从民国以来，新闻记者所从事的虽是一项最清苦的职业，而时常会在政争的夹缝中无端端送命。每一次政局有变动，或派系上有纠纷，池鱼之殃，记者也往往成为政坛上权要泄愤的对象”[②]。现在，面对唐生智的不情之请，陶菊隐深明个中风险，立刻决定离湘赴沪。

三

1926 年 9 月，陶菊隐告别了湖湘故土，踏入上海望平街头，期望从此摆脱军阀政客的钳掣，可以自由自在地报道时代风云，但他没有预料到《新闻报》长久以来享有的言论自由环境不久即告终结。1927 年，国民党成立上海新闻检查委员会，租界报业内的中国报纸自此开始接受中国官方检查[③]。《新闻报》原系美商不受检查，1929 年改华商后也须接受检查。国民党不仅严密控

① 李金铨：《写在时代的边上，写在时代的中心——陆铿回忆与忏悔录》，载张伟国编辑：《大记者：陆铿纪念文集》，香港新世纪出版社 2009 年版，第 268 页。

② 金雄白：《记者生涯五十年》（下），台湾跃升文化事业有限公司 1988 年版，第 39 页。

③ 马光仁：《上海新闻史（1850—1949）》（修订本），复旦大学出版社 2014 年版，第 616-622 页。

制军政新闻，凡不利于国民党的评论、新闻、图片以及杂文，均被检查员删减。更糟糕的是，陶菊隐当年对付军阀新闻检查的那些自我新闻审查策略大多都没用了。恰如胡政之所发现的，北伐成功“党部成立，言论便渐不如军阀时代自由，因为党人们都从此道出来，一切玩笔杆，掉花枪的做法，他们全知道，甚至各处收发的新闻电报检查之外，还任意加以修改，这比以前的方法，进步何止百倍”①，而上海为全国舆论中心，南京政府对上海新闻审查尤为严格②。身处其中，陶菊隐无奈而悲愤地说：“国民党检查报纸，达到了无孔不入的程度”，比北洋军阀政府“厉害多了”③。

但是国民党政治体制实行党政双轨制，党政之间时相轧轹，冰炭水火，党政内部又派系林立，互相拆台④，导致其新闻审查出现一片“盲目的、乱动的、消极的”状况⑤。另则，很多国民党新闻检查官或曾有办报经历深知报人甘苦，或曾留学英美浸润过自由主义洗礼，思想开明，因此在新闻审查时常常网开一面，或手下留情⑥。这为记者抵制新闻审查提供了机会和可能。

---

① 胡政之：《中国为什么没有舆论》，载王瑾、胡玫编：《胡政之文集》（下），天津人民出版社 2007 年版，第 1047 页。

② 向芬：《国民党新闻传播制度研究》，中国社会科学出版社 2012 年版，第 78 页。

③ 陶菊隐：《记者生活 30 年——亲历民国重大事件》，中华书局 2005 年版，第 122 页。

④ 王奇生：《党员、党权与党争：1924—1949 年中国国民党的组织形态》，上海书店出版社 2003 年版，第 192 页。

⑤ 舍我：《新闻史料述评 · 中宣会召开三种会议》，《世界日报》1934 年 3 月 15 日。

⑥ 李金铨：《记者与时代相遇》，载李金铨编：《报人报国：中国新闻史的另一种读法》，香港中文大学出版社 2013 年版，第 410 页。

更重要的是，不少报人又与检查官之间缠绵着千丝万缕的私人交谊[①]，如前文所述，这种关系网络既能强化记者自我新闻审查，但记者也能藉此化解政府新闻审查的强度，有效地舒缓始终在新闻审查下进行工作所产生的焦虑和紧张。正如时任上海《时报》记者的金雄白就常常因新闻删扣问题，而与新闻检查委员会“有时在电话中交涉，有时且亲往理论，还是往往吵得面红耳赤。不过私人之间，却有著很好的友谊，公事完了，吵也吵过了，就预约明天的娱乐节目，跳舞与打麻将”[②]。著名作家、政论家和新闻研究者林语堂也深有体会地说，新闻审查制度非常糟糕，但有的新闻审查官员“其实是一个非常可爱的人”[③]。

而此时《新闻报》的情况有所不同，圣约翰大学毕业的汪伯奇继承父业出任新闻报馆总经理，其之为人，恰如“全馆人员对他的品评，一致认为他谦虚谨慎，克俭克勤，有过于乃父汪汉老，但优柔寡断，缺少他父亲那一股子干劲、闯劲，这是他最大的缺点”[④]。汪伯奇行事原本谨小慎微，而报纸又因“奖委员长事件”等接连多起违禁问题迭遭南京政府处罚损失巨大，更让其临深履薄，战战兢兢。为了避免再触党国红线而遭不测之祸[⑤]，他

① 国民党中宣部很多人亦创办或投资民营报刊参见，鲁莽:《夜生活——二十年报纸生涯甘苦录》，独立出版社 1943 年版，第 66 页。

② 金雄白:《记者生涯五十年》(上)，台湾跃升文化事业有限公司 1988 年版，第 180 页。

③ 林语堂:《中国新闻舆论史》，王海、何洪亮译，中国人民大学出版社 2008 年版，第 167 页。

④ 陶菊隐:《记者生活 30 年——亲历民国重大事件》，中华书局 2005 年版，第 105 页。

⑤ 汪仲韦:《我与〈新闻报〉的关系》，《新闻研究资料》1982 年第 2 期，第 144-146 页。

在新闻报内部推行严格的组织新闻审查。政府新闻检查通常只是一种删减扣压新闻的结果审查，而媒体组织新闻审查则无时无刻不贯穿渗透在选题、布线、采访、写作、编辑、发稿等新闻日常生产的整个结构和全部过程之中，因此媒体组织新闻审查对报馆记者的约束力远比政府新闻审查绵密严厉[①]。而民国时期，报纸刊登的新闻报道一般均不署名，报馆老板对所刊新闻全权负责。所以，对于《新闻报》这种规模宏大、层级繁复、从业人员众多的大型新闻组织来说，面对政府新闻审查的泰山压顶之力，报馆老板首当其冲。如《新闻报》副总经理汪仲韦就痛苦感到：“重重磨难，有时竟至压得人喘不过气来，思念及此，不由得不使人对中国的新闻事业，感到心灰气短”[②]。而记者通常不会直面威胁，即使通过各级主管层层传导到记者身上，记者感受到的亦是经过组织过滤、转化，甚至分解后的压力，所以记者感受到的政府压力多是间接的，而组织压力却是直接的，因此也格外强烈。况且记者原本希望从报馆内部获得抗争外部审查的力量，但是当媒体组织有时不仅不给予记者支持，反而伴随着政治化压力和商业化诉求，变本加厉，或直接或间接地实施更为严格细密的审查，这导致记者对组织新闻审查比政府新闻审查更为反感。《新闻报》采访课负责人顾执中对此满腹牢骚，颇有烦言[③]。而年轻气盛的陆诒表现得更为激烈，在被汪氏连续扣发了几篇战地通讯

① 〔美〕迈克尔·舒德森:《新闻社会学》，徐佳权译，华夏出版社 2010 年版，第 195 页。

② 相关详细讨论参见，汪仲韦:《我与〈新闻报〉的关系》，《新闻研究资料》1982 年第 2 期，第 140 页。

③ 顾执中:《报人生涯——一个新闻工作者的自述》，江苏古籍出版社 1985 年版，第 352 页。

之后，他不堪忍受报馆组织新闻审查和汪氏大吵一番，即跳槽去了《大公报》[①]。汪氏兄弟则因同事和社会不明内情，不予理解而郁闷不已，“也只有哑子吃黄连，苦向肚内咽”[②]。

与长沙的同人报纸不同，那时三五友朋，合伙办报，风雨同舟，利害与共，陶菊隐到新闻报馆来之后，才开始体验到大型商业化报馆内部新闻审查的组织化束缚和压抑。但与顾执中和陆诒不同，作为报馆“红人”的陶菊隐对组织新闻审查的态度更为复杂而微妙。汪氏父子两代对陶氏都礼遇有加，陶氏时常参与报馆最高决策，宾主相得甚笃。陶菊隐本人亦非常珍重汪氏父子与他的多年关系，“没有《新闻报》，就没有陶菊隐”，是其终生感念不已的深情厚义[③]。兼之陶菊隐在湖南办报多年的艰辛经历，也使其更能理解和同情汪氏面对政府新闻审查的苦衷，以及实行组织新闻审查的无奈。因此，陶菊隐出于对新闻记者的职业认同而强烈抨击和坚决反对政府新闻审查，但对汪氏家族的个人忠诚又使其能自觉顺从和主动遵守组织新闻审查。这种理智与情感的巨大张力导致陶菊隐将对组织新闻审查的厌恶全部转化为对政府新闻审查的痛恨。正如陶菊隐在回忆录和各类著作中经常抨击政府新闻审查，但对《新闻报》的组织新闻审查却只字不提。

陶菊隐赴沪后的几年，正值国民党新军阀内战不已，日寇侵略中国步步深入的大动荡时期。陶菊隐“经常奔走于平、汉、沪、宁四大埠，接触了一些风云人物，收集到不少当时不能发

① 陆诒:《我与大公报》，载周雨编《大公报人忆旧》，中国文史出版社 1991 年版，第 220 页。

② 汪仲韦:《我与〈新闻报〉的关系》,《新闻研究资料》1982 年第 2 期，第 144 页。

③ 陶端:《怀念父亲陶菊隐》,《世纪》2008 年第 3 期，第 15 页。

表的内幕新闻”[①]。1929 年，陶菊隐又在枪林弹雨之中随军转战南北，备极艰辛，采访了蒋桂、蒋冯、蒋唐三次战争，虽然收获了许多重要的“内幕新闻”，“但均不能见报，等于空入宝山”[②]。陶氏痛心疾首，“有关军国的重要消息……除不关痛痒的花絮外，我们真不知埋没了多少的珍贵材料”[③]。这时，陶菊隐疲惫而悲哀地发现，他曾经躬逢其盛的新闻通讯时代已然终结，“‘特约通讯’这个行业，在国民党严密控制新闻的局势下，已无用武之地，（打算——引者加）回湘侍母终年”[④]。不能采写时代风云，就彻底封笔息影不闻世事。在如此决绝的人生取舍的背后，一则可见陶氏倔强的“湖南骡子”脾气，二则更见陶氏深负隐恨沉痛。

陶菊隐向汪伯奇提出辞呈，“想不到汪先生仍然百端慰解，认为此项‘内幕新闻’，可供编辑部同人内部观摩，有继续收集之必要”，并将其勒为报馆定例[⑤]。民国许多大报皆有此类制度。如张季鸾就常指导《大公报》记者，在采写时遇到“不能公开的（新闻——引者注）可以写信给我，做编报时的参考”[⑥]。这种制度亦显示出，民国大报面对记者采写和新闻审查这个棘手问题时

---

① 陶菊隐：《记者生活 30 年——亲历民国重大事件》，中华书局 2005 年版，第 127 页。

② 同上书，第 151 页。

③ 陶菊隐：《狷介与风流：吴佩孚将军传 × 蒋百里先生传》，山西人民出版社 2004 年版，第 285 页。

④ 陶菊隐：《记者生活 30 年——亲历民国重大事件》，中华书局 2005 年版，第 151 页。

⑤ 同上书，第 151、180 页。

⑥ 徐铸成：《报人张季鸾先生传》（修订版），三联书店 2009 年版，第 35 页。

充满矛盾和紧张的处理方法：既臣服政府又伺机抵抗政府，既保护记者又时时控制记者。即他们通常不要求记者开展自我新闻审查，而是由报馆根据政府新闻审查的松紧变化来对记者稿件履行组织新闻审查，以定夺是否发表新闻，如何发表新闻。陶菊隐还认为，汪伯奇的百般挽留是因为当时上海其他三大商业报纸或有强硬官方背景，或有深厚政要人脉，汪伯奇想借重陶氏在军政界通天入地的关系网络，为《新闻报》的发展保驾护航。尽管商业报馆普遍反感国民党的新闻审查制度，但也只有凭借中央地方政要的关照，利用各大派系政争的缝隙，才能缓冲纾解政府新闻审查的压力。此外，报馆有时亦须主动寻求政府力量的介入来抵制公司商社、乡党公所、职业行会，甚至江湖帮会等其他社会利益集团试图对其施加的社会新闻审查，以维护其自身的新闻自由和职业利益①。

陶菊隐难却汪氏之盛情，又续任《新闻报》驻武汉记者。但报业生态的恶化和采访工作的惊险遭遇，使陶菊隐颇感悲哀和失落，“我在汉口混了两年，正如王小二过年一样，一年不如一年，对报馆毫无益处，对自己则不胜老大自伤之感”②。此时已过而立之年的陶菊隐也渐渐退去年轻人的冲劲和憧憬，平添了几许中年人的稳重和城府，而在险象环生的乱世惊魂之中，这种稳重和城府往往或多或少会化作几分颓唐和保守。铁肩担道义，妙手著文章，名扬四海，匡扶正义。这赋予了记者工作独特的职业尊严和

① 徐小群：《民国时期的国家与社会：自由职业团体在上海的兴起 1912—1937》，新星出版社 2007 年版，第 16 页。

② 陶菊隐：《记者生活 30 年——亲历民国重大事件》，中华书局 2005 年版，第 171 页。

社会价值。但是在严密的新闻审查之下，长久以来一直采写不能发表的内幕新闻，既无从名留翰墨，更遑论伸张正义。这让新闻特有的工作成就感变得绵弱无力，这让记者特有的人生价值感变得虚空无着。陶菊隐在愤慨而苦闷之中遂又开始打算不做记者，归隐田园。但在老友许彦飞的殷切劝说下，又心思活动起来，竟然和许彦飞于1934年在南京创办了《华报》，报纸不仅办得声色不大，而且还因言论违禁招致处罚。陶菊隐不免有些泄气，遂又重返《新闻报》担任专栏记者。

四

陶菊隐早年为采写新闻，日与政客军阀交际周旋，但陶菊隐实际上是个性格落落寡合，且性情耿直狷介之人。即使在采访军政要人时，陶菊隐有时也会按捺不住其性情，“见其出言无状，也不禁心头火起，不愿再说什么，即拂袖而出”[①]，所以，与邵飘萍、张季鸾、范长江等生性豪爽，性喜交际，天生就是做记者的报人不同，陶菊隐从其本性来讲，原本不是个长于四方结纳，八面玲珑之人，但出于对新闻行业的浓厚兴味，对清明政治、振兴国家的热切期冀，对新闻“利用舆论权威镇压社会败类”力量的强烈信仰[②]，特别是由此生发的崇高责任而勉力为之。陶菊隐的记者生涯尽管做得成绩斐然，但也做得格外心累，所以每当工

---

① 陶菊隐：《记者生活30年——亲历民国重大事件》，中华书局2005年版，第161页。

② 陶菊隐：《社会制裁力——心理建设一》，载陶菊隐：《闲话》，中华书局1940年版，第48页。

作压力和家庭重负交相煎迫之际，他总是感叹“我一辈子的苦命”[①]。

但让陶菊隐对记者生涯彻底绝望的是，二十多年的采访生涯，遍历政局，阅人无数，他悲哀地发现绝大多数政客军阀，他们既没有抱持什么真正忧国忧民的政治情怀，也没有做出什么切实利国利民的政治功绩，他们“生在仕途庞杂的本国，不必要真才实学，凭着偷天换日的本领很容易爬上高枝儿”[②]。兼之，九一八事变以后，国民党面对内外交迫极为复杂局势开始推行“新闻一元主义”和“党化新闻界”的政策，除频颁严刑峻法强化新闻审查之外，还诉诸人身迫害、特务暗杀等极端暴力手段厉行新闻统制[③]。即使是上海报业巨阀，倘若触及政治底线亦难免于难，1934 年《申报》史量才被狙身死，翌年张竹平“四社”横遭劫持。而《时报》黄伯惠早就采取“不论主义”，久已不谈政治[④]，《新闻报》的汪氏兄弟行事则更加畏首畏尾。此时此地，意欲监督政府，刷新政治上，沪上新闻力量既已无处用力，又且徒劳无力。1936 年春，年近不惑之年的陶菊隐，终于“看透了政治圈里的一切幻戏”，黯然退出采访生涯，悄然隐逸浦江之畔，利用过去厚积的采访资料，专事近

---

① 陶菊隐：《家庭恩怨记》，载陶菊隐：《最后一年》，中华书局 1947 年版，第 63 页。

② 陶菊隐：《滑头政客访问记》，载陶菊隐：《闲话》，中华书局 1940 年版，第 54 页。

③ 马光仁：《上海新闻史（1850—1949）》（修订本），复旦大学出版社 2014 年版，第 717-733 页。

④ 郭箴一：《上海报纸改革论》，复旦新闻学会 1931 年版，第 31 页。

代轶闻、国故丛谈的掌故写作[①]。

五

民国时代厉行新闻审查制度，在前期北京政府治下，除去作为新闻审查制度“飞地”的租界不论，由于治纪荡然，军阀割据，因此始终未完成新闻审查立法制度化和执法规范化的建制。这就造成当时新闻审查律令在实际实施中因时因事，而时松时紧，兼及军阀政治性格的矛盾性与虚伪性，以及军阀政权兴衰无常所产生的间歇性审查松动和阶段性控制真空，更加赋予新闻记者积极拓展新闻活动空间的结构性机会。但有时这种机会的得

① 补叙一二陶菊隐之后的经历：不到一年，“七七事变”炮声遽响，全国抗战爆发。在空前沉重的国族灾难之下，陶菊隐放弃因坚守新闻专业主义信念，抵制国民政府新闻审查而采取的政治疏离态度，以全副精神投入报人报国的救亡运动之中。陶菊隐在汪伯奇的敦请下再度出山，接着又接受蒋百里将军之邀，冒着极大危险秘密地担任起为国民党军事委员会提供情报的工作。恰如他自己所说：“每个人都要把自己的一点点力量贡献给国家，在历史上空前的外患时期，虽能自洁其身而对国家无所贡献的，仍然不够做国民的条件”。（陶菊隐:《风雨之夜》，载陶菊隐:《天亮前的孤岛》，中华书局 1947 年版，第 91 页）并且他立誓“倘个人也到了最后的关头，遭逢人格之试验，则当抱定最后的决心——临难毋苟免的决心”（陶菊隐:《风雨之夜》，载陶菊隐:《天亮前的孤岛》，中华书局 1947 年版，第 93 页）。在国家生死危亡的时刻，他可以放弃新闻职业理想，甚至个人生命，完全服从国家救亡图存的召唤，但在国家度过危机的清平时代他为坚守新闻职业理想就决不再会随意臣服任何权势。所以，当抗战胜利后，孔祥熙父子力邀陶菊隐全权主持《时事新报》担任孔家喉舌时，陶氏敬谢不敏（陶菊隐:《记者生活 30 年——亲历民国重大事件》，中华书局 2005 年版，第 236 页），并从此告别采访生涯，又重拾近世轶旧闻的笔墨生活，将过去那些未能发表的新闻形诸历史的书写交付未来的读者。

失嬗变又颇难把握，此时此地政治正确的新闻，彼时彼地则会引来杀身之祸，致使记者常常对此手足无措，苦不堪言[①]。正如陶菊隐谨慎而巧妙地利用自我新闻审查的抗争策略，在新闻审查的空隙中闪转腾挪，但亦难免几度徘徊文网。对此即使在军阀政客间长袖善舞的邵飘萍也十分困惑地叹息："有时过于自由，有时又太不自由"[②]。在民国中后期南京政府执政时，逐步形成了规则制度化和管理规范化的新闻审查制度和实践，在日益严密的文网之中记者们的手脚被越束越紧，虽然记者拓展新闻活动空间的结构性机会大半消失殆尽，但由于南京政府党政之间龃龉轧轹，党政内部又派系林立，这在一定程度上牵制和削弱了新闻检查的效力，依然给报人遗留下随机性的新闻抗争缝隙。

民国仍是伦理本位的社会，无论是北京政府，还是南京政府的新闻审查都是嵌入中国传统社会关系网络之中运行。缺乏明确政治信仰的北洋军阀多以个人关系相凝聚，即使信奉三民主义意识形态的蒋介石集团也依赖私谊网络而维系。这造成军阀政客的个人忠诚与国家政府的政治忠诚相分离，甚至有时个人忠诚高于政治忠诚[③]。政治军事管理体系中的关系格局深刻而细腻地影响着新闻审查制度的实践和结果，由此形成了制度化新闻审查的刚性钳掣与关系化新闻审查的柔性压力共存并重的新闻审查特征。

---

① 王润泽:《北洋政府时期的新闻事业及其现代化（1916—1928）》，中国人民大学出版社 2010 年版，第 11 页。

② 邵飘萍:《新闻学总论》，载肖东发、邓绍根编:《邵飘萍新闻学论集》，北京大学出版社 2008 年版，第 165 页。

③ 参见，〔美〕齐锡生:《中国的军阀政治（1916—1928）》，杨云若、萧延中译，中国人民大学出版社 2010 年版，第 31-62、154 页。黄仁宇:《现代中国的历程》，中华书局 2011 年版，第 245-246 页。

兼之，因当时包括新闻审查制度在内整个政治军事制度建设不足和运行窒碍，关系化新闻审查有时比制度化新闻审查在实际运作中更为有效，从而最终形成一种“弱制度—强关系”的新闻审查结构。在此结构之下，初出茅庐的年轻记者关系网络薄弱面临的制度化钳掣大，而像陶菊隐、金雄白、徐铸成、赵效沂等这样从业经年人脉深厚的知名记者则遭受到的关系化压力大。最终，记者关系网络的层次和规模决定了其在新闻审查制度下的抗压能力和突破空间。当绝大多数记者面对严厉的新闻审查制度徒唤奈何时，而如陶菊隐、张季鸾等著名记者却能凭借其通天入地的关系在文网森严中开辟一片令人艳羡的相对自由的天地。恰如《大公报》人略带骄傲地宣称，“别人得不到的自由，我们却还相当地能够享受与运用”[①]。但复杂的是，当国家政府政治忠诚、政治权力与政客军阀的个人忠诚、个人权势相分离或相冲突时，后者通常会动用个人关系网络庇护记者豁免于国家权力新闻审查的压迫；当政客军阀的个人忠诚、个人权势与新闻记者的专业追求、职业利益有分歧或有矛盾时，他们一般会出于个人利益考量以个人忠诚的名义和私人关系的压力积极限制记者要求其进行自我新闻审查；而当政客军阀的个人忠诚、个人权势与国家政府政治忠诚、政治权力高度统一之时，他们则又会动用个人忠诚和政治忠诚的双重名义，启用国家权力和私人关系的双重权势，刚柔并济，双管齐下合力遏制记者，既私下要求其进行自我新闻审查，又联合对其实施外部新闻审查。最终在民国时期呈现出一种政

① 胡政之：《回首壹拾柒年》，载王瑾、胡玫编《胡政之文集》（下），天津人民出版社 2007 年版，第 1150 页。

府、记者、军阀政客三边角力、动态互制的新闻审查模式。处此三角竞合之中，记者虽然普遍憎恶制度化新闻审查的刚性钳掣，但他们却颇为理解和认同关系化新闻审查的柔性压力，自觉自愿地进行自我新闻审查。确实，最不自由是报人。

第八章

浮沉黑白两道：新闻记者与帮会中人[①]

1932 年，当曾虚白主持上海《大晚报》时发现，所有的老记者都是“在帮”的帮会分子[②]。其实不独《大晚报》如此。据不完全统计，仅在上海知名记者中，加入杜月笙帮会就有《申报》的唐世昌、严服周、康通一、赵君豪、金华亭、赵叔雍，《新闻报》的陈达哉、余空我、蒋剑侯（亦拜黄金荣为师），《晨报》的姚苏凤、《时事新报》的蒋湘青、《时报》的蒋宗道，以及新新通讯社社长孙梦花和新闻记者李山南等。《新闻报》的余哲文、黄转陶等投入张啸林门下。而拜黄金荣为老头子的有《新闻报》的杭石君、方菊影、蒋宗义、徐耻痕，《申报》的许承绪、胡宇之，《民国日报》的江红蕉、《时事新报》的胡憨珠，及小型报《金刚钻》的施济群、《晶报》的余大雄、《福尔摩斯》的吴微

---

① 本章初稿《1920—30 年代的上海报人与帮会》发表于《国际新闻界》2015 年第 4 期。

② 徐铸成:《杜月笙正传》，三联书店 2009 年版，第 63 页。

雨、《小日报》的黄光益、《大晶报》的冯梦云，等等[①]。

帮会是以师徒字辈关系为纽带，通过义结金兰和收纳门徒为组织手段，发展成员，扩大规模的。张竹平拜“上海青帮中最有声望的头目之一”张仁奎为老头子后，就先后援引《时事新报》主编熊少豪、郑希涛和《大陆报》的董显光等报人加入张门[②]。黄金荣、张啸林、杜月笙等青帮三大亨的报人门徒骨干为了扩大自己的势力，更是在新闻界中四处招徕，广收门生。如黄门之杭石君、杜门之唐世昌专收各报记者为门生。通过师徒字辈关系，青帮势力遂广泛渗入上海新闻界。这就出现了徐铸成所观察到的状况，在 20 世纪二三十年代的上海，“那时跑社会新闻的记者或编本市新闻的，大都‘拜’过‘老头子’，不入于黄（金荣），则入于杜（月笙）”[③]。

在上海报界除了黄金荣、张啸林、杜月笙等三大亨的门徒外，亦有不少字辈排行甚高的在帮报人。如留美学习新闻，曾任

---

① 统计数据主要来自石君:《上海三大亨的勾结和斗争》，载中国人民政治协商会议上海市委员会文史资料工作委员会、中共上海市委统战部统战工作史料征集组编:《旧上海的帮会（上海文史资料选辑 第 54 辑）》，上海人民出版社 1986 年版，第 354–355 页（为节省篇幅，本章征引该书时，只注明作者、析出文章名称、书名《旧上海的帮会》和页码，不再注释其他信息）；朱学范:《上海工人运动与帮会二三事》，载《旧上海的帮会》，第 6–7 页;《恒社社员录》，载《旧上海的帮会》，第 369–382 页；黄振世口述、何国涛整理:《我所知道的黄金荣》，载《旧上海的帮会》，第 186 页；程锡文口述、杨展成整理:《我当黄金荣管家的见闻》，载《旧上海的帮会》，第 162 页；以及本章引用的所有报人回忆录。

② 朱至刚:《抗战前上海帮会与报界关系管窥：以张竹平为主要案例》，《新闻春秋》2012 年第 1 期，第 55–57 页;〔澳〕布赖恩 · 马丁:《上海青帮》，周育民等译，上海三联书店 2002 年版，第 142 页。

③ 徐铸成:《报海旧闻》（修订本），三联书店 2010 年版，第 261 页。

《申报》经理、《时事新报》总经理的汪英宾，跻身青帮“通字辈”，这是和黄金荣同辈，比悟字辈杜月笙的辈分还要高。汪英宾的父亲，曾在申报馆任职多年的汪禹丞和《大报》老板步章武更是高居近代青帮的最高辈分——大字辈[①]。当然，在民国时期由于受近代政治经济权势的浸染，帮会成员依其辈分大小论高低的传统帮规早已被打破。青帮即以实力排座次，而不再以辈分定高低。但是，报人中不乏字辈高者这一事实说明，在二三十年代青帮势力做大之前，已有不少报人与帮会存在千丝万缕的关系。报人与帮会的关系不仅盘根错节，而且渊源有自。

一

记者是以监督政府，向导国民为天职的现代专业阶层，而帮会则惯被认作是逞凶肆虐，无恶不作的黑恶社会势力，彼此有着截然不同的活动范围和社会定位。报人何以如此广泛地加入帮会？

近代中国帮会组织，经辛亥革命前后的快速发展，在20世纪二三十年代步入顶峰。特别是在上海，租界当局有意采取“以毒攻毒”政策利用青帮势力打击其他流氓犯罪团伙以加强对租界统治，同时南京政府为渗透到其法所不及、力所不逮的租界亦借重青帮势力，正是在租界当局和南京政府的交相扶植下，以黄金荣、张啸林、杜月笙等三大亨为代表的青帮势力恶性膨胀[②]。随

---

① 姜豪：《青帮的源流及其演变》，载《旧上海的帮会》，第62–63页。

② 〔澳〕布赖恩·马丁：《上海青帮》，周育民等译，上海三联书店2002年版，第28页。

着帮会势力的极速升腾，它不再是民间下层社会的秘密结社，而转变为依附于政治权力，深嵌入经济实体，具有显赫政治地位和雄厚经济实力的权势组织，对上海社会各个层面和各个阶层都造成深远的影响[①]。

上海的犯罪率在20世纪20年代猛增。仅1926年在公共租界发生的有案可稽的武装抢劫这种严重犯罪就达到448起——在过去5年中这一数字增加了9倍半[②]。这些违法犯罪活动不仅严重威胁着上海市民的生命财产安全，而且也能满足某些读者的低级趣味，因此成为上海大报、小报争相竞逐的热点新闻[③]。而这些新闻事实通常不是由帮会一手制造，就是牵扯帮会中人，或是涉及帮会利益，总之，与帮会脱离不了干系。恰如有研究者所说："几乎所有的违法行为，从丐帮组织、妓女贩卖和对经营鸦片烟馆，都必须经过青帮的许可"[④]。当这类违法犯罪事件发生后，警察为维持治安，会涉入其中侦查破案。租界巡捕房基本都是黄金荣的门人，华界警察局也充斥着黄金荣和杜月笙的门徒，上海警界几乎完全控制在青帮势力之手。以致，一时沪上有俗语称："差役不进帮，饭碗端不长"。正如陈独秀于1920年在《四论上海社会》一文中指出："大部分巡捕，全部包打听，……都在青帮支配之下"，"他们的组织（青帮——引者注）上海没有别

---

① 参见，周育民、邵雍：《中国帮会史》，上海人民出版社1993年版。

② 〔美〕魏斐德：《上海警察，1927—1937》，章红、陈雁、金燕、张晓阳译，周育民校，上海古籍出版社2004年版，第2页。

③ 徐铸成：《报海旧闻》（修订本），三联书店2010年版，第258页。

④ 〔美〕魏斐德：《上海警察，1927—1937》，章红、陈雁、金燕、张晓阳译，周育民校，上海古籍出版社2004年版，第24页。

的团体能比他大，他们所做的罪恶实在不少，上海底秩序安宁可以说操在他们的手里”[①]。

记者如果没有加入帮会，想发现这些掩人耳目的犯罪新闻和黑幕新闻是极为困难的。记者去采访警察，“租界各巡捕房包探问，对于一向没有联络的记者是不大接待的”[②]。反之，如果记者是帮中成员，就可以通过帮会关系掌握线索，及时迅速地获取消息。如果这些黑幕不冒犯帮会大佬的面子，不损害帮会团体的实际利益，通常也是准许见诸报端的。当然，对于什么新闻可报与否，以及如何报道，这些在黑白两道浸染有年的帮会记者通常都拿捏得十分到位。即使是在帮军警，按照帮规也负有向帮会通风报信的责任，对于在帮记者亦格外通融和照顾。《新闻报》蒋宗义因出身帮会，而在警界吃得开、兜得转，十里洋场出了任何一桩案子都逃不过他的耳目[③]。王文彬当时也发现，“警察分局，各侦缉分队的普通消息，‘老枪记者’倒写的不少”。这些“老枪记者”多是帮会人员，可见青帮记者在结交警察，采写犯罪新闻上确实独具优势[④]。其实，记者结帮入会不仅在获取社会新闻方面耳目灵通，即使在采写其他新闻方面也能比别人捷足先得。因为，帮会势力当时广泛渗透到社会各个层面，上自达官贵人，下至贩夫走卒，遍布帮会徒众，他们都极尽互帮互助，相互利用之

---

① 陈独秀：《四论上海社会》，载《独秀文存》，安徽人民出版社 1987 年版，第 597 页。

② 王文彬：《新闻工作六十年》，重庆出版社 1990 年版，第 25 页。

③ 赵世洵：《赵敏恒先生的记者生涯》（中），台湾《传记文学》第 74 卷第 6 期，转引自王敏：《上海报人社会生活（1872—1949）》，上海辞书出版社 2008 年版，第 268 页。

④ 王文彬：《新闻工作六十年》，重庆出版社 1990 年版，第 25 页。

能事。

记者不入帮会不仅很难获取黑幕新闻线索，即使偶遇社会新闻事件，只要涉及帮会利益立遭帮会势力的威胁和阻挠。一次，顾执中在青帮经营的大世界娱乐场观看杂技走钢丝，演员一时失慎，跌昏在地，众趋围观，他也走上前去探看。大世界的打手认出顾执中是记者，就动手来打，以图阻挠[①]。倘若记者偶获消息，但不明个中帮会利害报道出来，那会招来更大的麻烦，甚至有时会惹下杀身之祸。如1931年间，在沪宁一带颇有名气的无锡《锡报》登载了宋痴萍一篇议论电影明星胡蝶的小品文，文中稍微涉及杜月笙的私生活。见报后次晨，杜月笙即派两名门徒赶到无锡，将《锡报》老板吴观蠡绑到上海，要叫人打断吴的一条手臂以作教训，宋痴萍则早被抓去打得遍体鳞伤。吴观蠡的家人与《锡报》同人千方百计，设法营救，最后通过与杜月笙关系密切的上海工部局秘书刘春圃出面说情，杜方答应罚吴设酒席二十桌并当众表示道歉，始准将吴、宋保回。宋痴萍回家后忧愤而死，年仅三十余岁[②]。正如对黑恶势力有切肤之痛的顾执中所指出，“上海曾是流氓的天下，……他们是许多社会新闻制造者，同时又因为这些新闻的发表，对他们是极度不利的，所以他们不喜欢新闻记者，甚至极度仇恨新闻记者，……去采访这种消息的新闻记者，就千万不能暴露自己的身份；如不识时务的，拿笔在纸上来记，或摄影，他们就会立即动手行凶，把那个记者打伤打

---

① 顾执中:《战斗的新闻记者》，新华出版社1985年版，第58页。

② 孙云年:《江南感旧录》，江苏古籍出版社2000年版，第20–22页；张铨:《近代上海帮会透视》，《史林》1993年第4期，第69页。

死，都不在乎”[①]。吴观蠡经此惊骇，深感帮会中人得罪不得，返锡之后，每日发稿，必亲自看样。上海许多报人听闻此事，但无人敢透露一笔。

但是，记者采写报道社会新闻又难免不触及或触犯帮会利益。帮会虽然对外烧杀劫掠，逞凶肆虐，对内却强调“兄弟急难，亲逾骨肉”[②]，因此，记者加入帮会就等于在跑社会新闻时贴上一道“护身符”，容易摆平或避免因报道而惹来的麻烦。黄金荣为了娶京剧名角露春兰为妾，与上海富商薛宝润之子争风吃醋，黄氏门徒遂将薛氏之子暴殴后弃于荒野。上海各大报都不敢登，小报《晶报》胆子却大，登了。黄金荣的徒弟们，计谋毒打《晶报》老板余大雄。幸亏余大雄有青帮通字辈袁寒云做后台，又好在黄金荣门下的报界中人出来调和，劝余大雄登门道歉一番，总算了却了这件事。吃一堑，长一智，“小报之王”余大雄遂即低头，拜青帮大亨黄金荣为老头子[③]。

特别是一些宣称“专门攻击恶社会，而以揭穿他的黑幕为职责”的小报，主要依靠揭露社会黑幕和要人隐私来招徕读者[④]，虽不能说非有帮会背景无法在上海滩立足，但至少可以说没有帮会撑腰难以在上海发展壮大，打出一片天地。正因如此，小报“差不多都与帮会发生的关系”[⑤]，而号称上海小报“四大金

① 顾执中：《战斗的新闻记者》，新华出版社 1985 年版，第 57 页。

② 陈国屏：《清门考原》，上海文艺出版社 1990 年版，第 168–176 页。

③ 包天笑：《钏影楼回忆录》，中国大百科全书出版社 2009 年版，第 447 页。

④ 洪煜：《近代上海小报与市民文化研究（1897—1937）》，上海书店出版社 2007 年版，第 299 页。

⑤ 姚吉光、俞逸芬：《上海的小报》，《新闻研究资料》1981 年第 3 期，第 224 页。

刚”的《福尔摩斯》《晶报》《金钢钻》《罗宾汉》的老板（同时兼任记者），全都拜黄金荣为师。其实，即使大报亦是如此，正如熟悉上海报界的民国知名报人张友鸾说：“甚至《申》《新》两大报本埠版编辑，也得拜老头子认‘师父’，否则就不能安于其位”[①]。

一些知名大报馆虽客观上依赖社会新闻招徕读者，但在主观却又颇为轻视这类市井琐闻，吝于投入人力和财力。当时“国内任何报馆调查它的预算，或是实际支出账目，用于社会新闻的款项，必不及政治新闻五十分之一”[②]。跑社会新闻的记者或是初出茅庐道行尚浅，或是人脉活络但文字欠佳难堪重任，总之，“采集社会新闻为新闻界中低级之职务”[③]。对这些记者来说，工作和生活“环境是异常恶劣的，外界的诱惑既特别之多，物质上的报酬又比一般薪给阶级为低微，有的新闻记者，每月仅能拿到十数元的月薪，其生活之清苦，可以想见”[④]。生活尤其痛苦的是小报记者，“每月所得稿酬，哪里能够解决生活问题”[⑤]。但他们因“职务的关系，又势必周旋于万恶的社会中，于是外方的诱惑较

---

① 张友鸾等:《世界日报兴衰史》，重庆出版社 1982 年版，第 6 页。

② 林仲易:《改良社会新闻与多聘外勤记者》，载王文彬编:《报人之路》，三江书店 1938 年版，第 49 页。

③ 邵飘萍:《实际应用新闻学》，载肖东发、邓绍根编:《邵飘萍新闻学论集》，北京大学出版社 2008 年版，第 46 页。

④ 张万里:《新闻记者应有的修养》，载王文彬编:《报人之路》，三江书店 1938 年版，第 80 页。

⑤ 转引自洪煜:《近代上海小报与市民文化研究（1897—1937）》，上海书店出版社 2007 年版，第 196 页。

任何职业者为多，堕落的机会也就因而随之”[①]。微薄的薪水，清苦的生活，巨大的诱惑，迫使挣扎在社会底层，但又野心勃勃地追求名利的小记者们投身帮会，以求改变生存境遇和人生命运。这种记者是加入杜门最多的那一类人，他们“在社会上有些活动能力，也有活动门路，但也有阻碍，未能为所欲为，难以贯彻个人的志愿与企图，认定杜月笙的社会地位和实力正是本人名成利就的因素”[②]。另则，由于近代上海社会权力失衡和制度失范，社会民众，特别是底层民众的职业、财产、生命，难以得到社会的合法保障，因而普遍加入帮会，以寻求帮会组织提供的非法庇护。正如长期从事帮会工人运动的朱学范所指出的，“职业无保障，被中外资本家随意压迫、剥削的情况，在各行各业中普遍存在，有的连人身安全也无保障，被人欺凌蹂躏，于是不得不寻求团结互助的力量来保护自己，入帮是其中的一种形式”[③]。

一方面记者为生存环境所迫投入山堂，而另一方面帮会势力为控制舆论也在引诱记者入帮。杜月笙的门徒每月都须向他上交孝敬钱，记者门生与之不同，杜氏不仅不要他们的孝敬钱，反而每月还给他们一大笔津贴。这些杜门记者平时都在杜氏手下的赌台或鸦片公司挂上一个名，不用干活，只领干薪，叫作“吃俸禄”。如杜月笙给其《新闻报》的徒弟余空我等人每月200元左右的酬金，此外临时还会有特赏[④]。这一意外之财，较之他原来

① 张万里：《新闻记者应有的修养》，载王文彬编：《报人之路》，三江书店1938年版，第80页。

② 郭兰馨：《杜月笙与恒社》，载《旧上海的帮会》，第306-307页。

③ 朱学范：《上海工人运动与帮会二三事》，载《旧上海的帮会》，第3页。

④ 顾执中：《报人生涯——一个新闻工作者的自述》，江苏古籍出版社1987年版，第569页。

在报馆所得的月薪要高很多[①]。章君穀略带夸张地说:“如果他们(杜门报人——引者注)能把这笔额外收入储存下来,以当时的币值,每一年就能买一部汽车”[②]。有研究者指出,杜月笙每年用于此的开销,高达200万银元左右[③]。此外,帮会大亨也会为其报人门徒主办的报刊喝彩捧场,代为宣传。《福尔摩斯》创刊三周年之际,黄金荣欣然题词,赞誉其“是大侦探”。杜月笙也时常称赞小报报人“任怨任劳,勇往精神”,小报报纸“又具大无畏精神,秉笔直书,畅所欲言”,“殊令钦佩也”[④]。

正是因职业上无奈的需要,和社会结构性压力的胁迫,以及帮会势力的重金利诱,致使新闻记者,特别是报道社会新闻的记者沦为黑道中人成为当时一种普遍现象。正如前述引文中徐铸成所指出的,上海“那时跑社会新闻的记者或编本市新闻的,大都‘拜’过‘老头子’,不入于黄(金荣),则入于杜(月笙)”。相对来说,活跃于政治舞台之上,周旋在政客之中,与帮会利害瓜

① 金雄白:《记者生涯五十年》(上),台湾跃升文化事业有限公司1988年版,第204页。结合《新闻报》的档案来看(见《新闻报馆几个时期职工工资单》,上海档案馆,馆藏编号Q430-1-265),当时在帮记者的工资数额是,杜月笙门徒陈达哉(不详)、余空我(不详)、蒋剑侯(不详)(亦拜黄金荣为师),黄金荣门徒杭石君(235元)、方菊影(116元)、蒋宗义(116元)、徐耻痕(不详),杜月笙每月给其门徒记者的犒赏平均而言高于其在报馆的工资。值得注意是,《新闻报》是上海报纸中记者平均薪水水平最高的报馆,据此可以推论,金雄白之言确凿。

② 章君穀著、陆京士校订:《杜月笙传》(第1册),台湾传记文学出版社1980年版,第263-264页。

③ 苏智良、陈丽菲:《近代上海黑社会研究》,浙江人民出版社1991年版,第71-73页。

④ 转引自洪煜:《近代上海小报与市民文化研究(1897—1937)》,上海书店出版社2007年版,第147页。

葛较少，并且薪水丰厚、待遇优渥的时政记者加入帮会的则相对较少。帮会势力对不同记者群体的渗透和控制也存在一定的差异。

收入微薄的报刊记者加入帮会是迫于生活工作的繁重压力，而一些钟鸣鼎食的大报老板也和帮会大亨交相结纳，过从甚密，则另有其深刻原因。民国时期，由于报业法制建设和管理体制不健全，致使报业发展过程中出现的一些矛盾和冲突找不到合法的途径，有时只能寻求帮会势力来了断。1936 年，天津《大公报》挺进上海，创立沪版，但创刊发行后，连续三天市场上都见不到报纸。原来，都被“地头蛇”《申报》和《新闻报》全部“收”去，《大公报》出多少他们就收多少，一张都不让在报摊与读者见面。《大公报》负责人胡政之忙请杜月笙出面斡旋。杜月笙摆席一桌，和各大报老板“闲话一句”：“《大公报》已在上海出版，有不周之处，请各位多多帮忙。”《大公报》出版风波遂烟消云散，走上报摊，发行日涨①。此后，《大公报》与杜月笙建立起非同寻常的关系。张季鸾“逝世于重庆时，杜月笙赶到抚棺痛哭，连呼‘张四哥，四哥’，悲痛至极，令在场一些人士十分惊讶，‘杜月笙为何对张季鸾如此深情？’”②

民国时期上海报刊一直都靠报贩代办发行，长此以往形成报贩垄断报刊发行的情形，报贩不但分润了报馆近半利润，而且成为制约报馆发展，甚至威胁报馆生死存亡的重要势力。申、新两报对《大公报》的围剿就是假报贩之手，但即使申、新两报有时

① 徐铸成：《报人张季鸾先生传》，三联书店 2009 年版，第 107-108 页。

② 王芝琛：《百年沧桑：〈大公报〉与王芸生》，中国工人出版社 2001 年版，第 40 页。

也深受报贩之害。有一次，《新闻报》不遂报贩的要求，竟被他们撕碎几千份报纸，而报馆对此听之任之，毫无办法。报贩多有帮会背景，因此报业大王也只有去结交帮会大亨寻求关照和保护①。

除了报馆间的恶性竞争需要帮会出面调解，在报馆内老板也常借助帮会势力来压制报人。1927年，《新闻报》董事长福开森暗自欲将股权出售给《申报》史量才。这一消息传出后，在《新闻报》掀起轩然大波。申新两报原本是多年的竞争对手，现在《新闻报》要被史并购，报馆经理汪氏兄弟害怕大权旁落，而一般员工担忧前途莫测。因而，在汪氏兄弟的带领下，《新闻报》全体员工发表宣言，表示抗争到底，誓不合作。史量才请出杜月笙来调停，并保证绝不改变报馆现状，绝不干涉报纸事务，方才得以入主《新闻报》。此后，史量才为了防止《新闻报》报人再启事端，又生变故，奉送杜月笙干股（不花钱的股票），将杜聘为该报的董事和常务董事，出面压阵，以控制报馆局面②。此外，还有些报馆负责人主动将帮会关系引入报馆，亦是为了方便管控报人。1939年，张万里出任《时事新报》总经理之后，因为他是正式拜师'开山门'的青帮中人，为了便于控制报馆，他将报馆的事务股长、印刷股长、发行股长、广告股长、印刷厂四房领班，甚至汽车司机等，都收为门徒。以致时任《时事新报》采访部主任的黄卓明指出："这是当时在人员组成和人事管理上的一个特点"。尽管这是抗战时期《时事新报》由沪迁渝后的情形，但也反映出1920至1930年代上海报馆高层结纳帮会势力的动机

① 洪煜：《近代上海小报与市民文化研究（1897—1937）》，上海书店出版社2007年版，第106-108页。

② 徐铸成：《杜月笙正传》，三联书店2009年版，第60-61页。

和目的[①]。

民国时期劳资矛盾尖锐，一般报馆常易发生劳资纠纷[②]。当报馆发生劳资纠纷时，报馆资方常赖帮会势力来排忧解难。1932 年，《时事新报》资方借故将 80 名工人开除，致使《申报》《新闻报》和《时报》1000 多工人实行同盟罢工，要求《时事新报》将被开除工人恢复工作。因资方态度强硬，操纵军警镇压，导致矛盾激化，工潮汹涌。《时事新报》请杜月笙出面调解，方才化解这场纠纷。当时上海各行各业工人入帮人数很多，特别是报业公会完全在帮会控制之下[③]。因此，这种棘手难办的劳资纠纷，请帮会大亨来调解通常能奏奇效。

1920 年代末期，为敲诈勒索而进行的绑架活动猖獗一时，犯罪分子首选目标是腰缠万贯的资本家及其子女。资本家常向"那些控制或对绑架有影响的"帮会大亨寻求保护，并且"这种长期为资本家提供的保护是青帮头子在城市资产阶级中扩展他们网络的早期方法之一"[④]。在一些绑匪眼中，那些大报大刊日销数万，其老板和总编应该是日进万金，身价不菲，因此也成为其绑票勒索的对象。黄伯惠、张君劢等都曾遭遇绑架。1929 年 6 月张君劢被绑架之后，是通过杜月笙干预才被释放[⑤]。

---

① 黄卓明、俞振基：《关于时事新报的所见所闻》，《新闻研究资料》1983 年第 3 期，第 204 页。

② 成舍我：《我所理想的新闻教育》，《报学季刊》第 1 卷第 3 期，1935 年，载龙伟等编：《民国新闻教育史料选辑》，北京大学出版社 2010 年版，第 65、70 页。

③ 朱学范：《上海工人运动与帮会二三事》，载《旧上海的帮会》，第 11-12 页。

④ 〔澳〕布赖恩·马丁：《上海青帮》，周育民等译，三联书店 2002 年版，第 24 页。

⑤ 〔美〕魏斐德：《上海警察，1927—1937》，章红、陈雁、金燕、张晓阳译，周育民校，上海古籍出版社 2004 年版，第 83-85 页。

此外，亦有些报馆老板希望利用帮会广结人脉，壮大势力，开辟业务而加入帮会。1930年代初青帮发展到新的阶段，它通过组建新型社团形式，如杜月笙的“恒社”、黄金荣的“荣社”，将上海各界上流人物整合起来熔铸于帮会组织。张竹平加入的“仁社”，就是青帮首领张仁奎发起的这种新型帮会组织。仁社的入社条件规定军人必须是少校以上，官员必须有确定的官职，商人必须有一定社会声望。张竹平“为仁社奔走最力”，大凡仁社基金的募集，月费的征收，都是他和《市民日报》的葛福田负责。张竹平还先后援引《时事新报》主编熊少豪、郑希涛和《大陆报》的董显光等报人加入张门[①]。仁社中人洪维清指出，张竹平加入仁社就是因“有了张仁奎的关系，可以多轧几个有钱有势的朋友，在业务上得到便利”[②]。

号称“上海四大报”的《申报》《新闻报》《时报》和《时事

---

① 参见，朱至刚:《抗战前上海帮会与报界关系管窥：以张竹平为主要案例》,《新闻春秋》2012年第1期，第55–57页。

② 洪维清:《张仁奎与仁社》，载《旧上海的帮会》，第114页。关于张竹平和杜月笙的关系有两种说法：一种，张竹平因发展“四社”欠下杜月笙巨额债务，后因接受李济深、蔡廷锴等人组建的福建“中华共和国人民革命政府”的投资，遭受南京政府查禁，陷入前所未有的财政困境。在杜月笙的压力下，张竹平不得不将“四社”的资产抵押给杜月笙。后来，又在杜月笙的催逼债务之下，无奈将“四社”低价出卖给孔祥熙。[见魏舒歌:《战场之外：租界英文报刊与中国的国际宣传（1928—1941）》，魏舒歌、李松蕾、龙伟译，社会科学文献出版社2020年版，第240–241页。] 另一种，据黄卓明、俞振基回忆称，张竹平因接受“中华共和国人民革命政府”的投资为其开展宣传工作，招致蒋介石的忌恨，“四社”被孔祥熙“劫收”，但“他之所以能够不像史量才那样遭到暗杀，反而获得5万元的‘赠送’”，据闻，在一定程度上是杜月笙为之说情有关。（见黄卓明、俞振基:《关于时事新报的所见所闻》,《新闻研究资料》1983年第3期，第191页。）

新报》，以及实力雄厚、蜚声全国的《大公报》在舒缓恶性竞争、平息人事纠纷，调解劳资冲突时都需要援引帮会势力，其他报纸处理此类问题的方式亦可想见。同时，这不仅揭示出报馆老板交结帮会大亨的根源，而且也反映出帮会势力对报界从下到上各个阶层都具有强大的渗透力和影响力。

二

上海帮会作为近代中国社会新陈代谢畸变的产物，有着与生俱来的流氓性和破坏性。因此，当帮会势力染指新闻界后，它必然会对中国新闻事业的发展产生严重的消极影响。

自晚清以降，贿赂津贴报人以遂一己之私，或报人利用报纸肆行敲诈，并不鲜见，但总是悄然行事，唯恐人知。而自从帮会势力控制了上海新闻界以后，贿赂津贴报人和报人敲诈勒索全然公开化，并激剧恶化。金雄白当时痛心地看到，记者在大庭广众之下，满口帮会黑话，肆无忌惮，高谈阔论敲诈分赃，什么几时可以“挨血”？今晚又可“劈坝”了。“挨血”，即领钱，“劈坝”即分赃[①]。甚至各个帮派的记者还在旅馆里开有“长房间”（常年包房——引者注），作为专事敲诈勒索的据点。杭石君和黄光益、施济群、江红焦、吴微雨、冯梦云、蒋剑侯、徐耻痕等就在新惠中旅社包下一个“长房间”，他们都是黄金荣的门徒，因而对外号称“黄九公”[②]。这些人听到一点社会头面人物不可外扬的家丑和隐私，

① 金雄白：《记者生涯五十年》（上），台湾跃升文化事业有限公司1988年版，第204页。

② 石君《上海三大亨的勾结和斗争》，《旧上海的帮会》，第355页。

就在此共同策划一个添油加醋的新闻稿，去找事主以行讹诈，得逞之后即在“长房间”里朋分赃款。“必要时，‘杜门’的也要分一部分给‘黄门’；如对方不就范，则由‘老头子’出面交涉。巡捕房、法院等方面，自然也由‘老头子’去打‘招呼’”[①]。

帮会记者除了利用新闻敲诈勒索，欺压无辜良善之外，还在帮会大亨的驱使下将报纸充作帮派争斗的工具。帮派之间多勾结为恶，但也常因分赃不均而明争暗斗。在上海滩，黄金荣比杜月笙出道早，辈分高，可是杜月笙头脑精明，手腕灵活，后来者居上。因此，黄对杜颇为不满，处心积虑，给予打击。黄金荣利用其在报界声势较大，特别是小型报，基本全部隶属黄门的优势，吩咐门徒杭石君等在报上有计划地攻击杜月笙所经营的烟赌买卖。杜月笙也颇有心计，知道报纸的影响，当报上刚开始对他攻击时，他暂时做出了让步。这使黄在精神和经济上获得双重胜利。黄从杜那里分到钱后，随即拿来犒赏那些为他摇旗呐喊的小报记者[②]。

民国时期上海报界乱象纷呈，“新闻记者有‘老枪’，有‘敲竹杠’的流氓，有公然索诈津贴的，有专门叨扰商家酒食的，有奔走权门以图一官半职的，种种丑态，罄笔难书”[③]。致使记者堕落的原因纵然纷繁复杂，但帮会势力首当其冲。正如金雄白一针见血地指出，是“帮会造成望平街的堕落”[④]。

---

① 徐铸成：《报海旧闻》（修订本），三联书店2010年版，第261页。

② 石君：《上海三大亨的勾结和斗争》，《旧上海的帮会》，第354页。

③ 谢六逸：《新闻教育的重要及其设施》，《教育杂志》1930年第12号，第38页，载肖东发、邓绍根编：《邵飘萍新闻学论集》，北京大学出版社2008年版，第25页。

④ 金雄白：《记者生涯五十年》（上），台湾跃升文化事业有限公司1988年版，第198页。

现代报馆的经营管理必须依照新闻产制规律，组织分工，各司其职，方能运转自如，平流稳进。帮会作为一种群集性犯罪集团，组织结构严密，帮规会律周至，门生徒弟绝对服从效忠老头子，若有触犯即遭“三刀六洞”的残酷处罚。对在帮记者来说帮规会律的权威性和约束力要远高于报馆的科层管理和规章制度。因此，帮会报人在报馆中是以帮会字辈而非报馆科层来定依违顺逆，以帮会利益而非新闻规律来决定新闻报道取舍。特别是，当帮会利益与报馆管理发生冲突时，在帮记者更是唯帮会号令和利益是从。这必然会妨碍报馆的组织管理，对新闻产制造成严重危害。

顾执中主持《新闻报》采访部后发现，“当《新闻报》的采访主任比当总编辑难，比当军队中的师长为难。”因为，《新闻报》记者一共七个人，其中四个是帮会分子。特别是杭石君，他不仅是黄金荣在报界的开山弟子门徒众多，而且是上海新闻记者公会执委会委员，是上海滩新闻圈中黑白两道都权势熏天的人物。顾执中感喟道：“要指挥他们战斗，真是一件不容易的事情”①。

更为恶劣的是，在帮报人对报纸新闻任意上下其手。顾执中初入《新闻报》时，采写到一条赌场爆炸案的新闻，立即发送到编辑部。这条消息第二天没有在报纸上刊登，却转到了杜月笙手里。原来发生爆炸案的赌场是杜月笙开的，杜在报馆的门徒不仅截留扣发了这条新闻，而且亲自把原稿送到杜公馆去邀功请赏。顾执中知道个中原委后，心有余悸地说道：“亏得他们知道我并

---

①　顾执中：《战斗的新闻记者》，新华出版社 1985 年版，第 139 页。

不是故意写的，否则在这一班匪徒那里弄死一个人，也并不是一件罕有的事情。”顾执中指出，即使他把这种情况告诉总经理汪伯奇，汪氏也不敢轻易得罪这个常常到杜公馆的杜氏门徒[①]。其实，不独《新闻报》如此，在当时各大报馆中“往往一条排好了版的头条新闻在见报那天会突然失踪——报馆老板装作视而不见，采编人员噤若寒蝉，大家心照不宣，谁都知道这是怎么一回事”。帮会报人在报馆中无视规章，肆意而为，报馆老板慑于帮会势力常常也无可奈何。正如章君穀所说：“没有任何一位报馆老板，肯为区区一名编辑或记者，凭白无辜开罪杜月笙”[②]。知名大报尚且如此，而“一般报纸”，则正如张友鸾所指出的“更不敢碰一碰帮会的毫毛了”[③]。

帮会渗入新闻界的主要目的就是控制舆论。杜月笙通过操纵他的报人门徒在报界呼风唤雨。《申报》唐世昌是杜月笙在报界的开山大弟子，他从1930年起投到杜门，依靠杜月笙的势力迅速成为“上海报业近二十余年最有势力的人物，他压得下惊天动地的大新闻，也能掀得起无中生有的大风浪”[④]。唐世昌每天必去华格臬路杜府随时听命。每逢有当事人不愿公开的事件发生，当事人向杜月笙请托，杜不必自己出面，只要通过唐世昌通知各报负责本埠新闻的编辑或主持采访部的记者，某事要大登，某

① 顾执中：《报人生涯——一个新闻工作者的自述》，江苏古籍出版社1987年版，第249、598页。

② 章君穀著、陆京士校订：《杜月笙传》（第1册），台湾传记文学出版社1980年版，第262-263页。

③ 张友鸾等：《世界日报兴衰史》，重庆出版社1982年版，第6页。

④ 章君穀著、陆京士校订：《杜月笙传》（第1册），台湾传记文学出版社1980年版，第262页。

事要一字不登，或某事要怎样登，这样经唐世昌一通知，也没有人敢稍有违抗。因为，“一来畏惧他的势力，二来乐得赚些外快。”1925年春，张学良初莅上海，做客杜公馆。杜月笙氏安排其得意门徒《申报》采访部主任康通一亲自来采访张学良为之宣传，迅即揄扬张氏的谈话与照片遍登沪上大报小报①。另外，杜月笙亦能决定报刊生死。曾在上海滩权倾一时的南京政府新贵陈群失势以后，附为杜门食客。陈群1930年6月曾创办小型报纸《正报》。有人告诉杜月笙，陈群可能会藉此小报传播反蒋言论，杜月笙遂劝陈群停办。《正报》从创刊到停刊仅月余②。除通过报人门徒操控报刊言论外，杜月笙还直接插手报界，跻身为《申报》《新闻报》《中央日报》《商报》等十一家报馆的董事长、常务董事③。史量才被刺后，杜月笙甚至当上《申报》的总经理④。1935年春，张竹平辞去“四社”总经理之后，这一职位一度亦由杜月笙代理。杜氏对“四社”极为重视，不仅接手后立刻将“四社”搬迁至更宽敞的办公大楼，而且“每日晨间八时，即到社办公，至晚七时乃去”⑤。在抗战胜利以后，杜月笙还亲自创办了《商报》，由他的徒弟骆某主持。杜对此报“抓得相当紧”。据说，倘若有一条消息不合他的心意，就把骆某和编辑、记者叫

---

① 道听：《悼康通一》，《晶报》1932年4月9日。

② 王新命：《走过民国初年的新闻史：老报人王新命回忆录》，台湾独立作家出版社2016年版，第360页。

③ 郭绪印编著：《旧上海黑社会》，上海人民出版社1997年版，第80页。

④ 包天笑：《钏影楼回忆录》，中国大百科全书出版社2009年版，第489页。

⑤ 《时事新报等四社总经理张竹平辞职》，《申报》1935年4月30日；《张竹平辞职后杜月笙到四社视事》，《民报》1935年5月1日；《时事新报迁址后近闻》，《时代日报》1935年5月16日。

去训斥一顿[①]。另则，抗战后复刊的著名小型报纸《立报》，因经营困难与劳资纠纷于1946年初停刊，成舍我心有不甘，便先与《商报》合办出版再次复刊，不久后又易手改组，由杜月笙的得意门生陆京士出手接办[②]。自此，《立报》亦落入杜月笙直接掌控之下。当然，这时杜月笙势力已日薄西山，他创办和经营报纸可能是用来造势，以图挽回其昔日的权势。

上海报纸大多开办在租界之内，由于受治外法权的保护，无论是民国中央政府还是地方军阀都无法直接控制上海报界。在全国各地一呼百诺的军政要人，对待上海舆论界有时却一筹莫展，因此也常须借助帮会势力来管控和压制上海舆论。九一八事变后，张学良下野出洋，途经上海。他唯恐沪上各报攻击他为“不抵抗将军”，故于抵达前即恳托杜月笙为之疏通斡旋，结果杜月笙将此事办得妥妥帖帖[③]。1933年，江苏省政府主席顾祝同非法枪杀新闻记者刘煜生，引起全国舆论大哗。上海新闻界准备发起集体抗议行动，声援刘煜生死难，声讨顾祝同暴行。最后，顾祝同托杜月笙出面压制，方才控制住抗议声浪的进一步扩大[④]。

---

① 徐铸成:《杜月笙正传》，三联书店2009年版，第64页。

② 李时新:《1946年上海〈立报〉改组探因——澄清〈立报〉晚期的一段史实》，《新闻知识》2011年第12期，第87–88页。

③ 金雄白:《记者生涯五十年》(上)，台湾跃升文化事业有限公司1988年版，第203–204页。

④ 同上书，第39–41页。金雄白此说不确，值得商榷。事实上，上海新闻记者公会组织刘案专门委员会，赴镇江调查，并发起239名记者共同签名的《全沪新闻记者宣言》抗议顾祝同的不法行为，上书南京政府要求严办顾祝同。见《上海市记者公会呈请中央撤惩顾祝同》，《申报》1933年2月13日。相关详细讨论可参见，赵建国:《报刊史的底色：近代中国新闻界与社会》，暨南大学出版社2020年版，第136–137页。

“铁肩担道义，辣手著文章”，揭露社会黑暗，伸张社会正气原本是记者的基本职责和使命，而现在新闻界却沦丧为社会黑恶势力的工具和喉舌。在帮会的控制下，报纸一方面竭力掩盖帮会徒众的累累罪行，另一方面又大肆鼓吹帮会领袖的“善行义举”。杜月笙能够成为海上“闻人”，和他经常出面调解工潮，特别是善于利用报纸塑造其赋性豪侠，急公尚义的公众形象有很大关系[①]。极好面子的杜月笙非常在意媒体对其的报道。一年端午节，上海名医陈存仁送给杜月笙一本精装的剪报簿，剪贴了三段有关杜氏行侠仗义的新闻报道。杜月笙不仅非常高兴，而且还嘱咐陈存仁说：“今天端午，收到的礼物很多，但我最喜欢的倒是你的这本簿子，以后有任何新闻，你都替我留心剪下来，补贴在这本簿上”[②]。帮会在巧取豪夺了巨额经济资本，夤缘附会上政治权力之后，又操持把控了社会舆论，而帮会对舆论的控制又进一步增强了其投机政治和侵占经济的能量，帮会正是凭借将政治、经济和舆论集于一身，玩于股掌而极大地促成其势力的恶性膨胀。

三

面对无恶不作的流氓，身处腐败黑暗的社会，尽管许多报人都无奈地依附和屈从于帮会势力，但对于有坚定新闻理想的报人来说，亦能凭借执着的信念，无畏的勇气，奋起抵制帮会

---

① 朱学范：《上海工人运动与帮会二三事》，载《旧上海的帮会》，第 15 页。

② 陈存仁：《阅世品人录：章太炎家书及其他》，广西师范大学出版社 2008 年版，第 122-124 页。

势力的诱逼。正如曾活跃在苏沪新闻界的知名记者冯英子所说："我出身微贱，多作鄙事，虽然不明白流氓社会（即帮会——引者注）的究竟，但毕竟对于流氓社会，也略知一二的，……作为一个新闻记者，作为一个老百姓的代言人，怎可与这一伙人同流合污呢？"① 这虽是冯氏一人之言，但表达出那些高尚其志，洁身自好的报人的共同心声。当曾虚白主持《大晚报》发现所有的老记者全是"在帮"的，写的全是老一套，一个也不能用时，他便开始从青年中挑选记者，亲加训练，建立一支全新的专业化记者队伍②。而成舍我南下上海创办《立报》时，则"从根本做起，彻底训练一般新的报业人员"③。第一，《立报》摒弃了望平街上那些人脉活络但和帮会有或深或浅关系的在帮记者，从大中学生中招聘记者；第二，报馆老板屈从于帮会势力往往是因为报纸印刷工人和报贩都是在帮的，帮会头子常利用他们来胁迫报馆老板就范，而成舍我则全部使用其北平新闻专科学校自己培养的印刷工人，并自行向订阅客户送递报纸，以及雇佣报童在街头叫卖零售。《立报》从采集、编辑、印刷到发行整个新闻产制链条都摆脱了帮会势力的渗透与威胁，从而为其敢于揭露和抨击帮会势力奠定了坚实的基础。所以当《立报》创刊之时，正逢号称拥有七千门徒的青帮头子顾竹轩因与巡捕房分赃不均，被翻出过去杀人的旧账，遭逮捕送交法院。当时一般市民当然都乐意知道案件进展，但是许多报纸都怕得罪帮会，不敢如实报道，唯独《立

① 冯英子：《劲草——冯英子自传》，华东师范大学出版社1999年版，第39页。

② 徐铸成：《杜月笙正传》，三联书店2009年版，第63页。

③ 成舍我：《我所理想的新闻教育》，《报学季刊》第1卷第3期，1935年，载龙伟等编：《民国新闻教育史料选辑》，北京大学出版社2010年版，第65页。

报》跟进报道顾案，一下轰动上海[①]。当然，报社当时气氛相当紧张。总编辑张友鸾接连收到几封威胁恐吓的匿名信，为了安全起见，张友鸾每次编完报纸后都坐出租汽车回家。成舍我也积极利用帮派之间既相互勾结也互相斗争的局面，以恶制恶，通过报馆股东严谔生与杜月笙打招呼借以获得保护[②]。后来，《立报》又抨击了杜的另一名高徒荣炳根，杜月笙派唐世昌到《立报》馆责问。《立报》毫不买账，唐氏吃了闭门羹，废然而返。据熟悉当时情况的老报人包天笑说，这件事“大约以不了了之，没有结果”[③]。但是，与记者对官僚主义、资本主义的普遍警惕以及常常联合起来做整体抗争相比，记者对帮会势力的抵抗是个人化的。比如当政治权力或经济权势威胁到新闻业的独立地位和专业实践时，上海报界的团体组织常常会挺身而出强烈抵制，但上海报界团体却从未采取过任何公开反抗帮会势力的行动。记者对帮会势力的抗争，多是分散和个案式的，似乎不具有群体行动的职业阶层意义。这也充分说明帮会势力对上海报界渗透和控制的严重性。恰如上海著名报人何西亚当时所观察到的，“过去在上海租界内办报，虽然本国政府无法直接前来捉人封门，可是也另有三怕——怕洋人、怕流氓、怕会审公廨。……流氓，是指帮会中

---

① 于友：《成舍我和上海立报》，载于友：《记者生涯缤纷录——献给传媒后来人》，新华出版社 2002 年版，第 75 页。

② 相关详细情况和讨论可参见，张友鸾等：《世界日报兴衰史》，重庆出版社 1982 年版，第 11 页；李时新：《1946 年上海〈立报〉改组探因——澄清〈立报〉晚期的一段史实》，《新闻知识》2011 年第 12 期，第 86–88 页。关于顾竹轩案，以及顾竹轩与杜月笙竞争的相关讨论可参见，〔澳〕布赖恩·马丁：《上海青帮》，周育民等译，上海三联书店 2002 年版，第 198–199 页。

③ 包天笑：《钏影楼回忆录》，中国大百科全书出版社 2009 年版，第 492–493 页。

人，大的和洋人有勾结，具有特殊势力；小的本是当地游民痞棍一伙，各自有后天撑腰，划分地点，称霸一方。俗称‘白相人’，实则地头蛇。如惹了他们，就会无休无止地寻衅纠缠，使你无法收场。……这三种都是租界内办报得罪不得的，一时避忌不及，就要自讨苦吃”①。

自从近代报刊逐步成长为一个具有强大影响力的大众传播系统之后，社会中的各种组织、势力都跃跃欲试对其施加压力和影响，其中长期地、稳定地发挥制度化作用或具有制度化因素的社会控制力量是政治和经济集团。而在二三十年代的上海，除政治经济势力之外，帮会势力也成为一种长期的、稳定的，具有某种“制度化”因素的媒体控制力量，并且帮会势力比政治经济势力的控制手段更为灵活，控制效果更为有力，但相对政治经济控制的复杂性质来说，帮会控制基本完全是“一种为恶的负面控制”②。当然，从某种意义上来说，帮会控制只是政治控制在中国近代社会中扭曲的变形，它是租界当局和国民政府都无法单独实现对社会全面控制而假以消灭异己和稳固统治的工具。如果当某种政治权势能够独立实现对上海的全面统治后，帮会势力的控制自然就会弱化甚至消弭。所以当日本侵占上海后，上海帮会势力瓦解分化，张啸林投敌，黄金荣退隐，杜月笙出走，报界虽摆脱上海传统帮会势力的威胁，但却陷入日本侵略军的迫害践踏之

① 何思诚（何西亚）:《租界内办报“三怕”》,《新闻研究资料》1985 年第 1 期，第 231 页。即使旅沪西人也发现上海报纸对帮会势力的惧怕，相关详细讨论可参见,〔澳〕布赖恩・马丁:《上海青帮》，周育民等译，上海三联书店 2002 年版，第 78 页。

② 黄旦:《新闻传播学》(修订版)，浙江大学出版社 1997 年版，第 98 页。

下。而抗战胜利后，以杜月笙为代表的帮会势力跃跃欲试，图谋东山再起，但随着英美法等国在战后将租界归还给中国政府，国民党政权实现了对上海的全面统治，不再需要借助帮会势力来对社会进行管制，帮会势力对报界的控制也就逐渐日薄西山，并且其本身也成为国民党政权整肃的对象。战后国民党上海市党部主任委员兼上海市副市长、社会局长吴绍澍，杜月笙曾经的门生，公开与杜月笙断绝关系，并在其主办的报纸上大肆攻击杜月笙。“这是上海报纸 30 年来第一次这样辱骂神通广大的杜月笙”[①]。1948 年秋，看到自己儿子因非法进行股票交易而被蒋经国逮捕，戴着手铐，垂头丧气，刊登在《中央日报》头版之上，极好面子的杜月笙差点气死，一连几天都起不了床，一个多月都不出门，不会客，彻底风光扫地[②]。

民国时期许多城市的报纸都是借助中国政府当局失去有效政治统治的“飞地”，即租界相对宽松自由的言论环境发展壮大起来的，而在这些地区帮会势力染指和渗透新闻界的情况则普遍存在，只是与上海青帮相比，其控制力度和方式上存在着强弱与显隐的差别而已。在东北，民间传言记者的特色是“穿着绸缎纱罗，居然浊世翩翩佳公子，白嫖窑子，白玩女戏子，做青红帮头

---

① 〔美〕裴宜理：《上海罢工：中国工人政治研究》，刘平译，商务印书馆 2018 年版，第 151 页。

② 同上书，第 155 页。具体报道参见，《蒋经国铁腕扼老虎　不法奸商一一落网》，《中央日报》1948 年 9 月 4 日；《杜维屏等提起公诉违反交易所法》，《中央日报》1948 年 9 月 7 日；《杜维屏等十五日公审》，《中央日报》1948 年 9 月 9 日等。

的干儿子，谁给他钱花，就是他的老子”[①]。在天津，记者公会的副理事长、《大公报》外勤课主任张逊之就系帮会分子，并且混到了“开山门，收徒弟”的地位，报馆记者部和经理部都有他的徒弟[②]。在北京，《实报》主编王柱宇系帮派分子，并在报纸专栏中经常报道帮会活动。当《实报》老板管翼贤对他有所疑忌，辞去其编辑职务时，王柱宇鼓动帮会分子拿着订阅《实报》的收据到报馆退款。退款之人，数不胜数，并且纷纷声称，因看不到王发表的新闻言论所以前来退报。管翼贤不胜其扰，不得不恢复王柱宇的职务[③]。在汉口，《民族日报》社长张大谋是洪帮山头太华山红旗老五；《武汉时报》社长戴震为“青红帮之一大爷，专以诈财为生”；《汉口导报》社长答恕之系“流氓”[④]。青岛第一大报《新青岛报》的社长姚公凯、《工商新报》创办人鄷洗元是青帮通字辈，《平民白话报》《平民报》的老板张乐古，被称为“青岛月笙”“青岛老大”，拥有千余弟子，称霸青岛[⑤]。在苏州，熟稔当地新闻界情况的冯英子说：“旧时苏州的新闻记者，大都拜流氓

① 王新命：《走过民国初年的新闻史：老报人王新命回忆录》，台湾独立作家出版社2016年版，第30页。

② 曹世瑛：《从练习生到外勤课主任》，载周雨编：《大公报人忆旧》，中国文史出版社1991年版，第135页；《本社声明》，《大公报》1935年7月12日。

③ 窦以锐：《管翼贤与〈实报〉》，载中国人民政治协商会议全国委员会文史资料研究委员会编：《文化史料（丛刊）》（第4辑），文史资料出版社1983年版，第125-126页。

④ 周育民、邵雍：《中国帮会史》，上海人民出版社1993年版，第769页；中原局组织部城工科汇编：《武汉调查》，中原新华书店1949年印行，第105页。

⑤ 鲁海：《老报故事》，青岛出版社2010年版，第23-33页。

为老头子"[1]。在无锡，记者也纷纷向青帮投帖入门[2]。近代以来，中国新闻界走向新闻专业主义的道路原本就异常曲折，帮会势力对新闻界的沉重侵蚀和胁迫，致使这条道路更加逼仄和陡峭。

---

① 冯英子:《我所走过的道路》，浙江人民出版社 1986 年版，第 185 页。

② 关于无锡记者入帮的原因，老报人孙云年回忆称，在无锡"当时报社记者为了摸清青帮内幕，故意打入帮会"。(见孙云年:《江南感旧录》，江苏古籍出版社 2000 年版，第 86 页。) 此原因似可商榷，因为青帮徒众众多，记者了解内幕不乏渠道，不必非入帮方可摸清底细，所以，笔者认为记者入帮的原因，正如本文所示，应该比较复杂并且与其职业活动有更为密切的关系。

第九章

失衡的携手：新闻记者与新闻院系的合作及其局限[1]

早在1912年6月中国报馆俱进会召开的特别大会上，记者们就倡导设立新闻大学。但是，这一公决通过的提案不仅因中国报馆俱进会经费匮乏自行解散遂无着落[2]，而且揆诸民初报馆普遍入不敷出、生计艰难的经济状况，其实亦无力落实[3]。兼之，当时凤毛麟角的中国大学尊崇德国大学的知识精英主义办学方针，重视基础研究，轻视职业教育，如先后任教育总长和北京大学校长的蔡元培指出，"文、理，学也""法、商、医、工，术也""治学者可谓之'大学'，治术者可谓之'高等专门学校'"[4]，在"法、商、医、工"之中都叨陪末座的新闻，根本不

---

① 本章初稿《论民国时期新闻记者与新闻院系的合作与局限》，发表于《新闻记者》2021年第4期。

② 有关中国报馆俱进会的详细考证和讨论参见，白华康:《民国时期新闻专业大学生的校园生活（1921—1937）》，华东师范大学硕士学位论文，2020年。

③ 郭步陶演讲、李德然记:《中国的新闻教育》，《学校新闻》1937年5月22日，第164页。

④ 蔡元培:《读周春岳君〈大学改制之商榷〉》，载高平叔编:《蔡元培全集》（第3卷），中华书局1984年版，第149-154页。

入大学主政者的法眼。即使当时大学生大多也颇为鄙薄新闻学。1915 年，在清华学堂读书的吴宓计划赴美留学专攻新闻，他的同学都不赞成，他的父母戚友也“皆以余之决定为误”[①]，甚至抵美后他的导师白璧德和畏友陈寅恪等“均深鄙报业之一途，而劝宓专学文学，以‘评文者’Critic 自期”[②]。

新闻记者创办新闻大学的梦想真正得以实现，端赖于 20 世纪二三十年代中国高等教育系统的快速增长和蓬勃发展。1920 年，中国有 11 所大学，到 1930 年上升到 59 所，学生人数从不足 500 人增至 3.4 万人[③]。与此同时，大专院校，特别是国人创办的私立大学（以下简称私立大学）热衷创办投资少、好就业、名目时髦，极易吸引广大学生的应用型文科专业，这才使新闻专业流行开来。恰巧此际，美国大学教育理念在中国的兴起给予新闻专业跻身大学以合法性和权威性。这时“执中国高等教育牛耳”的蔡元培游美归来也转变观念，开始接受美国大学“凡有用学问，如新闻学等，大学都可收入”的治校思想[④]。1918 年北大

① 吴宓日记 1915 年 10 月 20 日，载吴学昭整理注释：《吴宓日记》（第 1 册），三联书店 1998 年版，第 511 页。

② 吴宓日记 1919 年 11 月 13 日，载吴学昭整理注释：《吴宓日记》（第 2 册），三联书店 1998 年版，第 91 页。

③ 〔美〕叶文心：《民国时期大学校园文化（1919—1937）》，中国人民大学出版社 2014 年版，第 114 页。关于 1920 至 1930 年代全国高校和学生数量，不同研究者的统计数量不同，关于此统计数量还可参见，陈玉玲：《国民政府初期对高等教育的整顿：1927—1937》，中国社会科学出版社 2018 年版，第 37-38 页。

④ 蔡元培：《在卜技利中国学生会演说词》，载高树平编：《蔡元培全集》（第 4 卷），中华书局 1984 年版，第 65 页。相关民国早期大学理念和制度演变的详细讨论可参见，陈平原：《中国大学百年？》，陈平原：《大学有精神》，北京大学出版社 2016 年版，第 19-64 页。

创设新闻学研究会，“是为我国大学中有新闻学之始”[①]。从1921年秋，中国第一所高等新闻院系——圣约翰大学新闻系成立[②]，至1937年7月抗战全面爆发之前，全国先后共创建了16所新闻院系，其中11所为私立大专院校所创建。如果考虑到教会大学也是来华西人创建的私立大学，那么中外私立大专院校共创办了14所新闻院系，构成民国新闻教育的主体[③]。

藉此可见，新闻教育的诞生与其说是来自新闻业的鼓与呼，不如说是来自高等院校自身进行再生产的迫切需求。但是，新闻教育的发展壮大离不开学界和报界的密切合作。

---

① 邵飘萍:《我国新闻学进步之趋势》，载方汉奇主编:《邵飘萍选集》(下册)，中国人民大学出版社1987年版，第600–603页。有关北京大学新闻学研究会的相关详尽研究可参见，邓绍根:《中国新闻学的筚路蓝缕：北京大学新闻学研究会》，清华大学出版社2015年版。

② 圣约翰大学新闻系，当时也有报学系的译法。除了直接引文外，本文提到该系时，统称为圣约翰大学新闻系。有关该系的详细讨论可参见，周婷婷:《圣约翰大学新闻教育的历程》，《新闻大学》2017年第4期，第124–131页。

③ 本文统计的新闻院系指的是开办有新闻专业本科和专科教育的大专院校，不包括仅开设新闻课程的大学，如大夏大学报学科、光华大学报学科等。“科”在民国时期一是指学科，二是指课程。“报学科”只是新闻课程，并不是新闻专业、新闻学系。以往许多研究者在梳理民国新闻教育史时忽略了这一点，导致将许多仅是开设新闻课程的大学误认为是开设新闻学系，夸大了民国新闻教育的规模和影响。对此作出详尽辨析和全面统计的资料可参见，白华康:《民国时期新闻专业大学生的校园生活(1921—1937)》，华东师范大学硕士学位论文，2020年，第24–26页。

尽管抗战前共先后创办了16所新闻院系，但在这些新闻院系中，厦门大学新闻学部存在时间短暂，圣约翰大学新闻系与中国记者合作极少，此外，上海的南方大学报学系及报学专修科、国民大学报学系、光明大学新闻专修科、江南学院新闻专修科，以及北京的民国大学新闻专修科、国际大学新闻学专修科，或存在时间短暂，或规模太小，甚至不甚正规，皆因史料不足，无法深入研究，所以本章所讨论的新闻院系主要集中在北京的燕京大学新闻学系、平民大学新闻学系、北平新闻专科学校，上海的复旦大学新闻学系、沪江大学商学院新闻专修科、上海商学院新闻专修科、民治新闻专科学校，以及南京的中央政治学校新闻学系等8所院校。

一

国人创办的私立大学新闻院系经费紧张，师资匮乏，大多因陋就简，仓促办学。即使是最负盛名的复旦大学新闻学系，其初创时期“经费之缺乏，设备之简陋，说起来真也可怜”[①]！至于顾执中的民治新闻专科学校、成舍我的北平新闻专科学校，尽管在新闻史“层累地造”的论述中赫赫有名。但是，正如当时在北平新闻专科学校读书的林海音回忆说：“一个初办只有百把个学生的北平新传，在那古城中的千百所大中小学校中，真是微不足道的一个。”[②]而民治新闻专科学校因财务、设备和师资各个方面均达不到南京政府教育部的办学标准，所以在南京政府时期始终未能获准立案，以致被上海势利的小市民刻薄地称之为“野鸡学校”[③]。

面对人财物俱拙，私立大学的新闻院系迫切需要聘请新闻记者兼任大学教师。新闻记者出任教职，既充实了师资队伍，又能给学生提供在业界实践实习的机会，并且相对专任教师而言，兼职教师薪资低廉还可节省学校开支，可谓一举三得。当时 11 所私立大学的新闻院系不仅全部聘请新闻记者兼任教职，而且其中有 9 所新闻院系由兼任教职的新闻记者担任科系主任，没有聘用任何专任新闻专业教师。即使资金充裕和条件优渥的教会大学新闻院系也注重与新闻记者的密切合作，燕京大学新闻学系、沪江大学

① 马世淦：《本系成立之经过》，载复旦大学新闻学系纪念刊筹备委员会编：《复旦大学新闻学系纪念刊》，复旦大学新闻学会 1930 年版，第 4 页。

② 林海音：《一生的老师——悼吾师成舍我先生》，载中国人民大学港澳台新闻研究所编：《报海生涯——成舍我百年诞辰纪念文集》，新华出版社 1998 年版，第 237 页。

③ 顾执中：《报人生涯：一个新闻工作者的自述》，江苏古籍出版社 1987 年版，第 338 页。

商学院新闻专修科广泛邀请京沪中外知名大报的精英记者兼任教职。报人独立创办的新闻专业院校，充任教职的新闻记者则更多。民治新闻专科学校的专业教师不是顾执中的同事，就是顾氏在报界的好友。北平新闻专科学校的教师队伍基本就是世界报系的同人群体。

新闻院系聘请的兼职教师几乎都是大报大刊的社长、总编、主笔，以及知名记者[①]，他们的本职工作原本极为繁忙，要在紧

① 民国时期，无论是记者的媒体就职状况还是他们在新闻院系兼职情况都具有较高的流动性，尽管关于民国新闻教育的论文和论著数以百计，但是谈到任何一所新闻院系教师队伍时，都是概述其整体状况，忽略了其中人员流动变化情况。为了更细致地呈现出记者在新闻院系兼职的动态变化，本研究尽可能详尽地罗列出记者在新闻院系兼职时的年份以及当时的供职单位。但由于本文是宏观性探索，而非个案研究，所以无力全面完成这项工作，只能挂一漏万，重在藉此展示出记者在新闻院系兼职的高度流动性。据不完全统计，新闻院校记者兼职教师的基本情况如下，复旦大学新闻学系:《申报》赵君豪（1927、1929，撰写有在民国时期公开出版的新闻学著作或编辑过相关文集，以下简称“有著作”）、马崇淦（1929）、钱伯涵（1930，有著作），《时事新报》陈布雷（1928）、潘公展（1929）、周孝庵（1929，有著作）、黄天鹏（1930，有著作），《新闻报》郭步陶（1930、1935，有著作）、章先梅（1935），《民报》及中央通讯社陈万里（1935）；沪江大学商学院新闻专修科:《时事新报》汪英宾（1931）、“四社”张竹平（1931—1935）、申时电讯社宋哲夫（1935）、《大晚报》汪倜然（1935）、《申报》孙恩霖（1935，有著作）；上海商学院新闻专修科:《申报》赵君豪（1933）、钱华（1933）、孙恩霖（1933，有著作）；南方大学报学系及报学专修科:《申报》汪英宾（1924—1925）、《时报》戈公振（1924—1925，有著作）；国民大学报学系:《申报》张继英（1925）、《时事新报》潘公弼（1925，有著作）、《商报》陈布雷（1925）、潘公展（1925）、《时报》戈公振（1925，有著作）；民治新闻专科学校:《新闻报》严独鹤（1929）、顾执中（1929—1937）；江南学院新闻专修科:《晨报》陶百川（1933，有著作）；北京平民大学新闻学系:《京报》邵飘萍（不详，有著作）、吴定九（不详，有著作）、徐凌霄（不详，有著作）、徐一士（不详，有著作），《益世报》王小隐（不详）；燕京大学新闻学系:《晨报》陈博生（1935）、许兴凯（1935），（转下页）

张的工作之余还能挤出时间风尘仆仆去那些地处荒郊僻野的大学上课，无论能力与精力对记者都是极大的挑战和考验。这从1931年时任《时事新报》通信部主任，兼任复旦大学新闻学系教授黄天鹏紧张忙碌的日程中可见一斑。黄氏说他每天在“报馆从黄昏到早晨二三时才回来，上午差不多在睡觉，下午一三五要到大学去教书，二四要到机关去作值日办公，星期六日有许多应酬约会。还有许多事要办。总是在忙中偷闲作的”[①]。尽管新闻

（接上页）《世界日报》张友渔（1934—1937，有著作）、张友彝（1932—1933），《大公报》孙瑞芹（1932—1933）、《实报》管翼贤（1932—1933，有著作），张继英（不详）；民国大学新闻专修科：《世界日报》曾铁忱（1933年春至夏任经济系主任兼任新闻系主任）、张友渔（1933—1935），《北洋画报》吴秋尘（1933—1935）、管翼贤（1935，有著作）、林仲易（1935）、萨空了（1935，有著作），《大公报》王文彬（1935，有著作）、高纯斋（1935，当时经历不详，后曾任《时事新报》总编辑）。由此可以看出，虽然上海报纸数以百计，但是各校聘请的记者兼职教师仅局限在上海四大报，以及《商报》《晨报》《民报》、中央通讯社等8家知名报社，并且8家报社的记者总计亦有数百人之众，但是能站上新闻院系讲台的仅十数人而已。北京情况，亦是如此，主要集中在京津6家大报社的10余位记者。本文讨论的记者也主要是上述的20余位曾在高校兼任教师的记者。[上述统计材料来源于：《南大聘定各系主任》，《申报》1925年1月29日；《南方大学及附属中学近闻》，《申报》1925年1月10日；《新闻教育机关概况》，《报学季刊》1935年第2期，第115-116、117-119、119-122页；《新闻教育机关概况》，《报学季刊》1935年第3期，第147-148；《本院专修科 新闻学会联欢会志盛》，《国立上海商学院院务半月刊》1934年第8期，第161页；周婷婷：《圣约翰大学新闻教育的历程》，《新闻大学》2017年第4期，第124-131页；梁德学、马凌：《复旦大学新闻学系的孕育、创建与早期建设（1924—1931）》，《新闻大学》2019年第10期，第106-122页；徐玉芬：《北京平民大学新闻学系办学特色研究》，华中师范大学硕士学位论文，2019年；白华康：《民国时期新闻专业大学生的校园生活（1921—1937）》，华东师范大学硕士学位论文，2020年。]

① 增扬：《中国新闻学人黄天鹏先生访问记》，《星期文艺》1931年8月8日。

记者人数众多，但是能跻身大学讲台兼任教职的精英记者少之又少[①]，所以许多知名记者都是在多所新闻院系兼职，东奔西走，异常忙碌。可能其中最忙碌的要算张友渔。1931 到 1932 年，张友渔在《世界日报》担任主笔期间，在北平大学、中国大学、中法大学、燕京大学等校兼任教授，同时还在民国大学担任新闻专修科主任，此外又在地下党领导下从事左翼文化运动。他当时“每日过着三起三眠的生活。早上七点钟起床，午后一、二点钟睡午觉。晚饭后八点来钟睡到十点左右去报馆，天亮回家再睡觉”[②]。

面对竞争激烈的教育市场[③]，面临财物俱拙的窘迫办学条件，私立新闻院系将兼任教职的知名记者视为借以大做广告，树立声誉，招徕学生的重要象征资本。上海商学院新闻专修科的招生广告宣称：“该科系由新闻学专家主持，所聘讲师，均于报界服务有年，经验学识，两皆丰富，功课及管理，力主严格。务令学者于两年修学期中获得报业之基本知识及精良技术，足以应世实用，为社会服务”[④]。有些学校不仅大张记者其名，而且点染记者故事，营造出老师诲人不倦，学生学而不厌，一派令人向往的理想学习氛围。如南方大学广告式的新闻说：“延留美报学专家汪英宾硕士主其事，由报界戈公振君为教授。自开课以来，学生专

---

① 一些大学虽然没有开办新闻学系但开设有新闻学课程，也是聘请知名新闻记者兼任教职，如果将这种情况考虑进去，新闻记者在高校兼职情况会更加忙碌。

② 张友渔：《报人生涯三十年》，《新闻研究资料》1982 年第 3 期，第 122–124 页。

③ 〔美〕叶文心：《民国时期大学校园文化（1919—1937）》，中国人民大学出版社 2014 年版，第 115 页。

④ 《有职业青年从事新闻事业之机会》，《申报》1933 年 2 月 19 日。

攻报学者颇踊跃，戈教授见青年对于新闻事业之有兴味，昨特各赠时报纪念册一本，并与学生合摄一影以留纪念”[①]。甚至还有学校在招生广告中露骨地宣扬兼职任教的新闻记者，“具有介绍毕业生工作之能力云”[②]。这些广告大多过于理想化，甚至有的夸大其词、弄虚作假，但恰是这些夸张的辞藻、浪漫的想象最容易点燃年轻人向往新闻专业的梦想与激情。新闻变成大学里最受青年人喜爱和追捧的学科之一，恐怕与此不无关系[③]。

二

民国新闻院系的通识性课程一般由大学专任教授讲授，新闻专业课程则主要是记者兼任传授。记者将其在长期辛苦实践中积累起来的鲜活精湛的采写编评以及经营管理技能倾囊传授给学生。新的知识形式也需要新的教学方法，兼任教职的新闻记者作为大学体制的局外人又不必拘守陈规旧俗，所以，他们在授课时强调做中学，学中用，用中通，理论实践并重。萧乾回忆斯诺上课方式与众不同，“他不大喜欢用‘先生讲、学生听’的教授法。他希望大家都发言，让这一课成为讨论会”[④]。黄天鹏在复旦大学讲授《报馆组织》时，创办了一个小型报纸，“使同学们取得办报的经验与常识，同时，也可趁此机会来练习，预备将来供职国内各大

① 《南大报学科近讯》，《申报》1925 年 3 月 14 日。

② 《江南学院增专科》，《民报》1933 年 8 月 24 日。

③ 司徒雷登：《在华五十年》，常江译，海南出版社 2010 年版，第 66 页。

④ 萧乾：《斯诺、杨刚〈活的中国〉》，载冰心、萧乾主编：《燕大文史资料》（第 6 辑），北京大学出版社 1992 年版，第 16 页。

报馆里的应用”[①]。

张季鸾在燕京大学新闻学系新闻讨论会的讲座中指出，采写编评知识技能只“是做记者的工具，不是所以做记者的根本”，“做记者的根本”是新闻职业道德[②]。这是民国报人的普遍共识。戈公振也谆谆教诲复旦大学新闻学系的学子们：“新闻学的主要目的，不是使人学得实用的职业，是给他一种精神上的立脚点，指明他能够站在应该站的地方。”[③]知识和技能可讲授，但道德和伦理主要靠熏陶。那些不畏强权，为民请命的记者本身就洋溢着可歌可泣的道德风采，其风骨风范就是新闻学子追慕的楷模，所以，当他们现身说法言传身教新闻道德时，对学生别具说服力和穿透力。一生“坐牢不下二十次，报馆封门不下十余次”的成舍我[④]，其人格道德就深深印在北平新闻专科学校许多学子的心头，成为他们“一生的老师”[⑤]。

新闻学子从学新闻记者，在耳濡目染之中，或刻意模仿，或潜移默化亦习得了记者的品位、格调与风度。张友鸾作为邵飘萍在平民大学新闻学系任教时的得意门生，他常提起邵飘萍，“先生很潇洒，经常身着讲究的绸长衫，翻出两只雪白的袖口。吸的香

---

① 彬：《趣味盎然的每周谈话》，《申报》1930年11月17日。

② 张季鸾：《新闻记者根本的根本》，载王文彬编：《报人之路》，三江书店1938年版，第5–6页。

③ 戈公振：《新闻教育之目的》，载龙伟等编：《民国新闻教育史料选辑》，北京大学出版社2010年版，《报学月刊》1929年第2期，第14页。

④ 成舍我：《我们这一时代的报人》，《世界日报》1945年11月20日。

⑤ 林海音：《一生的老师——悼吾师成舍我先生》，载中国人民大学港澳台新闻研究所编：《报海生涯——成舍我百年诞辰纪念文集》，新华出版社1998年版，第244页。

烟都是订制的：每支上印有‘振青自用’烫金的字样”[①]。张友鸾继承了邵飘萍的风神，在张氏亲朋师友眼中，他也是一派倜傥不拘，潇洒自如的名士风度[②]。而在教会大学，“大多数中国学生群体明显地带有受外国生活习俗影响的气质”[③]。外籍新闻教授和外国驻华记者不仅系统地训练中国学生研习西方新闻专业主义的技能与伦理，而且也在朝夕相处之中向中国学生灌输新闻专业主义背后所深蕴的盎格鲁－撒克逊文化意蕴和精神。燕京大学新闻学系的许多学生都是斯诺家庭沙龙中的常客，品着咖啡，听着音乐，在优雅的英美文学朗诵声中，他们慢慢养成具有西方中产阶级色彩的文化情趣和生活品位[④]。

社会资本在新闻工作中具有举足轻重的作用，不仅决定着记者职业成就的高低，而且还影响着其职业生涯的长短。严独鹤在复旦大学新闻学系的演讲中提醒学生，在采访之中，如果缺乏社

① 张恬：《张友鸾早期文学活动——兼及一些珍贵的文学史料》，《新文学史料》1990年第3期，第155页。

② 可参见，张友鸾同事学生对他的追忆文集，本书编辑组：《张友鸾纪念文集》，文汇出版社2000年版。

③ 〔美〕叶文心：《民国时期大学校园文化》，冯夏根等译，中国人民大学出版社2012年版，第47页。

④ 附记一则有关新闻学子品位文化对其影响的案例。赵君豪批评燕京大学新闻学系过于模仿美国，“若一仍密梭里之学科，将来于中国报界，必无裨益。而于学生之出路，亦至感困难也”。[赵君豪：《东北屐痕记（七十二）》，《申报》1929年8月24日。] 其实，不独新闻知识与技能，燕京大学学生的文化情趣和生活品位与中国新闻界的文化氛围亦有隔阂之处。所以，萧乾从燕京大学毕业刚到《大公报》工作时，不适应报馆风气，从不参加同事组织的下馆子、听京剧、搓麻将等文娱活动，自成一派，自称之为“大学生派”。（萧乾：《未带地图的旅人：萧乾回忆录》，江苏文艺出版社2010年版，第50页。）

会资本“正式记者常遭挡驾，何况学生”[①]？在高校任教的精英记者深明个中利害，所以他们大多热心帮扶新闻学子积聚社会资本去新闻天地中施展拳脚以搏个头角峥嵘。戈公振在复旦大学新闻学系兼课时，积极引介年轻学子结识报界名流[②]。徐凌霄将其平民大学新闻学系学生的作品引荐发表在京津各大报的副刊之上[③]。1936年，7名燕京大学新闻学系学生组成的绥远前线战地调查团，就获得《世界日报》社长、燕京大学新闻学系兼职教授成舍我的鼎力支持，《世界日报》随后登载了9篇调查团采写的通讯报道[④]。1924年底，在读大三的张友鸾与同学们组织文学社团出版《文学周刊》，张友鸾是邵飘萍的得意学生，“正是因了这一层关系”，《文学周刊》得以附属在《京报》之下发行，扩大影响[⑤]，一份学生刊物迅速成长为文学史上一面令人瞩目的旗帜。

记者的社会资本在新闻学子就业中更是发挥着至关重要的作用。1930年代，在高校快速扩张之后，适逢经济衰退，“大学生

① 严独鹤演讲、唐克明笔记：《学校新闻实习方案》，《新闻学刊》1935年第1期，第106页。

② 参见，成舍我：《一个真正的报人》，《大上海人》1935年第2期，第11–12页；刘家林：《成舍我编年纪略》，载中国人民大学港澳台新闻研究所编：《报海生涯——成舍我百年诞辰纪念文集》，新华出版社1998年版，第273–319页。

③ 徐泽民、徐步霄：《早期报界三杰之一徐凌霄》，载北京市政协文史资料委员会编：《北京文史资料》（第67辑），北京出版社2004年版，第142页。

④ 参见，陈封雄：《记燕大新闻系绥远前线战地调查团》，载赵荣声、周游主编：《一二·九在未名湖畔》，北京出版社1985年版，第151–154页；周游：《“一二·九”把我引上革命的道路》，载赵荣声、周游主编：《一二·九在未名湖畔》，北京出版社1985年版，第114–115页。

⑤ 张恬：《张友鸾早期文学活动——兼及一些珍贵的文学史料》，《新文学史料》1990年第3期，第155页。

就业困难，拿到文凭而找不到工作的人比比皆是”[①]。新闻学子毕业后，“闲散没有去处的，也大有人在”[②]。新闻专业文凭，在就业市场上不仅不能对其他学科高等教育文凭形成专业性竞争优势，甚至面对中等教育学历似乎也不具有等级性竞争优势[③]。当时，“考我国各地报纸所用人员，来自新闻学校者，不足百分之一”[④]。以民国时期新闻专业化程度最高，同时也是记者群体平均学历最高的《大公报》为例，其在本研究时段招录了拥有大专以上学历的骨干记者共 18 人，其中来自新闻院系的仅 4 人，其他 14 人则来自文史哲，甚至农学等各个专业[⑤]。在报馆的招聘考试中，很多大学生名落孙山，不少中学生却脱颖而出，如孙恩霖 1927 年考入《申报》，孔昭恺、吴砚农、曹世瑛等 1928 年考入《大公报》，于友 1935 年考入《立报》等，此类案例，不胜枚举。因此，在报界求职的过程中，新闻记者的社会资本成为新闻学子的文化资本变现为市场价值的关键酵素。上海申、新两报是新闻界的“金饭碗”，求职竞争极为激烈。邹韬奋从名牌大学圣

① 〔美〕叶文心：《民国时期大学校园文化（1919—1937）》，中国人民大学出版社 2014 年版，第 124 页。

② 郭步陶：《造就新闻人才和办理新闻事业有彻底合作的必要》，《新闻学期刊》1935 年第 1 期，第 8 页。

③ 这可能是因为，直到 1930 年中等教育与高等教育的学生总数加起来也只占全部学生数的 4.93%，每万人中受过中等教育的人数不到 12 人。从受教育程度和所占人口比例来看，中学生亦属于社会精英阶层。参见，教育部教育年鉴编纂委员会编：《第一次中国教育年鉴》，开明书店 1934 年版，第 102–103 页。

④ 赵君豪：《中国近代之报业》，申报馆 1938 年版，第 200 页。

⑤ 本文从《大公报》拥有大专以上学历的记者群体中，选择约在 1900 年至 1920 年间出生，并在 1937 年“七七事变”以前参加《大公报》的记者，共计 18 人来进行分析，以检测新闻院系毕业生在大专以上学历记者群体中所占的比例。

约翰大学毕业之际，想进入《申报》工作都未能如愿以偿。而民治新闻专科学校是上海的“野鸡学校”，但其毕业生陆诒、刘斯达、耿坚白等不少人进入《新闻报》担任记者，即端赖顾执中的力荐与奥援。谢六逸在《立报》主编副刊时，提携其复旦大学新闻学系学生舒宗侨、熊岳兰加入《立报》[①]。燕京大学新闻学系则非常感谢《大公报》的孙瑞芹和胡政之“对于帮助新闻系学生到报馆就业，协助最多”[②]。

不仅记者个人热心利用其关系网络协助新闻学子就业，而且新闻院系从组织层面也建立起将记者社会资本转换为其学生社会资本的工作机制，以便为学生毕业后能顺利进入京津沪宁各大知名媒体铺就道路。燕京大学新闻学系举办新闻讨论会聘请报界名人演讲，除了增加学生见识，另一重要“目的在联络感情”[③]。此外，其还邀请平津报界领袖成立学系协助委员会，进一步加强与报界合作[④]。在上海，沪江大学商学院建立的新闻学科指导委员会，聘史量才为主席，张竹平为主任，汪伯奇、潘公展、董显光、严谔声、米星如为委员[⑤]，几乎将沪上知名新闻媒体老板悉数罗致入内。其为学生实习就业拓人脉，拉关系，可谓魄力宏大，用心良苦。功夫不负苦心人，这确实有力拉动了新闻专业的就业率。1934 年燕京大学一份就业情况调查显示，新闻学系当年一共 3 名毕业生，全部顺利就业，从就业率来说远高于中

① 萨空了:《从香港到新疆》，宁夏出版社 2000 年版，第 46–47 页。

② 卢祺新、葛鲁甫:《燕京新闻系》，载燕大文史资料编委会编:《燕大文史资料》(第 3 辑)，北京大学出版社 1990 年版，第 34 页。

③ 柯善虞:《平津新闻事业概况》，《新闻学期刊》1935 年第 1 期，第 75 页。

④ 梁士纯:《中国新闻教育之现在与未来》，《大公报》1936 年 5 月 9 日。

⑤ 胡道静:《上海新闻事业之史的发展》，上海通志馆 1935 年版，第 74–75 页。

文（4/10）、英文（2/6）、历史（0/9）、哲学（0/4）等其他文科专业[①]。

除了上述种种合作之外，新闻记者牵线搭桥还使新闻业界提供给新闻院系一定程度的资金援助。顾执中创办民治新闻专科学校时，《新闻报》董事长福开森捐款500元，占学校开办经费的1/3[②]。《新闻报》《时事新报》《大晚报》在沪江大学商学院新闻专修科设立奖学金，“每名每年八十元、奖给新闻学科，学习成绩最优学生四名”[③]。燕京大学新闻学系早期的办学经费主要来自美国，但是1934年以后因美国经济萧条，其开始逐步转向寻求中国报界提供经济资助[④]。尽管当时新闻界普遍经济紧张，捐赠给新闻院系的资金有限，但他们还是力所能及地给予新闻院系教学场地、实验设备和图书资料等物质援助。1931年在张竹平主导下，《时事新报》和沪江大学合作成立“新闻学训练班”，“时事新报之办公室为讲学演习之所，以时事新报同人为基本教师”[⑤]。黄天鹏将自己珍藏的图书资料赠送给1931年成立的复旦大学新闻学系新闻学研究室，共计25类，100多册，“其中甚多种类，为海内孤本，搜集至不易易，殊堪宝贵”[⑥]。这对图书资料极度匮乏

---

① 郭涛华：《救济大学毕业生》，《时代公论》1934年第2卷，第96期，第19–20页。

② 顾执中：《上海民治新闻专科学校的诞生与成长》，《新闻研究资料》1981年第5期，第192–211页。

③ 《私立沪江大学商学院章程：民国二十三年至二十四年》，私立沪江商学院1935年版，第43页。

④ 梁士纯：《中国新闻教育之现在与未来》，《大公报》1936年5月9日。

⑤ 潘公弼：《沪江大学与时事新报》，《天籁》1936年第2期，第21页。

⑥ 《黄天鹏教授捐赠大批书籍》，《复旦五日刊》1930年11月25日，第3页；彬：《复旦新闻研究室》，《申报》1931年6月12日。

的复旦大学新闻学系来说可谓雪中送炭[①]。《新闻报》的章先梅、郭步陶还捐款资助复旦大学新闻学系学生刊物《新闻学期刊》的出版发行。

三

民国新闻专业教育可谓高校搭台，记者唱戏。新闻记者撑起了新闻院系的半边天，对新闻教育发展做出巨大贡献。但是，以往论者忽略的是，记者也从中获得不菲的回报。

20 世纪二三十年代，即使京沪知名记者，大多数收入并不高，不少人却负担甚重[②]。当时在高校兼职任教的月收入一般在 50 ~ 120 元之间[③]，而从普通记者到资深记者的月薪所得大致也在此范围之内[④]。由此可见，在高校兼课对记者来说，等于月加半薪，甚或月领双薪，可谓补益匪浅。对于世界报系这类报馆来说，记者收入一般一个月只有十几元到几十元，而且还经常欠薪，高校的兼职收入反倒高于报馆的本职薪水。这或许亦可从一

---

① 《各系主任访问记》,《复旦周刊》1929 年第 18 期，第 2 页。

② 如戈公振、康通一、顾执中、黄天鹏当时都谈到过上海生活成本高昂，生活负担重的问题。朱应鹏:《我与戈公振》,《大上海人》1935 年第 2 期，第 6 页；黄天鹏:《新闻记者生活的回顾》,《读书月刊》1931 年第 6 期，第 95–112 页；侃侃:《康通一身后萧条》,《晶报》1932 年 4 月 9 日；顾执中:《报人生涯—— 一个新闻工作者的自述》，江苏古籍出版社 1987 年版，第 229 页。

③ 参见，陈育红:《民国大学教授兼课现象考察》,《民国档案》2013 年第 1 期，第 88–97 页。

④ 有关当时记者收入的状况可参见，戈公振:《中国报学史》，上海书店出版社 2013 年版，第 228–229 页。

个侧面说明张友渔为何不辞辛苦，四处奔波，兼职数校。

相比于经济回报，轻财重义的新闻记者更看重的是高等院校，特别是知名大学，通过加冕记者以教授头衔而赋予其终身享有的权威性象征资本。记者是种职业名称，一旦职业更替或技能衰退，则此职业称号不是贬值便是消亡。如张季鸾所说：老记者“但如果不‘记’，那不变成一个纯粹的‘老者’了吗？”① 在近代社会，教育是最具有权威的象征资本。特别是五四运动之后，高等教育更被高度神圣化和权威化，“教育界的人物都是些知识阶级的领袖，是学术界与思想界的泰斗”②。因此，大学教授头衔享有崇高的声誉和地位，它不仅是种职业名称，而且变成一种大学制度化和礼仪化生产的社会头衔，并且这种头衔，一旦拥有，便终身享受，不受年龄衰老、技能衰退，甚至世事兴衰的影响③。新闻记者一旦跻身大学教授之列，即立刻获得这种神圣化和权威性的象征资本，而这种象征资本又放大了其原先所拥有的各类资本的效益和利润，所以，记者多以荣膺教授头衔为荣。当时是家庭教师，后来成为著名记者的曹聚仁，初次在大学兼职做教授时，对微薄的教薪毫不在意，他得意的是“总算做了教授了”④。曹氏的心情代表了那些没有留洋经历，缺乏博士头衔，亦无等身著作的记者有缘跻身大学教授之列的共同心态。这似乎也

---

① 徐铸成：《报海旧闻》（修订版），三联书店 2010 年版，第 95-96 页。

② 陶孟和：《现代教育界的特色》，《现代评论》1926 年第一年周年纪念增刊，第 34 页。

③〔法〕P. 布尔迪厄：《国家精英——名牌大学与群体精神》，杨亚平译，商务印书馆 2004 年版，第 206 页。

④ 曹聚仁：《我与我的世界：曹聚仁回忆录》（修订版），三联书店 2011 年版，第 194-195 页。

可以从一个方面说明，黄天鹏无论多忙，只要有大学请他去兼任教授，总是来者不拒。

再次，在高校文化资本再生产体制的严格要求和巨大诱惑之下，新闻记者在从事新闻文化资本生产之余，开始涉足学术文化资本生产。尽管在高校兼职之前，早有记者开始在报刊上就兴趣所及即兴发表新闻论文，但是为实现培养未来新闻记者的教学目的，以及为达到教育部和任教校方相关教学规范的硬性要求，记者必须就特定新闻领域或主题搜集丰赡详实的资料，展开全面深入的分析，撰写出颇具体量的专业教材或学术著作①。在撰写新闻专著的过程中，任何严肃的新闻记者都努力超越新闻实践工作的琐碎性和现实性，秉持着批判性和创造性的研究精神，建构出具有相对抽象性、科学性的新闻理论与知识体系，从而展示出新闻业更高尚的本质性存在。正如在复旦大学新闻学系兼任教授的《新闻报》记者郭步陶所说："我们要能使新闻事业日益发展，能有发明，著作。为新闻界放一光辉"②。从此，新闻研究不再仅仅是一种流传于少数同好圈子之内的个人兴趣，开始正式纳入现代学术生产制度之中，并通过高等教育体系的大规模生产和再生产形成前所未有的广泛影响。

在新闻院系，学生不仅在学习和继承老师所传授的文化资本，而且也通过各种文化生产流通方式反哺和增强老师的文化资本。学生们将记者在高校课堂的演讲笔录成文，或发诸报端，或

---

① 根据前面注释中新闻院系兼任教职记者的数据统计，有 17 位记者编著有新闻学相关著作和文集。

② 郭步陶演讲、李德然记：《中国的新闻教育》，《学校新闻》1937 年 5 月 22 日，第 164 页。

结集出版，使这些原本随声即逝、听者有限的文化资本得以刊诸文字，传播广远，甚至有些藉此才变成新闻学科的传世文献。此外，学生们还在他们编辑出版的各类刊物上推广揄扬那些来自业界兼任教师的学术著作，与记者共谋生产共同的文化资本与象征资本。黄天鹏在平民大学新闻学系读书时，编辑出版《新闻学刊》不仅得到许多兼课新闻记者的大力支持，而且黄天鹏也积极发文褒扬他的师长，比如盛赞邵飘萍的著作“在新闻学上有不朽的价值”①。待黄天鹏执教复旦大学新闻学系后，他的学生们则在《复旦五日刊》上发表文章高度颂扬黄天鹏的著作：“先生特本其十年之研究与经验，发为空前之专著（即《新闻文学概论》——引者注）。……故不特为有志新闻记者者所必读，即一般爱好文艺之人士，亦为绝好之读物”②。学生们还在学术刊物上组织系列文章讨论、揄扬黄天鹏的著作：“《中国新闻事业》黄氏书中所搜集至材料，颇为丰富，尤以论断精警，发前人所未言，极堪令人钦服，而以独具只眼之精神，成此巨著，实予新闻教育上一大贡献”③。另外值得一提的是，在教会大学之中，中国学生成为西方老师沟通中西文化交流的得力助手。斯诺一直筹划将中国现代文学译介到西方去，但是苦于自己中文能力不济，对中国文学认识有限而迟迟未果，恰是遇到萧乾并在他的鼎力协助下，斯诺才编

---

① 相关详细讨论可参见，齐辉、秦润施：《民初〈新闻学刊〉的出版境遇与学术探索》，《现代传播》2017 年第 10 期，第 38–43 页。

② 《新闻界空前之创作〈新闻文学概论〉出版　黄天鹏教授之又一新著》，《复旦五日刊》1930 年 11 月 15 日，第 2 页。

③ 周立铭：《〈中国新闻事业〉（黄天鹏著）》，《新闻学期刊》1935 年第 1 期，第 141 页。

译出《活的中国：现代中国短篇小说选》。该书在英美一出版立刻获得热烈好评，为斯诺赢得“中国通”的称号奠定下重要的文化资本和象征资本[①]。

记者对学生不仅学业相传，德业相劝，而且情谊相慰，恩义相结。正如时人赞扬复旦新闻学系“师生的合作，亦较它系为强，因为谢主任与黄天鹏诸教授，爱同学实不啻于手足、子女”[②]。学生尊师重道，知恩图报，师生之间，亦师亦友，情义深厚。所以，不仅记者热心给予学生社会资本，而且学生亦感恩记者回馈以社会资本，甚至学生自身亦成为老师重要的社会资本。张友鸾在邵飘萍的资助下创办《文学周刊》附属《京报》发行之后，便动用他的社会资本请来其老师郁达夫、徐志摩等名家在周刊上发表文学作品。张友鸾文学社团的成员多为北京名牌大学的学生，他们又请各自的名师赐稿，如鲁迅、周作人等。同时，文学社团成员又凭借其关系网络聚集了一大批才华横溢的文学青年给周刊供稿，如当时尚默默无闻，后来名满天下的沈从文、石评梅、王鲁彦等。正是在张友鸾的悉心经营下，《文学周刊》成为“早期新文学史上具有重要价值”的刊物，为邵氏的《京报》增色不少。《新闻报》记者们的社会背景极为复杂，顾执中指挥不动，颇为苦恼：“当《新闻报》的采访主任比当总编辑难，比当军队中的师长为难”，“要指挥他们战斗，真是一件不容易的事情”[③]。当他将自己在民治新闻专科学校培养的学生陆诒介绍进入《新闻报》之后，后者就成为顾氏的心腹骨干，特别是在遇到危

① 萧乾：《未带地图的旅人：萧乾回忆录》，江苏文艺出版社 2010 年版，第 42–43 页。

② 彬：《趣味盎然的每周谈话》，《申报》1930 年 11 月 17 日。

③ 顾执中：《战斗的新闻记者》，新华出版社 1985 年版，第 139 页。

险的采访任务之时，其他记者都退避三舍，只有陆诒追随他迎难而上。

四

新闻记者与新闻院系的合作是相辅相成、相因相进的双赢之举，但是，由于当时新闻教育过于依赖报界，导致部分新闻院系的发展步入歧途，步履蹒跚。

私立大学热衷创办新闻专业藉此生财，但吝于投入资金、设备发展新闻专业，甚至不愿聘请专任教师，单纯依赖记者兼任教职。在当时16所新闻院系，有11所没有聘请任何新闻专业专任教师，甚至院系负责人都是新闻记者兼任的。民国时期新闻院系不少，但大多旋起旋灭，其重要原因就是没有专任教师。如果没有专任教师，即使能聘请到叱咤风云的新闻记者，新闻院系或许也会盛极一时，但不能持久，难免最终夭折的悲剧。兼任教师多是报界精英名流，他们本职工作原本就十分忙碌，有时对新闻院系的教学工作难免兼顾不暇。圣约翰大学新闻系教授武道当时就敏锐地观察到，“凡是可以请到学校担任功课的教授，时间表都只能排在下午四时至六时之间。这个时间与大学里的课程时间表不适合，而且读这种课程的学生，既已上了一整天的功课，到那时大都已经没有精神了，而且这类的报人往往又因意外的新闻工作而缺课，亦或因交通不便而迟到”[①]。学生对此也意见极大，有学

---

① 武道:《中国新闻教育的现状与急需》,《报学杂志》1948年第3期，载龙伟等编:《民国新闻教育史料选辑》，北京大学出版社2010年版，第281页。

生说："我坦率承认，我反对兼任教授上报学课，除了精力超人者外，十九不能忠于他的授课时间表，如果经验不会说谎，我相信我的反对深具理由"[①]。南京政府教育部从教育效能和教研质量的角度对这种情况进行了更为深刻的批评："现时各校教授每因兼课太多，请假缺课，甚至以一人兼两校，或同校两院以上之教授，平时授课已虞不及，何有研究之可言，其影响教授效能、妨碍学校进步，盖无有甚于此者"[②]。记者兼任教授原本流动性高极易去职，如果记者还兼职新闻院系负责人，那么他一旦离开，凭借其各种资本一手组织起来的业界兼职教师队伍和各类社会资源也会随之而去，一个新闻院系不是元气大伤，也会动荡不宁。国民大学报学系，三年三换系主任。最后一任，就是每日三眠三起，身兼数职，异常忙碌的张友渔。按照布尔迪厄观点来看，"在任何特定时间，大学领域的结构只是不同当事人之间权力关系的表现"[③]。这意味着，新闻院系没有专任教师就无法以组织化和制度化的形态嵌入大学体制之中，成为其生产结构中不可分割的构成机体，更无法参与到大学场域的斗争中自觉自主地去争取有利位置和必要资源，只能困守在大学系统的底层而难望出头之日，或者被动地接受大学为其安排的命运，即其立废兴衰完全取决于校方有力人士的个人意志或其他院系争权夺利后的现实残局。所以，民国时期

---

① 余予：《假如我再念报学系》，《报学杂志》1948 年第 8 期，载龙伟等编：《民国新闻教育史料选辑》，北京大学出版社 2010 年版，第 296 页。

② 《教部限制大学教授兼课》，《大公报》1929 年 6 月 24 日。相关详细研究可参见，金以林：《近代中国大学研究（1895—1949）》，中央文献出版社 2000 年版，第 207–213 页。

③ 〔法〕P. 波丢：《人：学术者》，王作虹译，贵州人民出版社 2006 年版，第 142–143 页。相关讨论还可参见该书的第 12–13 页。

以记者兼任负责人的新闻院系几乎都未能修成正果，其原因当然难以一概而言，但是缺乏专任教师是其衰亡的重要原因之一。在这种新闻院系读书的学生，深受其害，倍感苦恼。有新闻学子无奈地感慨："假如我再念报学系，我一定得选择这样一所大学，它的主持人有办好报学系的决心，不随便设立，不中途松懈，不随办随辍，他舍得花钱，用得恰当，绝不吝惜"[①]。

在高校兼任教职的新闻记者是民国新闻著作生产的主体和主力，但由于各种主客观因素的制约，特别是在忙碌的采写和教学工作之余短时间内仓卒著书[②]，所以记者们撰著的新闻研究论著不仅质量参差不齐，而且整体来说粗糙浅陋，遭到学界和业界的深刻批评。燕京大学新闻学系主任梁士纯指出："在最近几年来，关于新闻学或新闻事业的著作，也可算不少，不过这些书籍大致都是属于普通介绍的性质，不能作班上的课本之用"[③]。而业界人士对此的抨击之声更为尖锐和刺耳："在书坊的出版物里，我们是可以找到十种以上的新闻学的著作，但那些因为都是偏于概论的，所以他的功效，也只能使人除了知道'新闻学'三字以外，

---

① 余予：《假如我再念报学系》，《报学杂志》1948年第8期，载龙伟等编：《民国新闻教育史料选辑》，北京大学出版社2010年版，第295页。

② 如邵飘萍说，其《实际应用新闻学》是"在职务匆忙之日，……不一月间，仓卒成书，初稿既竣，无暇再阅，辞句修正，亦不可能"。《新闻学总论》"系随讲随编，仓卒付印之稿，欲事整理，苦无暇晷"。见邵飘萍的《赘言·实际应用新闻学》和《凡例·新闻学总论》，载肖东发、邓绍根编：《邵飘萍新闻学论集》，北京大学出版社2008年版，第3、100页。戈公振的《中国报学史》也是"时未越岁，已裒然成帙矣"。参见，戈公振：《自序·中国报学史》，上海书店出版社2013年版，第1页。

③ 梁士纯：《中国新闻教育之现在与未来》，《大公报》1936年5月9日。

就不能供给我们对新闻学的更详尽的理论的与技术的诸般知能之获得"[①]。揆诸实际，虽然不能依前述批评矛锋所向一概否定当时的新闻研究，但是批评所指的问题确实广泛存在。以在民国新闻研究中"居了最高峰的位置"的黄天鹏为例[②]，从1929年至1932年，他在复旦大学新闻学系任教期间，共出版了35种新闻学著作，其中撰写、翻译29种，编辑6种[③]。如此高产，其勤奋固然令人敬佩，但其著作品质亦让人堪忧。当以传统学科的研究水准来审视新闻论著时，即"从既成科学的研究室去观察新兴学科（新闻学——引者注）之混沌的形态和内容，会发现多少的缺陷、谬误和矛盾"[④]。新闻学难免落入大学学科等级的末端，成为"社会科学中间最落后的一门"[⑤]，因而难以获得其他学科知识性的承认，并在研究型的国立大学中占据制度化的位置。教育部也认为国内缺乏合格的新闻学教授与教材[⑥]。这恰好印证了1935年初潘觉所观察到的情况，"现在我国的新闻学系，都是附设在几个私立大学里面，而国立和省立大学，几乎没有一个设新闻学系的，这也许是一般教育家认为新闻教育在现在尚不重要"[⑦]。

---

① 胡道静：《上海新闻事业之史的发展》，上海通志馆1935年版，第78页。

② 增扬：《中国新闻学人黄天鹏先生访问记》，《星期文艺》1931年8月8日。

③ 马光仁主编：《上海新闻史（1850—1949）》（修订版），复旦大学出版社2014年版，第679页。

④ 任白涛：《综合新闻学》，商务印书馆1941年版，第2页。

⑤ 施志刚：《论中国新闻教育》，《读书通讯》（1948年）第152期，载龙伟等编：《民国新闻教育史料选辑》，北京大学出版社2010年版，第238页。

⑥ 《新闻学无专校必要》，《民国日报》1931年7月21日。

⑦ 潘觉：《怎样普及新闻教育》，《报学季刊》第1卷第3期，1935年，载龙伟等编：《民国新闻教育史料选辑》，北京大学出版社2010年版，第79页。

一个学科的学术文化资本和其研究者的文化资本，及其所培养的学生的职业象征资本既难解难分，又相辅相成。除了在教育背景和工作方式方面的巨大差异，新闻记者生性自由无畏、浪漫不羁，而高校学者大多保守持重、拘谨刻板，两者同处大学校园这一场域，不仅没有弥合反而加剧了由惯习区隔所产生的深刻疏离和强烈敌意。吴宓所述可做一证，“诸友之不赞成宓习报业者，盖以报业乃圆滑小人，便辟邪佞之职事，宓才不足为之，故惟当研究文学”[①]。兼之，报业鱼龙混杂，记者品类不齐，新闻行业的社会声誉褒贬不一。这导致新闻学术文化资本在学界人士冷眼漠视之中进一步贬值。1920 年代，教育总长听说平民大学开办新闻学系，殊为不满：“办报敲竹杠，也要公开传授吗？”曾下令取消[②]。著名学者钱锺书即使在虚构的小说之中，也不忘嘲讽一番新闻研究和新闻学者。《围城》里那位不学无术却好卖弄学识，并且品性卑劣充满“淫邪之相”的李梅亭，就是“上海新闻研究所所长”。甚至徐志摩在与胡适谈到邵飘萍被军阀杀害都充满调侃和讥讽：“最近的消息，是邵飘萍大主笔归天”[③]。记者惨遭杀害竟成为学者闲谈的笑料，可见学者对记者蔑视之至、冷漠之至。也可能正是

① 吴宓日记 1919 年 11 月 13 日，载吴学昭整理注释：《吴宓日记》，三联书店 1998 年版，第 91 页。

② 简又文：《西北东南风》，转引自散木：《乱世飘萍：邵飘萍和他的时代》，南方日报出版社 2006 年版，第 381 页。笔者查阅两个版本的《西北东南风》（良友复兴图书印刷公司 1943 年版和重庆出版社 1987 年版）均未见到所引材料。

③ 徐志摩致胡适 1926 年 4 月 26 日，载韩石山编：《徐志摩全集》（第 8 卷），商务印书馆 2019 年版，第 27–28 页。当然这个案例背后包含了“鲁迅派”（以邵飘萍的《京报副刊》为阵地）与“胡适派”（以徐志摩主持的《晨报副刊》为阵地）在政治立场、学术观点与人事情感之间错综复杂的纠葛。

因此，国立北平大学请成舍我去办新闻学系，成舍我“觉得就现在教育界情形，要想在一个国立大学里面，试验我们的理想，必然困难太多”，望而却步，知难而退[①]。

尽管教育场具有高度的自主性，它是按照自身的运行规则通过与新闻场的合作来兴办新闻教育，但是无论新闻场还是教育场，其运行轨迹和发展方向都深刻受制于权力场的影响和规制[②]。1922 年，北洋政府放宽大学设立条件，公私大学数量激增，由 13 所增加到了 51 所，5 年间增加了 3 倍[③]，本研究中的 16 所新闻院系，其中 9 所是随着这股兴办大学热潮而成立的。随着大学创立标准的放宽和数量的激增，带来的是各类高校驽骥争驰，泥沙俱下，引发社会各界普遍而强烈的批评。“中国的大学教育机关，已成合股谋利的商店；中国的大学毕业文凭，已成滥发贱兑的钞票”[④]。待到南京政府成立后，为控制高校数量、提升教学质量、调整办学结构，以及强化意识形态灌输，教育部自 1929 年至 1935 年期间开始对全国高校进行全面而严厉的整顿，取缔、停办、裁并设施不齐、教学不良、办理不善等不合法规的学校。在

---

① 成舍我:《我所理想的新闻教育》,《报学季刊》第 1 卷第 3 期，1935 年，载龙伟等编:《民国新闻教育史料选辑》，北京大学出版社 2010 年版，第 71 页。

② 这里主要借鉴了布尔迪厄关于“权力场中的文学场”的相关分析。布尔迪厄不止一次指出，这里的文学场可以置换为许多类似的场域。相关详细讨论可参见，〔法〕皮埃尔·布尔迪厄:《艺术的法则：文学场的生成与结构》，刘晖译，中央编译出版社 2011 年版，第 192-193 页。

③ 参见，田正平:《国民政府初期对高等教育的整顿（1927—1937）》,《河北师范大学学报（教育科学版）》2012 年第 1 期，第 27-34 页；陈玉玲:《国民政府初期对高等教育的整顿：1927—1937》，中国社会科学出版社 2018 年版，第 37-42 页。

④ 董任坚:《大学教育论丛》，新月书店 1932 年版，第 1 页。

北京，国际大学（新闻学专修科）、民国大学（新闻专修科）被勒令停办，即使新闻教育办得有声有色的平民大学因考核不达标，于1930年降格为平民学院，后又因不符学院立案标准，最终在1934年被迫停办。在上海，光明大学（新闻专修科）、江南学院（新闻专修科）、国民大学（报学系）先后遭到关闭[①]。民治新闻学院始则被降格为民治新闻专科学校，继而被要求再降格为民治新闻补习学校。顾执中坚决不从，但“不得不采取半地下的方式”，减少招生人数和办学规模，从每年招生两次减为一次，从每班40人减为20人，凭借租界为掩护惨淡经营[②]。圣约翰大学因拒绝向南京政府立案，“一度成为教会大学中唯一未立案者”，其

① 参见，田正平：《国民政府初期对高等教育的整顿（1927—1937）》，《河北师范大学学报（教育科学版）》2012年第1期，第27-34页；陈玉玲：《国民政府初期对高等教育的整顿：1927—1937》，中国社会科学出版社2018年版，第60-66页；韩戍：《失败的整合：国民政府教育部对上海高校的院系调整》，《史林》2020年第1期，第153-168页；金以林：《近代中国大学研究（1895—1949）》，中央文献出版社2000年版，第184-223页。

② 顾执中：《报人生涯——一个新闻工作者的自述》，江苏古籍出版社1987年版，第338-339页。顾执中认为，南京教育部不予民治新闻专科学校立案是因为，国民党CC系（中央俱乐部）视之为“眼中钉”“始终不断的给以暗损及明显的打击”（见前书第339页）。其实，民治新闻专科学校从各个方面都达不到教育部的相关规定。如教育部《专科学校规程》规定，专科学校的开办费为6万元，每年经常费为5万元，而民治新闻专科学校的全部经费才1 600元；兼任教员总数不得超过全体教员1/3，而民治新闻专科学校的专任教员仅一人。民治新闻专科学校不仅在资金和教员这两个最基本的方面远远达不到立案要求，而且其他方面也不符合立案标准。[有关《专科学校规程》，见中华民国教育部参事处编：《教育法令汇编》（第1辑），商务印书馆1936年版，第172页。] 潘公展没有封闭或封锁民治新闻专科学校，而是劝顾执中将学校“再降一级，改为民治新闻补习学校”，可能已经是看在曾经同人一场的缘分上，照拂有加了。

新闻学系发展亦受影响，导致此后经年“停滞不前”[①]。尽管整顿工作确实从整体上提升了高等教育的办学质量和社会声誉，但是也压制了个别颇具特色的新闻院系的生存空间和发展态势。兼之，南京政府当时又一度注重发展实用科学，限制文科教育[②]，这使新闻高等教育一时落入多重束缚极为不利的局面。

1924年，中国新闻高等教育起步方始，邵飘萍在《东方杂志》撰文感叹，“所谓‘新闻学’者，乃尚如婴儿之未学步”[③]。此后经年，报界与学界携手合作来发展新闻教育并取得长足进步，奠定下中国现代新闻高等教育的始基。但是，由于学界过于依赖报界存在结构性缺陷的经济资本和文化资本，致使新闻院系在教育场域之中形成一个资本薄弱、位置边缘，与主场域结构结合松散的次场域，而在南京政府对报界和学界的严厉规制之下，新闻院系这个次场域变得更加飘摇和逼仄。这导致不仅到了本研究时限的1937年，即使到了1940年代末期，新闻学仍然“是最幼稚的一门科学”[④]。新闻教育摆脱幼稚，依旧任重道远。

---

① 参见，周婷婷：《圣约翰大学新闻教育的历程》，《新闻大学》2017年第4期，第124-131页。

② 相关详细讨论可参见，陈玉玲：《国民政府初期对高等教育的整顿：1927—1937》，中国社会科学出版社2018年版，第91-131页。

③ 参见，邵飘萍：《我国新闻学进步之趋势》，载方汉奇主编：《邵飘萍选集》（下册），中国人民大学出版社1987年版，第600-603页。

④ 储玉坤：《二十年来的新闻教育》，《教育杂志》1948年第6号，载龙伟等编：《民国新闻教育史料选辑》，北京大学出版社2010年版，第222页。

第十章

亦师亦友亦敌手：新闻记者与外国驻华记者的新闻竞合和国族博弈[①]

黄天鹏指出，中国的新闻事业主要是以英、美、日为师[②]。然而，“先生老是侵略学生”[③]，这导致中西师生关系颇为微妙，“一方面尊师的风气仍在成长；另一方面反西的情绪也在发展”[④]，师生之间既融洽，又紧张，既合作，又竞争，既相互欣赏，有时又彼此敌视。而这一切背后的原因极为复杂，生动而深刻地反映出中国记者和新闻业在融入全球新闻传播过程中，艰难地协调着专业主义、民族主义之间错综复杂的关系，以期建构和发展出既符

---

① 本章初稿《论民国时期外国驻华记者与中国记者的合作与竞争》发表于《新闻大学》2020 年第 1 期。人大复印资料《新闻与传播》2020 年第 7 期全文转载。

② 黄天鹏:《中国新闻事业》，载黄天鹏编:《新闻学名论集》，上海联合书店 1930 年版，第 101 页。

③ 毛泽东:《论人民民主专政》，《毛泽东选集》（第 4 卷），人民出版社 1991 年版，第 1468-1482 页。

④ 罗志田:《西方的分裂：国际风云与五四前后中国思想的演变》，《中国社会科学》1999 年第 3 期，第 31 页。

合国际原则又切合本土国情的中国新闻专业主义[①]。

一

外国驻华记者孤身一人，远涉重洋，来到人地两疏的中国，无论是从小就对中国充满了浪漫憧憬的“中国迷”[②]，还是后来名扬世界的“中国通”，初来乍到之时，对中国都所知无几。正如上海《密勒氏评论报》的记者约翰·B. 鲍威尔（John B. Powell）所说，他来华之前“对于远在天边的中国……的全部了解，只是从地理和历史教科书上很少几页的文字和并不正确的地图上获得的”[③]。1928 年，埃德加·斯诺（Edgar Snow）刚到上海时也坦承，“对中

① 须指出的是，其一，本章所讨论的外国驻华记者主要是英、美、日三国的驻华记者。此三国不仅驻华记者人数最多，对中国新闻事业发展影响最为深远，而且英、美、日在政治、军事、经济等层面与华交涉最密切，也是对华影响最大的国家。其二，这里所说的外国驻华记者，既包括国际新闻机构驻华的外籍新闻记者，也包括在华创办的外文报刊所聘用的外籍新闻记者。因为，西方新闻媒体驻华记者经常从外人在华创办的外文报刊上获取新闻，并且外人在华报刊记者又经常兼任西方新闻机构驻华记者，两者互动配合极为密切，交往流动极为频繁，形成具有共同特质的诠释社群。[见赵敏恒:《外人在华新闻事业》，王海等译，暨南大学出版社 2011 年版，第 5 页；魏舒歌:《战场之外：租界英文报刊与中国的国际宣传（1928—1941）》，魏舒歌、李松蕾、龙伟译，社会科学文献出版社 2020 年版，第 35、56 页。]

② 〔美〕宝爱莲:《民国群雄采访录——美国女记者与民国军政强人》，杨植峰、俞梦恬译，团结出版社 2015 年版，第 3 页。

③ 〔美〕约翰·本杰明·鲍威尔:《在中国二十五年——上海〈密勒氏评论报〉主持人鲍威尔回忆录》，尹雪曼、李宇晖、雷颐译，黄山书社 2008 年版，第 2 页。

国一无所知啊”[①]。这些记者开展采写工作时首要的障碍就是语言文化不通，消息来源匮乏[②]。除了依靠外国驻华军政官员、教会人士、新闻同业，以及在口岸城市深居简出的少数同胞之外，他们主要依靠中国记者的协助来建构覆盖社会各个阶层、通达内陆城乡各地的新闻网络。1920 年从美国来华任《大陆报》记者的宝爱莲（Edna Lee Booker）在上海外人社交圈中刺探消息游刃有余，但若独立采访“中国本土事务”则寸步难行，总是由她的中国同事，毕业于密苏里新闻学院的李（Lee）作陪翻译[③]。而 1926 年首次踏入中国的哈雷特·阿班（Hallett Abend），追忆说，“回首我在广州的最初几个月，由于语言不通，不时置身险境，再加上日复一日地极端恶劣条件，一切都显得眼花缭乱”，让人极为不堪。幸亏得到《广州公报》（*Canton Gazette*）李才的鼎力协助，疏通关系，联系政要，阿班方才得以顺利完成工作任务。阿班对李才感激不已：“事后证明，他对我的帮助，价值是难以估量的”[④]。

外国驻华记者的主要任务是报道政治新闻，尽管有些记者驻华日久，中文日熟，对中国历史文化也有相当深刻的了解，但是

① Edgar Snow, *Journey to the Beginning,* New York: Random House, 1958, p. 4. 须指出的是，本文参阅了该书英文原版和中译本（〔美〕埃德加·斯诺：《复始之旅》，宋久等译，新华出版社 1984 年版）两个版本，在引述时会交织引用。

② *Timperley Writes on Censorship,* The China Press, June 4，1936.

③ 〔美〕宝爱莲：《民国群雄采访录——美国女记者与民国军政强人》，杨植峰、俞梦恬译，团结出版社 2015 年版，第 16 页。

④ 〔美〕哈雷特·阿班：《民国采访战：〈纽约时报〉驻华首席记者阿班回忆录》，杨植峰译，广西师范大学出版社 2008 年版，第 14、27 页。须指出的是，本文还参阅了该书英文原版（Hallett Abend, *My Years in China: 1926—1941,* London: Lowe & Brydone Printers Ltd, 1944），因此在引述时会交织引用。

由于民国政治“诡幻神奇，为世界之冠”[①]，即使中国报人观之有时亦如坠五里云雾之中难辨其真假，如邵飘萍所指出：“凡政治无轨道之国家，事件之发展，每不可以常理预测。故为我国之外交记者则难而又难”[②]，外国驻华记者在观察和解读中国政局时更是难上加难。担任过多家外国媒体驻华记者的 W. D. 端纳（W. D. Donald）就曾对此充满困惑和抱怨：“中国的政治似乎复杂离奇，好像一团乱麻”[③]。因此，他们积极寻求中国同业的合作，以帮助他们分析和洞悉中国政府盘根错节的人事关系和波诡云谲的军政动态。1932年担任日本联合社上海支局长的松本重治就深切地感到，作为一个日本记者，对中国军政形势的理解非常有限。因此，在判断小道消息的真伪、衡量新闻价值的轻重，以及预测时局态势动向的时候，中国专家的意见便显得至关重要。所以，除民国政要和名流外，松本重治积极结纳萧同兹、程沧波、陈博生、董显光等著名记者和报人，并且与曾经留学日本的张季鸾、胡政之交往甚密。他曾颇怀感激地说：“我每次有事拜见张、胡两位时，他们总能抽出时间来。两人的意见都具建设性”[④]。不独松本如此，赵敏恒当时还观察到，“实际上，几乎每一个在南京的日本记者都得雇用中国记者为其收集最新的政府动向”[⑤]。因此，许多外文娴熟的中国记者

① 政之：《错综复杂之时局》，载王瑾、胡玫编：《胡政之文集》（上），天津人民出版社 2007 年版，第 288 页。

② 邵飘萍：《实际应用新闻学》，载肖东发、邓绍根编：《邵飘萍新闻学论集》，北京大学出版社 2008 年版，第 52 页。

③ 〔澳〕端纳口述、〔美〕泽勒撰：《端纳回忆录》，东方出版社 2013 年版，第 5 页。

④ 〔日〕松本重治：《上海时代》，曹振威、沈中琦等译，上海书店出版社 2005 年版，第 1、65、79 页。

⑤ 赵敏恒：《外人在华新闻事业》，王海等译，暨南大学出版社 2011 年版，第 34 页。

成为外国驻华记者争相结识的合作伙伴，甚至其中有些人在外国驻华记者圈子里比在中国新闻同业中还要有名。如毕业于美国哥伦比亚大学新闻学院的张似旭（Samuel H. Chang），曾任上海《大美晚报》中文版编辑，中英文俱佳的他在外国新闻记者圈中，几乎无人不知，无人不晓。鲍威尔说，"原因是他经常有许多有关中国政治发展的新闻提供"[①]。而提到"浑身是消息"的赵敏恒，许多英美著名记者都跷起大拇指[②]。

但是一些英美日主流媒体的驻华记者依靠帝国主义的势力和特权，相对自由地游走在中外政要显贵之间，常能探听到中国记者无缘与闻的重大政治内幕。正如先后任路透社、《字林西报》《京津泰晤士报》等驻华记者或负责人二十多年的伍海德（H. G. Woodhead）傲慢地指出："外国记者的主要职责是获得有关贷款谈判和外交动向的新闻——这些在当时中国记者是无法获悉的"[③]。甚至不少外国驻华记者涉入中国政治权力中心，成为政客顾问或军阀幕僚，常常预闻最高军事、政治机密。如乔治·厄内斯特·莫里循（George Ernest Morrison）、端纳、汤姆斯·F. 密勒（Thomas F. Millard）、克莱尔·莱诺克斯·辛普森（Clare Lenox

---

① 〔美〕约翰·本杰明·鲍威尔：《在中国二十五年——上海〈密勒氏评论报〉主持人鲍威尔回忆录》，尹雪曼、李宇晖、雷颐译，黄山书社2008年版，第324页；陈汉初载中国人民政治协商会议广东省汕头市委员会文史资料委员会编：《张似旭报业生涯二三事》，《汕头文史》（第5辑），广东汕头印刷厂1988年印制，第96页。

② 参见，肖沱：《缅怀名记者、名教授赵敏恒先生》，《新闻大学》1997年第2期，第53–56页。

③ 〔英〕伍海德：《我在中国的记者生涯》，张珂等译，线装书局2013年版，第32页；Yong Z. Volz & Chin-Chuan Lee, "Semi-Colonialism and Journalistic Sphere of Influence," *Journalism Studies*, 2011,12（5）, pp.559–574.

Simpson)、李亚(George Bronson Rea)、小谷节夫等都曾先后担任北京、南京中央政府以及地方军阀的政治顾问[①]。此外，也有一些中国政要崖岸自高，对中国记者不屑一顾，只接受外国记者采访[②]。所以，民国许多轰动一时的重大新闻当时都是首先发表在欧美媒体之上。因此，中国记者也常常积极主动地结交外国新闻记者，以扩大新闻线索，特别是有些不易访得的政情内幕。由于中外报刊读者定位和目标市场不同，没有直接的商业竞争和利益冲突，外国驻华记者在日常工作中也乐于与中国同业，尤其是知名大报或精英记者分享消息或共同采访。《新闻报》的顾执中经常跟《字林西报》的记者在寻找新闻线索方面进行合作，这样不仅避免脱漏重要新闻，而且还可以获得独家消息，使《新闻

---

① 赵敏恒:《外人在华新闻事业》，王海等译，暨南大学出版社 2011 年版，第 62 页；鲁海:《老报故事》，青岛出版社 2010 年版，第 8–10 页；Mordechai Rozanski, *The Role of American Journalists in Chinese–American Relations, 1900—1925,* Ph.D. Dissertation, University of Pennsylvania, 1974, p.191; Yong Z. Volz & Chin–Chuan Lee, "Semi–Colonialism and Journalistic Sphere of Influence," *Journalism Studies*, 2011,12(5), pp.559–574. 端纳、索克思、甘露德、《导报》费家禄、《泰晤士报》佛来得与江苏督军李纯、吴佩孚，及其幕僚白坚武的交往，见杜春和、耿来金整理:《白坚武日记》(第一册)，江苏古籍出版社 1988 年版，第 157、221、209、210、260、269、389、411、424、433、490、364、410 页。冯玉祥日记中也留下多处与上海公论社社长渡边大洋、美国某新闻记者、德国通信社访员哈纪满来、《大陆报》易培根等外国记者交往的记录，见中国第二历史档案馆编:《冯玉祥日记》，江苏古籍出版社 1988 年版，(第一册)第 413 页，(第二册)第 46、84、112 页；宝爱莲与民国军阀交往的详细故事可参见，〔美〕宝爱莲:《民国群雄采访录——美国女记者与民国军政强人》，杨植峰、俞梦恬译，团结出版社 2015 年版。

② 金雄白:《记者生涯五十年》(上)，台湾跃升文化事业有限公司 1988 年版，第 211 页。

报》在上海激烈的新闻竞争中胜人一筹[①]。当时《立报》的年轻记者舒宗侨在采访之中，为保持有充足的新闻来源，也积极与外国新闻通讯社、报纸的记者们建立起密切的合作关系。正如他回忆说："我每晚要和外国报纸、通讯社交换新闻，看看有无遗漏。特别是英文《大陆报》、《大美晚报》，我每天下午、晚上都要通电话"[②]。

特别是当重大新闻事件爆发之际，事实真相隐晦难明，事态走势变幻莫测，中外记者都需要探知对方政府的反应和舆论的动向，以厘清真相，把握走势。为此，双方都会积极主动地交换消息，合作采访，共寻真相。西安事变时，《西安日报》的张兆麟协助伦敦《每日先驱报》特约通讯员詹姆斯·贝特兰（James Bertram）千方百计避开蒋系军队的重重包围进入西安采访，同时张兆麟也需要外国记者设法帮助他们突破南京政府的新闻封锁，将张学良和杨虎城的主张以及事变的真相及时传播到全国乃至世界，尤其是在当时国内外新闻界谣言四播并且充满对张、杨污蔑的情况下，起到了澄清事实的重要作用。贝特兰和史沫特莱等当时身处西安的外国驻华记者利用广播电台，使用英语、法语、德语和俄语将事变前后发生的重要新闻传向中国和世界[③]。

再则，在报道某些揭露性、批评性新闻议题，希望引发民众普遍关注，形成广泛社会动员之时，西方驻华记者感到外国在华报纸杂志读者有限、影响不广，也需要中国媒体的广泛配合。伍

---

① 顾执中：《战斗的新闻记者》，新华出版社 1985 年版，第 36 页。

② 舒宗侨：《〈立报〉采访生活回忆》，《新闻记者》1987 年第 3 期，第 30 页。

③ 〔新西兰〕詹姆斯·贝特兰：《在中国的岁月：贝特兰回忆录》，何大基等译，中国对外翻译出版公司 1993 年版，第 18–19 页。

海德就在中国记者和报纸的配合下成功地阻止了意大利商人非法向中国军阀出售武器的交易[①]。

海外留学归来的中国记者既熟悉外国文化脉络，又娴熟国际新闻习惯与规范，因此他们与外国驻华记者交流更密切，合作更为深入。其中不少佼佼者，赢得西方报人的认可和尊敬，甚至成为外人在华新闻事业的负责人，领导外国驻华记者开展新闻工作。曾任路透社南京分社主任的赵敏恒，成为第一个担任国际通讯社驻华分支机构主管的中国人。有时这些中国记者领导的西方在华媒体，因汇聚东西精英，文化相因相进，比外人管理经营的在华媒体更具竞争力和影响力。如董显光在主政《大陆报》（1929—1935年）时，领导一群才华横溢、精力充沛的中美年轻记者埋头苦干、奋力拼搏，把报纸办得风生水起，一时使同城竞争对手、历史悠久的英资报纸《字林西报》相形见绌[②]。

中外记者通过相互假借、嵌入到彼此的知识结构、消息来源、关系网络、实践工作来建构自己的新闻网，藉此将各自的新闻知识、采访网络拓展到原本未能触及的，或不易涉入的社会阶层和社会空间，有力地提升了中外记者新闻生产的数量和质量。而在合作采写的过程中，中国记者主要是学习和借鉴西方记者的现代采写技能和策略等显性新闻知识与经验，即一种无远弗届的世界

① 〔英〕伍海德:《我在中国的记者生涯》，张珂等译，线装书局2013年版，第85-87页。

② 董显光:《董显光自传》，曾虚白译，台湾独立作家出版社2014年版，第93-98页。

性新闻知识与经验[①]，西方记者侧重于观察和领悟中国记者在采访中如何处理人情世故等默会新闻知识与经验，以及中国特有的地方性新闻知识与社会经验。中外新闻记者的密切合作，丰富和增强了彼此的新闻专业主义实践知识和技能，构成了国际合作建构新闻专业主义的一个典型特征。

尽管在治外法权和列强政府强蛮态度的保护之下，外国驻华记者享有广泛的自由权利，但是他们感到在工作中遇到的最大麻烦依然是新闻审查[②]。民国政府虽然始终未能摆脱西方列强的牵制和欺凌，以完全独立自主的姿态屹立于国际社会，但是当外国媒体和记者触犯军阀政客的切身利益时，他们都会千方百计予以威慑惩戒[③]。特别是南京政府成立初期，其标举民族主义旗帜和厉行新闻统制政策，一度对外国新闻媒体和西方驻华记者显示出前所未有的强硬态度。倘若它们触犯政治敏感问题，南京政府不惜代价将其报刊禁邮禁售，或将其记者驱逐出境。在北京经营《远东时报》的辛普森因为支持张作霖，南京政府强烈要求将辛氏驱逐出境。1929 年，《字林西报》驻北京记者甘露德（Rodney Yonkers Gilbert）因报道吴佩孚进驻北京消息失实而引发南京政府对该报实施禁邮。此外，英资的《京津泰晤士报》、日资的《上海日日新闻》《上海每日新闻》等都遭到过南京政府制裁。田伯烈（H. J. Timperley）说，在 1933 年，驻华记者每三篇

① 此概念借鉴于默顿等学者提出的世界类型影响力人物和地区类型影响力人物，相关详细讨论参见，钱进：《作为流动的职业共同体：驻华外国记者研究》，上海交通大学出版社 2015 年版，第 14–16 页。

② "Timperley Writes on Censorship," *The China Press*, June. 4, 1936.

③ 〔英〕伍海德：《我在中国的记者生涯》，张珂等译，线装书局 2013 年版，第 145–147 页。

新闻稿能有一篇通过南京国民政府审查发向海外就算非常幸运了[①]。而史沫特莱、伊罗生（Harold Robert Isaacs）等记者的著作则被南京政府列为禁书[②]。故此，伍海德指斥国民党对外国记者媒体的查禁"偏执和不负责任。"[③] 如果说伍氏代表了右翼外国驻华记者的偏见，那么，1929年美资《华北明星报》（*North China Star*）因摭拾里巷流言报道"中国政局谣言"遭到南京政府禁邮处罚时，"引起在华英字报（连日本人主办之英文报在内）一致抗议"[④]，则显示出外国驻华记者对南京政府严厉的新闻审查制度的普遍反感[⑤]。

---

① "Timperley Writes on Censorship," *The China Press*, June. 4, 1936.

② 查禁外国驻华记者的相关论述可参见，赵敏恒:《外人在华新闻事业》，王海等译，暨南大学出版社2011年版，第47、53页；Hallett Abend, *My Years in China: 1926—1941,* London: Lowe & Brydone Printers Ltd, 1944，p.116;〔英〕伍海德:《我在中国的记者生涯：1902—1933》，张珂等译，线装书局2013年版，第159–167页；Yong Z. Volz & Chin-Chuan Lee, "Semi-Colonialism and Journalistic Sphere of Influence," *Journalism Studies*, 2011，12（5）, pp.559–574;〔美〕彼得·兰德:《走进中国——美国记者的冒险与磨难》，李辉、应红译，文化艺术出版社2001年版，第169–170页；Mordechai Rozanski, *The Role of American Journalists in Chinese-American Relations, 1900—1925*, Ph.D. Dissertation, University of Pennsylvania,1974, pp.186–187；魏舒歌:《战场之外：租界英文报刊与中国的国际宣传（1928—1941）》，魏舒歌、李松蕾、龙伟译，社会科学文献出版社2020年版，第123–139页；于泓洋:《民国南京政府初期国民政府对外国驻华记者的管理研究（1927—1937）》，华东师范大学硕士学位论文，2018年。

③ 〔英〕伍海德:《我在中国的记者生涯：1902—1933》，张珂等译，线装书局2013年版，第161页。

④ 《华北明星报问题》，《大公报》1929年2月17日。

⑤ 有关《华北明星报》被查禁事件的相关详细讨论可参见，魏舒歌:《战场之外：租界英文报刊与中国的国际宣传（1928—1941）》，魏舒歌、李松蕾、龙伟译，社会科学文献出版社2020年版，第126–127页。

当外国驻华记者遇到国民政府不合理、不公正的新闻审查和惩处时，中国记者会予以道义上的同情和力所能及的帮助。1929年4月25日，《纽约时报》因报道张学良对南京政府的批评，南京政府要求立即驱除《时报》驻华记者阿班，并且下令各级政府官员均不得接见阿班，禁止政府人员向其提供消息。在新闻工作中一时陷入困境的阿班，得到了中国记者暗地表达的"同情态度"[①]。而《华北明星报》禁邮事件发生时，同处津城的《大公报》仗义直言，认为该报"受此过重之罚，殊觉代为抱憾"，呼吁南京政府对此应"时时纠正其不正确之谣言，不可放任，"但也"不必严惩"[②]。

尽管外国驻华记者倘若触犯中国权势人物和重大利益时也会遭到种种限制和查禁，但他们依然享有中国记者所可望而不可即的广泛权利和特权。另外，外国驻华记者和媒体不受国民党的事先新闻审查，虽然事后会受惩处，但是新闻已经传播出去，消息广为人知，记者已经实现其工作目标[③]。因此，中国记者积极寻求外国驻华记者的庇护和帮助，以突破政府的新闻审查。而且外国记者，特别是英美记者拥有新闻自由的深厚传统

---

① 〔美〕哈雷特·阿班:《民国采访战:〈纽约时报〉驻华首席记者阿班回忆录》，杨植峰译，广西师范大学出版社2008年版，第86、97、101页。阿班被禁事件亦可见诸，"Mr. Hallett Abend Recovers Rights," *The North-China Herald and Supreme Court & Consular Gazette*, Aug.12, 1930; "Mr. Hallett Abend and The National Government," *The Shanghai Times*, May 20, 1931; "Times Statement on Abend Affair Given Out Here," *The China Press*, May 20, 1931.

② 《华北明星报问题》,《大公报》1929年2月17日。

③ "Press Censorship Delayed to Monday," *The China Press*, Mar.2, 1933; "Students Find New Cause to Back," *The North-China Daily News*, Dec.28, 1935.

和强烈意识，如密勒、斯诺等人对新闻自由的热爱即使在英美社区也是超出群伦，名著一时[①]。他们极为反感新闻审查，认为中国新闻发展的最大障碍就是政客军阀所滥施的政治高压和新闻审查[②]，所以，他们深切同情中国记者，热切地帮助中国记者抵制新闻审查。

顾执中遇到因政府查禁无法采访报道的新闻时，他就打电话联系所熟悉的外国记者，如鲍威尔，以及《字林西报》的O. M. 格林（O. M. Green）[③]，由他们去采访消息[④]。当斯诺得知萧乾所写的冯玉祥访问记被国民党检查官砍得面目全非，冯氏的抗日主张全部被删掉，斯诺立即要求萧乾介绍去访问冯玉祥，并将其抗日主张公开发表[⑤]。而来华有年，担任过《大陆报》《密勒氏评论报》等多家报刊记者的卡尔·克劳（Carl Crow），曾受邀担任天津《庸报》董事会主席。他从未出席过一次董事会议，也从未到过《庸报》办公室，与报纸管理层亦联系不多，然而，每当《庸报》遭到政府新闻审查的威胁和刁难时，克劳就会挺身而出予以保护。不像许多外国冒险家为捞取外快而为中国报纸提供治外法权的庇护，克劳“从未拿过一分钱薪水”，他这么做纯粹是出于

① Paul French, *Carl Crow–A Tough Old China Hand: The Life, Times, and Adventures of an American in Shanghai,* Hong Kong: Hong Kong University Press, 2006, p.30;〔美〕约翰·汉密尔顿:《埃德加·斯诺传》，柯为民、萧耀先译，辽宁大学出版社 1990 年版，第 73 页。

② “Chinese Journalism,” *The North–China Daily News*, Dec. 12, 1928.

③ 即 Owen Mortimer Green，曾任《字林西报》主编。

④ 顾执中:《报海杂忆》，中国文史出版社 1986 年版，第 62 页；顾执中:《战斗的新闻记者》，新华出版社 1985 年版，第 313 页。

⑤ 萧乾:《斯诺精神》，载孙华主编:《埃德加·斯诺向世界见证中国》，北京大学出版社 2011 年版，第 23 页。

新闻记者追求和维护新闻自由的道义[①]。克劳称，先后向他寻求帮助的中国报纸有6家之多[②]。斯诺致平津新闻学会成立的贺信，即表达了许多外国驻华记者积极协助中国记者通力反抗新闻审查的共同心声，“在（新闻——引者注）检查问题这一点，以及普通采访方面，中外记者既然利害相同，我们相信将来会产生一种密切的合作，在我们之间。这里，我愿意提出，假如贵会将来有什么实际的提议时，我一定尽我底一份帮助之力”[③]。

此外，除了在中国出版的外文报纸上发表了大量揭露和批评中国新闻审查制度的新闻和评论，外国驻华记者还在西文报纸上翻译转载《申报》《新闻报》《大公报》等中国主流媒体批评国民政府新闻审查的文章，支持中国媒体争取新闻自由的运动[④]。此外，斯诺、田伯烈、伍海德、阿班等还在海外出版的报章和论著中批评国民党对新闻自由空前严酷的镇压[⑤]。藉此，争取在华西侨和国际社会施压中国政府，迫使其减缓对中国记者以及外国驻

① 〔美〕卡尔·克劳：《洋鬼子在中国》，夏伯铭译，复旦大学出版社2011年版，第108页。

② 〔英〕保罗·法兰奇：《镜里看中国：从鸦片战争到毛泽东时代的驻华外国记者》，张强译，中国友谊出版公司2011年版，第145页。

③ 斯诺写给学会的长篇贺信，见贺逸文：《平津新闻学会史料》，《新闻研究资料》1981年第1期，第262–275页。

④ “Reflections on Press Censorship,” *The China Press*, Otc. 6, 1935; “How to Improve Press Censorship,” *The China Press*, Apr. 5,1936; “Suggestions to Improve Press Censorship,” *The China Press*, Dec. 11, 1935; “A Chinese Paper on Press Censorship,” *The China Press*, Jul. 8, 1919; “Chinese Reporters Body Send Telegram to Nanking,” *The North-China Daily News*, Dec. 23, 1935.

⑤ 〔美〕埃德加·斯诺：《中国的新闻检查》，刘力群译，《现代历史》1935年7月号；“Timperley Writes on Censorship,” *The China Press*, Jun. 4, 1936.

华记者的审查和束缚。

无论外国驻华记者，还是中国新闻记者，特别是后者，单独直面民国政府的新闻审查都非常脆弱，任何冲击文网的举动均是代价沉重，而功效不著。由于民国政府惩处中外记者的缘由不同、方式有别、情景殊分，当它查禁其中一方时，被惩戒者总能得到另一方的奥援。新闻审查存在的这种错位空间和缝隙地带，使得中外记者通过紧密合作、互通有无，就能机智而策略性地突破民国政府的新闻审查，将其严厉查禁的新闻传遍中外。这种合作拓展了中外记者新闻自由的活动空间，鼓舞和坚定了他们，特别是中国新闻记者追求新闻自由的信念。而这是国际合作建构新闻专业主义的又一个典型特征。

"中国的报业固然走着英美路线，就是中国的新闻教育，也走着英美路线"①。而中国记者又最崇尚美国新闻事业，"世界各报，以美国各报记载及言论最为详确，此后中美新闻记者，如能相互提携，国际友谊必更可增进"②。当美国密苏里新闻学院的沃尔特·威廉院长，"这位新闻专业主义运动的先锋和致力于向东亚和世界推广美国新闻学理念的领袖"，以充满传教士般的热情来华推广新闻高等教育时，立刻获得中国各界的热烈欢迎③。许

① 褚玉坤:《今日之中国新闻教育》,《读书通讯》第 138 期（1947 年），第 4 页。

② 《新闻记者欢迎格拉斯》,《民国日报》1921 年 11 月 25 日。

③ 相关详细讨论参见，Hollington, K. Tong, "Missouri School Wields Profound Influence On China Journalism," *The China Press,* Jun. 4, 1931; 张咏、李金铨:《密苏里新闻教育模式在现代中国的移植——兼论帝国使命：美国实用主义与中国现代化》，载李金铨主编《文人论政：知识分子与报刊》，广西师范大学出版社 2008 年版，第 281–309 页 ; Timothy B. Weston, "China, Professional Journalism, and Liberal Internationalism in the Era of the First World War," *Pacific Affairs*, 2010,83（2）, pp. 327–347.

多外国驻华记者，其中不少都是威廉的学生，也积极投身到中国新闻教育事业的建设发展之中。

这些驻华记者纷纷走进新闻院校，向年轻的中国新闻学子们传授新闻采写技艺和修养。在上海，《密勒氏评论报》主编唐纳德·帕特森（Donald Patterson）协助卜舫济创办了圣约翰大学新闻系，密勒也积极参与教学活动。同时，帕特森还热情洋溢地到上海各个大学以及各类社团去宣讲新闻学知识和道德①。继帕特森主持圣约翰大学新闻系的武道（Maurice Votaw），同时也是《巴尔的摩太阳报》《字林西报》的特约驻华记者。在北京，时任美国《纽约日报》驻华记者斯诺、英国《卫报》兼路透社驻华记者田伯烈加入燕京大学新闻学系，担任兼职讲师。其中，斯诺执教近三年，讲授"新闻特写""旅行通讯"等课程，指导过《平西报》《燕京新闻》等学生报刊进行新闻实践，还积极参加新闻系讨论周和燕京大学新闻学会的各项活动②。即使是国人创办的新闻院系和高等院校开设的新闻课程中也不乏外国驻华记者的身影，如民治新闻专科学校聘请日本记者奥宫正澄讲授日语③。北京《导报》主笔柯乐文（Grover Clark）在北京大学开设"报纸练习"课程，供"有志新闻事业者"学习④。

① *The North-China Herald*, Oct.15,1921, p.152; "Talk On Journalism Given Before 300 At Chinese Y.M.C.A.," *The China Press*, Nov.3,1921;《新闻职业之演讲》,《申报》1922 年 1 月 7 日。

② 方汉奇:《呼唤"斯诺式"的记者》，载孙华主编:《埃德加·斯诺向世界见证中国》，北京大学出版社 2011 年版，第 77 页。

③ 顾执中:《战斗的新闻记者》，新华出版社 1985 年版，第 148 页。

④ 《英文学系指导书》,《北京大学日刊》1923 年 9 月 14 日。转引自周婷婷:《中国新闻教育的初曙——以北京大学新闻学研究会为中心的考察》，华中科技大学出版社 2013 年版，第 101 页。

这些驻华记者从学校得到的薪水不高[①]，他们大多是抱着传道育人的热情和责任走上新闻讲台，并且他们强烈的新闻道德、丰富的实践经验和出色的新闻写作技能，深获学子们的钦佩和敬重。当时在燕京大学新闻学系读书的萧乾就感到非常幸运，能在斯诺的指导下写小说，译文稿，度过大学的最后两年，收获丰厚。1935年毕业之际，斯诺还送给他鼓鼓囊囊的一皮箱英文书，萧乾欣喜地拥有了他“生平头一批藏书”[②]。另一位燕京大学学子陈翰伯则将他和斯诺亲切地形容为“我们是师生，又是朋友，是可以互相交心的朋友”[③]。在教学之外，斯诺夫妇还热忱地援助张兆麟、陈翰伯等参与组织的进步学生运动[④]。

燕京大学教育长司徒雷登说：“中国传统中最值得推崇的道德之一就是师生间的崇高关系”[⑤]。燕京大学的新闻学子们确实尊师重道，知恩图报，对其老师在华的新闻工作给予热情帮助和大力支持。萧乾毕业进入《大公报》之后，继续与斯诺保持着合作关系。陈翰伯则冒着巨大的风险协助斯诺的夫人海伦·福斯特·斯诺（Helen Foster Snow）挣脱国民党的阻挠秘密赴延安采访，并为其担任翻译工作[⑥]。张兆麟帮助海伦·斯诺采访张学良，

---

① 〔美〕埃德加·斯诺：《复始之旅》，宋久等译，新华出版社1984年版，第154页。

② 萧乾：《未带地图的旅人：萧乾回忆录》，江苏文艺出版社2010年版。

③ 陈翰伯：《告慰斯诺先生》，载陈翰伯：《陈翰伯文集》，商务印书馆2000年版，第420页。

④ 〔美〕约翰·汉密尔顿：《埃德加·斯诺传》，柯为民、萧耀先译，辽宁大学出版社1990年版，第49-52页。

⑤ 〔美〕司徒雷登：《在华五十年》，常江译，海南出版社2010年版，第75页。

⑥ 陈翰伯：《在白区新闻战线上（1936—1949）》，载陈翰伯：《陈翰伯文集》，商务印书馆2000年版，第438-444页。

并大力协助斯诺夫妇的好友詹姆斯·贝特兰进入西安事变后的陕西进行采访报道。

除了一些直接投身中国新闻教育事业的外国驻华记者之外，其他外国驻华记者也密切关注中国新闻教育的发展，他们对中国新闻院校的建立、发展以及各类丰富多彩的教研活动都给予详尽的报道[①]。外国驻华记者还热情鼓励和全力支持中国记者撰写新闻著作，中外记者共同致力于在中国推广和普及新闻知识和理念。路透社的伊文思（P. D. Evans）为邵飘萍的《实际应用新闻学》作序揄扬，“吾愿邵君此书大告成功，并望大有裨益于中国新闻事业之发展焉”[②]。赵敏恒甚至撰写专著《外国在华的新闻事业》，专门研究中外记者合作的现实状况和未来走向，并且在写作过程中得到许多外国驻华记者的鼎力相助。

藉此，国际合作建构新闻专业主义所展现出的另一典型特征是，外国驻华记者在新闻院系不仅系统地训练中国学生学习西方新闻专业主义的知识与技能，而且向他们制度化地灌输新闻专业

---

① “Notes of the Day,” *The Shanghai Times*, Feb.27, 1929; “Peking University: Proposed School of Journalism with American and Chinese Professors,” *The North-China Daily News*, Jul. 10, 1923; Chinese School of Journalism: Visit of Pupils to Offices of the “North-China Daily News,” *The North-China Daily News*, Dec.31,1926; *The North-China Daily News*, Feb.19, 1925; “Chinese College Of Journalism Planned By S'hai Newsman,” *The China Press*, Dec.8,1928; “Chinese School of Journalism: Interesting Plan for Educating Young Newspaper,” *The North-China Daily News*, Feb.21,1929; “Journalism Department,” *The China Press*, Aug.21,1929; “Students of Journalism,” *The China Press*, Apr. 5, 1928; “Fuh Tan University Show Features Journalism,” *The Shanghai Times*, Oct. 9,1935.

② 邵飘萍：《实际应用新闻学·伊文思序》，载肖东发、邓绍根编：《邵飘萍新闻学论集》，北京大学出版社 2008 年版，第 9 页。

主义背后所深刻隐含的价值和理念，为中国培养了大批具有国际新闻采写能力的优秀记者[①]。这不仅极大地加强了外国驻华记者与年轻一代中国记者的代际合作与个人情感，而且为中国年轻一代记者跻身外国在华媒体进行制度性的合作，甚至为中国年轻一代记者走向世界进行更广泛的国际交流和合作奠定了影响深远的坚实基础。

在中国新闻专业化发展的艰难跋涉过程中，新闻职业协会对建构新闻业声望和权益发挥着重要作用。外国驻华记者积极支持中国新闻职业协会的建设，如 1936 年平津新闻学会成立典礼时，田伯烈、黄思、白雅格等京津地区的外国驻华记者联名写信祝贺，斯诺还致函学会常务理事陈博生，“希望由该学会的媒介，使中外新闻从业人员密切合作，增进友谊，改善邦交”[②]。此外，中国报人与外国驻华记者联合成立了多家国际新闻职业协会，如北京中日记者俱乐部（1912 年）、东三省中日记者大会（1913 年）、武汉国际新闻记者协会等[③]。

1919 年 2 月 15 日在北京成立的万国报界俱乐部规模空前，影响一时，成为“中外报界密切交往的标志”[④]。六十余名中外新闻

---

① 〔美〕司徒雷登:《在华五十年》，常江译，海南出版社 2010 年版，第 66 页。

② 《外国驻华记者论中国新闻检查制度的利害，英美记者施乐等致平津新闻学会函》,《大美晚报》1936 年 2 月 13 日。

③ 王润泽:《北洋政府时期的新闻事业及其现代化（1916—1928）》，中国人民大学出版社 2010 年版，第 361–362 页；赵建国:《分解与重构：清季民初的报界团体》，三联书店 2008 年版，第 285 页；唐惠虎、朱英主编:《武汉近代新闻史》（上卷），武汉出版社 2012 年版，第 340 页。

④ 有关万国报界俱乐部的论述可参见，赵建国:《分解与重构：清季民初的报界团体》，三联书店 2008 年版，第 285–288 页；赵建国:《民国初期记者群体的对外交往》,《江汉论坛》2006 年第 8 期，第 42–48 页。

记者出席成立大会，辛普森、佛亚福、奇意鲁司华、利慈奇、栖崎桂园、长谷川贤、永持、渡边哲信等外国记者还积极参与了职员选举。其中辛普森当选副会长，《北华正报》社长渡边哲信当选评议员。

万国报界俱乐部以“促进中外报界同人联络感情，交换知识与意见，共图报业，作为自己义不容辞的责任”①。首先，为便于中外记者沟通了解，俱乐部成立伊始便决定聘任翻译人才，处理中英文稿件。其次，致力于创办图书馆购储中外图书以提供报人查阅，至1920年俱乐部阅览室已有各类报章杂志逾百种。再次，时常邀请各国驻华使节、中国政府高官出席俱乐部会议，联络中外政要及社会名流以扩大报界影响。又次，积极捍卫言论自由以维护报人报界权利。1919年5月北京《益世报》被封禁，俱乐部致书总统和国务院要求释放同仁，并强烈批评政府言禁政策，“如此钳制报纸，实与进步思想不符”，呼吁国务院“采用英美法意等国之自由法规订成报纸专律”②。

中国记者职业团体组织也强调积极联系外国驻华记者，交流切磋，互助互进。平津新闻学会“定期举办茶会，邀请外籍记者出席，交换消息、意见或讲演，以资联络”③。《密勒氏评论报》的帕特森、密勒、鲍威尔，《大陆报》的匋益尔等外国驻华记者经常受邀赴上海记者联欢会讲演世界新闻事业之状况，讨论中国

① 《万国记者俱乐部成立》，《盛京日报》1919年2月19日；《纪京报界十五日之两盛会》，《申报》1919年2月19日。

② 《北京报界之两呈文》，《民国日报》1919年7月4日。

③ 参见，贺逸文：《平津新闻学会史料》，《新闻研究资料》1981年第1期，第262–275页。

新闻事业之前途，规划中国新闻教育之发展，探索中外新闻记者之合作，等等[①]。此外，外国驻华记者也热情邀请中国记者，加强联谊和合作[②]，同时他们还积极关注、报道中国各地新闻记者和新闻职业团体的各项活动，支持他们为提升职业地位、维护职业荣誉、争取新闻自由而展开的各种运动[③]。

如果说在前述新闻采访、新闻教育以及抵制新闻审查之中，中外记者的合作仅限于为数不多的中外精英记者个体之间，即外国驻华记者中那些热心深入中国社会，醉心探究中国问题的“中国通”们，和中国记者中那些或曾负笈海外名校，或就读中国顶尖大学，抑或外语娴熟的知名大报记者，那么中外记者共建新闻职业团体使中外精英记者间原本个人化、零星式、松散性的，或仅局限在狭小范围内的合作得以制度化、组织化、规模化的方式将其合作范围拓展到更广阔、更多元的记者群体之中。中外记者积极组织国际记者职业团体，外国记者热衷参加和报道中国记

① 《新闻记者联欢会之演讲宴》,《申报》1922 年 4 月 17 日;《新闻记者联欢会开会纪》,《申报》1922 年 5 月 15 日;《记者会音乐演讲欢迎宴志》,《申报》1924 年 8 月 18 日。

② “Chinese Journalists Are Entertained By Reuter’s Agency,” *The China Press*, May 19,1921.

③ “Chinese Reporters Body Send Telegram to Nanking,” *The North-China Daily News*, Dec.23, 1935; “From Day to Day,” *The North-China Daily News*, Nov.4,1932，Sep.17,1933，May 26, 1937; *The North-China Herald and Supreme Court & Consular Gazette*, Nov.9,1932; “Notes of the Day,” *The Shanghai Times*, May 9,1934, Apr. 16, 1934; “Chinese Journalists Organize Protest,” *The North-China Daily News*, Jan.3,1936; “Chinese Journalists Say Press Law Severe,” *The China Press*, Jul. 27, 1935; “Chinese Journalists Association To Hold Inaugural Meet Today,” *The China Press*, Jun. 25, 1932; “To Rescue Reporter,” *The China Press*, Aug.12, 1930.

者职业团体的活动，这都证明中外记者具有广泛而共同的职业诉求和专业利益，并且通过职业团体的组织形式来寻求群体性的理解、信任和合作，以实现、维护和增进其职业诉求和专业利益。

概而言之，中外记者在新闻采写实践（专业知识）、高等教育（专业训练）、新闻自由（专业自主）、职业协会（专业组织）等新闻专业主义的四个核心方面展开了广泛而深入的合作[①]，并取得了丰硕而深厚的成果，有力地推动了中国近代新闻专业主义的形成与发展。

二

外国记者大多是透过国际贸易、殖民主义和帝国霸权的三棱镜来观察和报道中国[②]，换言之，他们报道中国新闻的根本立场和终极目的是维护本国现实利益与国家意识形态。因此在涉及国族权益冲突的具体问题和事件之中，中外记者难免存在尖锐的对立和激烈的博弈。如伍海德坚定拥护治外法权，声称他在华十余年的记者生涯中，写得最多，维护最有力的就是治外法权问题[③]。而邵飘萍则始终不断抗争，大声疾呼“推翻一切不平等的条约”，唤醒民众“永久认定最后之目标，合我国而为大规模之运动。须知

① 钱玉芬:《新闻专业性概念结构与观察指针之研究》，台湾政治大学博士学位论文，1998 年，第 122-124 页。有关新闻专业主义的界定和详细讨论亦可参见该书。

② 〔英〕保罗・法兰奇:《镜里看中国：从鸦片战争到毛泽东时代的驻华外国记者》，张强译，中国友谊出版公司 2011 年版，第 111 页。

③ 〔英〕伍海德:《我在中国的记者生涯：1902—1933》，张珂等译，线装书局 2013 年版，第 130 页。

不共戴天之仇，亡国灭种之敌，即此不平等的条约是也”。当关税修订、万县惨案、五卅惨案等帝国主义侵犯中国权利、侵略中国国土的事件发生时，更会激发邵飘萍的义愤，坚决揭露和驳斥某些外国记者和媒体“不惜牺牲自身之人格与价值，竭力为租界外人担任造谣污蔑之工作”[①]。

围绕这些具体事件和问题的纷争，常常会在情绪上激化为深刻的敌意，在认知上泛化为中外记者之间普遍的对立。如《申报》副主编王伯衡 1927 年在《现代评论》上撰文批评：“欧美各大报之驻华通信员，所发寄至各该国登载之消息，非土匪作乱之事实，即强徒劫杀之记载。若偌大中国，无一好消息，足以报告者”[②]。这篇文章 1930 年又被收录在黄天鹏编著的《新闻学刊全集》之中，可见其得到报人与知识精英群体的广泛认同和高度共鸣。在《新闻学刊全集》之中，黄天鹏也发表文章，控诉外国通讯社涉华报道的三大罪状——“制造谣言”“颠倒是非”“暗中挑拨”，这在中国国内“挑拨政潮”，在国际上致使“欧美民众，每误认中国为半开化民族，及种种误解与藐视”[③]。而伍海德抨击中

① 参见，素昧：《推翻一切不平等的条约》，《京报》1924 年 7 月 3 日；飘萍：《辛丑和约存在之无意味无理由》，《京报》1924 年 6 月 26 日；老飘：《再评在万县英舰之暴行》，《京报》1924 年 7 月 4 日；飘萍：《先内政乎外交乎》，《京报》1924 年 7 月 20 日；飘萍：《外人枪毙学生多名巨案》，《京报》1925 年 6 月 1 日；飘萍：《致伦敦泰晤士报驻京记者》，《京报》1925 年 6 月 26 日；载方汉奇主编：《邵飘萍选集》，新华出版社 1998 年版，第 139−143、136−138、144−145、148−151、192−193、207−208 页。

② 王伯衡：《中国之西字日报》，载黄天鹏：《新闻学刊全集》，光华书局 1930 年版，第 158 页。

③ 黄梁梦：《外人在中国经营之通讯业》，载黄天鹏编：《新闻学刊全集》，光华书局 1930 年版，第 113−117 页。

国记者与媒体说："在所报道的事件中大部分是非专业、不可靠的；通常他们的社论甚至不能给15岁大的欧洲或美国孩子留下印象"①。日本联合社的岩永裕吉也宣称："中国的谣言是世界有名的"，日本媒体的责任是去"戳穿它"②。这些中外记者的言论都没有针对具体对象或特定问题，均是对彼此新闻报道的整体状况和一般情形概而言之，这更加充分地显示出中外记者之间在认知深处存在着普遍的对立和深刻的矛盾。

但恰如西方当代研究者所指出，民国时期的外国驻华记者并不是一个整体，他们对华态度和情感也差异很大，特别是20年代以后，在华记者队伍变得越来越复杂化、多元化和国际化③。中国记者当时也认识到这点，他们针对外国驻华记者新闻报道失实的原因做出了质的区分，并采取了不同的应对方针和策略④。对因为文化隔阂和技术操作失误而引起的失实报道，中国记者能够予以充分谅解。如《大公报》指出："外国人采访别国新闻，根本上本自不易。况中国时局之突兀诡幻，虽本国报界尚且常感于无术判断，是以报告错误，决不足异"⑤。他们呼吁中外记者加强联络，希望外国媒体记者能够恪守新闻专业准则，客观地看待

① 〔英〕伍海德：《我在中国的记者生涯：1902—1933》，张珂等译，线装书局2013年版，第197页。

② 〔日〕松本重治：《上海时代》，曹振威、沈中琦等译，上海书店出版社2005年版，第46页。

③ 〔英〕保罗·法兰奇：《镜里看中国：从鸦片战争到毛泽东时代的驻华外国记者》，张强译，中国友谊出版公司2011年版，第131、160页。

④ 郭恩强：《重构新闻社群：新记〈大公报〉与中国新闻业》，上海人民出版社2013年版，第102页。

⑤ 《关于张学良奇谣感言》，《大公报》1930年8月19日。

中国存在的问题，公正地报道中国取得的成绩[①]。但对于充满帝国主义侵略野心和种族主义文化偏见，在新闻报道中恶意歪曲、丑化、诋毁中国的外国驻华记者，中国记者则奋起反击，绝不宽宥。首先，他们纷纷在中英文报纸上撰文揭露和反击那些外国记者的恶意报道和侵略野心。其次，他们一再呼吁和敦促中国政府建立健全涉外新闻管理政策和法规，依法处罚外国媒体记者践踏中国主权的不法行径[②]。对于某些坚持极端帝国主义、种族主义立场，肆意诋毁中国的外国驻华记者，中国记者要求政府严惩不贷。如王伯衡称甘露德，“其思想几全为帝国主义所束缚，故其所发之议论，十九皆不利于中国”。他斥责伍海德更是“生性仇华，其每日报上之评论，莫不如疯犬之詈人……在蠢虫目中观之，中国之事，全属无希望，中国之人，全系无智识”。王伯衡甚至认为，中国民众近年发起反英运动，“二人侵略中国之文字，实为罪魁中之罪魁也”。王伯衡强烈要求政府对他们进行严厉惩治，驱除出境[③]。再次，为了让国际报界广泛获知不法外媒记者的不端职业行为，中国记者充分利用国际新闻会议，致力揭露外国驻华记者对中国的失实报道和歪曲评论。在1921年世界报业公会上，董显光、黄宪昭、许建屏、王伯衡等中国与会记者都先后批评了外国驻华记者和西方媒体针对中国虚造之记载

---

① 转引自张咏:《以“真相”的名义——留学知识分子对西方报道的批判以及对新闻检查的宣传》，载李金铨编:《报人报国：中国新闻史的另一种读法》，香港中文大学出版社2013年版，第285–324页。

② 张季鸾:《改善取缔新闻之建议》，载张竟无编:《张季鸾文集》，东方出版社2011年版，第347页。

③ 王伯衡:《中国之西字日报》，载黄天鹏编:《新闻学刊全集》，光华书局1930年版，第142–143页。

及诋毁之议论，建议西方负起新闻道德责任严肃中国报道[①]。又次，当一些中国记者获得外报的管理权力之后，竭力扫除外报长期以来形成的排华意识，换以建设性立场报道中国新闻。当董显光主持《大陆报》后，新闻言论悉以中国利益为本位，报纸版面为之一新。中国记者盛赞其“有许多显著的进步”，“一洗外报捕风捉影和隔靴搔痒的弊病。……颇能表示主张公道的精神”[②]。此外，中国记者还奋力兴办外文报纸与外国舆论相抗衡，反击国外反华新闻言论，积极营造利华的国际舆论环境。特别是针对日本在华媒体记者“每摭拾流言，肆意宣传，均不利于中国”的情况[③]，1915年12月，中国记者孙明允、廖肖函创办《东华评论》旬刊，力图与日本舆论势力相抗衡，并且表现出强烈的排日色彩[④]。

在民国前期，中国报业发展迟缓，新闻职业化程度较低，记者群体鱼龙混杂，言论报道与职业道德水平良莠不齐，光怪陆离。这引起西方记者广泛批评[⑤]：许多报纸收受贿赂，唯利是图，

---

① 相关详细讨论亦可参见，Timothy B. Weston, “China, Professional Journalism, and Liberal Internationalism in the Era of the First World War,” *Pacific Affairs*,2010, 83（2）,pp.327–347; 张咏：《以“真相”的名义——留学知识分子对西方报道的批判以及对新闻检查的宣传》，载李金铨编：《报人报国：中国新闻史的另一种读法》，香港中文大学出版社2013年版，第285–324页。

② 胡道静：《上海的日报》，载杨光辉等编：《中国近代报刊发展状况》，新华出版社1986年版，第373–374页。

③ 《时局与造谣》，《大公报》1929年10月25日。

④ 周佳荣：《近代日人在华报业活动》，岳麓书社2012年版，第138页。

⑤ “Local News Brevities,” *The China Press*, Jul. 11,1932; “Editor in Court,” *The North-China Daily Press*, May 23, 1925.

颠倒黑白，混淆是非，完全沦为军阀政客私人宣传之喉舌[①]；低俗小报，诲淫诲盗，伤风败俗，极为泛滥[②]；报馆新闻观念陈腐、生产设备陈旧、工作节奏缓慢，新闻记者收入菲薄以致不能称之为一个受薪的职业[③]。中国报界这些内在的积弊有时导致中外记者之间的合作始则期望甚高，继而摩擦迭出，终至彻底破裂。万国报界俱乐部事件即为典型。本为密切中外报界交往而成立万国报界俱乐部，因其接受政府津贴，招致外国驻华记者的反感，担任俱乐部职员的数名美国记者，尤为不满，愤而辞职，不再参与会务。1921 年 1 月，在部分中国记者的操纵下，俱乐部摒除外国记者，私下讨论章程修改和会员规范问题，严重违背会章。至此，该组织名存实亡，后则无形中辍[④]。

尽管民国初期许多中国记者的所作所为确实不符新闻职业伦理的基本要求，但也并不是所有外国驻华记者都遵守新闻职业道德和工作规范。龚德柏指出，曾任万国报界俱乐部副会长的辛普森热衷参与军阀政争，先后接受张作霖、阎锡山的津贴，帮助奉系、晋系军阀宣传[⑤]。胡政之批评，“日方通信机关供给关于东省之事，固是无一字一句不含挑拨搅乱之恶意，其所传南北各方

① “Peking's Phantom Newspapers,” *The North-China Daily News*, Jul. 8, 1929.

② “Chinese Journalism,” *The North-China Daily News*, Dec.12,1928.

③ “Fleet Street Canton: Scenes of Chinese Journalism,” *The North-China Herald*, May 23, 1914, pp.626-627.

④ 《万国新闻记者俱乐部开会昨讯》,《晨报》1920 年 10 月 20 日;《万国新闻记者俱乐部将改组》,《晨报》1920 年 10 月 21 日。

⑤ 龚德柏:《龚德柏回忆录》(上)，台湾龙文出版社股份有限公司 1989 年版，第 100-103 页。

消息亦决不正确"①。甚至有些外国记者的采访方法和工作态度达不到新闻专业的起码要求。如赵效沂揭露，日本电通社驻北京记者横田实，常不劳而获，依靠抄袭中国报纸来报道新闻②。《泰晤士报》驻北京记者戴维·佛来色（David Praser），"不喜动，好古玩，每日看守家门，鲜有外出，晨问厨役买菜回来，必询问外间有何新闻"，然后参阅当日报纸，草成消息，寄发伦敦③。王伯衡的嘲讽，虽过于戏谑，但揆诸实际，不乏其徒④。如《大公报》就发表社论警告这种外国记者，"不可专倚赖自身所用之翻译、西崽、厨夫、阿妈。为研究中国之对象"⑤。即使外国驻华记者中的开明人士也承认这些问题。伊罗生就对其外国同业的整体水准评价不高，认为他们是"一群根本没有聪明才智的、我一直视为'新闻爱好者'的平庸之辈"⑥。而克劳则发现许多美国来华的同行"没有任何明显的谋生手段"，缺乏起码的新闻知识，有

① 冷观：《东北之游》，载王瑾、胡玫编：《胡政之文集》（下），天津人民出版社2007年版，第927页。

② 赵效沂：《报坛沉浮四十五年》，台湾传记文学出版社1981年版，第7页。

③ 王伯衡：《中国之西字报》，载黄天鹏编：《新闻学刊全集》，光华书局1930年版，第159页。

④ 伍海德的中文翻译是其获取中国新闻的重要来源之一，见〔英〕伍海德：《我在中国的记者生涯》，张珂等译，线装书局2013年版，第28页；《华北明星报问题》，《大公报》1929年2月17日；相关论述还可见胡政之：《南行视察记》，载王瑾、胡玫编：《胡政之文集》（下），天津人民出版社2007年版，第925页。

⑤ 《华北明星报问题》，《大公报》1929年2月17日；相关论述还可见胡政之：《南行视察记》，载王瑾、胡玫编：《胡政之文集》（下），天津人民出版社2007年版，第925页。

⑥ 〔美〕彼得·兰德：《走进中国——美国记者的冒险与磨难》，李辉、应红译，文化艺术出版社2001年版，第96页。

的人甚至在走私毒品[①]。曾任美国赫斯特报团驻华记者的阿奇博尔德·特罗扬·斯缔尔（Archibald Trojan Steele）嘲讽其同事弗洛伊德·吉本斯（Floyd Gibbons）只顾追求重大独家新闻，而不计其是真是假[②]。阿班则亲眼看见，很多记者声称从前线枪林弹雨中发出的新闻报道，其实都是他们周旋在酒吧舞场，于花天酒地之中道听途说、东拼西凑而成[③]。

此外，还有中国记者对英美式的新闻教育，特别是外国驻华记者参与较多、参与较深的教会大学的新闻院系提出质疑，“燕大新闻系，到现在已有廿余年的历史，人才辈出，大半在英文报馆内工作”[④]。有记者批评说，“这是造了高等新闻人才，反为在华的外国报馆添些帮手，而中国报馆仍是得不到什么好处”[⑤]。甚至还有记者认为，教会大学新闻院系“灌输多量的宗教意识，准备将来对于中华民族作一种反宣传。这种含有宗教侵略式的新闻教育，直截的说，在我们民族主义的立场上看来是极端地不需要，而且无论它有怎样的卓绩，总说为我国办学者一种绝大的耻辱”。话锋一转，这位站在民族主义立场上的记

---

① 〔美〕卡尔·克劳：《洋鬼子在中国》，夏伯铭译，复旦大学出版社 2011 年版，第 58、66 页。

② Stephen R. Mackinnon & Oris Friesen, *China Reporting: An Oral History of American Journalism in the 1930s and 1940s,* Berkeley, Los Angeles, London: University of California Press,1990.

③ Hallett Abend, *My Years in China: 1926—1941,* London: Lowe & Brydone Printers Ltd,1944, p.163.

④ 褚玉坤：《今日之中国新闻教育》，《读书通讯》第 138 期（1947 年），第 4 页。

⑤ 郭步陶：《造就新闻人才和办理新闻事业有彻底合作的必要》，《新闻学期刊》1935 年第 1 期，第 8 页。

者盛赞复旦大学新闻学系等中国新闻院校，“对于民族主义运动均有所景仰，为此努力已有相当卓绩”[①]。

1920年代晚期以后，随着中国新闻记者职业化加速发展，一批著名记者和报纸在社会上树立起专业主义的标杆之后，外国驻华记者的专业失范行为和非法行径成为中外记者摩擦和冲突的重要缘由，中国新兴精英记者和严肃报纸纷纷批评外国驻华记者“抱有闻必录之旧观念，摭拾其身边不利谣言，任便为肯定之报告，……大有负新闻家之职责”[②]。“殊失大新闻之态度”[③]。特别是从美、日留学归来，熟悉西方文化精神和国际报业状态的中国新闻记者如邵飘萍、胡政之、王伯衡、赵敏恒、黄天鹏等，对外国驻华记者失范行为和非法行径关注最切，研究最多，批评亦最强烈。

三

恰如前文所述，中外记者竞争合作的具体原因千端万绪，但在这扑朔迷离的表象背后隐含着两个深刻而坚实的思想预设：专业主义与民族主义。当然，这两者都是颇为深奥且众说纷纭的一种理论、思想、意识形态，甚至还是一种运动和话语体系。这里主要从中外记者竞争合作的视角来透析中外记者如何理解、诠释

---

① 彬：《关于复旦新闻学系》，《申报》1930年10月19日。

② 《关于张学良奇谣感言》，《大公报》1930年8月19日；《时局与造谣》，《大公报》1929年10月25日。

③ 飘萍：《批评日本所提之鲁案提略——并致日本大阪每日新闻》，《京报》1921年9月18日，载方汉奇主编：《邵飘萍选集》（上册），新华出版社1998年版，第30–31页。

和把握专业主义、民族主义思想或者说意识形态之间的互动和紧张。

1920 至 1930 年代，中国新闻专业主义思想开始蔚然成风，而与此同时中国民族主义思潮在国难迭兴和国土日丧的强烈刺激下风起云涌。外国驻华记者也敏锐地感受到这股风潮，并强烈地预感到这个古老的国度将发生翻天覆地的变化。恰如海伦·斯诺所说："我们有一个明显的感受，即白人时代在东方到处都正在逝去，……这是一个新兴的反对帝国主义的时代"[①]。时代的风云使中国近代专业主义与民族主义这两股思潮错综复杂地紧密交织在一起。

如何处理这两种思潮的关系，美国密苏里新闻学院院长威廉在当时中外新闻界都广为流传，奉为圭臬，并且被誉为"关于全球新闻记者职业原则、职业价值和职业标准最清晰的论述"的《新闻记者信条》中提出一种和谐共存，相互促进的关系："吾信明思明论，正确与公正（accuracy and fairness），为优美报学之基础。……吾信报业成功最佳及最应成功者，……既极爱本国（profoundly patriotic），而又诚诚恳恳增世界美感，培养国际友谊（promoting international good will and cementing world-comradeship）"[②]。威廉指出，发扬新闻专业主义是报人立命之基

① Helen Foster Snow, *My China Years: A Memoir by Helen Foster Snow,* New York: William Morrow and Company, Inc. 1984, p.69.

② 为了贴近民国新闻文化语境，本文引用的《新闻记者信条》采用了民国时期流传较广的汪英宾译文。相关详细讨论参见，邓绍根:《百年回望：美国新闻记者信条在华传播及其影响研究》,《新闻与传播研究》2015 年第 10 期，第 11–27 页。另，关于外国驻华记者宣扬《新闻记者信条》的报道，可参见，"Talk On Journalism Given Before 300 At Chinese Y.M.C.A," *The China Press*, Nov.3,1921.

石，激扬民族主义是报业追求之鹄的。新闻专业主义与民族主义不仅不分轩轾，而且相辅相成共同构成记者身份认同的核心理念。这恰如邵飘萍所呼吁的，“愿新闻记者能不拘泥国界而为人类主持公道与辨别是非”①。国人也认为，“人谓谋全人类福利之事业有二：一为战争时参加救伤之红十字会，一则沟通人类智识之新闻”，新闻记者“负有为人类服务之使命”②。威氏的理念与邵氏的愿望，诚为高远，但按诸新闻实践却是知之非艰，行之维艰，表现极为错综复杂。

在日常报道中，在相互合作时，在学习交流时，在向民国政府争取新闻自由和职业利益时，在倡导和传播专业技能和职业道德时，中外记者都强调导源于西方的新闻专业主义。如张季鸾指出：“中国报人本来以英美式的自由主义为理想，……中国报业是走着英美路线，而在近年已具有相当规模”③。西方报人不仅积极向中国传播其专业原则、职业价值和业务标准，而且也欣喜地赞赏中国新闻专业主义思想和实践与日俱进，成果斐然。1930年代初，美国报人自豪地宣称，中国主流报纸都已经美国化了。它们不仅采用美国印刷机，而且追随美式报道规范和编辑风格，

① 飘萍：《致伦敦泰晤士报驻京记者》，《京报》1925年6月27日，载方汉奇主编：《邵飘萍选集》，新华出版社1998年版，第207–208页。

② 胡庶华：《大学教育与新闻人才》，《申时电讯社创立十周年纪念特刊》1948年第4期，载龙伟等编：《民国新闻教育史料选辑》，北京大学出版社2010年版，第47页。

③ 张季鸾：《抗战与报人》，载张竟无编：《张季鸾集》，东方出版社2011年版，第363页。

甚至办公室的装修风格都是仿照纽约报馆的样式[①]。所以，在日常新闻实践中，中国记者与外国驻华记者都会悬置民族主义，在新闻专业主义理念的引导下相扶相助，密切合作。甚至，中国记者相信新闻专业主义的实践能够推动国内政治经济制度建设和保障公民基本权利发展，而这又能进一步深化社会民众的民族主义认同。一些西方驻华记者也认为，在华宣导新闻专业主义理念，在涉华报道时坚持新闻专业主义原则，以推动中国现代化发展步伐，有利于维护西方在华的长远利益[②]。

近代中国多灾多难，山河破碎，国族陵夷，中国记者的民族主义意识既异常敏感又十分强烈，而在第一次世界大战血腥屠戮和惨重伤亡的巨大心理阴影刺激下，西方国家的民族主义意识也陡然高涨，为维护其国家权益，甚至不惜牺牲其他民族的生命、财产和权利[③]，因此，当围绕关涉国家利益或民族情感的新闻议题发生分歧和矛盾时，中外记者则都会强调民族主义至上。他们虽不公然否定但都刻意淡化新闻专业主义，要求一切新闻实践都

---

① 相关详细讨论参见，张咏、李金铨:《密苏里新闻教育模式在现代中国的移植——兼论帝国使命：美国实用主义与中国现代化》，载李金铨主编:《文人论政：知识分子与报刊》，广西师范大学出版社 2008 年版，第 281-309 页;《世界新闻协会会长参观本报纪》,《申报》1919 年 2 月 11 日。

② 相关详细讨论参见，John Maxwell Hamilton, "The Missouri News Monopoly and American Altruism in China: Thomas F.F. Millard, J. B. Powell, and Edgar Snow," *Pacific Historical Review*, 1986, 55（1）, pp.27-48; 张咏、李金铨:《密苏里新闻教育模式在现代中国的移植——兼论帝国使命：美国实用主义与中国现代化》，载李金铨主编:《文人论政：知识分子与报刊》，广西师范大学出版社 2008 年版，第 281-309 页。

③ 〔英〕艾瑞克·霍布斯鲍姆:《极端的年代（1941—1991）》，郑明萱译，中信出版集团股份有限公司 2014 年版，第 32 页。

是为了实现和维护国家利益。正如张季鸾所说："近代报纸本有国民外交之意义，以拥护国家利益为其主要使命。"①《时事新报》薛农山更是坚决主张"在一切的国际新闻中，我们应该时时刻刻站稳脚跟，一切观察以民族利益为出发，一切是非以民族利益为依归"②。在这一时刻，民国政府也以民族主义为号召加强与媒体的合作，同仇敌忾，抗衡反制外国媒体报道和列强新闻政策。如国民党中央宣传部召集新闻记者会议呼吁，"日本资本帝国主义和各国帝国主义都有新闻政策，影响中国舆论。中国应有抵抗外人新闻政策的观念，各国用新闻政策对付我们，在此时期，新闻界应有自卫观念方法"。"我们要能相信自己，要有方针抵抗外人的新闻政策，不但为时局之需要，亦为我民族之需要"③。而密勒声称，他在中国办理报纸和报道新闻是"诚挚而热切地渴望促进美国利益"④。天津《星期西报》(*Tientsin Sunday News*)公开宣布在华外报的目的是"保卫外国在中华所有之政治商务利益，并抵拒华人之舆论"⑤。更不论日本驻华记者，其中很多"都是官方情报人员"，肩负收集军政情报的任务⑥。即使一些被后世公认的具有高度新闻专业主义精神的西方记者也与其国军政情报机构保持

① 张季鸾：《本报复刊十年纪念之辞》，载张竟无编：《张季鸾文集》，东方出版社2011年版，第349页。

② 薛农山：《中国新闻纸中的国际问题与中国新闻记者的立场》，《报学季刊》1934年创刊号，第52页。

③ 《中宣部招待新闻界》，《申报》1929年10月26日。

④ 转引自 Mordechai Rozanski, *The Role of American Journalists in Chinese-American Relations, 1900—1925,* Ph.D. Dissertation, University of Pennsylvania, 1974, p.82。

⑤ 胡道静：《上海新闻事业之史的发展》，上海通志馆1935年版，第69页。

⑥ 周佳荣：《近代日人在华报业活动》，岳麓书社2012年版，第137页。

着极其密切的合作或联系。1920 年代，美国国务院经常与鲍威尔密切接触，以获取独家信息或评估外交政策[①]。阿班每采集到事关重大的军政新闻“总是全力”将其抄送给美国驻华要员[②]。斯诺在上海时也与美国海军陆战队第四团的情报官每周交换信息[③]。正如英美当代学者们所指出的，外国驻华记者与媒体“对中国的兴趣归根结底以如何让中国人、中国产品和资源服务于西方列强为目的”[④]。特别是第一次世界大战宣传战的神话甚嚣尘上，东西各国都高度重视国际宣传，并将记者和新闻当作实施国家战略目标最得力的工具[⑤]。国际新闻传播越来越政治化，逐渐从 1920 年代潜在的战争工具变成 1930 年代实际的战争机器[⑥]。在这种背景下，中外记者常常主动诉诸，或被迫依附于国家力量高举民族主义旗帜一致对外。

当然，中外记者本着国家利益展开竞争时，有时也会运用新闻专业主义，但此时的新闻专业主义只是捍卫民族主义的一种策

① 魏舒歌:《战场之外：租界英文报刊与中国的国际宣传（1928—1941）》，魏舒歌、李松蕾、龙伟译，社会科学文献出版社 2020 年版，第 55 页。

② 〔美〕哈雷特·阿班:《民国采访战:〈纽约时报〉驻华首席记者阿班回忆录》，杨植峰译，广西师范大学出版社 2008 年版，第 94、252 页。

③ 〔美〕埃德加·斯诺:《复始之旅》，宋久等译，新华出版社 1984 年版，第 26 页。

④ Mordechai Rozanski, *The Role of American Journalists in Chinese-American Relations,1900—1925,* Ph.D. Dissertation, University of Pennsylvania,1974, pp.169,195,270;〔英〕保罗·法兰奇:《镜里看中国：从鸦片战争到毛泽东时代的驻华外国记者》，张强译，中国友谊出版公司 2011 年版，第 16 页。

⑤ 〔美〕哈罗德·拉斯韦尔:《世界大战中的宣传技巧》，张浩、田青译、展江校，中国人民大学出版社 2003 年版，第 36-37 页。

⑥ 〔美〕罗伯特·福特纳:《国际传播：全球都市的历史、冲突及控制》，刘利群译，华夏出版社 2000 年版，第 147 页。

略或工具。具体而言，一种情况如本文前述段落所示，中外双方都以新闻专业主义为标准批评对方违反了新闻专业主义的理念和准则，并且这种批评常常观点偏激、措词激烈，充满民族主义惯有的情绪化特征；另一种情况是，中国记者也积极通过加强新闻专业主义建设，期望取得国际新闻界的普遍承认和尊重，以便在国际新闻竞争和民族利益博弈中，赢得新闻话语权和舆论控制权，以捍卫国家利益[①]；还有一种情况是，由于西方列强为争取本国在华利益最大化时连横合纵、纵横捭阖，这种错综复杂的状况使美国驻华记者相信与中国记者展开合作，在中国发展新闻专业主义建设，反击英国、日本记者对中国的歪曲和诋毁有利于维护本国在华利益。正是基于这种考量，当时美国记者围绕“二十一条”“门户开放政策”等问题驳斥日、英记者的言论，积极支持中国舆论。但是，恰如英国媒体在回击中所深刻指出的，美国记者利用中国民族主义情绪煽动反英运动是为了实现其掩藏在背后的美国国家利益[②]。

概言之，20 世纪前半叶，国际形势风云激荡，民族主义，甚至常常是带着偏执而激烈的极端民族主义色彩的意识形态和

---

① Sheng-chi Shu, “Managing International News Agency Relations under the Guomindang: China’s Central News Agency, Zhao Minheng and Reuters (1931—1945),” *Frontiers of History in China*, 2015, Vol. 10 (4) ,pp.594-644; Wei Shuge, “Beyond the Frontline: China’s Rivalry with Japan in the English-languageress over the Jinan Incident, 1928,” *Modern Asian Studies*,2014,48 (1) ,pp.188-224.

② Mordechai Rozanski, *The Role of American Journalists in Chinese-American Relations, 1900—1925*, Ph.D. Dissertation, University of Pennsylvania, 1974, pp.204-246; Yong Z. Volz & Chin-Chuan Lee, “Semi-Colonialism and Journalistic Sphere of Influence,” *Journalism Studies*, 2011,12 (5) , pp. 559-574.

社会运动，全球高涨。对中外记者而言，新闻专业主义和民族主义似乎不是威廉所说构成其身份认同的两个基石、两种主张，而是一种主义：民族主义的新闻专业主义[①]。即民族主义构成了新闻专业主义的思想结构和行动逻辑，虽然其在日常时刻隐而不彰，新闻专业主义有广阔的活动空间，但是一旦发生国际冲突，触痛民族情感，危及国家利益，甚或威胁媒体的商业利益，民族主义思想立刻升腾而起笼罩一切，新闻专业主义不是立即被淡化、悬置，就是被迅速收编为维护民族主义的一种工具或策略。尽管在此过程中，记者与媒体不会完全变成国家政府的宣传员与传声筒，仍然保持不同程度上的新闻自主性与独立性，但都会致力于维护民族情感和捍卫国家利益。而且对中国这样饱受列强欺凌，国势陵替日深的国家来说，新闻记者的民族主

① 西方研究者艾略特（Elliot）提出两个类似的概念：民族主义新闻业（Nationalistic journalism），即新闻业只是传播政府想传达的和民众想听到的新闻。民族主义新闻记者（Nationalistic journalist），即记者放弃独立的声音，完全服从政府的宣传话语，按照政治权威的框架来呈现冲突性新闻。[参见，Elliot, D. Terrorism, "Global Journalism, and the Myth of the Nation State," *Journal of Mass Media Ethics*, 2004, 19（1）, pp.29–45. 相关讨论亦可参见，Avshalom Ginosar, "Understanding Patriotic Journalism: Culture, Ideology and Professional Behavior," *Journal of Media Ethics*, 2015, 30(4), pp.289–301.] 这两个概念都是强调，记者和媒体在报道战争、冲突等特殊时刻，暂时采取民族主义放弃新闻专业主义的短暂行为。它忽略了记者和媒体在战时和平时、特殊时刻和日常实践之中，在民族主义和新闻专业主义之间徘徊转变的动态变化及其状况和特征。另则，民族主义新闻业这个概念内容过于宽泛，描述过于笼统，无法解释记者在实践中的具体认知和行为；而民族主义记者这个概念则将记者界定为被动吸纳、僵化认同、刻板固守民族主义的新闻从业者，忽略了记者个人认同的主体能动性、取向多元性、形态复杂性，以及历史动态性。所以，本文尝试提出民族主义的新闻专业主义这样一个更富动态性和阐释力的新概念。

义新闻专业主义色彩尤为深沉和强烈[①]。

① 相关讨论可参见，〔美〕迈克尔·舒德森:《新闻社会学》，徐佳权译，华夏出版社 2010 年版，第 67–68 页。在当代的语境中，很多研究者也发现类似的情形，其代表性研究著作和较为全面的综述论文可参见：Hallin, D. C., *The Uncensored War: The Media and Vietnam,* Berkeley, CA: University of California Press,1986; B. Zelizer and S. Allan (eds) , *Journalism After Sep. 11*, New York: Routledge,2002; Avshalom Ginosar, "Understanding Patriotic Journalism: Culture, Ideology and Professional Behavior," *Journal of Media Ethics*, 2015,30 (4) , pp.289–301.

第十一章
当记者成名：新闻记者明星制度的形成与确立[1]

20世纪二三十年代，上海新闻竞争异常激烈。《时事新报》周孝庵当时观察到，“报界之竞争，至今日而愈演愈烈，其所聚精会神勾心斗角者，殆渐集中于新闻，报纸之命运，殆亦决之于新闻，新闻灵，则销路广，声誉著，反是，则必有不堪设想者”[2]。在如此激烈的竞争之下，记者们则“无日不足不停趾的在钻头觅缝，也无时不悬悬于重大新闻的遗漏”[3]。因此，记者出色的新闻报道不仅激起读者的强烈兴趣，而且也引起同行的密切注意。恰如顾执中所说：“由于我经常采访得独有的社会新闻，经常使《新闻报》《申报》等脱漏消息，在社会新闻上往往落后于《时报》，在那时新闻竞争颇为剧烈之秋，自然不能不引起《新闻

---

① 本章初稿《民国新闻记者明星制度的形成与影响——以1920—30年代上海新闻记者“四大金刚”为中心的讨论》发表于《国际新闻界》2019年第4期。

② 周孝庵：《最新实践新闻学》，时事新报馆1930年版，第1页。

③ 金雄白：《记者生涯五十年》（上），台湾跃升文化事业有限公司1988年版，第187页。

报》和《申报》领导阶层对我注意”[①]。而金雄白将社会新闻的关注视点和采写触角从传统的灾异盗劫之类，延伸到裸体模特、中学校花、离婚官司等这些伴随着上海都市文化畸形繁荣而闪现出的令人目眩神迷的摩登世相之中，并且在写作时极尽耸动煽情之能事，“在当时各报所刊的新闻中，如此惊世骇俗地秉笔直书，还是创举”，成为上海黄色新闻浪潮的始作俑者。虽然因此引起同行的侧目，但也藉此获得同业的注目[②]。同时，顾执中、金雄白也注意到金华亭、叶如音“对报纸均尽了甚大之努力”[③]。他们四人常常“能采访到新闻的来龙去脉，即新闻的内幕；或者往往能‘抢’到别家报纸得不到的消息——‘独家新闻’”[④]，因此，上海报界将他们称为新闻记者中的“四大金刚”。

记者成名本不是新鲜事物，在新闻界中以采写著称的知名记者早已有之，如国民初年即已扬名立万的黄远生、邵飘萍等。但须注意的是，民初著名记者尚是延续了传统文人的成名路径，多是个人机缘和风云际会的产物，所以，人数极少，屈指可数。而1920年代后期“四大金刚”的成名，则是社会系统建构的产物，即记者明星制度逐步形成，开始系统化地制造明星记者[⑤]。所谓的明星制度，即组织和行业协同生产名望，大众与社会共同消费

---

① 顾执中：《战斗的新闻记者》，新华出版社1985年版，第59-60页。

② 金雄白：《记者生涯五十年》（上），台湾跃升文化事业有限公司1988年版，第31页。关于金雄白的相关研究可参见，王保平：《报人与时代相遇：金雄白早年〈时报〉经历的考察（1926—1929）》，《新闻与传播研究》2018年第1期。

③ 金雄白：《谈办报》，《古今半月刊》，第20、21期，第18页。

④ 徐铸成：《报海旧闻》（修订版），三联书店2010年版，第272页。

⑤ P. David Marshall, *Celebrity and power:fame in contemporary culture*, Minneapolis/London: University of Minnesota Press, 1997 , pp. 3-26.

名望，藉此个人名望转变为各种物质性和精神性价值的过程和机制[①]。自此之后，民国知名记者不仅开始竞起辈出，群星璀璨，而且其成名路径、名气结构和名望意义等都发生显著变化。

一

颇似电影明星制度发端于演员积极斗争要求在影片中播映他们的真名实姓一样[②]，记者明星制度形成的必要前提是新闻作品开始出现记者署名。况且电影演员即使不署真名，只要经常出境，并且演技出色，依然能够逐渐被观众所熟知赏识成为明星，而新闻作品不署名，普通读者则一般无从知晓作者是谁，甚至可能根本没有意识到记者的存在，从而彻底埋没了记者成名的可能。除极少部分特约通讯之外，近代以来上海报纸刊登的新闻报道大多都是不署名的。“四大金刚”出色的采访能力使其在同行之中名重一时，但是如果他们始终在新闻作品不署名的制度下工作则很难在社会大众中扬名立万。尽管当时新闻报道不署名，但在报纸副刊、杂志、画报上开始新兴的新闻摄影作品以及

---

① 有关各个行业明星制度的相关讨论可参见，乔·莫伦:《炒作至上：当代（文学）明星制度》，载杨玲、陶冬风主编:《名人文化研究读本》，北京大学出版社 2013 年版，第 204–230 页；David R. Shumway, “The Star System in Literary Studies,” *PMLA, Special Topic: The Teaching of Literature*, Vol.112, No.1, 1997, pp. 85–100; Hillevi Ganetz, “The Nobel Celebrity–scientist: Genius and Personality,” *Celebrity Studies*, Vol.7, No.2,2016, pp. 234–248; Cloud, Stanley & Olson, Lynne., “Modern Celebrity Journalism is Born,” *The American Enterprise*, Vol.7, No.2, 1996, p. 32.

② Andrew Shail , “Max Linder and the Emergence of Film Stardom,” *Early Popular Visual Culture*, 14:1,2016,pp.55–86.

新闻特写作品则开始出现署名制度。“四大金刚”在《时报》《时事新报》的摄影副刊和《天鹏画报》等摄影杂志，以及广为流行的时尚杂志《良友》上发表了许多新闻摄影作品。如金华亭、叶如音拍摄了蒋介石、冯玉祥、李宗仁等许多权倾一时的国府要人，誓师北伐、西山祭灵、国庆阅兵等许多重大国事活动的新闻照片①。附翼于这些国府要人鼎鼎大名之后，记者的名字也开始有意无意地受人注意。更重要的是，这些新闻摄影作品不仅显示出记者总是出入政府重地，追随政要左右，拥有耳闻目睹国家最高国务活动的特殊资格，而且他们所拍摄的有关高官显贵公余休闲、居家生活的照片则更暗示出记者与政要们非同寻常的私人关系和个人交谊②。这恰好满足了世人对记者作为“无冕之王”的想象，“他们竟天都得看一些不大被常人看得见的人和东西，听一些不大被常人听得见的消息和议论”③。因此，“新闻记者无形中在社会上便具有一种莫大的权威，成为一般人眼目中高不可仰的人物”④。

报馆的利益和声誉建立在记者的努力和名望之上，因此上海

---

① 叶如音：《中立者蒋介石右潘宜之在陈其美纪念会中演讲》，《图画时报》总第361期（1927年）；叶如音：《蒋冯阎李总司令及吴稚晖在北平奠祭为民族解放而奋斗数十年的孙总理》《为民众谋利益完成北伐的蒋总司令在北平演讲情形》，《图画京报》总第19期（1928年）；叶如音：《国庆首都之阅兵》，《文华》1929年第4期，第28页；金华亭：《植树节：蒋介石偕宋美龄在中山陵植树》《植树节：邵力子、于右任、叶楚伧》，《图画时报》总第546期（1929年），等等。

② 叶如音：《清闲：宋美龄女士》，《良友》1929年第42期，第23页；叶如音：《蒋介石由平南归邀游泰山》，《图画时报》总579期（1929年）。

③ 李青崖：《新闻记者与公式》，《人言周刊》1934年第2期。

④ 张万里：《新闻记者应有的修养》，载王文彬编：《报人之路》，三江出版社1938年版，第79页。

各大报都积极创建激励记者辛勤拼搏，鼓励记者脱颖而出的工作制度和工作氛围——明星记者中心制，这在报馆组织建制和经营管理上推动了记者明星制度的形成。首先，他们建立起岗位工作考核制，鞭策记者提高采写效率，激励记者争抢独家新闻。《新闻报》在采访科之外增设考核科，本报记者挖到独家新闻则予以表扬和奖励，倘若脱漏重要新闻则给予警告甚至处罚[①]。而《申报》采访部每天将沪上几家知名报刊的新闻，“包括电讯、国内通讯等题目剪下，按条贴在本子里”。晚上采访部主任康通一将其与本报报道逐一比对，日常奖惩，年终考核，以此为据。正如徐铸成所说，能抢到“‘独家新闻’，那就有希望被称为名记者了”[②]。报馆重奖独家新闻，激励记者争抢独家新闻，即试图制度化地鼓励记者成名和生产知名记者。其次，报馆在新闻采写上给予知名记者倾斜支持，优先配置重要新闻条线，特别安排采访显要新闻人物。“四大金刚”都是从社会新闻开始职业生涯，当他们在业界声名鹊起之后，迅速被报馆安排转入政治新闻条线。他们果然不负所托，凭借其出色的交际能力和专业才华很快就在时政新闻领域打开局面，并且得到民国政要的广泛认可甚至高度赏识。“四大金刚”在政治新闻条线的成名进一步巩固了其作为知名记者的行业地位。甚至时人称只有这种政治条线的知名记者才称得上为名记者，“有种资格最老，对于国内要人知道较深的，就是所谓名记者”[③]。再次，报馆尽力给予知名记者采写的新闻以

---

① 顾执中:《报人生涯——一个新闻工作者的自述》，江苏古籍出版社 1985 年版，第 251 页。

② 徐铸成:《报海旧闻》(修订版)，三联书店 2010 年版，第 272 页。

③ 胡鸣祥:《投稿术：文坛登龙》，复兴书局 1936 年版，第 78 页。

充足的版面和显著的版位，这也是明星记者中心制的一种制度安排。对于金雄白采写的耸人听闻的社会新闻，《时报》老板黄伯惠总是毫不吝惜地给予整个版面、大号字体、套红印刷，大登特登。最后，明星记者中心制还集中表现在报馆将知名记者提拔任用到新闻生产科层体系的管理岗位上，给予他们招募记者，组建团队，调配资源的权力，以此在组织制度化层面中确认其明星地位，亦藉此在组织机制中最大程度地发挥其明星效能。因此，除叶如音外，“四大金刚”基本都曾担任过采访科的主任或负责人。

许多行业都将制造和展示其行业明星作为彰显职业合法性，提升社会影响力的重要途径之一。因此，明星制度不仅是个别报馆组织的企业效益诉求，而且也是整个新闻行业追求社会地位上升性流动的内在需求。1920 至 1930 年代新闻专业主义建设方兴未艾，在尚未建立起由国家政府和行业协会通过官方仪式正式加冕明星的时代，同业口碑赞誉通常就发挥着册封记者职业荣誉的明星制度功能。上海新闻界将金华亭、顾执中、叶如音、金雄白称之为佛教神话中法力无穷的“金刚”，即在表彰和揄扬其具有超越一般记者的特殊品质和能力。恰如其封号“金刚”所蕴含的宗教偶像意义一样，具有这种神话般能力的记者理应作为明星受到同行的崇敬和社会的崇拜[①]。此外，“四大金刚”加入上海新闻记者联合会并被选举担任重要职务，亦可视为新闻同业对其能力和名望的在全行业范围内的一种普遍确认。

除了封赏给明星记者职业荣誉等精神性奖励之外，报纸行业

① 有关明星与宗教的相关详细讨论可参见，Chris Rojek, “Celebrity and Religion,” in P. Marshll (ed.) , *The Celebrity Culture Reader*, Oxon: Routledge, 2006, pp.389–417.

层面还通过物质性利益来巩固和强化明星制度。其典型表现就是，上海各报争相高薪延揽知名记者。当“四大金刚”头角峥嵘之时，《时事新报》总编何西亚给金雄白数倍于《时报》的薪水邀请其改就《时事新报》[①]。《申报》《新闻报》纷纷游说顾执中跳槽[②]。金华亭也是在远东通讯社崭露头角，引人注意，经人举荐，转入《申报》。

上海都市文化和媒介工业的蓬勃发展也在呼唤明星记者和明星制度的诞生。作为上海都市文化和媒介工业的消费主体，日益激增的外来移民、知识青年，以及已经事业小成的中产阶层，无论是想获得人生成功的激励和启发，还是宣泄事业挫败的焦虑与苦闷，抑或仅仅是打发寂寞而空虚的无聊时光，他们都热切渴望阅读达官显贵、豪商巨贾、戏影明星、文艺新秀等各类传统社会精英和现代社会名流的传奇故事[③]。而恰如有报人称，“新闻记者既处于社会导师的地位，一举一动，都为人所注意”[④]。此言不虚。1922 年上海《密勒氏评论报》举行的当时国内规模最大的一次民意调查活动——“当今中国十二位大人物”，即可佐证。虽然在这次调查中没有报人能够跻身十二大之列，但伍连德（65 票）、董显光（32 票）、何海鸣（8 票）、严独鹤（8 票）、熊少豪（7 票）、张丹斧（6 票）、胡政之（5 票）等 7 位报人获得“大人

---

① 金雄白:《记者生涯五十年》(上)，台湾跃升文化事业有限公司 1988 年版，第 130 页。

② 顾执中:《战斗的新闻记者》，新华出版社 1985 年版，第 74 页。

③ 楼嘉军:《城市人口结构对 30 年代上海娱乐业发展的影响》,《历史教学问题》2007 年第 6 期，第 6 页。

④ 张万里:《新闻记者应有的修养》，载王文彬编:《报人之路》，三江书店 1938 年版，第 80 页。

物”提名，甚至其中不少报人的得票数量远远高于林琴南（15票）、丁文江（11票）、郭沫若（7票）、周作人（4票）、郁达夫（4票）等当时著名的学者文人[①]。同前辈报人一样，“四大金刚”等新兴崛起的职业新闻记者也成为都市民众急切关注和热切消费的对象。

无论是明星、还是明星制度都与现代媒体存在极其密切的共生关系[②]，而近代上海小报发展迈入极峰加速和激化了“四大金刚”的成名，以及记者明星制度的确立和扩散。恰是沪上小报真正将“四大金刚”的名气从业界、政界播扬到社会大众之中，并且将知名记者转变成社会名人。其实，当时上海电影、戏剧、文学、出版、教育明星制度的形成和繁荣也都与小报有千丝万缕的联系。1920年代末到1930年代初，在短短三四年之内上海竟然先后出版了700多种小报[③]，畸形的媒体繁荣和剧烈的报纸竞争引发了巨量的新闻需求，任何竹头木屑般的饾饤琐事都可能成为小报大肆报道的新闻热点，任何原本不名一文的人物在小报竞相煽情炒作之下都可能成为家喻户晓的社会名人。即使如汪世昌、马振华、陆根荣、黄慧如等，这些当时被动卷入新闻的普通市民

① 参见，杨天宏：《密勒氏报“中国当今十二位大人物问卷调查分析”》，《历史研究》2002年第3期，第65–75页。

② Marshall,P.D., “ Intimately Intertwined in the Most Public Way: Celebrity and Journalism,” in S. Allen, ed, *Journalism Critical Issues,* Maidenhead: Open University Press, 2005, pp. 19–29.

③ 洪煜：《近代上海小报与市民文化研究（1897—1937）》，上海书店出版社2007年版，第59–67页。

也能成为上海滩上街谈巷议，轰动一时的知名人物[①]。

在新闻圈内评判知名记者的主要标准是其业务能力和专业水准，而都市小报在舆论界中塑造各类明星、名流、名人时则远远跨出其职业生活的边界，致力于追踪和曝光其个人癖好、私人情感、家人隐私，将其私人生活空间建构成为一个自足自爆的公共报道领域，甚至几乎完全遮蔽了其职业活动和业务表现。这种大众媒体报道取向的差异既是社会名人区别于行业精英的重要差异，也是将行业精英转变为社会名人的关键途径[②]。有关“四大金刚”的容貌衣着、爱情婚姻、儿女家庭、休闲爱好等个人生活的纷繁面向都被这些小报、画报，以及时尚杂志充分地挖掘刊登出来。如金雄白风流倜傥的时尚魅影，金华亭与妻子新婚燕尔的依依丽影，叶如音女儿蹒跚学步的童年稚影，以及叶如音情变痛彻心腑的心灵悲影等[③]。这些在其职业角色之外所展示出的令人或可赞可喜、或可惊可愕、或可悲可叹的个人品性和私人生活，使知名记者作为社会名流的形象变得更加多彩而迷离，更具吸引力和扩散力。同时，读者藉此想象式地建立起一种与记者仿佛相

---

① 有关名人类型的详尽讨论可参见，Rojek, C., *Celebrity,* London: Reaktion, 2001, p.17。类似案例还有，小报炒作上海文学名流、百货公司女售货员等，相关研究可参见，陈建华:《陆小曼 · 1927 · 上海》，商务印书馆 2017 年版；任玲玲:《打造消费天堂：近代上海城市文化与百货公司》，社会科学文献出版社 2018 年版，第 373–379 页。

② Turner, G., *Understanding Celebrity,* London: Sage, 2004, p.8.

③ 佚名:《名花金华亭西装影》,《天津商报图画半周刊》1930 年第 29 期，第 1 页；《上海远东通讯社记者金华亭君与杨凤岐女士结婚丽影》,《图画时报》总第 288 期（1926 年）;《学步：金雄白之女公子》,《图画时报》总第 599 期（1929 年）;《叶如音之公子影如》,《京报图画周刊》1929 年 6 月 16 日;《叶如音与汪自新女士的一封信》,《国民日报》1924 年 5 月 29 日。

不表。他得到了若干的小惠，他就可以自甘背弃多数的读者”[①]。报亦忧，不报亦忧。这对那些将新闻事业作为自己生命关怀的精英记者来说，充满强烈的道德紧张与精神折磨。正如陶菊隐当时痛苦地感到：“‘政情内幕’，当局列为‘禁区’，我如避而不写，就是对报馆和读者不负责任，如如实报道，又恐引火焚身”[②]。

四

道德困境贯穿新闻生产与传播过程之始终，特别对于政治新闻记者来说，即使新闻顺利见报，但是当新闻广为传播却无法实现其监督政府，改进政治，臻于善治的社会功能，只是印在纸上的无声呐喊之时，一种巨大而沉重的道德无力和道德焦虑在记者心头油然而生。

民国时期，翻云覆雨的军事政治剧变层出不穷。面对军阀穷兵黩武，祸国殃民，面对政客争权夺利，损公肥私，那些初出茅庐的年轻记者充满了义愤和兴奋，因为这正是他们实现铁肩担道义，妙笔著文章这一远大抱负的重要机遇。正如金雄白说：“一条新闻或一篇评论，可以转移一时的风气或造成一股浪潮，也许我的乐此不疲（投身新闻业——引者注），原因即在于此”[③]。所以，记者都义愤填膺并奋不顾身地投入揭露官僚、挞伐军阀的新闻运动之中。但是，几年下来，记者“日与悲惨、恐怖、沉闷

① 袁殊：《记者道》，群力书店 1936 年版，第 51-52 页。

② 陶菊隐：《记者生活 30 年——亲历民国重大事件》，中华书局 2005 年版，第 38 页。

③ 金雄白：《记者生涯五十年》（上），台湾跃升文化事业有限公司 1988 年版，第 14 页。

之事实相接触，亦颇觉其苦矣”[①]。邵飘萍当时写到许多人“偶一涉笔便觉生厌”[②]，写到许多事“泪已枯而心滋痛”[③]，他感到“精神痛苦实有难言”[④]。这不只是邵氏个人的苦楚，而是许多记者的共同痛苦。明知政治局势日益腐朽，文人论政无法清明政治；明知军阀政客利欲熏心，新闻言论无力警醒冥顽。“观于国家之现象，财政如此！外交如此！军事如此！而观于立法、行政两部，则犹是醉死梦生；观于各派、各党之内幕，则犹是倾轧成风。试问何事有何办法，何事可解决耶？怅望前途，隐忧曷极”[⑤]。北洋军阀时代，尽管武人当权恣肆无忌，文人论政空自嗟叹，但记者至少可以揭露政府黑幕，批评政治，待到南京政府成立，除频颁严刑峻法强化新闻审查之外，还诉诸人身迫害、特务暗杀等极端暴力手段厉行新闻统制，许多记者和报纸三缄其口，谈都不敢谈政治。

品性新闻道德的终极关怀不仅仅是达到崇高的品性，成为道德的完人，也不仅仅是新闻至上，挖掘和报道事实真相，而是通过饱含严格道德主义的新闻报道推动政清人和，实现国富民强。

---

① 邵飘萍:《北京特别通信（五七）》，载方汉奇主编:《邵飘萍选集》（上册），中国人民大学出版社 1987 年版，第 199 页。

② 邵飘萍:《北京特别通信（五三）》，载方汉奇主编:《邵飘萍选集》（上册），中国人民大学出版社 1987 年版，第 192 页。

③ 邵飘萍:《中央特别通信（八〇）》，载方汉奇主编:《邵飘萍选集》（上册），中国人民大学出版社 1987 年版，第 281 页。

④ 邵飘萍:《中央特别通信（八四）》，载方汉奇主编:《邵飘萍选集》（上册），中国人民大学出版社 1987 年版，第 290 页。

⑤ 邵飘萍:《北京特别通信（九）》，载方汉奇主编:《邵飘萍选集》（上册），中国人民大学出版社 1987 年版，第 128 页。

所以，当记者激扬文字，指点江山的自我期待被政治宰制碾得粉碎，只能寄情山水做文字游戏之时，报业安身立命的社会意义是什么，记者孜孜以求的崇高品性的根本价值在哪里？对此，有的记者采取明知不可而为之的英雄主义，“愚为尽其责任起见，明知无益，不得不试其一鸣”[①]。有的记者标举否定一切的虚无主义，“在无论什么人都不顾‘道德’的今日，要新闻记者去顾全道德，原是不可能，抑且也是多余的事”[②]。有的记者采取犬儒主义，于游戏笔墨嬉笑怒骂之中一吐其满腔的牢骚与抑郁。也有记者采取悲观主义的态度，“一个报人到了不能说话的时候，自然心灰意懒，什么也不想做了”[③]，或暂时脱离新闻采访工作退居二线，或“逍遥报外”，或彻底告别报人生涯。无论记者采取何种主张和态度都深刻地揭示出，当职业道德被权势力量碾压粉碎后，当品性只能独善其身，不能兼济天下之时，在记者内心深处烫灼下的无尽苦闷和无限沮丧。

五

尽管职业道德和私人道德不能混而一谈，但亦无法绝然两分，视同秦越。记者的生活方式不仅影响着其职业道德，而且也影响着社会大众对记者职业道德的期待和判断，何况新闻职业道德原本就是记者的积极思考和公众的集体智慧深沉互动之结晶。

---

① 邵飘萍：《中央通信（七八）》，载方汉奇主编：《邵飘萍选集》（上册），中国人民大学出版社 1987 年版，第 278 页。

② 芳：《新闻道德谈》，《福尔摩斯》1937 年 6 月 13 日。

③ 鲁莽：《夜生活——二十年报纸生涯甘苦录》，独立出版社 1943 年版，第 56 页。

邵飘萍提倡贫贱不能移，富贵不能淫，但不反对记者富贵，他自己就享用豪奢，生活奢侈。而邵飘萍经营的新闻事业皆是名重利薄，常为经费所困[①]，为维持报业生计，为保持体面生活，他难免收受津贴贿赂[②]。

与邵飘萍同样才华横溢，又同样不幸以身殉报的林白水，就两者奢华的生活方式而言也极为相似。林白水的住所有三四十间房子、四五个院子，他的女儿林慰君回忆说："我们家佣人最多时，整整有十个。厨房里两个厨子，一个大厨子，一个帮厨。门房有一个看门的，两个听差——一个管收拾父亲的客厅，书房，客房等等，一个管研墨，上街买东西，扫院子等等。女佣人经常有三个。一个管伺候母亲，另外一个管'打杂'洗衣服，做针线活等等——还有一个专看着我。此外还有一个车夫，一个花匠和一位'护院的'"[③]。而林白水办的报纸也是叫好不叫座，所以，"他的债务永远还不清"[④]，从而陷入对批评对象"不择手段的要索"[⑤]。

曾与林白水在《新社会报》共事的胡政之，对林氏的作风做派颇为不满，但依然难以做到贫贱不能移。北洋时期李思浩长财

① 邵飘萍:《实际应用新闻学》，载肖东发、邓绍根编:《邵飘萍新闻学论集》，北京大学出版社 2008 年版，第 84 页。

② 林熙遗作:《李思浩的政治生涯（中）》,《传记文学》第 71 卷第 1 期，1997 年，第 105 页。

③ 林慰君:《林白水传》，台湾传记文学出版社 1969 年版，第 49 页。

④ 同上书，第 50 页。

⑤ 徐铸成:《报海旧闻》（修订版），三联书店 2010 年版，第 90 页。

政部的几年间，每月送胡政之三四万元，从未间断过[①]。

那些跨越晚清民国，饱受旧文化熏染的知名记者大多秉承了传统名士既粪土金钱，又挥金如土，豪爽不羁的习气，认为接受津贴“这种不劳而获的干薪，是有力报人所应享受的一种特权”[②]。对于民初记者接受津贴的现象，部分记者感情上表示同情。如曹聚仁追忆说，对于“上一代的报人的评价，只能看他们在新闻工作上的成就如何，至于他们拿钱不拿钱，那就等于怪赛金花不替洪状元守节了”[③]。但越来越多的记者理智上予以反对。如任白涛批评说，记者接受津贴贿赂“此种怪状，纵从法律上幸免构成其罪名，而于道德审判之前，则不容赦，所谓良心之制裁是也”[④]。

1920年代末至1930年初，伴随着当时政治秩序渐趋稳定，经济日渐繁荣，交通日益改善，教育日趋普及，中国报刊从个人式的新闻业演进入机构式的新闻业，报馆经济实力日渐雄厚，记者工资待遇稳固提高，军阀政客大规模贿赂记者，记者以政治津贴赖以为生的现象大为收敛[⑤]。

此时，记者的个人道德问题主要从津贴贿赂、生活奢华转向

---

① 林熙遗作：《李思浩的政治生涯（中）》，《传记文学》第71卷第1期，1997年，第104–105页。

② 王新命：《走过民国初年的新闻史：老报人王新命回忆录》，台湾独立作家出版社2016年版，第271页。

③ 曹聚仁：《听涛室人物谭》，三联书店2007年版，第333–334页。

④ 任白涛：《民国沪上初版书：应用新闻学（复制版）》，亚东图书馆1922年原版，三联书店2014年版，第16页。

⑤ 但南京政府新科权要变相贿赂记者的情况依然存在。可参见，金雄白：《记者生涯五十年》（下），台湾跃升文化事业有限公司1988年版，第13–14页。

生活风流。做记者的人不仅大多对循规蹈矩的工作内容、按部就班的工作模式不感兴趣，而且也有不少新闻记者不安于温馨和睦、富足安逸的中产阶级生活方式，他们的血液里总是涌动着强烈欲望渴望一种充满刺激的生活。有的记者出入花丛、走马章台是为采访新闻而逢场作戏，而有的记者在灯红酒绿中则沉溺于寻欢作乐，纵情荒嬉。赵叔雍、金雄白即使在调查“济南惨案”之余，都不忘做狎邪之游①。金华亭好色好赌，“一看到漂亮女子，就什么都不管”，一打起牌，任何重要的采访工作都弃之不顾②。顾执中不赌不嫖，但“在男女问题上，走了错综复杂的道路”，与妻子分居，和唐氏同居，与此同时还与张女士、沈女士谈情说爱，一度和卢女士打得火热已到谈婚论嫁的地步，最后结婚的却是比他小 14 岁的欧阳恺丽，至此顾执中的感情和婚姻状况才稳定下来③。张謇批评《时报》说：“时报馆冷血好赌，天笑好嫖，那里办得好”④？暂且不论张謇对陈景韩和包天笑的批评是否属实，但其代表了士绅阶层对记者道德的普遍期许和基本评判。金雄白初入社会时，他母亲就告诫他不嫖、不赌与不抽鸦片。这不仅是一个母亲对爱子的殷切嘱咐，亦代表了当时民间社会道德风气所尚。即使记者自己回顾往事，亦满怀自责自忏。多年后，金雄白深为感叹，“说来惭愧，半世纪来，我真能恪遵慈训的只有

---

① 金雄白：《记者生涯五十年》（上），台湾跃升文化事业有限公司 1988 年版，第 224—225 页。

② 顾执中：《战斗的新闻记者》，新华出版社 1985 年版，第 23 页；顾执中：《报人生涯——一个新闻工作者的自述》，江苏古籍出版社 1987 年版，第 290 页。

③ 顾执中：《报人生涯——一个新闻工作者的自述》，江苏古籍出版社 1987 年版，第 77—78、135、228—230、283—287、377—380 页。

④ 包天笑：《钏影楼回忆录》，中国大百科全书出版社 2009 年版，第 410 页。

不抽鸦片一端而已”[①]。顾执中回念前尘亦追悔“在私生活问题上走上了错误的道路”[②]。

生活奢华、生性风流恐怕是传统士子向现代职业人士过渡时代的流风遗韵，但这种生活方式不仅在传统旧道德中原本就充满争议，更是五四新道德猛烈攻击的封建余孽，衡之以个人品性新闻职业道德的高标准和严要求，就显得分外不合时宜。

六

记者的道德实践是个人的抉择，但又不是完全由个人所决定的。它是个人意志在情景、习惯、文化和制度的互动结构中动态抉择的结果，并且贯穿于记者琐碎而又漫长的日常工作实践之中。

一般人陷入道德困境，可以苦思冥想，反复斟酌，但是记者遭遇的道德考验，多在局势复杂，信息模糊，情况紧急之际，甚至有时是在极度混乱和危急的情况之中，记者既无法明确判断消息来源和报道现场的实际情况，也不容其再三思量，必须迅速做出决断。即使资深记者对此也倍感棘手，如陈博生说：“新闻记者在繁忙工作之中，必须保持冷静的头脑，周密的思考，才能有公正的判断，合理的批评。我个人经过了二十多年的新闻记者的

---

① 金雄白:《记者生涯五十年》(上)，台湾跃升文化事业有限公司1988年版，第62页。

② 顾执中:《报人生涯——一个新闻工作者的自述》，江苏古籍出版社1987年版，第228-230页。

生涯，始终还没有做到这一点”[①]。记者仓促间实施的道德实践，有时与职业道德理念仅一步之遥，有时相距楚汉。当记者无论是事后蓦然回首还是冥思苦想这个道德抉择，有的让他懊恼一时，有的使他遗恨终生。对此，陈博生感叹道：“修养功夫真是不容易的一件事”[②]。

任何工作都会遇到与技能实践、职业荣誉甚至和生命有关的道德困境，但很少有职业像新闻记者一样在新闻生产整个流程的各个环节中都会直面猝不及防的尖锐道德难题，以及防不胜防的隐蔽道德陷阱。一个道德上的郁结刚解，马上又遭逢另一个新的道德冲突。虽然有时是强烈的道德张力，有时是缓慢的道德纠结，但是道德困境的煎熬和磨蚀贯穿记者职业生涯始终。最棘手的是，新闻职业活动本身包含着道德模糊性和道德矛盾性，即理念上的道德绝对主义与实践中的道德相对主义，这使记者在面对道德困境时虽然有清晰的衡量标准，但没有切实的实现手段，在权衡与抉择的过程中或充满矛盾，或隐含风险，难免引发焦虑，带来痛苦。

复杂的社会特性又不断再生产着新闻职业活动自身的道德矛盾性，并且将这种矛盾嵌入其他更加错综复杂的社会问题之中使其进一步激化和恶化。新闻道德只有在政治自由民主、经济繁荣稳定、文化理性宽容以及职业自主独立的情况下，才能得以广泛落实和彻底贯彻。民国时期不仅根本不具备这些条件，而且恰得其反。很少有哪个国家、哪个时代的新闻记者，像民国前期的新

---

①② 陈博生：《做新闻记者的几个原则》，载王文彬编：《报人之路》，三江书店 1938 年版，第 12–13 页。

闻记者一样在二三十年的职业生涯中遭遇无数的政治腐败、社会动荡、战争冲突、灾害灾难，并且由于当时主客观条件的限制和刺激，这些天灾人祸造成的社会恶果和心理创伤被加倍放大。在这种险恶的社会环境中，各种形形色色的权势集团和力量都千方百计威逼利诱新闻记者以满足一己之私欲，所以，在记者周围，不仅记者本人感到“种种利欲之诱惑，环伺于左右，稍有疏虞，一失足成千古恨矣”①；时人冷眼旁观也为新闻记者的生存环境满怀忧虑，“今之国中，不啻危机四伏，抑且陷阱满前。新闻家之地位，乃日在万丈悬崖之巅驰其摩托，与此堕入九幽之鬼友，目挑心招，以得其所谓材料者”②。亲历和深谙个中艰辛的张竹平感慨万千：“我常看到许多能以很有成就，或很有希望的从事新闻事业的人，每每因为易受多方面的诱惑，结果使他们的意志不能坚定。甚而忘记了新闻事业的伟大，抛弃了自己所负重大的责任。这是多么可以令人痛惜呵”③！邵飘萍苦口婆心地劝告同仁和后辈：“惟外交记者之地位尤易流于堕落，愚故不惜以阅历所得，再三郑重为有志诸君告也”④。

民国时期，又是中国现代历史上道德转型最剧烈的时期，旧道德衰而未倒，新道德建而未立，由于社会缺乏道德共识，结果导致各种道德观念都大行其道，并且各是其所是，各非其所非，

① 邵飘萍：《实际应用新闻学》，载肖东发、邓绍根编：《邵飘萍新闻学论集》，北京大学出版社 2008 年版，第 18 页。

② 汤尔和：《实际应用新闻学·汤序》，载肖东发、邓绍根编：《邵飘萍新闻学论集》，北京大学出版社 2008 年版，第 7 页。

③ 张竹平：《发刊词》，《报学季刊》1934 年创刊号，第 1–2 页。

④ 邵飘萍：《实际应用新闻学》，载肖东发、邓绍根编：《邵飘萍新闻学论集》，北京大学出版社 2008 年版，第 18 页。

百家争鸣，莫衷一是[①]。面对各种不同道德标准，不知何是何非，面对急遽变化的道德标准，不知何去何从。身处此中，即使坚守一种道德也会左右不是，前后失据，在这前后左右、来回往复的矛盾之中，理无所依，心无所安，满是焦灼和苦闷。社会陷入道德相对主义的时代，与社会各界、各阶层都交往频繁、利害攸关的新闻记者及其职业道德更易备受攻击，四面受敌，所以金雄白当时才会哀叹："报纸本为是非最多之地，记者又为恩怨最多之人"[②]。不仅高官显贵斥责，你们这班不道德的新闻记者，而且黄包车夫也在骂干报馆的没有好人。这让民国知名记者王新命感到："有一个时期，我为了新闻记者究竟是上帝还是魔鬼，发生异常惶惑不安的情绪"[③]。

在这样的时代，从事这个职业，必然让记者陷入道德的困境。而在崇高的品性新闻职业道德面前，所有的记者都有失落感、卑微感、愧疚感，越是精英记者，感觉越强烈，自责越深刻。反求诸己，尽在自我，作为精英新闻记者，职业道德实践总可以更纯粹，更高尚，总有进一步提高的可能，从不会对自己既有成就感到安心与满足，虽不断超越自我但永不会达到自我追求的终极目标，以致从业十多年的王芸生都"觉得我自己还不配做一个新闻记者"[④]。另外，人性中本有阴暗的一面，刨根究底追问

① 唐德刚：《段祺瑞政权》，台湾远流出版社2012年版，第87页。

② 金雄白：《记者生涯五十年》（上），台湾跃升文化事业有限公司1988年版，第14页。

③ 王新命：《走过民国初年的新闻史：老报人王新命回忆录》，台湾独立作家出版社2016年版，第24页。

④ 王芸生：《努力做一个有灵魂的新闻记者》，载王文彬编：《报人之路》，三江书店1938年版，第19-21页。

自己的心灵阴影和精神隐私，都会发现自己内心隐藏着多少自私、狭隘、卑劣的动机和情感，而在品性新闻职业道德的拷问之下，自我追问越深越痛苦。黄远生从学理层面公开忏悔其内心理性与欲望的挣扎，“理不胜欲，故以堕落；欲又不能胜理，故以苦痛。越苦痛则越堕落，越堕落则越苦痛，二者循环相生，扰扰不绝，遂令一生非驴非马，既不能为真小人，亦不能为真君子”①。徐铸成多年后被迫从现实活动层面检讨其内心的幽隐，在民国做了二十二年的记者，“受尽了倾轧排挤，也学会了一套自卫和排斥别人的本领”②。

尽管民国时期，报界和社会合作通过改善经济收入，提供组织援助，实施行业监督，开展学术研究、加强专业教育等各种途径和方法来提升新闻记者职业道德，新闻记者的具体实践道德准则变得越来越细致和全面，但始终没有改变的是，将记者的品性标举为新闻职业道德的脊梁和灵魂，将提升记者职业道德的根本方法诉诸自己品性的磨砺和锤炼。这种具有强烈儒家心学色彩的品性职业道德不仅笃信善唯本心，高尚的品性如果不是发自人内在的本性就难以真正自我实现；而且坚信人心本善，人心本身就具有建设高尚品性的深沉潜力和强大力量，只要提振、充实、发扬良知良能，就能臻至道德完善③，成为“一个有灵魂的新闻记

---

① 黄远生：《忏悔录》，载陈协选编、黄远生著：《游民政治》，陕西人民出版社 2013 年版，第 58–68 页。

② 徐铸成：《徐铸成同志的思想检查》，载徐铸成：《徐铸成自述：运动档案汇编》，三联书店 2012 年版，第 6 页。

③ 相关详细讨论可参见，钱穆：《阳明学述要》，九州出版社 2010 年版；牟宗三：《政道与治道》，吉林出版集团有限责任公司 2010 年版。

者”。对民国初年黄远生这一代新闻记者来说，现代新闻职业道德尚在萌芽之际，他们常常直接引述儒家心学思想以表达从业心志和职业伦理，“孟子曰：万物皆备于我。又曰：豪杰之士，虽无文王犹兴。又曰：我无他，我善养吾浩然之气。又曰：其自反而缩者，虽千万人吾往。（原文如此——引者注）一国中之赖有志士仁人者，赖有此耳”[①]！即使被誉为民国报业一代宗师的张季鸾在 1930 年给燕京大学新闻学子讲授新闻道德时，不再大段大段引述儒家经典，但是其不假外物，反向自心，强调立志的做法，依然体现出的是儒家心学本色：“我想要作记者的人们，一定应该先有这一种志气，有这种志气，所以不怕危险穷困劳苦，所以甚兴趣，所以才能当作职业干。同时有这种志气，一定成好记者，事业一定成功”[②]！正是在品性职业道德思想激发之下，记者热切地向往新闻职业道德理念的高尚性和纯粹性，即使在实践中深刻地体历到职业道德的矛盾性和复杂性，面对职业道德也曾动摇，也曾徘徊，但始终不会让记者感到品性职业道德是绝望的希望，是空想的理想，是永远无法抵达的终点[③]，因为在儒家心学的观念中，品性就是在重重磨砺、层层考验中不断反省，不断提高，不断完善。这是一种能够给人带来无穷希望的伦理。在此过程中，记者当然要付出代价，虽然不是每个记者都像邵飘萍

① 黄远生：《少年中国之自白》，载陈协选编、黄远生著：《游民政治》，陕西人民出版社 2013 年版，第 45-49 页。

② 张季鸾：《新闻记者根本的根本》，载王文彬编：《报人之路》，三江书店 1938 年版，第 1-7 页。

③ 类似的讨论可参见，〔美〕凯博文：《道德的重量：不安年代中的希望与救赎》，刘嘉雯、鲁宓译、余德慧审阅，台湾心灵工坊文化事业股份有限公司 2007 年版，第 60-61 页。

一样，举凡所谓穷饿、羁囚、捕逃、沦落，兄弟妻子离散，人生所不堪之楚毒，殆无不以一身受之，但都曾几经忧患，饱尝艰辛，在世事磨炼下，在精神锤炼中，实现道德升华。尽管，即使体历了这种品性的锤炼和提升其实也无法帮助记者找到解决职业道德困境的终南捷径和万全之策，但是，可以使记者更加深刻和细腻地理解职业道德内涵，可以使记者更富勇气和智慧地去面对职业道德困难。至为关键的是，面对艰苦卓绝的险恶境地或生死攸关的凶险事态，只有这种品性的新闻职业道德才能激励记者意志，使他们的信念战胜利害，价值理性压倒实用理性，奋不顾身，迎难而上，追问真实、挖掘真相。所以，对于年轻的记者鲁莽来说，“林白水、邵飘萍等事件，只有增加我对记者生活的神往，毫不使我惧怕”[①]。而对于在“西安事变”之际准备进入凶险难测的兰州的范长江来说，新闻记者的责任是为公众及时、详细、公正地报道新闻，如果因此“万一有什么不幸的话，也是做记者的职务上所应当”，随即只身飞往兰州[②]。

在经历了职业道德困境的强烈煎熬之后，在经历一番痛彻心扉的内心挣扎和精神斗争之后，记者才能更加欣悦、更加深沉地体味高尚职业道德和出色职业成就的价值和意义，记者才能更加深刻地理解新闻事业之于自由民主、繁荣富强的价值和意义，并在潜移默化中将其升华为人生的根本价值和最高追求。曹聚仁痛彻反省，“我们自己应该如黄远生那样认错，自己暴露自己的恶

---

① 鲁莽：《夜生活——二十年报纸生涯甘苦录》，独立出版社 1943 年版，第 2 页。

② 范长江：《塞上行》，载沈谱编：《范长江新闻文集》（上），新华出版社 2001 年版，第 512 页。

性梅毒，不要用好听的词语来掩饰”[①]！顾执中高度褒扬做出杰出成就的新闻记者“脍炙人口，垂名宇宙，比国之居高位的政治家更受人尊敬。他们的地位不是金钱和权势决定的，而是他们的忠心耿耿，努力地为人民为祖国为党的革命事业作出崇高的贡献决定的”[②]。没有经历过挫败与成功、反思与振拔的职业道德磨炼，是不会真诚地赋予，也无法真挚地领悟到新闻工作如此高尚的价值和意义。这时，王新命恍然大悟：“一样是人，但有上帝和魔鬼之分，新闻记者亦然，要做上帝，自然就成为上帝，要做魔鬼，自然就成为魔鬼。”[③]

---

① 曹聚仁：《“五四霉菌”补正》，《申报》1935 年 10 月 8 日。

② 顾执中：《战斗的新闻记者》，新华出版社 1985 年版，第 39 页。

③ 王新命：《走过民国初年的新闻史：老报人王新命回忆录》，台湾独立作家出版社 2016 年版，第 25 页。

结语

新闻专业化与专业中国化：中国近代新闻记者职业化的理论反思

如果说本书前面各章讲的是中国近代新闻记者在职业化征程中的历险故事，那么最后一章则是本书作者在职业化理论领域的一次冒险，即对中国近代新闻记者职业化进行理论化概括。

社会学界对何谓专业基本达成共识，即具有抽象知识的专家应用复杂技能为社会提供知识、服务或产品的知识性劳动①，并且社会学界也将专业这顶桂冠慷慨地赠予新闻记者，但是许多新闻传播学者却不敢自信而骄傲地和社会学界一起来给新闻记者加冕——专业主义——这顶王冠。他们疑虑满腹，议论纷纷，称新闻记者是个“准专业”（a quasi-profession），是个“原始的专业”（a proto-profession），是个“未确定下来的专业”（an indeterminate profession），是个“发展中的专业”（a profession in

---

① 相关重要文献综述可参见，〔英〕马立克·科尔钦斯基等:《工作社会学》，姚伟、马永清译，中国人民大学 2012 年版，第 195-212 页；Magali Sarfatti Larson, *The Rise of Professionalism: A Sociological Analysis,* Berkeley · Los Angeles · London: University of California Press,1977,p.x; Andrew Abbott, *The System of Professions,* Chicago & London: The University of Chicago Press,1988,p.7.

progress)，是个“有专业梦想的普通职业”(an occupation with professional aspiration)，是个“失败的专业”(a failed profession)，是个“发育不良的专业，永远在职业的地狱与专业的天堂的边界上沉沉浮浮”[①]。无论如何，幸好他们都没有彻底抛弃这顶王冠，认为新闻记者或多或少好歹算个专业，尽管在每个人眼中其专业化程度千差万别。

比这个基本概念争论更激烈，根本无法达成共识的是，一个职业如何成为一个专业，即专业化的理论问题。可谓百家争鸣，众声喧哗。功能主义理论认为，各种专业通过其所具有某些共同特质，从而使其与普通职业区别开来。专业化理论的先驱卡尔－桑德斯(Carr-Saunders)和威尔逊(Wilson)认为，抽象而复杂的知识与技术体系、长久而系统的教育与培训体系、严格而正式的资格和准入体系、高尚而标准的职业道德和行为体系等条件，是建构一个专业的必备属性。而杰弗里·米勒森(Geoffirey Millerson)则提出，仅具备组织、教育和道德等三个特质即为一种专业，并且这三个要素在各个专业中形式各异，不拘一格。无论研究者对专业特质的界定或繁或简，或严或宽，但对专业的核心特质基本达成共识[②]。而过程主义理论则批评这种功能主义研究机械地将专业理解为一组静态的固定属性，忽略了专业其实是历史变迁的产物。过程主义理论转向以发展的眼光来审视专业的形成。它认为一个普普通通的职业经历若干规律性的阶段，逐渐

---

① Silvio Waisbord, *Reinventing Professionalism: Journalism and News in Global Perspective,* Cambridge & Malden: Polity Press,2013, pp.78–42.

② Andrew Abbott, *The System of Professions*, Chicago & London: The University of Chicago Press,1988,p.5.

获致某些必备的专业属性，即能上升为一个备受社会尊重的专业。其中最具影响的是威伦斯基（Wilensky）的职业化理论，在他看来，一个职业转变为一个专业，需要经历五个阶段：第一，成为专职或全职的职业；第二，建立训练学校；第三，形成专业协会；第四，赢得法律支持以能自主掌管自己的工作；第五，专业协会公布正式的道德准则[①]。而在文化主义理论看来，无论是功能理论还是过程理论，这些研究都未能摆脱专业主义特性研究取向的“窠臼”，沉溺于孤立而肤浅地讨论专业的表面特征，而忽略了专业深嵌其中的文化、资本、阶级等社会结构性力量对专业建构与不断再构的深刻影响[②]。文化主义理论主张职业化的核心程序是建立职业文化合法性，通过赋予专业人士理性、效率和科学等文化价值，最终使其职业在社会中树立起文化权威[③]。而偏重政治经济研究取向的垄断主义理论认为，为获得在某个职业领域独占性的名望、利益与权力，从而实现该职业的上升性社会流动，是专业化的根本动机和最终目的[④]。

从理论研究的视角来看，社会学者刘思达指出，上述“任

① Harold L. Wilensky, “The Professionalization of Everyone?” *American Journal of Sociology,* Vol. 70, No.2 (Sep., 1964) , pp. 137–158.

② Julius A. Roth, “Professionalism: The Sociologist’s Decoy,” *Work and Occupations* 1, 1974, No. 1, pp.6–23; Magali Sarfatti Larson, *The Rise of Professionalism: A Sociological Analysis*, Berkeley · Los Angeles · London: University of California Press,1977,p.xiii.

③ Andrew Abbott, *The System of Professions*, Chicago & London: The University of Chicago Press,1988,pp.15–16.

④ Magali Sarfatti Larson, *The Rise of Professionalism: A Sociological Analysis*, Berkeley · Los Angeles · London: University of California Press,1977,pp.xvi–xvii.

何一个理论都无法提供一个能够充分包容职业主义这一概念的复杂性的分析框架，因而都是有所欠缺的”[①]。而在历史实证研究中，G. 米勒森（G. Millerson）则发现，有多少个职业就有多少个职业化的故事。每个职业的职业化的故事都是独特的，都是这个职业和社会历史背景交织互构的产物[②]。除此之外，西方职业化理论都是建立在经济繁荣、政治民主、社会稳定、文化多元，即是建立在西方世界现代化发展相对成熟的历史背景之中，对专业主义意识形态和社会运动的一种理论概括[③]，而当专业主义的意识形态在20世纪初期传入我国，发起一场新闻专业主义的社会运动时，中国正处在经济凋敝、政治独裁、社会动荡、文化激烈争鸣的革命时代。所以，无论从专业主义理论本身的局限，还是新闻职业自身的属性，以及中国20世纪初至30年代独特社会历史背景，中国近代新闻专业主义的兴起都需要新的理论视角。

尽管新闻业职业化的萌芽可以追溯到晚清中国现代报业发轫之时，但是新闻记者职业化之路则发端于20世纪20年代中后期，党报、商报和专业报纸在历史更迭中初步完成社会分化，以新闻为主的严肃报纸已在市场中拥有一席之地，并且其中知名大报开始雇佣专职新闻记者，期望在新闻竞争和读者市场中

---

① 刘思达:《失落的城邦：当代中国法律职业变迁》，北京大学出版社2008年版，第149页。

② Andrew Abbott, *The System of Professions,* Chicago & London: The University of Chicago Press,1988,p.13.

③ Silvio Waisbord, *Reinventing Professionalism: Journalism and News in Global Perspective,* Cambridge & Malden: Polity Press,2013, pp.19–42.

立于不败之地[①]。这时，与政客办报汲汲于权，商人办报孜孜求利，文人办报只是其诗酒风流之余兴不同，职业新闻记者有了全新的职业意识。正如金雄白所说："他们（上一代报人——引者注）当时都不过以办报来宣传革命，与我们的以之作为职业者有所不同"[②]。当具有新型专业认同的职业新闻记者诞生之后，他们面临着职业地位低下、收入微薄和社会声誉不高的尴尬境地，并且相对于主笔、编辑，记者的境况尤为窘迫，"一切文化都有地位和声威要求。中国文化是其中发展并且表现得最强烈的"[③]，在中国知识分子被边缘化的近代社会，处于知识分子群体边缘的新闻记者对地位和声望的要求就变得尤为炽烈。承袭美国新闻专业主义思潮的启迪和刺激，裹挟在中国现代职业专业主义运动浪潮的奔涌之中，记者们急切要"把新闻职业之标准提高，使新闻记者，同律师、工程师等同样受人尊敬"的职业化之路[④]，以期实现"报业高尚之职业也"[⑤]。戈公振说，在新闻界"大率一馆之中，出类拔萃者仅十之二三，余备员而

① 〔美〕丹尼尔・C. 哈林、〔意〕保罗・曼奇尼：《比较媒介制度：媒介与政治的三种模式》，陈娟、展江等译，中国人民大学出版社 2012 年版，第 34–35 页。

② 金雄白：《记者生涯五十年》（上），台湾跃升文化事业有限公司 1988 年版，第 96 页。

③ 殷海光：《中国文化的展望》，上海三联书店 2002 年版，第 132 页。

④ 马星野：《新闻职业与大学教育》，《报展纪念刊》1936 年，载龙伟等编：《民国新闻教育史料选辑》，北京大学出版社 2010 年版，第 122 页。

⑤ 戈公振：《中国报业教育之近况》，《国闻周报》第 3 卷第 10 期，1926 年，载龙伟等编：《民国新闻教育史料选辑》，北京大学出版社 2010 年版，第 4 页。

已”[①]。戈氏之言，虽颇刺耳，但揆诸实际，确实如此。广而言之，热衷推广新闻职业化的记者和报纸，代表当时职业化最高水平和发展方向的记者和报纸，确也只是报界十之二三出类拔萃者也。新闻职业化原本即是精英主义的产物，民国时期中国新闻职业化运动的精英化色彩尤其强烈。

与西方源发式职业化运动不同，作为后发式职业化运动，民国新闻界基本都是追摹着英美职业主义发展步伐，奋力前行。“查东西文明之国，莫不有报馆俱乐部之设”[②]，各地记者纷纷创建新闻职业团体；“查各国大学均有新闻一科，若访员若编辑若广告若发行，各有专门学”[③]，沪京宁纷纷创办新闻院系。当中国新闻记者和知识分子兴致勃勃地主动学习、模仿和传播西方新闻职业化理念之时，美国新闻记者和知识分子也野心勃勃地在全球推广新闻职业化理念。以美国密苏里新闻学院院长沃尔特·威廉，“这位新闻专业主义运动的先锋和致力于向东亚和世界推广美国新闻学理念的领袖”[④]，为代表的美国访华、驻华新闻记者、

---

① 戈公振:《中国报学史》，上海书店出版社 2013 年版，第 228 页。顾执中也表达了相似的看法，他说，“如果把新闻工作，象其他一般工作那样，作为糊口吃饭，使生活有着落，衣食无忧，别无他求，上述的条件，就不需要了。旧社会中，大部分新闻工作者，其所抱态度，就是如此。”见顾执中:《战斗的新闻记者》，新华出版社 1985 年版，第 76 页。

② 《告天津各报大主笔》,《大公报》1906 年 7 月 1 日。有关记者职业团体最详尽和深入的研究可参见，赵建国:《报刊史的底色：近代中国新闻界与社会》，暨南大学出版社 2020 年版。

③ 《中华民国报馆俱进会第四日大会记事》,《申报》1912 年 6 月 10 日。

④ Timothy B. Weston, “China, Professional Journalism, and Liberal Internationalism in the Era of the First World War,” *Pacific Affairs*, 2010, 83（2）,pp.327−347；马光仁:《中美新闻界友好交往的先驱——简介美国著名新闻学家威廉博士五次访华》,《新闻大学》2005 年第 3 期，第 33−37 页。

知识分子，以及留美的中国记者、学者和知识分子，在华积极推广新闻职业化理念和推进职业化运动。东潮西潮，相激相荡，遂使职业化理念蔚为思潮，职业化运动风起云涌。

1920年代，职业化运动发轫初期，进展缓慢。正如威廉的学生汪英宾1924年在观察中国新闻职业化运动时所指出："吾国新闻事业，尚未达到职业时代。盖以报纸所载之新闻，每不能纯粹独立，而当加入议论。报馆经济，又难独立，职员薪水太少，致不能专营新闻职业。新闻范围，又觉狭小，偏重政治，其他人生问题，则不甚注意。至于新闻家，又少一种社会之组织，互相切磋，设法增进新闻事业。新闻教育之设施，亦甚缺乏，只有二三大学附设新闻科，不足造就新闻学人才，此亦当注意者也。希望有志新闻事业者，急起图之，以改良吾国新闻事业也"①。随着中国新闻业从"由政论本位而为新闻本位，由津贴本位而为营业本位"的转型发展②，特别是在1927年至1937年民国新闻业的"黄金十年"，记者职业化在理念建构、经济基础、组织发展、行业协同、高等教育上取得长足进步。这既在行业中增强了记者和报业的专业能力与水平，又在社会上提升了其职业形象、声誉和地位。正如张季鸾在1939年总结道，"中国报人本来以英美式的自由主义为理想，……中国报业是走着英美路线，而在近年已具有相当规模"③。但新闻职业化运动的关键所在——专业自

① 《汪英宾君昨晚在寰球学生会演讲》，《申报》1924年11月16日；《汪英宾演讲新闻之职业》，《民国日报》1924年11月16日。

② 黄天鹏：《苏俄新闻事业》，《新闻学刊全集》，光华书局1930年版，第129页。

③ 张季鸾：《抗战与报人》，《大公报》1939年5月5日，载张竟无编：《张季鸾集》，东方出版社2011年版，第363页。

主权和专业自治性，在不同地区出现不同变化。在南京政府有效统治的华东、华中地区，特别是民国时期一直被视为全国舆论中心的上海，在国民党新闻宰制政策的胁迫下其媒体的专业自主权和专业自治性大为萎缩，从而使原本中国新闻职业化发展速度最快、程度最高的区域呈现出职业化理念、组织、技术倒退的境况。而在民国早期处于晋系、后期处于奉系，以及西北军将领实际控制下的华北，因为国民党新闻宰制力量有所不逮，并且地方军阀为维护和扩张自己势力范围有意利用媒体批评中央借以抗衡南京政府，南京政府为传达政见，笼络人心，牵制地方军阀，也积极拉拢借重京津报纸，在中央和地方权力博弈所碰撞出的裂隙之中，《大公报》《益世报》《世界日报》等京津地区重要报纸的专业自主权和专业自治性大为伸张。这也是《大公报》《益世报》借势而起迅速成长为全国性大报的重要原因之一。恰如鲁莽回顾 1930 年代初任天津《商报》主编时说："那时候在天津做报的好友，言论是自由一些，所以天津的几份大报也比较有权威，就是现在大公报的地位，也还不是在那时候的自由言论下培养成长的"①。鉴于这种复杂的状况，从职业化理论的视角来看，中国新闻业所谓的"黄金十年"，仅是"镀金十年"而已。

中国寻踪英美走上新闻职业化运动之路，但新闻职业化运动在中国化的过程中最困难、最复杂的问题是，如何调适新闻与政治的关系。尽管无论是北京政府还是南京政府都是"弱势独裁"政权②。言其弱势，是因为无论当时的中央政府还是地方政权不

---

① 鲁莽：《夜生活——二十年报纸生涯甘苦录》，独立出版社 1943 年版，第 60 页。

② 王奇生：《党员、党权与党争：1924—1949 年中国国民党的组织形态》（修订增补本），华文出版社 2010 年版，第 408–409 页。

仅有效统治区域有限，而且在其实际统治范围内因为受到传统士绅、在华外人甚至秘密帮会等各种异质权势力量的抵制而导致其权力支离破碎，遍体罅隙；言其强权，是因为在其权势所及的范围之内，军阀、政客等权势人物凌驾于国家制度和法律之上可以肆意干涉任何社会领域，其影响甚至决定着新闻职业化的各个面向以及各个层次。新闻报道理念、专业团体、高等教育、职业道德等所有这些层面不仅都受到军绅权力的严重影响，而且其相关问题的根本解决都会汇集到政治之上。所以，时人普遍深刻认识到："故要发展中国新闻事业，提高舆论权威，……首先要政治民主，在民主政治言论获得自由，新闻记者得到安全保障之后，才能鼓起人们有兴趣去出钱办报，去研究新闻学，去做新闻记者"①。

尽管《申报》《新闻报》《大公报》《益世报》《世界日报》等民国时期专业化程度最高的报纸都充分抓住了新兴资本主义社会经济结构提供的发展机遇，崛起于激烈的市场竞争之中，新一代职业新闻记者与上一代报人的政治态度与抱负大异其趣，但是，秉持文人论政的传统，面对救亡和启蒙作为历史基调的中国近代社会，新闻记者从未想过彻底回避政治通过完全不与闻政治，而获得职业自主；绝大多数记者也未曾想通过彻底推翻现有政权建立全新的政治制度，从而获得职业自由。他们首要的奋斗目标是如何影响政治理念，改良政治体制，在推动政府革新、实现社会进步的过程中逐渐为新闻职业创造自由民主的生态环境。这几乎是民国各个时期专业化程度最高的报纸在其发刊词中所宣

---

① 陈锡余：《中国新闻教育与新闻事业》，《文风学报》1947年第2、3期合刊，载龙伟等编：《民国新闻教育史料选辑》，北京大学出版社2010年版，第207页。

誓追求的共同目标。《京报》誓言："必使政府听命于正当民意之前，是即本报所为作"[①]。新记《大公报》立志："凡其行为利于国者，吾人拥护之；其害国者，纠弹之。附议清议之末，以彰是非之公，区区之愿，在于是矣"[②]。《立报》宣称"准备为大众福利而奋斗"。"我们始终认定，大众利益，总应超过于任何个人利益之上"[③]。这也是民国新闻职业道德的终极关怀，当时新闻记者的职业道德不仅仅是为锤炼崇高的品性，成为道德的完人，也不仅仅是新闻至上，挖掘和报道事实真相，而是通过饱含严格道德主义的新闻报道推动政清人和，实现国富民强。此外，监督政府这一政治取向也饱含着强烈的市场内在要求，报纸敢于揭露政府失职，批评官员失范，"可以畅所欲言，毫无顾忌，因此博取广大的读者"[④]，反之在广大读者对记者和报纸的期待之中，"该登的不登，……他的报纸一定为人看不起"，也就失去了市场[⑤]。在这一点上，报馆老板与新闻记者达成监督政府的共识，期待藉此名利双收。

当然，监督政府，"必使政府听命于正当民意之前"，绝非易事。报人不仅深刻地意识到，报界在政治暴力制度性运作中的脆弱性。如史量才说："不见民国以来拥重兵挟大炮者相环乎。其势力之雄千万倍于报纸""若逞其意气，取快一时，恐吾同人亦早

① 邵飘萍:《本报因何而出世乎》,《京报》1918年10月5日，转引自方汉奇主编:《中国新闻事业通史》(第2卷)，中国人民大学出版社1996年版，第59页。

② 《本社同人之志趣》,《大公报》1926年9月1日。

③ 成舍我:《我们的宣言》,《立报》1935年9月20日。

④ 文孚:《商办报纸的难关》,《大光明》1946年第4期，第8页。

⑤ 郭步陶编著:《本国新闻事业》，申报馆1936年版，第17页。

在缴械改编之列矣”[①]。记者也痛苦地发现，报人常成为政治暴力随机性发作的牺牲品。如金雄白观察到：“从民国以来，新闻记者所从事的虽是一项最清苦的职业，而时常会在政争的夹缝中无端端送命。每一次政局有变动，或派系上有纠纷，池鱼之殃，记者也往往成为政坛上权要泄愤的对象”[②]。

但是，在缺乏迅捷高效的现代信息传播技术和手段的情况下[③]，民国政府也迫切需要大众媒体为其塑造形象，宣传政策，监测环境，沟通社会，动员民众，所以，不仅民国军政要人积极结交记者，时相往还，而且民国政府创立伊始即建章立制促进新闻业发展，如设立新闻记者招待会，减低新闻通讯邮资，发布政府通令保障言论自由，保护记者人身安全等[④]，以便充分利用新闻事业实现统治稳定性和政治合法化。无论是北京政府还是南京政府，由于其政体脆弱、政局不稳和政令不畅[⑤]，作为弱势的强权政府对媒体服务国家战略的需求尤为强烈和迫切。

在此强权政治之下，政治对新闻业威胁最大，同时，政治

---

① 转引自庞荣棣：《史量才》，上海教育出版社 1999 年版，第 106 页。

② 金雄白：《记者生涯五十年》（下），台湾跃升文化事业有限公司 1988 年版，第 39 页。

③ 向芬：《国民党新闻传播制度研究》，中国社会科学出版社 2012 年版，第 62 页。

④ 有关中国记者招待会早期形态演变的详细讨论可参见，赵建国：《报刊史的底色：近代中国新闻界与社会》，暨南大学出版社 2020 年版，第 164–174 页。有关南京政府新闻管理制度的演变可参见，向芬：《国民党新闻传播制度研究》，中国社会科学出版社 2012 年版。

⑤ 有关南京政府的相关详细讨论可参见，王奇生：《党员、党权与党争：1924—1949 年中国国民党的组织形态》（修订增补版），华文出版社 2010 年版；金以林：《国民党高层的派系政治：蒋介石“最高领袖”地位的确立》，社会科学文献出版社 2016 年版。

对新闻业也助力最大。当记者遭到政客非法查禁、军阀肆意捕杀、帮会恶性恫吓、盲动的民众砸馆毁报、刻薄的老板剥削欺凌等各种权势势力的胁迫时，最后又不得不诉诸政治救济，政治权势对其纾困解难帮助最大。从上述意义上说，新闻专业主义总是建立在国家的直接支持之上[①]。而在当时的历史背景下，政治和新闻是一种双方均处于弱势基础上的阶层合作[②]，双方对彼此的需求都极为强烈和迫切。尽管记者期待表达民意“必使政府听命于正当民意之前”，但政府只是将新闻当作实现统治的工具，而非影响其政策制定与执行的社会力量[③]。可能正是两者同床异梦，虽然新闻媒体经常批评国民党政权，但是这些批评很少对国民党政权真正有所触动[④]。恰如蒋介石在治国理政的方法上长期所坚持的一个原则：“政治与外交应指导舆论而勿为舆论所误也。”[⑤]对此，胡适曾深刻批评道：“前进的思想界的同情完全失掉之日，

---

① Eliot Freidson, *Professionalism: The Third Logic*, Cambridge: Polity Press, 2001, p.121.

② 本文这里借鉴了布赖恩·马丁这个论断：“一言以蔽之，国民党政权和上海资产阶级之间的契合是一种双方均处于弱势基础上的阶级合作形式。”见〔澳〕布赖恩·马丁：《上海青帮》，周育民等译，上海三联书店 2002 年版，第 175 页。

③ 这里参考了小科布尔关于南京政府对待上海资本家的观点，笔者认为这一观点可以应用到南京政府对待媒体的问题上，商业媒体不仅在宏观层面上与商业资本具有同构性和同质性，而且记者与资本家在微观层面上又有千丝万缕盘根错节的复杂联系。〔美〕帕克斯·M. 小科布尔：《上海资本家与国民政府（1927—1937）》，蔡静仪译，世界图书出版公司 2015 年版，第 205 页。

④ 参见〔美〕易劳逸：《毁灭的种子：战争与革命中的国民党中国（1937—1949）》，王建朗等译，江苏人民出版社 2009 年版，第 230 页。

⑤ 《蒋介石日记》1937 年 7 月 31 日，转引自邓野：《蒋介石的战略布局（1939—1941）》，社会科学文献出版社 2019 年版，第 220 页。有关此问题的相关讨论，亦可参见该书第 218-220 页。

便是国民党油干灯草尽时。”20年后，断言成真[①]。

民国的军绅政权和政治制度建立在“伦理本位”的社会之上，无论是北京政府，还是南京政府都是使用现代政治制度和传统伦理文化的双规制社会治理模式[②]，一方面有一整套媒体管控和新闻审查的制度和法律，同时又将其嵌入中国传统社会关系网络之中运行与运作。如果政府和记者之间的合作和冲突能够在现代政治制度中得到令彼此满意的解决，双方则在制度层面互动交往；如果不能，双方会转入中国传统社会关系网络之中讨价还价进行私下交易。特别是当政府和报纸发生矛盾冲突时，实力小、影响弱的报纸和记者常在制度层面与政府博弈；而实力强、影响大的报纸和记者更喜在私谊网络之中寻求权势人物协商解决问题的办法。在正式制度的博弈中，记者一般难逃政府惩戒的结局；在私下关系的协商中，记者常常能在权势人物的庇护下规避政府规训的厄运，甚至进而依靠权势人物恩赐的职业自由在一定程度上使政府听命于报纸所代表的民意。所以，当时《申报》《大公报》《益世报》《世界日报》等专业化程度最高、影响最大的主流报纸一方面在台前大声疾呼，大力推动建立国家现代治理制度，一方面在台后都与中央政府，或地方政府的军政要员建立起密切

---

① 转引自〔美〕J.B. 格里德：《胡适与中国的文艺复兴：中国革命中的自由主义（1917—1937）》，鲁奇译，江苏人民出版社2010年版，第205页。有关此问题的相关讨论，亦可参见该书第205页。

② 参见〔美〕齐锡生：《中国的军阀政治（1916—1928）》，杨云若、萧延中译，中国人民大学出版社2010年版，第31-62、154页；黄仁宇：《现代中国的历程》，中华书局2011年版，第245-246页。

的私谊关系[①]。记者与报纸背后庇护者的权势在一定程度上也决定着记者和报纸的影响力[②]。《大公报》及其记者群体一时叱咤风云，除了其专业能力卓尔不群之外，亦和吴鼎昌、张季鸾取得蒋介石的高度信赖与大力支持密不可分。这种私谊网络其中不仅有某种基于中国亲缘性社会结构所形成的血缘、地缘等“既定性关系”，而且也有出于利益交换所形成的职业化“工具性关系”，并且亦有因意气相投而生发出真情实意的“情感性关系”[③]，此外还有出于政治目标相近，政治观念相似而形成的思想性“认同性关系”。国家与报纸杂志、记者与军阀政客，在此私谊网络中又形成多级结构交错互动的格局和机制。还以《大公报》为例，在最高层，吴鼎昌、张季鸾与蒋介石关系密切；在次高层，王芸生、徐铸成与陈布雷时相往还；在中层，其知名记者与国民党各级干部应酬频繁；并且从极峰到中层之间又上下左右交相互动[④]。在

① 有关《申报》陈冷、《大公报》“三巨头”与蒋介石以及国民政府高层私谊关系的相关详细讨论可参见，陈建华:《陈冷：民国时期新闻职业与自由独立之精神》，载李金铨编:《报人报国：中国新闻史的另一种读法》，香港中文大学出版社 2013 年版，第 219-258 页；〔美〕帕克斯 · M. 小科布尔:《上海资本家与国民政府（1927—1937）》，蔡静仪译，世界图书出版公司 2015 年版，第 187-192 页；俞凡:《新记〈大公报〉再研究》，中国社会科学出版社 2016 年版。

② Magali Sarfatti Larson, *The Rise of Professionalism: A Sociological Analysis,* Berkeley · Los Angeles · London: University of California Press,1977,p.xii.

③ 相关详细讨论和参考文献可参见，杨中芳、彭泗清:《人际交往中的人情与关系：构念化与研究方向》，载杨国枢、黄光国、杨中芳主编:《华人本土心理学》（下册），重庆大学出版社 2008 年版，第 475 页。

④ 相关详细讨论和参考文献可参见，周雨:《大公报史（1902—1949）》，江苏古籍出版社 1993 年版；吴廷俊:《新记〈大公报〉史稿》，武汉出版社 2002 年版；俞凡:《新记〈大公报〉再研究》，中国社会科学出版社 2016 年版。

这种政治与媒介的生态下，记者在制度层面抗击政府新闻审查时不屈不挠，却又不知不觉地认同了关系网络实行的自我新闻审查。甚至，还会出现像陈布雷、董显光这样极端的案例，他们“对国民政府的新闻政策心怀芥蒂，更厌恶国民党内令人窒息的政治文化”，但却认为蒋介石是能够带领国家实现民富国强的时代领袖，甚至为此弃报从政，投入蒋氏麾下[①]。

如果说新闻职业化追求的是一种建立职业边界以维护专业自主与自治的理念和运动[②]，那么在民国时期记者主要就是调适其与政治的边界，通过正式制度和私下交谊两个空间捍卫和协商新闻与政治的边界，进而确立其与社会各界以及各行各业的边界。在制度层面上，参政与论政的边界原本就模糊不清、变动不居，当其嵌入千丝万缕、盘根错节的私谊网络之中就变得更加相交相错、互渗互透，所以对民国记者而言，与其说是通过调整与国家、法律的边界，不如说是凭借调适其与军阀政客的私人关系而维护其专业自主性。正因如此，在20世纪二三十年代，中国新闻职业化形成了高度政治共生性、私人情谊性与专业主义并存的独特风貌。倚重私谊网络来维护专业自主性，记者或多或少弱化了在公共领域追求建章立制——制度化保障专业自主性的决心、动力和斗争，进而也弱化了政府加强保障自由职业自主性制度建设的促因、责任和压力。少数记者之福兮，新闻行业之祸兮？

---

① 相关详细讨论可参见，魏舒歌:《战场之外：租界英文报刊与中国的国际宣传（1928—1941）》，魏舒歌、李松蕾、龙伟译，社会科学文献出版社2020年版，第251页。

② 相关详细讨论可参见，白红义:《新闻研究：经典概念与前沿话题》，上海交通大学出版社2018年版，第21-37页。

附录

从照相馆到新闻馆：中国近代职业新闻摄影记者的兴起[①]

一次，金雄白去拍摄枪决巨盗的新闻照片，他“自己知道要拍得清晰可以制版太无把握，所以就提早到场。刑场上死囚的位置，都预先安置好有个木桩，解到后死囚就跪在那里，再把他绑实在木桩上，我居然还带上软尺，先把距离量准了，焦点不错，以为可以万无一失，但因为这是第一次看到执行死刑的场面，心里不免有些紧张。等我准备好了，把相机页对准了，至犯人解到时，押解的警吏一路还吹着步号，四周的看客更发出一阵欢呼，我的手就开始颤抖了，照是拍了，但回到报馆，冲印出来，竟成了一幅印象派的名画”[②]。这不是个案，而是普遍状况。《民国日报》社长邵元冲，热爱摄影，但经常为拍砸而

---

① 本章初稿《从照相馆到新闻馆：中国近代职业新闻记者的形成与发展》发表于《新闻与传播研究》2020 年第 10 期。

② 金雄白：《记者生涯五十年》（上），台湾跃升文化事业有限公司 1988 年版，第 117 页。

“甚为惋怅”[①]。

除少数文字记者对新闻摄影能够胜任之外，大多数记者像金雄白一样感到兼任摄影工作“是一件十分头痛的任务”。因此聘请专职新闻摄影记者的问题就被提上报馆日程，并且新闻摄影记者的职业化历程与新闻记者迥然不同。

一

从晚清开始，特别是步入民国之后，政府机构、工商团体、社会名流遇有重要活动时，追逐欧美风尚，常请照相馆摄影纪念。照相馆趋之若鹜，因为除拍照赚钱之外，一则可以借此自重，播扬名气。北京山本照相馆受召给黎元洪拍照，便十分自豪地登报广为宣传，“蒙黎大总统之命晋府拍像，敝馆光彩莫过焉”[②]；二则，趁机将具有新闻价值的照片大量制作，广为销售[③]。北京光明照相楼拍摄“临时参议院开会典礼”和“国宪起草委员会开会典礼”之后，立刻在报纸上大做广告：典礼照片“现已出版，诸君欲购者，特别减价，以表欢迎，特此广告”[④]。北京同生照相馆拍摄1917年国庆阅兵仪式之后，登报宣传，“蒙召往南苑等处拍摄，计摄得十二寸像片一百余份之多，并皆佳妙精巧异

① 邵元冲日记1925年8月24日，载王仰清、许映湖整理：《邵元冲日记》（上），上海人民出版社1990年版，第202页。1925年6月12日（上，第173页）；1926年7月19日（上，第271页）。

② 《山本照相馆》，《顺天时报》1916年7月29日。

③ 相关详细讨论可参见，仝冰雪：《中国照相馆史（1859—1956）》，中国摄影出版社2016年版，第244-246页。

④ 《顺天时报》1925年8月30日。

常，即日出版。如蒙光顾希即驾临小号是盼，或远购函商邮寄甚妥”①。有时报馆还主动去拍摄时事新闻，甚至不惜犯险冒难去报道战地新闻、灾难新闻，以制作图片，出售获利。1926 年 5 月至 8 月，直奉联军与冯玉祥国民军展开南口大战，北京荣光照相馆派人前去拍摄，并在报纸上广而告之，《南口战地影片》“有数十种之多。现已出版此项影片，于军事上有莫大研究之价值。凡国内有志研究军事者宜速购置是幸”②。

尽管我国报纸早在清朝末叶即开始刊登新闻摄影报道，但是截至 1920 年代，北京各大报馆都没有摄影记者，遇有需要拍照的场合，只有求助于照相馆。一些照相馆中人亦积极与报馆合作，如北京同生照相馆老板谭正曦就有求必应，乐此不疲③。而在上海，知名摄影家林泽苍、高维祥当时观察到“华文各报之新闻照片，均来自于各照相馆，往往不另付值。各报馆于登出时，照片之旁注明某某照相馆摄”。新闻馆获得新闻照片以飨读者，照相馆藉此广而告之以博时誉，两者“固相互利用耳”④。甚至有的照相馆，借此而一举成名。如上海王开照相馆在创办之初，门面狭小，设备简陋，毫不起眼。1927 年远东运动会在上海举办选拔赛，王开照相馆不惜代价投标获得赛事拍摄权。它派遣技术最精湛的摄影师，组成四个摄影小组，抓拍赛场精彩瞬间，并当晚及时冲印出来，免费提供给各家报馆，于是王开照相馆在沪上

① 《广东同生照相馆国庆纪念秋操像片出版》，《顺天时报》1917 年 10 月 20 日。

② 《南口战地影片出版》，《顺天时报》1926 年 10 月 21 日。

③ 赵效沂：《报坛沉浮四十五年》，台湾传记文学出版社 1981 年版，第 5 页。

④ 林泽苍、高维祥：《增广摄影良友》，1928 年版，转引自王天平、丁彬萱主编：《上海摄影史》，上海人民美术出版社 2012 年版，第 100 页。

立刻声名鹊起[①]。上海的照相馆和新闻馆逐渐形成稳定的合作关系，如“华商照相馆之兆芳、汇芳、及光艺、卡尔生等，所摄之新闻照片多供外国报纸使用。中华、心心及王开等照相馆所摄照片，则多供华文报纸之用”[②]。所以，直至到1920年代末，“照相馆为新闻照片最大之出产处，盖设备完善，器械与冲晒均甚便利，中国各报馆多仰给于彼”[③]。

除照相馆之外，亦有许多个人、团体和组织积极给报馆提供新闻摄影照片。1920年代，随着国内各大摄影团体的纷纷成立[④]，它们为扩大社会影响，普及摄影艺术，争相给各大报馆投稿各类摄影作品，其中不乏新闻摄影。特别是1925年成立于上海的中国摄影学会专门建立新闻部，面向全国征集新闻摄影作品，以给中外报纸杂志供稿[⑤]，并招聘特约新闻记者，专司新闻摄影报道。它还广而告之承揽内地报纸的新闻摄影任务，去拍摄上海及其周边地区发生的重大新闻事件[⑥]。

一些新兴的图片通讯社开始给报馆提供新闻摄影作品。如北京的“中央写真通信社，每月平均送稿八次，每月取费十元，其

---

① 王天平、丁彬萱主编:《上海摄影史》，上海人民美术出版社2012年版，第68页。

② 林泽苍、高维祥:《增广摄影良友》，1928年版，转引自王天平、丁彬萱主编:《上海摄影史》，上海人民美术出版社2012年版，第100页。

③ 林泽苍:《摄影记者指南（三）》，《中国摄影学会画报》1927年4月23日。

④ 相关详细讨论参见，王天平、丁彬萱主编:《上海摄影史》，上海人民美术出版社2012年版，第22-26页。

⑤ 方汉奇主编:《中国新闻事业通史》(第2卷)，中国人民大学出版社1996年版，第173页。

⑥ 林泽苍:《摄影记者指南（二）》，《中国摄影学会画报》1927年4月9日。

材料颇合报纸之用”[①]。

还有许多摄影爱好者们也热衷给报馆投稿新闻摄影报道，“好摄影而非专门者，时以新闻照片，分送于各报馆，惟所得之酬金甚薄。约自五角至一二元”[②]。其中不乏有些摄影爱好者还乐于无偿给报馆投稿。如后来成为《大公报》知名记者的张蓬舟从1925年开始给《国闻周报》义务供稿，在其画报副刊上发表了许多新闻照片和新闻报道[③]。

与此同时，一些报馆开始培训文字记者学习摄影技术，兼任新闻摄影工作。上海《时报》老板黄伯惠“规定了馆内所有的外勤记者，一定要能拍照，还要能自己冲印”[④]。北京《晨报》记者赵效沂曾自学摄影，他主动请求报社给他配置照相机和闪光灯，在日常采访时兼任摄影报道[⑤]。天津《大公报》文字记者汪松年亦兼任摄影工作[⑥]。另则，一些大型报馆配有制版部，其技师“有时兼外出照相”[⑦]。

尽管摄影稿件来源广泛，但大多不符合新闻报道标准，所以很少被报馆刊录。照相馆是当时报馆最重要的新闻摄影稿源，

① 戈公振:《中国报学史》，上海书店出版社2013年版，第234页。

② 林泽苍、高维祥:《增广摄影良友》，1928年版，转引自王天平、丁彬萱主编:《上海摄影史》，上海人民美术出版社2012年版，第68页。

③ 张蓬舟:《我在大公报的经历》，载周雨编:《大公报人忆旧》，中国文史出版社1991年版，第29页。

④ 金雄白:《记者生涯五十年》(上)，台湾跃升文化事业有限公司1988年版，第117页。

⑤ 赵效沂:《报坛沉浮四十五年》，台湾传记文学出版社1981年版，第5页。

⑥ 孔昭恺:《旧大公报坐科记》，中国文史出版社1991年版，第20页。

⑦ 戈公振:《中国报学史》，上海书店出版社2013年版，第230页。

但报馆对其来稿也采纳不多，“摄十余影，而选用者一二”，因为它们提供的摄影图片大多不具新闻价值，不符报馆的需求。恰如时人所说：“照相馆派出之摄影者（老师父或为学生）对于机械式之摄影，当然颇有经验，惟对于新闻学识及‘新闻之价值’（此系新闻摄影最紧要之关键……）则茫然不知，欲得优美之成绩（新闻价值之谓也）难乎其难矣”[①]。

而摄影爱好者投稿的新闻摄影不仅因缺乏新闻价值，录用率低，还由于拍摄成本不菲，多数人只浅尝一二，便知难而退，来源更不稳定。民国知名摄影家穆一龙十分熟悉个中的辛苦和尴尬，他当时就发现，“间有好玩摄影者偶试小技，投诸各报，而其酬报之菲薄，不及底片车费、往来奔跑、迅速冲洗及专使送达之代价。且或已有此项照片或照片不佳，又不能予以刊登，则前功尽弃，故新闻摄影，除记者外，已渐为人所不敢尝试矣”[②]。

图片通讯社是专门给媒体提供各类图片的专业机构，但由于报纸刊登照片数量少，用稿量低，严重制约了图片通讯社的发展空间。如前述中央写真通信社仅见之于戈公振的论著，而在当时各家报纸中则罕见其提供的稿件或发表的作品[③]。

在报馆内部，除少数文字记者对新闻摄影能够胜任，大多

① 林泽苍：《摄影记者指南（三）》，《中国摄影学会画报》1927 年 4 月 23 日。

② 穆一龙：《新闻摄影杂谈》，《生力》1936 年创刊号，第 28–31 页。

③ 在《民国时期期刊全文数据库（1911—1949）》《爱如生数据库》两大近代期刊数据库中输入“中央写真通讯社”则无论任何记录，可见其在当时发稿量低、影响有限。当然，依靠数据检索难免以偏概全，这还有待将来做进一步的考证研究。

数记者感到兼任摄影工作“是一件十分头痛的任务”。这是因当时报馆和记者偏爱使用“方形的 3×4、4×5 的新闻镜箱”[①]，这种照相机体积大、分量沉，十分笨重，以致 1935 年孙凤鸣冒充记者借新闻摄影之名行刺汪精卫时，可以把手枪藏在镜箱中[②]。其次，这种相机操作复杂而烦琐，稍有疏忽便拍摄失败。特别是当时使用的底片，“是玻璃片，每一片装置在一个木匣中，以免曝光，而且每拍一片，就要费去数分钟的时间加以装卸更换，所以，每次出外采访，一个皮匣中装了十张玻璃片，就已显得十分沉重”[③]。对于一肩双挑，既采写，又摄影的记者来说，确实顾此失彼，难以兼顾。

除新闻摄影来稿质量不佳之外，绝大多数报纸因资本短拙、设备简陋，不具备铜版制版印刷设备，无法在报纸上印制高质量的照片。兼之，日报由于制作周期短、截稿时间紧等原因，很少能够在日常报道中使用照片。孔昭恺回忆说，《大公报》在 1930 年代，“津沪两馆那时都还没有制版设备，做铜锌版要送到外边制版所去做，极不方便，很费时间”[④]。即使刊登新闻照片，这些图片因印刷效果“非常模糊而难餍阅者之望”[⑤]。市场反应不佳，

---

① 王天平、丁彬萱主编:《上海摄影史》，上海人民美术出版社 2012 年版，第 54 页；顾执中:《战斗的新闻记者》，新华出版社 1985 年版，第 175 页。

② 王天平、丁彬萱主编:《上海摄影史》，上海人民美术出版社 2012 年版，第 54 页。

③ 金雄白:《记者生涯五十年》(上)，台湾跃升文化事业有限公司 1988 年版，第 116 页。

④ 孔昭恺:《旧大公报坐科记》，中国文史出版社 1991 年版，第 69 页。其他报馆的类似情况还可参见，王新命:《走过民国初年的新闻史：老报人王新命回忆录》，台湾独立作家出版社 2016 年版，第 220 页。

⑤ 惠民:《申报将发行图画周刊》，《商报》1930 年 4 月 14 日。

报馆便索然寡味。所以，当时只有少数报纸刊载新闻摄影报道，并且屈指可数的几家报纸所刊登的新闻照片亦少之又少。对《申报》进行随机抽样发现，1917 年《申报》在两个构造周内共刊登了 5 张照片，其中两张是美兴电器公司刊登的机械广告照片，其余 3 张都是悬赏通缉的疑犯照片[①]。1925 年《申报》刊登的照片数量依然很少，在两个构造周共刊登的 15 张照片中，新闻照片仅 5 张，其中现场新闻摄影照片 3 张，并且所有这些照片都是文字报道的配图。

清季民初，报纸刊登的新闻照片主要依靠自由来稿或者临时约稿，供稿渠道既不稳定，稿件质量亦无保障。报纸只是新闻摄影的传播者，尚未尝试将新闻摄影纳入其制度化的产制体系。不过，它已具备了实现革命性转变的必要物质基础，只是在历史发展的必然性中等待偶然的时代机遇。

① 本研究采用随机分层抽样法，从 1910 年代、1920 年代，以及 1930 年至 1937 年间等三个时间段内各随机抽取了一年（样本为 1917 年、1925 年、1935 年），然后从随机抽中的年份再随机抽取两个构造周，作为最终的抽样样本。社会科学研究者发现，“一个构造周足以预测总体均值，两个构造周则更好”，可以让研究者对报纸一年中所有各期的相关报道做出可信的估计。[相关详细讨论可见，〔美〕丹尼尔·里夫等著：《内容分析法：媒介信息量化研究技巧》（第 2 版），稽美云译，清华大学出版社 2010 年版，第 115 页。] 有研究者发现在武昌起义爆发后一段时间（10 月 22 日至 11 月 19 日），《申报》平均每天发表一张照片，“创《申报》刊用新闻照片的历史记录”。（唐海江、刘欣：《近代中国新闻界对摄影术的认知与运用考》，《现代传播》2018 年第 5 期，第 37–46 页。）但这是该报在特殊时期的非常举动，并不代表其常态。根据本研究的抽样调查显示，《申报》在 1910—1920 年代，日常新闻摄影发稿量非常低。

二

1920年6月9日，上海《时报》创办《图画周刊》，是为中国日报有摄影副刊的开端[①]。《图画周刊》在1921年黄伯惠接手《时报》后，得到进一步的充实和发展。一是因为黄伯惠追慕美国赫斯特报团的黄色新闻主张，试图以社会新闻、体育新闻与摄影报道，即诉诸传奇故事的感染力和新奇图片的冲击力招徕读者，打开市场；二是黄氏本人酷爱摄影，“他自己，身上也终年悬挂着一架相机，随时随地，猎取镜头”，甚至“亲自洗晒制版，十分卖力”[②]。

黄伯惠对新闻摄影和画报编辑可谓殚精竭虑，全力以赴。同人回忆说，黄氏当时对《时报》“付出了他全部的时间与精力。他几乎每天日夜都在报馆”，但对“编辑部与经理部的日常事务，倒很少过问，他关心的是图片”[③]。

在摄影器材设备建设方面，黄伯惠不惜斥巨资将《时报》新馆三楼整层建成一个巨大的摄影工作室。“那间摄影室的三面，都是落地大玻璃，用以尽量吸收光线。里面一小间，存放着数以百计的各种不同光圈的镜头”[④]。《图画时报》上刊登的不少肖像照片即拍摄于此。为印刷出精美的图片，他“特地去欧洲考察，在德

---

① 方汉奇主编:《中国新闻事业通史》(第2卷)，中国人民大学出版社1996年版，第172页。

② 顾执中:《报人生涯——一个新闻工作者的自述》，江苏古籍出版社1987年版，第179页。

③ 金雄白:《记者生涯五十年》(上)，台湾跃升文化事业有限公司1988年版，第116页。

④ 同上书，第116页。

国购置了一架‘伏美’牌可套印三色的高速卷筒纸轮转机，这在中国是第一架可以套印几色的轮转机了”①。

为最大程度拓展新闻摄影报道的范围，《图画时报》长期刊载征稿启事："本刊征求时事照片酬金从优""征求国际、国家、地方社会纪事"②。为提高新闻摄影报道的时效，黄伯惠不仅千方百计，别出心裁，而且不惜工本，一掷千金。1930年全国运动会在杭州召开之际，黄伯惠"在从杭开沪的最后一班的客车中特设了一间暗房，把当天摄得的照片，在车上冲洗，车抵上海，立即可以制版付印"。时人感叹，"这样不计成本的做法，不能不算是一个大手笔了"③。

在摄影人才建设方面，黄伯惠聘用曾任上海照相制版公会会长的"唐僧（景元——镜元，引者勘）帮他注意印刷，并担任室内的摄影"，聘请张有德出任《时报》首位专职摄影记者，亦是上海新闻界第一个职业摄影记者④。并且黄氏亲自指导摄影记者

---

① 金雄白：《记者生涯五十年》（上），台湾跃升文化事业有限公司1988年版，第115页。

② 《图画时报》，1925年2月1日；1928年10月7日；1930年6月12；1932年10月16日。

③ 金雄白：《记者生涯五十年》（上），台湾跃升文化事业有限公司1988年版，第116页。

④ 有研究认为唐僧为《时报》"实际上最早的新闻记者"［马运增等编著：《中国摄影史（1840—1937）》，中国摄影出版社1987年版，第140页］，其实唐僧主要负责印刷和室内摄影，不是专司新闻摄影的摄影记者。20世纪80年代中后期，在中国摄影家协会上海分会为编写《上海摄影史》召开的老摄影家座谈会上，有位老摄影家提出，上海第一个摄影记者是张有德。（见王天平、丁彬萱主编：《上海摄影史》，上海人民美术出版社2012年版，第69页。）结合金雄白的回忆，可以断定张有德为上海第一个职业摄影记者。［见金雄白：《记者生涯五十年》（上），台湾跃升文化事业有限公司1988年版，第117页。］

工作，“该馆摄影记者能每种新闻摄至一二十张，必为黄所嘉奖，如少必摇头说不好”①。黄伯惠还规定报馆所有的新闻记者，不仅一定要能拍照，而且还能自己冲印。同时，黄伯惠还与唐僧、戈公振以及他的弟弟——著名摄影家黄仲长——共同负责《图画周刊》的编辑工作。

摄影史和新闻史论著普遍认为民国著名摄影家郎静山、蔡仁抱是《时报》雇佣的首批职业摄影记者，其实有误②。郎静山，正如当时的新闻报道称：“是一个非职业的摄影素人，他的正业是在广告界服务”，经营着“静山广告社”，还曾开设过“静山摄影室”③。郎静山自己也说，他“在报馆中帮忙写稿，更兼采访一点体育消息，顺便摄些新闻照片，和开麦拉便结下不解缘了。不过那时做新闻记者，完全是和爱好摄影一样，完全为了兴趣，丝毫不受薪给”④。而蔡仁抱的本职工作是“怡和洋行机器部华经理”，不过，他好摄影，爱投稿，还因长于社交与“交际博士”黄警顽并誉为海上“交际大家”⑤。当时报纸热衷报道闻人

---

① 佚名：《摄影界闲话》，《大亚画报》1933 年 5 月 24 日。

② 如马运增等编著：《中国摄影史（1840—1937）》，中国摄影出版社 1987 年版，第 140 页；蒋齐生：《新闻摄影一百四十年》，新华出版社 1989 年版，第 75 页；方汉奇主编：《中国新闻事业通史》（第 2 卷），中国人民大学出版社 1996 年版，第 360 页；甘险峰：《中国新闻摄影史》，中国摄影出版社 2008 年版，第 39 页；王天平、丁彬萱主编：《上海摄影史》，上海人民美术出版社 2012 年版，第 69 页。

③ 张若谷：《“静”的郎静山》，《时报》1935 年 3 月 16 日。有关 1928—1935 年郎静山的新闻报道，都未称其为《时报》摄影记者。参见：《“郎静山摄影专集”付印》，《时报》1928 年 12 月 30 日；《郎静山等将创设优等摄影室》，《新闻报》1931 年 1 月 25 日；《郎静山作品在北四川路展览四星期》，《时报》1931 年 3 月 20 日。

④ 转引自洛川：《郎静山谈摄影艺术》，《杂志》1942 年第 1 期，第 80 页。

⑤ 《黄警顽与蔡仁抱》，《小日报》1929 年 8 月 6 日。

行踪，《时报》就经常报道蔡氏行踪。如《时报》1929年4月10日报道称："怡和洋行机器部华经理"蔡仁抱将"赴闽粤桂三省，为西湖博览会征求出品……在离沪前曾允本报撰游记，按蔡君平日对于各地风俗素所关心，人极豪爽诙谐，将来一稿披露，定能博得多数读者之欢迎也"①。蔡仁抱确实不负报纸期待，后续报道称，他此行供稿良多，共计"摄影四百余张，写信一百余封，发电二十余通，作游记数万言"②。1930年全国运动会在杭州召开，征诸《时报》当时的报道称，大会"特约精研摄影艺术之专家蔡仁抱、郎静山等及委托沪杭素有盛名之王开、二我轩等担任会场摄影，备留纪念"③。《时报》未称蔡、郎为本报摄影记者。如果他们是报馆聘请的摄影记者，《时报》一定会大书特书，而绝不会放过这个自我宣传的好机会。所以，结合报馆旧人回忆，根据《时报》当时有关郎静山、蔡仁抱的报道，可以明确两人并非职业新闻记者，而是兼职记者，即时人所谓特约记者④。他们搞新闻摄影，只是业余爱好而已。再则，按照当时《时报》刊发的新闻摄影数量来看，报馆已经有唐僧、张有德专职负责摄影，黄氏兄弟均为个中能手，戈公振亦出手不凡，文字记者们都兼具摄影能力，此外还有大量投稿，它也完全没有必要再雇佣两名职业摄影记者。

黄伯惠还积极投身于艺术摄影团体的建设发展工作之中。他

① 《蔡仁抱行踪》,《时报》1929年4月10日。

② 《蔡仁抱归来》,《时报》1929年5月4日。

③ 《大会之宣传方法》,《时报》1930年4月1日。

④ 当时"所谓特约记者，其实只是个挂名的虚衔，并不是什么实职"。见马国亮：《良友忆旧：一家画报与一个时代》，三联书店2002年版，第20页。

支持创办了“中华摄影学社”——“20 世纪 20 年代后期我国摄影史上影响最大的艺术团体”[①]。该社的主要活动地点就在《时报》馆三楼的摄影室，并在那里先后举办了四届摄影展，开创我国大规模摄影展之先河，吸引数以万计的观众前去观赏，“使摄影风气瞬时遍及全国”[②]。其中，在华社第二届影展中，黄伯惠展出的摄影作品最多[③]。我国第一个全国性摄影团体——黑白影社的第一影展也在《时报》三楼摄影室举办，“观众达 2 万人以上，超过以往各次摄影展览会的参观人数”[④]。《时报》的编辑们也积极参与上海摄影界的各类活动，如戈公振与李尊庸、胡伯翔等组织了中国美术摄影会[⑤]；黄仲长与郎静山创办三友影会，积极参与国际摄影比赛、沙龙和影展，屡获大奖。

在以往新闻史与摄影史各自为疆、相互割裂的写书之中，黄伯惠只是大报老板，或仅是大摄影家，两者对其另外一面或视而不见，或着墨不多。将新闻史与摄影史结合起来看，黄伯惠其实是新闻界和摄影界的跨界精英。《时报》馆是新闻界热衷摄影的报人与摄影界精英人士交往交流的核心场域。正是凭借对这两个领域的深入了解及有力影响，黄伯惠将双方的精英人士、技艺经验和生产场域充分调动并有机整合起来，不仅创造出享誉一时的

---

① 王天平、丁彬萱主编:《上海摄影史》，上海人民美术出版社 2012 年版，第 22 页。

② 同上书，第 23 页。

③ 蒋齐生:《新闻摄影一百四十年》，新华出版社 1989 年版，第 14 页。

④ 王天平、丁彬萱主编:《上海摄影史》，上海人民美术出版社 2012 年版，第 23–25 页。

⑤ 《美术摄影学会新成立》，《申报》1924 年 7 月 29 日。

《时报》新闻摄影——“上海以时报图照为最佳”[①]，而且开创了中国新闻摄影职业化的始基，进而逐渐地深刻改变了上海报业的新闻摄影景观。当然，黄伯惠在《时报》领导的新闻摄影革新运动具有深远的文化与历史创新意义，但并未立刻带来明显的市场价值与行业反响，使上海报界闻风而起，争相模仿。

1925 年 6 月 6 日，曾任《时报》编辑的毕倚虹创办了《上海画报》。适值五卅惨案发生，画报对此做了详实报道，使其一出版就得到社会广泛好评。从此，上海掀起一股“画报热”，一时间铜版画报风起云涌[②]。1930 年 5 月 4 日，《新闻报》开始编辑出版《新闻报图画附刊》，随报附送，其实际负责人是从《时报》跳槽而去的知名记者顾执中。顾执中在《新闻报》时经常邀请制铸铜锌版科的摄影员马庚伯跟他外出拍照，马庚伯遂转为《新闻报》的首位摄影记者[③]。《新闻报图画附刊》在创刊号上还广而告之在全国各地招聘特约摄影记者，“专任摄取有关新闻性质之各种图片”[④]。戈公振离开《时报》赴欧美考察新闻事业归来后加入

① 张友鸾:《新闻与图照》,《报学月刊》1929 年第 4 期，第 36−37 页。

② 方汉奇主编:《中国新闻事业通史》(第 2 卷)，中国人民大学出版社 1996 年版，第 173 页。

③ 顾执中:《战斗的新闻记者》，新华出版社 1985 年版，第 141 页。有多项研究称杨霁明曾任《新闻报》摄影记者 (如王天平、蔡继福、贾一禾编著:《民国上海摄影：海派摄影文化前世之研究》，上海锦绣文章出版社 2016 年版，第 51 页)，此说不确。参照当时报刊报道，杨霁明原开设卡尔登照相馆，后加入电通、明星、新华等公司任摄影、导演，此外还担任过量才补习学校摄影科的摄影教师、无锡教育学院电影电播教育专修科的摄影教授等。见伊索:《杨霁明就新职 孙师毅所推荐：无锡教育学院摄影教授》,《社会日报》1937 年 5 月 16 日；民:《努力前程的杨霁明》,《世界晨报》1935 年 8 月 26 日。

④ 《新闻报图画附刊》1930 年 5 月 4 日。

《申报》，他于1930年5月18日主持创办了《申报图画周刊》，并随即建立了新闻摄影部，聘请他在中国美术摄影会的同事李尊庸为摄影部首任主任[①]。为追求新闻时效和热点，《申报》新闻摄影部广泛征求新闻线索，“本市或附近交通便利之处，遇有特种事件，如因地位机件或其他原因不便摄取者，来函或电话通知本部，非常感盼”[②]。此外，新闻摄影部还经营图片业务，“专门供给各种新闻、美术及名人照片”[③]。“四社”的《时事新报》迫于形势迅速跟进，在1930年10月12日创刊《时事新画》。沪上三大报，特别是作为全国报业龙头的申、新两报对新闻摄影制度的采纳不仅在当时产生广泛影响，而且在新闻与摄影史上也意义深远。恰如布尔迪厄所说：“物体拥有的能量越多，它对其周围空间的扭曲就越厉害。一个场域中非常强大的行动者可以扭曲整个

---

① 有资料称李尊庸1930年至1937年在《申报》主持摄影部工作［见《海宁人物资料》（第3辑），1990年版，第69页］，这与当时报纸报道不符。当时沪上报纸报道1935年底李尊庸脱离《申报》，举家返乡，继承父业主持本滋桑秧公司。见《摄影家李尊庸赴浙 主持本滋桑秧公司》，《民报》1935年11月26日。多数研究认为王小亭在1931年任摄影部主任或为专职摄影记者［如王天平、丁彬萱主编：《上海摄影史》，上海人民美术出版社2012年版，第54页；马运增等编著：《中国摄影史（1840—1937）》，中国摄影出版社1987年版，第46页］，这亦与前述报道冲突，进一步查阅1931年《申报》相关报道发现，王小亭为《申报》特约摄影记者，即兼职摄影记者，并非其摄影部主任（见《本报川边摄影记者王小亭刘硕甫将返沪》，《申报》1931年5月21日；《本报特派摄影记者王小亭刘硕甫昨抵沪》，《申报》1931年6月23日，等等）。还有研究称胡伯洲为《申报》摄影记者，亦有误。胡伯洲其实是在戈公振之后兼职担任《申报图画周刊》主编。

② 郑逸梅：《上海〈时报〉和有正书局》，载郑逸梅：《书报旧话》，学林出版社1983年版，第193-195页。

③ 《申报新闻摄影社》，《申报》1930年12月7日。

空间，引起整个空间根据与它的关系进行组织”[①]。此后，新闻摄影对新闻业开始普遍形成一种结构性的影响，以致报馆必须调整或组建相应的组织架构来应对其所带来的冲击力和复杂性，以及挑战和机遇[②]。这一年，被时人称为“画报的年头”[③]。

毕倚虹、顾执中、戈公振，这三位在上海新闻摄影发展史上重要的先行者都出身于《时报》恐怕不是偶然。这与黄伯惠的教导启迪，或在《时报》的耳濡目染，可能不无关系，亦可视为黄氏新闻摄影制度性创举的有机组成或遗风流韵。所以，黄伯惠和《时报》对新闻摄影的兴起不仅具首创其先之功，而且还有催生促发之力，使新闻摄影由孤星独明渐变而为群星璀璨。

三

职业社会学研究发现，一旦一种专业技术工作变成全职职业，对专业知识的系统建构和从业人员的全面培训问题立刻就会被提上日程[④]。当时摄影记者来源驳杂，有从照相馆师徒制中磨练出的商业摄影师，有从美术院校毕业的艺术家，以及无师自通自学成才者，而民国时期又始终未建立起培养摄影记者的专门学

---

① 〔美〕罗德尼·本森、〔法〕艾瑞克·内维尔：《导论：发展中的场域理论》，载〔美〕罗德尼·本森、〔法〕艾瑞克·内维尔主编：《布尔迪厄与新闻场域》，张斌译，浙江大学出版社 2017 年版，第 9 页。

② 〔英〕马立克·科尔钦斯基等：《工作社会学》，姚伟、马永清译，中国人民大学 2012 年版，第 182 页。

③ 黄天鹏：《五十年来画报之变迁》，《良友》1930 年第 49 期，第 35–36 页。

④ Harold L. Wilensky, “The Professionalization of Everyone?” *American Journal of Sociology*, Vol. 70, No.2 (Sep., 1964), pp. 137–158.

校和高等院校[①]，所以，新闻摄影专业知识建构和从业人员培训的任务变得急迫而独特——主要是通过在各类报刊上讨论和传播新闻摄影知识的方式来进行。

从 1920 年代中后期开始，新闻记者、图片编辑、摄影记者开始在各类报刊书籍上撰写新闻摄影论文，将日常拍摄中一点一滴积累起来的新闻摄影技术、经验和反思，加以系统化和理论化，从个体无意识的工作实践转向集体有意识的专业知识建构。是时，摄影记者人数屈指可数，新闻记者和图片编辑具有新闻摄影的理论意识和批评眼光，但却缺乏丰富的新闻摄影实践经验和技能，所以早期建构新闻摄影知识体系的任务主要落在热衷新闻摄影的知名摄影家身上，并且相关论述大多发表在《中国摄影学会画报》《飞鹰》《黑白影集》等摄影专业杂志之上。郎静山、林泽苍等知名摄影家为了提高摄影事业的文化地位和社会影响，积极投身于各种提升摄影专业知识、引领创作潮流和创办专业团体的活动之中，其中他们对新闻摄影知识建构和拍摄实践活动尤为青睐，因为除了其内在价值以外，新闻摄影借助主流媒体传播广泛，影响深远，藉此推动中国摄影事业的发展和影响，可谓事半功倍。新闻界和摄影界的先行者们在关于新闻摄影的长期探讨与争鸣中逐渐形成共识，确定了建构新闻摄影专业特性的几项基本原则和根本规范：

第一，推崇新闻摄影的新闻价值。“新闻摄影最要之点，在于有新闻之价值”。论者们认为新闻价值构成新闻摄影不同于其

---

① 1920 年代复旦大学新闻学系、民治新闻专科学校、北京平民大学新闻学系等新闻院系均开设新闻摄影课程，这只是培训文字记者粗具新闻摄影能力和素养的单门课程，而远非系统培养摄影记者的专业课程体系。

他摄影的根本特性，并进而对其做出清晰明确的界定："新闻照片新闻之价值，则在其能表现其当时新闻之紧要情形和动作，说把这称之为摄取新闻照片之秘诀，亦无不可"[①]。他们将新闻价值定为新闻摄影的首要目标，"谓之摄影记者之金科玉律"[②]。

第二，倡导新闻摄影"决定性瞬间"的哲学理念。在世界著名纪实摄影家亨利·卡蒂埃–布勒松正式提出"决定性瞬间"这一概念之前，这种理念已经在新闻实践中根深蒂固[③]。1920年代，中国摄影家们开始在摄影中倡导"决定性瞬间"理念。这种理念将新闻事件中表现最精彩、意涵最深沉的瞬间，霎时凝固，永久流传。摄影家们指出，当机立断捕捉到瞬息万变的"决定性瞬间"绝非易事，要求摄影记者不仅具有精湛的摄影技术，而且还要具有深厚的新闻素养，其"必须熟悉当时的情形，和这件新闻演变的程序，于是抓住其中重要的地方，迅速地摄取下来。这种机会是千钧一发似的，务须临机应变，运用纯熟的技巧，立刻摄下"[④]。在这种理念指导下抓拍的新闻照片，其画面的自然感、现场感，以及带给人的心理冲击感和艺术感染力，同照相馆流行的僵硬的、做作的摆拍照相形成了鲜明的对比。这种理念有力地提升了新闻摄影的吸引力与影响力。另外，为更充分落实"决定性瞬间"的理念，摄影家和记者们开始推广使用小型照相机。这种轻巧便捷的小型相机，让摄影记者遁形闹市，"能够出人意表之

① 《新闻摄影》,《世界画报》第184期，1929年5月5日。

② 林泽苍:《新闻摄影之新经验》,《中国摄影学会画报》1927年5月7日。

③ 〔美〕玛丽·华纳·玛瑞恩:《100个改变摄影的伟大观念》，唐小佳译，中国摄影出版社2013年版，第133页。

④ 毛松友:《新闻摄影概论》,《黑白影集》1936年第3期，第84–86页。

外地，在人不留意的时候，拍摄他那自然的姿势”①。

第三，阐扬新闻摄影的职业道德。职业伦理是通往专业主义之路的路标和基石②。摄影记者宣称，他们坚守新闻道德，以服务社会公共价值为己任，致力于追求真相、传播事实的崇高职业使命和庄严职业承诺——“以微小的生命和大自然搏斗以换取几张小小的照片，并不仅为了个人或声名，他们是感到了人类在地球上创造的开拓性责任的重大”③。甚至为实现使命，不惜一切代价。“报纸上一分钟、一刹那的享受，也许就是新闻摄影师一生心血生命换来的”④。同时，摄影记者们积极倡导和捍卫新闻伦理，“为摄影记者，能不自保其人格，而尽其天职耶”⑤。揭露与批评新闻造假，“以新闻记者人格言，此（新闻造假——引者注）果极不应该，实为摄影新闻界之羞”⑥。坚决反对拍摄诲淫诲盗，有伤风化的照片，提倡新闻摄影要对读者“积极方面能给与一种道德上的指使的”⑦。

第四，宣传新闻摄影的社会价值。当时社会成见普遍视摄影为奇技淫巧，或雕虫小技，又因为摄影记者出身驳杂而低微，特

① 《论小型摄影机》，《飞鹰》1937 年第 17 期。

② 吴飞：《新闻专业主义研究》，中国人民大学出版社 2009 年版，第 28 页。

③ 刘凌沧：《“新闻摄影”的重要性》，《天津民国日报画刊》1946 年 9 月 28 日。

④ 君干：《我们在银幕下、报纸上的一分钟或一刹那的享受，也许就是新闻摄影师一生心血生命换来的》，《时报本埠增刊》1935 年 6 月 29 日。

⑤ 摄影记者：《摄影记者指南（十）》，《中国摄影学会画报》1927 年 7 月 30 日。《摄影记者指南》系列文章的署名作者原本为林泽苍，但从第九篇开始，作者署名改为摄影记者。

⑥ 《西安事变中某新闻记者之贡献伪照片事》，《摄影画报》1937 年第 5 期，第 174 页。

⑦ 何名忠：《新闻照片的价值及其取材》，《留东学报》1936 年第 1 期，第 93-99 页。

别“照相店馆，兼摄新闻照片，故摄影记者的地位，不能引人重视”[①]。新生的摄影记者、摄影界人士以及新闻记者热烈鼓吹新闻摄影的社会价值：“它把活的历史，活的动态，活的纪录，清晰而真实撮录下来，它不但把地球上人类中可注意的人物留下了影像，同时把重大事态发生时的场面，也完全撮成了活影”[②]，以期提升摄影记者在社会中的文化形象，“此职业，清廉高洁，……在社会占有重要之地位者”[③]。

摄影记者和摄影家们在建构新闻摄影知识体系时，对摄影技术技巧的讨论着墨不多，因为摄影记者在步入新闻摄影领域之前都具有了良好甚至精湛的摄影技能，所以，他们在建构新闻摄影知识体系时主要集中在阐释新闻摄影的实践理念价值、职业操守价值、社会贡献价值等三重价值。当“一门技术成为一种价值”时，一份职业就开始演化为一种专业[④]。在此之前，新闻摄影只是照相馆和新闻馆实现其特定目标的技术和工具；经此之变，摄影记者最终形成一个有其独特思想与方法、技术与经验、标准与常规，以及欲望与激情的职业共同体，新闻摄影成为满足摄影记者群体自身利益诉求和生存需要的根本目的；从此之后，一代又一代的摄影记者“开始把自己的工作看作一种需要专业技术的职业，并认为这一职业应该享有更高的社会地位和更好的薪

① 毛松友：《新闻摄影概论》，《黑白影集》1936 年第 3 期，第 84—86 页。

② 凌沧：《谈“新闻摄影”》，《天津民国日报画刊》1946 年 1 月 1 日。

③ 林泽苍：《摄影记者在社会之地位》，《中国摄影学会画报》1927 年 4 月 9 日。

④ Lou Cannon, *Reporting: An Inside View*, Sacramento, CA: California Journal Press, 1977, p. 35. 转引自〔美〕兰斯·班尼特著：《新闻：幻象的政治》（第 9 版），杨晓红、王家全译，中国人民大学出版社 2018 年版，第 239 页。

酬待遇”①。与此同时，“摄影记者”这个职业在普罗大众的眼中，从20年前“简直没有人听到过的”②，到10年前“尚未流行社会”③，终至1930年代一跃成为“在社会占有重要之地位者”④。

四

自1920年代中后期，职业摄影记者开始纷纷登上历史舞台，时人热烈欢呼中国新闻业迈入“‘竞争摄取照片’之时代”⑤。但是，摄影记者在工作实践和职业发展中，却并非一帆风顺。

民国时期，“中国教育不普及，甚有摄影为不利之迷信”⑥。特别是在内陆腹地和社会下层，一般民众因思想迷信，对摄影心存恐惧，而极为抵制，即使上流社会“名人中畏照像者亦多，非设千方万法，不易着手”⑦。甚至内地一些地方政府禁止在街头自由拍摄⑧。万国新闻社摄影记者范济时“至北方摄取军事照片，而军阀多方为难，竭力疏通，始得摄取”⑨。1935年，“全运会时，

---

① 〔美〕兰斯·班尼特著:《新闻：幻象的政治》(第9版)，杨晓红、王家全译，中国人民大学出版社2018年版，第239页。

② 晓广:《怎样做摄影记者》,《新闻杂志》第1卷12期，1936年10月12日，第1、13页。

③ 《摄影记者之常识（一）》,《中国摄影学会画报》1930年5月10日。

④ 林泽苍:《摄影记者在社会之地位》,《中国摄影学会画报》1927年4月9日。

⑤ 林泽苍:《摄影记者指南（二）》,《中国摄影学会画报》1927年4月9日。

⑥ 林泽苍:《摄影记者在社会之地位》,《中国摄影学会画报》1927年4月9日。

⑦ 张友鸾:《新闻与图照》,《报学月刊》1929年第4期，第36-37页。

⑧ *The North-China Daily News,* Dec.8, 1930; “News Photographer Arrested by Police,” *The North-China Daily News*, Oct. 4, 1947.

⑨ 林泽苍:《摄影记者在社会之地位》,《中国摄影学会画报》1927年4月9日。

张有德碰着一位守场门的士兵，不识所负的是摄影机，必要打开检查”[①]。特别是汪精卫被刺事件发生之后，政府高官对陌生的摄影记者大起戒心，警备森严，害得摄影记者们自哀自叹，其“已被一班官僚目为刽子手了，工作方面，大感棘手”[②]。所以，当时摄影记者拍照被拒的情况频频发生，颇为苦恼。

照相机操作不便制约着摄影记者充分发挥其创造力。尽管早在1920年代初小型相机就传入我国，但当时在摄影记者中却仍然流行使用中型相机。这种相机体积笨重，操作复杂，不仅文字记者将使用中型相机视为畏途，即使对职业摄影记者来说中型相机操作起来亦难得心应手。第一，无法灵活机动地迅速抓拍摄影对象。因为“反光镜箱，机身笨重，故记者出外必备背带，俾于不需要时，常负腰间，……身为记者，本宜东攒西探，若携庞大之镜箱出入于人丛中，颇感不便”。第二，只能采取高速快门或在明亮环境中拍摄，否则会因相机抖动而导致画面拍摄模糊。当时的记者抱怨，笨重的照相机“因常提手中，往来奔跑，而于摄影时致手腕无力发抖，若用百分之一秒以上之快门，犹可无事，若快门较慢，则影像有呈震动之虞”。第三，在狭小空间内不能自由操纵相机进行构图，束缚了画面的表现力。“反光镜箱镜头之水平线，只能及于胸口，因受观影黑套之限止，难能再把镜头线移高，在普通场合，固毫无问题，而于窗口短墙及轮船上飞机上等处，则觉得此观影黑套大之不便”[③]。第四，当记者使用闪光灯进行摄影时，镁光粉闪光会爆发出浓厚的烟雾、震耳的噪音、

---

① 《社会日报》1935年10月13日。

② 毛松友：《新闻摄影概论》，《黑白影集》1936年第3期，第84–86页。

③ 穆一龙：《新闻摄影杂谈》，《生力》1936年创刊号，第28–31页。

刺鼻的臭味，极易惊扰他人。特别是在人群集会之中，若不提前警示，甚至会导致现场骚乱。袁世凯选举总统时，有摄影师在国会现场拍照，当镁光粉爆炸时，许多人以为是炸弹，纷纷夺路而逃。有一位议员吓得躲到桌子底下高喊："我选举的是袁世凯"[①]。见多识广的国会议员一不留神都被镁光粉闪光吓得惊慌失措，遑论少见多怪的升斗小民。有一次"杭州灵隐寺举行'时轮金刚法会'，沪某报记者在班禅法师左近，骤地轰然一声，终以人心大乱而尝了几小时的铁窗风味"[②]。所以在当时，记者"使用镁光粉拍照，最不受人欢迎"[③]。

民国时期仅有少数报馆配备有线传真设备，兼之由于国民政府资金短绌、建设滞后，未能建立起覆盖全国主要城市的传真网络基础设施，导致新闻记者争分夺秒抓拍的新闻图片无法像文字报道一样，能够及时迅速地从全国各地四面八方传递到报馆，新闻摄影的时效性大打折扣[④]。这也制约了我国各地新闻媒体之间，以及与国外新闻媒体之间及时交换新闻图片的业务[⑤]。另外，摄影设备耗材集中在通都大邑，在广大内陆地区不易采购，限制了都市摄影记者的采访半径和工作范围。记者外出旅行摄影备极辛

---

① 蒋梦麟:《激荡的中国：北大校长眼中的近代史》，九州出版社 2015 年版，第 142–143 页。

② 晓广:《怎样做摄影记者》,《新闻杂志》第 1 卷 12 期，1936 年 10 月 12 日，第 1、13 页。

③ 蒋齐生:《新闻摄影一百四十年》，新华出版社 1989 年，第 70 页。

④ 刘凌沧:《画报与新闻摄影》,《北晨画报》1935 年第 6 卷第 1 期，第 2–3 页。关于传真在中国新闻界应用的相关研究可参见，王明亮:《传真技术传入中国考：兼述其在新闻事业中的应用》,《国际新闻界》2013 年第 9 期，第 154–161。

⑤ 蒋齐生:《新闻摄影一百四十年》，新华出版社 1989 年版，第 75 页。

苦，极为不易。如 1932 年，《良友》摄影团一行 4 人，从上海出发赴全国旅行摄影时，携带大小摄影机 6 种、胶片 5 种、多具特制旅行冲洗设备，以及其他各种旅行用品，共计 14 箱之多。在首站南京，摄影团需要“用半日实试猎影工作”，以便测试器材设备是否完备，“必要时可派人返上海补理”[①]。摄影团历时 9 月跋涉万里拍摄的 1 万多张照片都是在颠簸的旅途中自行冲洗，然后寄回上海刊印[②]。尽管上述原因，对大都市的摄影记者来说，不是一种结构性技术障碍，但它却结构性地制约了摄影记者和新闻摄影在地方性报刊的出现和发展。

摄影记者和画刊画报的兴起对传统的报刊编辑提出了新的工作诉求，或者说创造了一新的岗位——“图画编辑”[③]。以往，报刊编辑只是将新闻照片简单罗列在版面上就完事大吉。现在，图片编辑则需要融汇艺术学和新闻学原则，“对于图片之生动，拼版之参善有致”能够匠心独运地进行创造性地编辑[④]。“室内的编辑能把美的材料充分表露，（摄影记者——引者注）双方通力合作，才有非常的成绩”[⑤]。但是，除少数人擅长美术编辑外，当时各大报刊普遍缺乏此类人才。如《良友》第二任主编周瘦鹃就是

① 《良友》画报丛书编委会：《国民猎影记》，上海科学技术文献出版社 2015 年版，第 9、12–13 页。

② 马国亮：《良友忆旧：一家画报与一个时代》，三联书店 2002 年版，第 81 页。

③ 〔美〕玛丽·华纳·玛瑞恩：《100 个改变摄影的伟大观念》，唐小佳译，中国摄影出版社 2013 年版，第 129 页。《申报》组织系统表中即有图画编辑一职，《新闻报》组织系统表中在编辑部文艺科下设有图画股，见郭步陶编著：《本国新闻事业》，申报馆 1936 年版，第 108–111 页。

④ 黄天鹏：《五十年来画报之变迁》，《良友》1930 年第 49 期，第 35–36 页。

⑤ 刘凌沧：《画报与新闻摄影》，《北晨画报》1935 年第 6 卷第 1 期，第 2–3 页。

“对图片的组织、选用和编排都是外行”，以致被迫去职[①]。这限制了新闻摄影充分发挥其表达魅力和传播效力。

日报对新闻摄影刊用率低，摄影记者不受重视。各大报纸“对于刊载‘新闻照片’视为附带性质，而非专门经营”，图片刊载率低，“每日发刊的日报，有图片者，并不见得怎样地普遍”[②]。本研究对1935年《申报》的随机抽样调查显示，除去其《图画周刊》的专刊而外，《申报》共刊登各类照片共438张，比1925年高近30倍。可以推论说，《申报》1930年代在一天刊登的照片数量几乎等于其1920年代一个月刊登的照片数量。但是在抽取的438个样本中，共有61幅新闻摄影作品，而其中47幅是全国运动会特刊的体育新闻摄影，其他新闻摄影照片仅14幅，其余的几乎都是广告，并且绝大多数是电影广告。而进一步考察其周一、周四随报出版的《图画周刊》样本，共刊登照片61张。平均而言，《申报》每周刊登新闻摄影报道约16张。相对于其当时每日36个版面来说，《申报》新闻图片刊载率可谓非常之低。由于摄影记者作品拍摄作品多，而报纸采纳少，所以，画报成为摄影记者发表作品的重要平台，其中首屈一指的便是《良友》。但包括《良友》在内的各种画报多是月刊，摄影记者争分夺秒拍的现场照片均成了明日黄花，新闻摄影失去了时效性变成纪实摄影。更让摄影记者在报馆中感到尴尬的是，他们职位低，薪水少，工作岗位飘摇不定，以致时人抱怨“摄影记者的报酬太菲薄，不能成为职业”[③]。

---

① 马国亮：《良友忆旧：一家画报与一个时代》，三联书店2002年版，第17页。

② 刘凌沧：《画报与新闻摄影》，《北晨画报》1935年第1期，第2–3页。

③ 同上。

摄影记者的职业垄断权始终受到照相馆的挑战和威胁，照相馆仍然是给报馆和社会提供新闻图片的重要来源。个别实力雄厚的照相馆，有时不惜人力财力追求新闻时效，令各报摄影记者瞠目结舌，相形见绌。如1933年全国运动会期间，作为指定摄影单位的王开照相馆，“租飞机一架，于上午八时五十分飞至南京，下午三时三刻，将大会照片，由飞机带沪，于当晚五时半到达，即赶冲晒，分送各报”[①]。1939年7月，天津水灾期间，当地知名照相馆“中国摄影公司”乘木船去灾区纪录灾情。报馆老板李耀庭将摄得100余幅照片，制成1 000余册画册和1万多张明信片，广为销售，获利不菲[②]。还有照相馆老板投资创办新闻画报者。天津同生照相馆的谭林北1933年接盘《北洋画报》，谭精于经营，又擅长摄影，他接手之后，特别注重新闻照片、明星照片，画报办得风行一时[③]。

虽然导致新闻摄影发展受限的原因涉及文化、技术、外部竞争等多个层面，但是时人认为“最大的原因，仍然是（报馆——引者注）提倡不力的缘故罢了”[④]。1935年民国著名摄影记者毛松友悲哀地发现，作为中国新闻舆论和摄影发展中心的上海，“近年来各报的摄影部都裁撤了，摄影通讯社也只有官办的国际新闻摄影社一家，这是很可悲的”[⑤]。在郭步陶1936年编

---

① 《王开照相馆 热心服务》，《时报》1933年10月12日。

② 参见，李博文：《天津照相业的先驱：李耀庭与中国照相馆》，载中国民主建国会天津市委员会、天津市工商业联合会文史资料委员会编：《天津工商史料丛刊》（第5辑），1986年版，第105–115页。

③ 同上。

④ 刘凌沧：《画报与新闻摄影》，《北晨画报》1935年第6卷第1期，第2–3页。

⑤ 毛松友：《新闻摄影概论》，《黑白影集》1936年第3期，第84–86页。

著的新闻教科书中所展示的申、新两大报纸组织系统表中都已不见摄影科[①]。亚东新闻摄影社因“新闻摄影，取材有限”，改组为新闻通讯社[②]。上海第一个职业摄影记者张有德也已告别《时报》去经营有德照相馆[③]。与此可以相互印证的还有，1935年申时电讯社所开展的全国新闻工作者调查显示，在1 634名新闻从业人员中，标明为摄影记者或所任职务为摄影者，仅有上海《晨报》的李子洋，从业时间3年；中国日日新闻社（上海社）陈嘉震，从业时间2年；杭州中国新闻社的潘惠霖，从业时间一年半，共计3人而已[④]。当然这个调查未能穷尽所有的记者，难免挂一漏万，但是登记在案的摄影记者凤毛麟角，说明当时摄影记者人数极为有限。

以下讨论尽管超出本书研究时限，但是鉴于摄影记者职业化历程的特殊性，本文再申论一二。

全面抗战时期，新闻摄影为抗战宣传做出巨大贡献，摄影记者的地位和影响在血火洗礼中得到空前提高。摄影记者、摄影家们纷纷将相机转向国族危亡，拍摄了大量蜚声一时、影响深远的

---

① 郭步陶编著:《本国新闻事业》，申报馆1936年版，第108–111页。《申报》新闻摄影部可能于1932年底关闭，因为此后在《申报》上再也看不到其推销图片业务的广告及其相关报道。

② 《亚东新闻摄影社改组通讯社》，《民报》1934年5月21日。

③ 鸳若:《张有德筹办摄影室》，《正气报》1932年12月4日。

④ 《全国新闻从业员调查表》，转引自李开军:《中国记者历史专题研究》，山东文艺出版社2009年版，第266–354页。李子洋曾任《申报》摄影记者助理，后主《大陆报》摄影通信社，因成绩不佳被解散。“摄影时，取材不注意，佳否须靠天。速率恒用一种，不常改变。闻同业中人戏称之曰二十五份（注——原文如此）之一。”（见《摄影界闲话》，《大亚画报》1933年5月24日。）

新闻摄影、纪实摄影作品。如王小亭的《日机空袭下的上海南站儿童》、方大曾的卢沟桥事变摄影报道、沙飞的晋察冀抗日根据地新闻摄影报道，等等。这些作品不仅刊登在报纸杂志上，而且还广泛用于摄影展览、公共演讲、海报招贴，这将新闻摄影的社会地位和时代影响推至顶峰。同时，摄影记者不畏艰险，为拍摄照片在炮火纷飞的战场出生入死，或在危机四伏的敌后机智周旋的英勇精神和传奇经历，经过报纸的广泛报道宣传后，将不少新闻摄影记者塑造成为社会仰慕的名人和民众崇敬的英雄[①]。

正当几位最有声望的战地摄影记者叱咤风云之时，整个摄影记者群体却陷入万马齐喑的困顿处境。随着抗战的延续，因为铜版纸和白报纸极度匮乏，报刊所使用的土纸，纸面粗糙、纸灰很重，无法印刷照片，画报纷纷停刊，报纸图片工作也陷入停顿。摄影记者拍摄的照片无法在报纸上刊发，使不少人失去工作兴趣，另谋他职，摄影记者队伍的规模严重萎缩[②]。甚至，中央政治学校新闻学系的摄影课，因缺乏器材，学生无法实践，“成为纸上谈兵”[③]。可能正是因为摄影记者队伍萎缩和报纸新闻摄影工作停顿，1943 年国民政府在认定新闻记者的法定专业资格时，

---

① 《前申报摄影记者王小亭被捕》，《时报》1938 年 2 月 16 日；《被捕之摄影家王小亭经保释》，《时报》1938 年 2 月 17 日；《摄影家王小亭业已释放》，《新闻报》1938 年 2 月 17 日；侃侃：《谈摄影大王王小亭》，《晶报》1938 年 2 月 17 日；《王小亭渡江受重伤》，《锡报》1938 年 11 月 2 日；《王小亭安然无恙 传已离汉》，《锡报》1938 年 11 月 6 日；白浪：《王小亭在上海出入枪林弹雨》，《文饭》1946 年 3 月 7 日。

② 方汉奇主编：《中国新闻事业通史》（第 2 卷），中国人民大学出版社 1996 年版，第 500 页。

③ 葛思恩：《记早期的政治大学新闻系》，《新闻研究资料》1989 年第 1 期，第 164-172 页。

将摄影记者摒弃在外。当时公布的《新闻记者法》规定:“本法所称新闻记者谓在日报社或通讯社担任发行人、撰述、采访或主办发行即广告之人”[①]。这使摄影记者通过凭借国家立法建立职业特权并进而对竞争者和局外人形成职业封闭的重要机会失之交臂[②]。

抗战结束后，摄影记者队伍方有所扩展，新闻摄影事业亦获得长足进步。《申报》招聘顾廷鹏、俞创硕、陆顺兴等 3 人为摄影记者，重新建立摄影部[③]。《大公报》在 1947 年底聘请魏守忠筹建摄影部门，聘有宣胡权、冯文冈、王文西等专职摄影记者 4 人。民国专业声誉最高、社会影响最大的《大公报》成立摄影部，也象征着摄影记者最终攀上新闻专业阶梯的顶端。至 1947 年，全上海的摄影记者人数达 70 多人[④]。同时，由于小型相机的普及，越来越多的文字记者、通讯员在采写新闻时能够兼任摄影工作[⑤]。一些大报开始与中国新闻社、中央通讯社摄影部等新闻

---

① 《新闻记者法》(1943 年 2 月 15 日),《社会部公报》第 9 期，1943 年 4 月，“法规”，第 13 页。

② Harold L. Wilensky, “The Professionalization of Everyone?” *American Journal of Sociology*, Vol. 70, No.2 (Sep., 1964) , pp. 137–158;〔英〕马立克·科尔钦斯基:《工作社会学》，姚伟、马永清译，中国人民大学出版社 2012 年版，第 199–120 页。

③ 本章从 1946 年的《申报》中随机抽取了两个构造周，共获得 120 幅新闻摄影报道作品。这些摄影报道来源多样，本章将其中注明为“本报摄影记者”的统计出来，获致《申报》摄影记者名单。这个名单可能挂一漏万，有待将来进一步考证。

④ 《摄影记者联谊会内幕》,《真报》1947 年 3 月 15 日。

⑤ 在本研究所抽取的《申报》样本中，拍摄照片的记者有：王瘦梅、宋绍柏、杨育（驻台记者)、周祥光（驻印度记者)，通讯员（特派员）有：褚裕生、韩清涛、傅俊义。

图片社形成稳定而紧密的合作关系[①]，并且借助照片传真设备与美联社、法新社、《纽约时报》等建立起新闻摄影交换业务，从海外发来的时事照片隔日即可见报[②]。本研究对 1946 年《申报》两个构造周随机抽样调查发现，共刊登照片 120 幅，平均每天 9 幅左右，而且几乎每个新闻版面都有新闻照片。这相对于其当时每日 6 到 12 个版面而言，《申报》新闻照片的刊载数量和比例均达到历史最高峰。更重要的是，新闻摄影不仅成为日报日常报道的重要组成部分，而且新闻摄影作为独立报道体裁，以及新闻摄影深度报道体裁开始普遍应用开来，新闻摄影最终进入新闻报道的核心领域。当时，除新闻业和摄影业的中心上海以外，南京、杭州、汉口、天津、福州等地报刊也纷纷开设图画副刊[③]。

1947 年 2 月 1 日，“上海各报社及中央电影新闻厂摄影记者数十人‘鉴于新闻摄影工作艰巨，有互相联络必要’”[④]，宣告成立上海市新闻摄影记者协会。不久，在中央通讯社总编辑陈博

① 《申报馆与中国新闻社来往文书》，上海档案馆，馆藏编号 Q430-1-99-1、Q430-1-144-13；《申报馆与中央通讯社摄影部来往文书》，上海档案馆，馆藏编号 Q430-1-98-41；《申报馆与世界新闻摄影社来往文书》，上海档案馆，馆藏编号 Q430-1-99-20；《申报馆与东北新闻摄影社来往文书》，上海档案馆，馆藏编号 Q430-1-99-13；《申报馆与国光通讯社、东北新闻摄影社等来往文书》，上海档案馆，馆藏编号 Q430-1-146。

② 《申报》1946 年 12 月 18 日。

③ 方汉奇主编：《中国新闻事业通史》（第 2 卷），中国人民大学出版社 1996 年版，第 734 页。

④ 《摄影记者协会今成立》，《立报》1947 年 1 月 31 日；《摄影记者会成立 理监事宣誓就职》，《申报》1947 年 2 月 2 日。

生、《和平日报》社长黄少谷等报界精英的积极争取下[①],1947年10月28日由社会部和内政部联合公布的新的新闻记者界定标准，终于明确规定将摄影记者“应视为新闻记者”[②]。这标志着国家政权从法律制度层面认可和保障摄影记者是一个组织起来开展公共服务的专业性职业群体[③]。

但即使在中国近代新闻摄影短暂的黄金时刻，摄影记者依然感到不能充分发挥其专长，他们最大的抱怨是，每天拍摄了大量的新闻照片，但“刊用的仍很少，经常制好了铜版时被文稿挤下来”[④]。随着战事再起，时局动荡，经济崩溃，物价飞涨，不仅报纸减缩版面，发行下跌，而且主要依靠进口的摄影器材严重匮乏，摄影记者队伍再度萎缩。据1948年上海市新闻记者公会会员名册的统计，摄影记者仅有13人，当时多数报纸，包括《新民报》《立报》等知名报纸均无摄影记者。即使专事新闻摄影的中国新闻摄影社也仅有摄影记者3人而已[⑤]。

五

新闻摄影能够成为一门专业，既非商业摄影自然而然地扩

---

① 王洪钧:《谁是新闻记者？》，南京《中央日报》1947年8月9日;《记者资格？》，南京《中央日报》1947年9月1日。

② 《确定新闻记者身份》(1947年11月6日),《南京市政府公报》第3卷第10期，1947年11月30日，第313页。

③ 〔美〕新闻自由委员会:《一个自由而负责的新闻界》，展江、王征、王海译，中国人民大学出版社2004年版，第48页。

④ 魏守忠、管绍熙:《上海大公报的摄影工作》，载周雨编:《大公报人忆旧》，中国文史出版社1991年版，第233-234页。

⑤ 《上海市新闻记者公会会员名册》，上海档案馆，馆藏编号Q430-1-147。

张到新闻领域的必然结果，也不是新闻业采纳摄影技术这样一厢情愿的简单事实，而是摄影界和新闻界的精英人士职业结合（Career Coupling）的产物[①]。摄影界的精英人士将发展新闻摄影视为提升摄影社会地位和文化影响最有力的杠杆，而新闻界的精英分子则试图将以照相馆为主导的时事照片生产纳入新闻产制体系，并进一步控制和提升新闻摄影的品质，两者原本都为优化彼此在各自领域内的利益与位置，其合力却建立起一个全新的新闻摄影职业共同体。值得指出的是，新闻界和摄影界的精英人士，不是朋友同事，就是同好相知，这种熟人社会交往密切、关系亲密的特性加速了新闻摄影职业共同体的形成和发展，并使其在初期具有鲜明的私谊网络特征。

专业知识原本就是专业主义的一种“核心的生成性（generating）特质”[②]，而其在民国摄影记者职业化历程中尤为重要，因为它不仅发挥着生成性作用，而且还承担着社会化功能。民国时期始终未能建立培养摄影记者的专门学校或高等教育体制，摄影记者专业协会成立晚、影响弱，摄影记者都是从商业学徒、艺术教育和自学摄影中完成摄影技术的基本训练而转向新闻

---

① 有关职业结合这个理论参见，〔波兰〕伊莎贝拉·瓦格纳：《音乐神童加工厂》，黄炎宁译，华东师范大学 2016 年版，第 11 页；Izabela Wagner, “Career Coupling: Career Making in the Elite World of Musicians and Scientists, ” *Qualitative Sociology Review*, 2006, Vol. II Issue 3, pp. 78–98; Isabella Wagner, “Coupling Career Fairy Tale ‘Fascinating Sociology Class’, How to Teach Sociology? The Sociology of Sociology,” *Revista De La Educacion Superior*. Vol.XL（2）, No.158,Abril-Junio de,2011, pp. 169–182.

② 〔英〕马立克·科尔钦斯基等主编：《工作社会学》，姚伟、马永清译，中国人民大学 2012 年版，第 204 页。

摄影领域的，正是从1920年代中期到1930年代中期围绕新闻摄影核心理论、道德和价值的集中讨论和广泛交流，不仅将新闻摄影与其他摄影工作以及一般新闻工作区别开来，而且使代际、教育、经历、观念各不相同的摄影记者逐渐形成了其共有的知识范式、职业道德和身份认同，逐渐形成了时人所谓“记者未必能摄影，能摄影未必即为‘摄影记者’”，“摄影记者系专门人才”[①]。从这个意义上说，摄影记者群体真可谓是个“知识共同体”（epistemic community）。新闻摄影专业知识不仅建立起摄影记者的职业特性，形成其职业壁垒和社会封闭[②]，并且正是通过专业知识的社会化完成职业群体的生产与再生产。

职业自主性，即一种能够对工作实施合法性控制的地位，是现代职业建立起专业地位的最高目标和根本保障[③]。摄影记者继承了新闻专业主义的理想和话语，宣称在拍摄照片时，客观纪录，传播真相，服务公众，兼之他们崇尚个性化、艺术化地组织构图和经营光影，创作“他人所无而又有新闻价值者方为贵”的新闻照片[④]，这使新闻摄影超越了单纯再现现实的功能，具有其独特的艺术魅力和审美价值“构成自存一格的风范”[⑤]。新闻摄影既具有新闻的属性，又超越新闻兼备摄影与艺术的特点，这使摄影记者在新闻组织之内面对其他记者编辑也获得了相当的工作独

---

① 记者:《摄影记者之常识（一）》,《中国摄影学会画报》1930年5月10日。

② Silvio Waisbord, *Reinventing Professionalism: Journalism and News in Global Perspective*, Cambridge & Malden: Polity Press, 2013, p.130.

③ Eliot Freidson, *Professionalism: The Third Logic*, Chicago: University of Chicago Press, 2001, p.12.

④ 记者:《摄影记者之常识（二）》,《中国摄影学会画报》1930年5月17日。

⑤ 毛松友:《新闻摄影概论》,《黑白影集》1936年第3期。

立性与专业自主性。面对社会，摄影记者依托新闻组织的生产机制和社会影响，在一定程度上摆脱了来自政治、市场和读者的外来压力和干预，拥有“新闻记者人格的独立和职务上的自由”[①]，能够最大限度地自觉遵照职业道德，自行运用专业知识，自主产制新闻摄影作品。摄影记者拥有对外面向社会和对内面向组织的双重职业自主性。

摄影界和新闻界精英人士通过职业结合创造出全职新闻摄影记者，而摄影记者又凭借其专业知识体系和职业自主性完成从职业到专业的转变，并且最终在现代专业“万神殿”之中赢得来之不易的一席之地。

① 施伯钧：《新闻记者职业的保障》，《报学季刊》1935 年第 4 期，第 53-58 页。

致　谢

十几年前，在华中科技大学新闻与信息传播学院读书的时候，我就非常敬佩时任学院特聘教授的卓南生老师能将其大作《中国近代报业发展史（1815—1874）》每章都写到发表的水平，当时就暗暗期待将来一定写一部每章都能达到在专业学术期刊发表水平的专著。

没想到，这本书一写就是十年。在我参加工作十二年之后，才出版了自己独立撰写的第一本书。

本人天生愚钝，赋性疏懒，一日无师，即会堕入泥犁。幸运的是，我在学习和工作中得到许多师友的指导、督责和提携。如果不是有幸得到诸位师友学问相传，德业相劝，恩义相结，这本书可能就不是现在这个面貌。所以，在这里我仅向直接启迪、指正我撰写此书的师友深致感谢。当然，还有许许多多师友对我的深情厚谊，我也牢记在心！

首先感谢我的硕士生导师、苏州大学文学院徐国源教授。徐师爱生如子弟，学生们敬徐师如父兄。我常常和自己的学生讲起，当年跟徐老师三山岛探幽观一湖浩渺，香雪海访梅品满山清幽，持一蟹，尽几杯茅台，酒酣耳热说文章，意气风发论古今的日子。恰是那时在姑苏城内悠长又寂寥的雨巷，遇到了丁香一样的晨临。有缘执子之手，相誓与子偕老。那是我人生中最美好的一段时光。正是师从徐师，让我领略到学者人格的醇厚温润，书斋生活的淡泊雅致，学术研究的深邃精湛，遂放弃做记者行侠仗义游天下的梦想，转向读书教学做研究的道路。苏沪比邻，我工作之后每年都会去探望徐老师，聊聊我的研究、工作和生活，徐老师看似平淡实则饱含睿智深情的漫谈总能化解我心中郁积的疑虑、苦闷和焦灼，获得宁静、希望和前行的勇气。一年不去看望徐师，就怅然若失，心中总会泛起莫名的不安。徐师门下的师兄妹们都为人热情，在学习、工作、生活中大家相慰相藉，相扶相助。同门钟靖兄阅读过本书多数章节并惠赐指导意见。记得当第九章初稿完成请钟靖兄指正时，钟靖兄发来三十三条微信长语音，逐段逐段予以批评，让我既惭愧亦感动。马瑞瑞兄对本书的出版，反复沟通，多有照拂，盛情可感。

徐师在新闻学界最钦佩孙旭培教授，希望自己的学生能够负笈孙师门下。在徐老师的全力举荐之下，我考入华中科技大学师从孙老师攻读博士学位。孙老师是位热爱学术的粹然学者。孙老师毕生致力于新闻法制与新闻改革的研究，虽历经坎坷，但矢志不渝。这种精神激励我立志专攻中国现代新闻记者职业化问题。当我毕业之后在研究路上见猎心喜，心有旁骛时，一想到孙师的风骨风范，便立刻幡然自省，迷途知返。2016 年年底我去英国访学，临行前与孙师电话道别。孙老师说，这是学英语的好机会，到了英国好好学。一听，我顿时热泪盈眶。我已是教书十年、年逾四十之人，老师嘱咐我的第一话还是努力向学。孙老师是位挚爱学生的醇然师者。在华科念书时，只要在食堂排队打饭碰到孙老师，孙老师总是招呼我去打两份白米饭，他去买几个菜，然后共桌同馔，边吃边聊。我们同门学友也隔三岔五到孙老师喻家山脚下的寓所里请益切磋，在那里吃过师母蒸的大闸蟹，滕朋兄从新加坡访学归来带的巧克力，稽雪萍兄从故乡陕西带来的红石榴……孙老师的学识和人格深深感染着学生们，大家从心底里由衷敬爱孙老师。所以，孙老师退休回京后，逢五逢十过寿，同门都会从全国各地赶去探望孙老师。大家团团围坐，一叙阔契，欢声笑语，盈盈满堂，仿佛又回到在喻家山麓问学的时光。大家有说不完的话，从孙老师家里聊到饭店，又从饭店聊到孙老师家里，一直聊到晚上吃完师母煮的水饺，带上孙老师送的稻香村点心，匆匆忙忙分赴机场车站各奔东西。上次同门相聚，最年长的师兄王晋闽已退休数年，最年轻的师弟邸敬存刚踏出校门不久，可谓三代同门。同门之间感情笃厚，学问上彼此切磋，生活上相互关怀，而且下一代亦多结为小友。同门滕朋、牛静、吴麟、卢家银、何秋红诸兄都阅读过本书的部分章节，并惠赐修改意见。特别是当我在撰写附录一章时，向吴麟兄求助张君劢的材料，吴麟兄立刻用手机一页一页拍下来发给我，让我十分感念。

唐小兵兄对李金铨老师人格魅力的描述最获我心，“既有中国儒家文化孕育出来的让人如沐春风的谦谦君子之风，又有长久沉浸在西方文化与社会所形成的绅士之度，可以说是将中西文化里最美好的一面作了内在的结合”①。有缘得识李金铨老师确为人生幸事。其实，本书最早的灵感来自李金铨老师在《文人论政：知识分子与报刊》序言中提出一个问题：“新闻界如何开始职业化，它与政权、市场、学界的互动如何改变”②？这个问题深深

---

① 唐小兵:《跨界的燃灯者——读李金铨教授〈传播纵横：历史脉络与全球视野〉》，《新闻记者》2020 年第 3 期，第 93 页。

② 李金铨:《文人论政：知识分子与报刊·序》，载李金铨主编:《文人论政：知识分子与报刊》，广西师范大学出版社 2008 年版，第 21 页。

吸引了我，在随后八九年中，我写了十余篇论文都是在不同角度和层面来回应这个问题。所以，本书穷十年之力只是做了李老师一文的一个注脚。假如当年我没有看到李老师提出的这个问题，可能就不会有这本书。我写完第一、二、四、七、八、十二章都曾先后电邮请李老师指正。后来本书第一章还曾入选香港城市大学媒体与传播系“中国大陆新闻传播青年学者访问项目 2012—2013”，使我有缘短期赴港访学亲聆李老师的教诲。我本打算每章写完都请李老师指正，但因李老师有段时间身体不适，我不忍再叨扰才告罢。2018 年春，我们学系到城大参访，恰值李老师荣休。即使在收拾行李准备搬家，行旅匆忙之际，李老师亦抽时间邀请我和当时在香港讲学的吴麟兄到又一城的一家咖啡店小聚。落座之后，李老师从包里拿出两个硕大的芒果，分赠吴麟与我，说，这种台农芒果非常甜，你们尝尝。这份浓郁的香甜永远留在我的心头。

陈力丹老师主持《国际新闻界》时开始推行匿名评审制度，使本书的第一个阶段性成果——第四章在《国际新闻界》发表。在刚参加工作的几年，如果不是陈老师主政《国际新闻界》实行匿名评审制度，很多像我一样做新闻史的年轻人大概都难得机会在重要期刊上发表论文。相比新闻传播研究的热点话题和新兴领域，新闻史比较边缘，只有同行专家匿名评审才能使其获得些许重视，觅得机缘见刊发表。抛开新闻史研究的尴尬处境不谈，陈老师的改革举措推动了中国新闻传播学术发表制度的规范化，现在新闻传播学类的重要期刊都开始实行匿名评审制度，这是中国新闻传播学研究的重大进步。我辈得益于此，所以向陈老师深表感谢和敬意。陈老师的勤奋既令我汗颜，也深深激励着我。当陈老师从中国人民大学新闻学院荣休之后，我们曾请陈老师到华师来做讲座。那天一早，我和甘莅豪兄、潘祥辉兄去学校酒店接陈老师。当我们走到陈老师房间附近，担心时间太早，陈老师是否起床，正在犹豫之际，忽然瞥见陈老师房门似乎开着。我们轻轻走过去一看，金黄色的晨曦从窗口斜射进来，照着正在伏案写作的陈老师，勾勒出一个雕塑般的剪影。这个景象长久地留在我脑海中，当我懈怠时，总会想起这一幕，既倍感到愧疚，又能激起向前的力量。

黄旦老师的博士论文《“耳目”与“喉舌”的历史性转换：中国百年新闻思想主潮论》是孙老师推荐我们在读博期间的必读文章。我当时年不幼但很无知，对新闻史兴致不大，是黄老师这部力作激起我对新闻传播史研究的兴趣和反思。我写完本书第八章的初稿时曾冒昧地写电子邮件请黄老师指正。我同事赵路平兄得知后说，你胆子太大了，敢把论文发给黄老师看。黄老师望之也严，即之也温。黄老师不久便回复邮件，并惠赐极富启发性的修改意见。此后，在华中科技大学举办的会议上，黄老师对第三章亦提出批评意见，促使我反思在学术论文中如何准确地界定概念和严谨地推导论证。此外，我亦赴复旦大学新闻学院向黄老师请教本书的结构和框架问题，黄老师都不吝赐教，热情指导。在研究新闻记者与新闻教育问题方面，黄老师建议我不妨做一下戈公振个案研究。我随后收集了相关史料，但却始终未能完成，十分遗憾，希望有机会补写此文，以答谢黄老师的指导。

斯图尔特·艾伦（Stuart Allan）教授是我在英国卡迪夫大学新闻、媒体与文化研究学院（JOMEC，Cardiff University）访学时的指导教授。本书第十章的初稿是英文，是我访学时在斯图尔特老师指导下完成的研究课题。尽管身为院长非常忙碌，斯图尔特老师每个月都会在满满当当的日程中挤出大段时间和我单独讨论论文。本书附录关于摄影记者的问题也是在斯图尔特老师再三建议下，我才开始撰写的。这大概是因为斯图尔特老师是摄影迷，摄影视角独特，技艺精湛，堪称专业。斯图尔特老师尽管长在加拿大，又辗转在英格兰、威尔士工作多年，自称是南腔北调人，但是其英伦绅士精神，让我印象极深。每次 JOMEC 开研讨会，斯图尔特老师基本都会出席，但既不主持也不点评，只是默默坐在前排静静倾听，偶尔对感兴趣的问题举手提问一二。等研讨会一结束，他多半会站在门口为大家开着门，点头微笑目送每位师生出去后，再关上那扇厚重的弹簧门。听讲时像个认真专注的学生，开门时像个服务热情的校工，斯图尔特老师不仅一点没有院长的架子，甚至在我一个中国大学教师眼中看来都根本没有院长的样子。上次，斯图尔特老师和辛迪（Cindy）老师（即国际知名传播学者 Cynthia Carter）赴宁波和北京公干，道经上海，我陪他们观光一日。从上海博物馆到浦东陆家嘴跑了大半天，当晚上我们终于可以坐下来吃饭时，他们从背包里抽出送给我的书，送给我太太的红酒，送给我儿子的工艺品。原来斯图尔特老师和辛迪老师轮流背了一天，塞得满满当当的双肩包里都是送给我们一家人的礼物，其盛情和真情让人感动。

James Stewart，司徒展老师，这位毕业于剑桥大学的前英国广播公司（BBC）资深记者，是我在 JOMEC 访学时的语言导师。第九章的英文原稿，就是在司徒老师一字一句修改下才写出来的，甚至一些修改的段落比原稿还要长。我为了练习英文写作，本书第八章也曾在司徒老师逐字逐句的指导和修改下写成英文稿。我非常怀念不知多少个周日在司徒老师家喝下午茶、改论文和聊中英文化的日子。威尔士 Garth 山脚下，和风习习，溪水潺潺，鸟鸣啾啾，举目眺望，春光明媚，碧叶如荫，烂漫山花隐约其间，斑斑斓斓，影影绰绰，真不知此地何地、今夕何夕。从英国返沪之前，我将许多书本衣物都分赠卡迪夫的友朋们，但是司徒老师帮我修改的稿件都带回了家。

第十章的英文稿曾在 JOMEC 的学术研讨会上宣讲过，国际知名新闻学者卡琳·沃尔－乔根森（Karin Wahl-Jorgensen）教授、高级讲师珍妮特·哈里斯（Janet Harris）博士在研讨会之前都曾提出过极富启发性的修改意见。我在 JOMEC 办公室的同事露西·本内特（Lucy Bennett）博士亦多次帮我修改英文表述，助益匪浅，启迪良多。露西博士在 JOMEC 断断续续做了近十年兼职研究助理。她就是传说中那种即使没有工作单位，依然研究不辍以家庭地址发表论文的人。在我离开之前，露西终于获得 JOMEC 的终身教职。真心热爱学术的人应该得到这份福报！

我自认为无论在观点还是写作上用力最深、最有新意的是第七章，但是该章投稿屡屡被拒。我带着莫大的困惑和沮丧将稿子发给了刘鹏老师，并且据实以告。刘老师看后，认为这种写法没问题，并接收该文将其刊发在《新闻记者》上。这给予我莫大的安慰和鼓励！在本书写作期间，刘老师还惠赠相关书籍，看到和我研究相关的论文和史料亦热心相示。我也曾两次向刘老师请教，并按照刘老师的意见调整章节结构和增删论述内容。杀青之际，刘老师还嘱咐我找个好出版社，装帧要雅致，印刷要精美。刘老师关照年轻学者宽厚细致如此！但是，刘老师对文章的质量绝不放松，所以，我给《新闻记者》投稿不少，但在严格的匿名评审之下被拒稿很多。其实，我深知也深深感激刘老师，严要求、高标准，才是学界前辈对后辈学人最诚挚的关照和提携。

我常想将新闻史论文写得可读性高一点，写得有点个人的印痕，但这种想法在当下学界颇具争议，亦是造成我的文章屡被退稿的原因。感谢刘瑞生老师对我这种尝试的宽容和理解，使本书第一章得以在《新闻与传播研究》上发表，并鼓励我将附录一章投稿给《新闻与传播研究》。后来与刘老师的两次长谈，更加坚定了我按照自己的想法来做“为己之学”的信念，尽管前路茫茫。在附录一章发表过程中，因篇幅过长兼之错讹颇多，感谢朱鸿军兄以极大的细致和耐心，常常在深夜或凌晨发来修改意见，并容我几经删改。

感谢张涛甫老师的提携和邀约让我有缘在《新闻大学》上发表了第五章。我读研究生时发表的第一篇学术论文就是刊登在《新闻大学》上，十余年后能够重续与《新闻大学》的学缘，使我倍感亲切和欣喜。感谢陈建云老师在审阅第五、十章期间极为认真的评审，从别字病句到史实错讹挑出一堆问题。陈老师以身说法，建议我写好论文要打印出来从头到尾大声朗读一遍以最大程度上减少错误。这让我极为汗颜，也极为感念。我和姜华兄虽过从不密，但由于都是不爱热闹而热心之人，因性情相近，而颇为投契。姜华兄始终以“耐得住寂寞”和“不重复自己”相勉相励，这使我在写本书时常常扪心自问，是不是急着发表，有没有炒冷饭，能不能出新意。

刘海龙兄的热诚相助使本书第八章起死回生，第十一章重见天日，第三章早日超脱，当然都是在通过严格的匿名评审之后，得以在《国际新闻界》发表。面对我有时或唐突多言抱怨杂志审稿漫长，或呶呶不休催促杂志尽快发稿，海龙兄都能耐心解答，雅量海涵，尽显新生代一流学者的风度。

在一次学术会议偶识白红义兄之后，红义兄的邀约使本文第十二章发表在《新闻记者》上。学界传说他是“文献帝”，当我找不到材料时，曾尝试向红义兄讨教一二，果然都能如愿以偿，不愧为“文献帝”。之后，我经常向他讨要英美新闻研究资料，他总是不厌其烦，热情相赠。即使手头没有，也热心指点可能获致的门墙路径。此外，红义兄还拨冗审阅了全书，对整体章节布局和局部具体论述，都惠赐卓见。白红义兄治学勤勉，又为人热情豪爽，难怪“天下无人不识君”。

感谢胡翼青、陶建杰、唐海江诸兄的邀约使本书第八章、第二章、第七章、第三章曾分别在南京大学、上海大学举办的“长三角青年学者传播论坛”，以及华中科技大学举办“第二届中国新闻史青年学者论坛”“第六届传播视野下的中国研究论坛（2018）暨‘媒介再思：传播技术与社会变迁’学术研讨会”等学术会议上宣讲。并且，在本书写作过程中海江兄还多次惠赐资料，并相与讨论。

感谢北京大学历史系王奇生老师，以及朱至刚、向芬、李红涛、周婷婷、梁君健、胡凤诸兄在前述会议，以及浙江大学举办的“相遇在十字路口：跨学科与跨世代的对话——第三届多闻论坛”，南京师范大学举办的“跨越边界：学科交叉与国际传播——第四届多闻论坛”，湖南师范大学举办的“第五届中国新闻史青年学者论坛”，以及本校举办的“第六届中国新闻史青年学者论坛”，作为评阅人评阅过本书的第七章、第八章、第十一章、第三章、附录章，并惠赐极富启发性的修改意见，对我后来修改论文启发良多。

感谢美国密苏里大学新闻学院张咏老师、台湾辅仁大学传播学系陈顺孝老师、台湾政治大学心理学系钱玉芬老师、台湾世新大学林承宇兄，以及沈荟老师、黄春平老师、王润泽老师，王积龙、邓绍根、赵建国、郭恩强、王明亮、王保平诸兄或惠赐修改意见，或见赠相关资料。特别是沈荟老师对第九、十章都提出极为犀利、极富洞见的修改建议，促使我完善了对这两章研究对象的选择、范围的框定以及结构的调整。感谢积龙兄千里迢迢从台湾帮我带回来多本大陆难觅踪迹的民国报人回忆录，成为我案头经常查阅的重要资料。为查找资料，启迪思路，我对王明亮兄多有叨扰，明亮兄总是不厌不弃，始终慷慨相助。

在撰写本书相关章节遇到历史、政治问题时，我曾向上海大学文学院历史系韩戍博士，多次向本校历史系唐小兵兄、政治学系王向民兄和易妍兄，以及本院洪九来老师、李海波兄求教，诸位师友或指点迷津，或拨冗指正，或见赠资料。特别感谢小兵兄对第三章、第八章，以及本书结构调整和部分章节名称推敲修改不吝赐教。

感谢本院同事刘影老师一直关心和鼓励本书研究的进展，并评阅了本书第三章、第六章、第八章和第十一章，刘老师每次以秀丽雅致的文笔提出深刻睿智的批评意见，既启我迷津，又让我赞叹不已。

感谢本院武志勇老师、钱春莲老师，王婷、罗薇、吴畅畅、夏冰青、潘妮妮诸兄或惠赐资料，或相与讨论。特别是满方老师，在美国访学时为了帮我寻找附录中的一条材料，费尽周折。满老师在微信中感慨地说：“整个过程复杂得可以写一本书！”马光仁老师在《新闻记者》上看到本书第七章的初稿时不同意其中一个提法，特电话武志勇老师转告对拙文的批评意见。前辈学者的认真和执着，令我后辈感佩！

感谢本院同事甘莅豪兄和当时任教华师的潘祥辉兄发起组织华东师范大学传播学院“三友学术沙龙”，使我们能够在忙碌的教学科研之余，共同读书，相聚论学。李同兴老师、黄信老师两位前辈师长，和来自学校各个院系的许多师长、同侪，以及学生的积极参与，使“三友沙龙”总是充满活力，每次唇枪舌剑讨论得极为热烈，每次散场时间一拖再拖，还意犹未尽。李同兴老师、黄佶老师在读书会之后聚餐时的闲谈，似风轻云淡，实入木三分，对我常有醍醐灌顶的启迪。黄老师穷十余年之力研究译龙问题，不图项目，不求发表，亦令我辈后学深为佩服。莅豪兄这些年来审读、评阅，并与我讨论过本书的大部分篇章，特别感谢在我写作失去信心时给予的深切鼓励！

感谢学院前后几位院领导严三九老师、吕新雨老师和陈虹老师，对本项研究工作的大力支持。严老师为人宽厚，即使我在学院兼任教务秘书工作时犯了很多错误，严老师不仅都能宽容，而且依然给予我很多重要的职业发展机会，让我感激莫名。吕老师待人坦诚，只要是教学科研工作不分科系轩轾，不划人际亲疏，都全力支持。我和海波、向芬兄联合召集的“第六届新闻史青年学者论坛”能够在非常时期顺利举办，端赖吕老师扛起巨大压力，给予我们鼎力支持！尽管我研究的问题是吕老师批判的对象，但吕老师依然对本书的出版，予以了最慷慨的资助。

除了结语过短不能独立成文，本书各章都曾先后发表在《新闻与传播研究》《国际新闻界》《新闻大学》《新闻记者》《传播与社会学刊》等五本学术期刊之上，感谢各大期刊匿名评审人的指正，不仅使本书减少了很多令我感到极为尴尬的错误，而且督促我深化了对许多问题的认识。

感谢我的亡友，英年早逝的裴晓军兄生前对我研究的鼓励。在本书开始写作的几年中，我们不时通电话，写邮件相与讨论与切磋，现在虽然书稿已成，但是人已阴阳两隔，纵千恩万谢，亦难表达万一。附记晓军兄一事，以兹怀念。当年，晓军兄的博士论文是按照《史记》体例撰写的，答辩时遭到所有老师的强烈批评，在诸位教授联手环攻之下，晓军兄轮番辩难，备极艰辛。当此危难之际，晓军兄的导师吴廷俊老师挺身而出，侃侃而谈，舌辩群儒；屠忠俊老师拔刀相助，从旁侧翼。这场答辩竟然以两大博导联手（兼之孙旭培老师，学生们当时称为华中科技大学新闻与信息传播学院“三驾马车”），双剑合璧，横扫群疑而顺利通过。当时视为奇事、趣事、大开眼界、“大快人心”之事，时隔越久我才越深深地理解到，学生自由而无畏的探索精神，老师理性而宽容的批评气度，这是晓军兄和华中科技大学给予我最宝贵的教益。

特别致谢孙藜兄、吕鹏兄！在本书撰写的这些年中，每成一章，都曾电邮给吕鹏兄指正。吕兄每次都会耐心阅读，细心指正。吕兄虽不治史，但从文化研究视角所提出的独特见解和犀利批评，常涤我庸思，新我耳目。吕兄常说，如果文章被杂志拒稿，不必抱怨，还是写得不够好，只要是写得足够好，一定会发表。大概此即所谓，“贫而怨，则志不卓”。当我每遭杂志退稿，又懒得修改之时，念及此言，当头棒喝，祛我懒惰，除我骄躁，慢慢沉静下来反反复复修改。吕兄在出版前又费心审读了全书，并惠赐卓见。我和孙藜兄日常交际最少，虽同处一城，但经年难见，然而文字交往却是最深。孙藜兄阅读过本书几乎每一篇文章，并且每次都会写出极其细致、极富启发性的意见。在今天学风浮躁的时代，竟然还有学者会认真对待一个只有点头之交，并且无权无势、无任何利用价值的朋友发来的每一篇文章的每一段文字，真是难能可贵。我何其幸运得识畏友孙藜！每次收到孙藜兄的邮件都让我极为感动，当时就暗暗想如果有一天此书杀青，定请孙藜兄赐序。

戈公振出版《中国报学史》后遍赠报界同仁。金雄白收到戈公振亲笔题赠的精装版《中国报学史》后，不仅从未看过，并且随手一置，不知所踪。中国新闻史开山始祖的传世名著，在记者眼里的价值和手中的命运都如此凄凉。这让我奢望写一本记者可能也会感兴趣的新闻史的念头彻底灰飞烟灭。当得到《中国青年报》张彦武兄对本书的谬奖时，莫大的安慰和鼓励在我心中涌起。彦武兄又为本书的出版四处联络，虽几经周折，亦坚持不懈，并且自始至终，尽心尽力为本书争取最大的权益。这让我穿越民国历史真真切切地感受到今日记者的侠肝义胆！

我非常幸运得以结识这些可敬的师友，我也非常幸运遇到一群可爱的学生。感谢硕士研究生沈杰群、邓为依、汪天骄、许旻、蒋芸芬、白华康、曹静瑶、罗薇优、杨涵、谢越、陈娅、施燕萍、马雅妮，帮我或查阅资料、或校对文稿、或惠赐意见。特别是白华康和陈娅通读了全稿并惠赐修改意见。和这些烂漫活泼的年轻学子一起在美丽的樱桃河畔读书、聊天、聚餐，相与切磋，确实让人忘记滚滚尘嚣。

罗列如许前辈和师友，并非借此自重，藉以自炫，而只是谨遵孙旭培老师的教诲，不掩饰任何人对自己研究的启发。此外，因学缘而结识诸位师友也让我深深感到学术和生活的美好！

遗憾的是，因为学术生计日益严峻，本书未能按原计划再打磨两年而匆忙提前付印，部分章节，特别是结语最为薄弱，这是我深感有愧师友提携和期望之处。希望随着我对民国记者职业化问题思考的进一步深入，将来有机会修订此书。

二零二一年春于上海容膝斋